信息检索丛书

农业信息检索

主　　编　包　平
副 主 编　郑江平　吕　娟　吴贤奇
编　　者　（按姓氏笔画排序）
毛莉菊　包　平　乔　颖
刘景会　吕　娟　孙文海
吴贤奇　张洪艳　张　彬
陈国秀　屈卫群　郑江平
唐惠燕　郭锁英
丛书主编　滕　跃　蔡忆宁

东南大学出版社
·南京·

内容提要

本书概要阐述了信息检索的相关概念，基本原理与技术；重点介绍了国内外农学、生物学及相关领域数据库、电子图书和电子期刊，详细叙述了各检索工具的使用方法和技巧；突出了在网络环境下数字资源的使用和数字图书馆的概念与发展。

本教材内容新颖、重点突出，适合本科生、研究生作为教材，同时也可作为教师及科研人员检索文献的参考工具书。

图书在版编目(CIP)数据

农业信息检索 / 包平主编．—南京：东南大学出版社，2003.8

ISBN 978-7-81089-254-4

Ⅰ．农…　Ⅱ．包…　Ⅲ．农业—情报检索
Ⅳ．G252.7

中国版本图书馆 CIP 数据核字(2003)第 072309 号

东南大学出版社出版发行
(南京四牌楼 2 号　邮编 210096)
江苏省新华书店经销　溧阳市晨明印刷有限公司印刷
开本：700mm×1000mm　1/16　印张：22.25　字数：474 千字
2003 年 8 月第 1 版　2011 年 7 月第 3 次印刷
印数：6501～7500 册　定价：36.00 元
(凡因印装质量问题，可直接向发行科调换。电话：025—83795801)

前　言

当海量信息的存储和组织变得日益容易，当多媒体等不同类型文献的快速检索成为现实，当网络的带宽变得不再拥挤，未来信息存储和检索技术将可以使人们在任何时间、任何地点获取各类信息成为可能。在信息化社会，人们获取信息的技巧和能力，决定着其综合竞争能力。

获取信息的能力来源于对信息组织和检索基本知识的掌握，以及大量的检索实践。十年前，信息检索教材大多是手工检索工具的编排和使用，今天，信息检索教材更多是传授基于网络的计算机检索原理。在众多农业信息检索教程中，本书具有如下特点：首先，将目前国内正在使用的农业与生物学及内容相关的数据库、电子期刊、电子图书等内容进行了介绍，图文并茂，举例确切，文字组织简洁易懂，充分体现时代和学科的要求和特色；其次，首次将“INTERNET 与数字图书馆”独立成章，目的在于引导读者接受一种全新的理念和方式，这种信息的数字化、网络化、全球化正不以人们意志为转移地改变着我们的学习、生活的方式；第三，以读者检索目的的不同，列举了以了解科研动态、科技查新、撰写综述、查找专利信息等多个完整的典型案例，目的在于帮助一些自学者和初学者在实际检索时参考应用。

本书简化了信息的存储、组织、检索等方面的技术和原理，强调了实用性，主要适宜于非图书情报专业的本科生和研究生使用，同时兼顾继续教育的需要，供在职人员自学或作为检索工具书。

本书的编写得到南京农业大学图书馆、信息科技学院，浙江大学图书馆，扬州大学图书馆，华南农业大学图书馆，东北农业大学图书馆，山西农业大学图书馆，河北农业大学图书馆，天津农学院图书馆，南京农业专科学校图书馆，江苏省科技情报研究所等单位的支持，东南大学出版社的张慧老师投入大量的精力，南京农业大学图书馆的何建新、郑萍，信息科技学院的汤亚芬等同志校订了部分内容，在此一一表示深深的谢意！

由于时间仓促，加之编者水平的限制，不足之处请读者与同仁不吝赐教。

包　平

2003 年 6 月于南京卫岗

目　录

1　信息检索基础 …………………………………………………… (1)
　1.1　信息检索的概念范畴 ……………………………………… (1)
　　1.1.1　信息的概念 …………………………………………… (1)
　　1.1.2　文献的概念 …………………………………………… (2)
　　1.1.3　知识的概念 …………………………………………… (3)
　　1.1.4　信息、文献、知识的关系 ……………………………… (3)
　　1.1.5　信息检索的概念 ……………………………………… (4)
　1.2　信息检索的目的、意义 …………………………………… (4)
　1.3　信息检索的类型及特点 …………………………………… (6)
　　1.3.1　按存储和检索的对象分类 …………………………… (6)
　　1.3.2　按信息存储和检索的方式和技术分类 ……………… (6)
　　1.3.3　按信息组织的方式分类 ……………………………… (7)
　1.4　信息检索的发展趋势 ……………………………………… (8)
2　信息检索原理与技术 …………………………………………… (10)
　2.1　信息组织及检索原理 ……………………………………… (10)
　　2.1.1　信息检索语言 ………………………………………… (10)
　　2.1.3　常用信息检索语言 …………………………………… (11)
　2.2　信息检索技术 ……………………………………………… (15)
　　2.2.1　联机检索 ……………………………………………… (15)
　　2.2.2　光盘检索 ……………………………………………… (16)
　　2.2.3　网络信息检索 ………………………………………… (17)
　　2.2.4　全文检索 ……………………………………………… (18)
　　2.2.5　多媒体检索 …………………………………………… (18)
　　2.2.6　超媒体及超文本检索 ………………………………… (19)
　2.3　信息检索的方法与步骤 …………………………………… (20)
　　2.3.1　信息检索的方法 ……………………………………… (20)
　　2.3.2　信息检索的途径 ……………………………………… (21)
　　2.3.3　信息检索的步骤 ……………………………………… (23)
　2.4　信息检索效果 ……………………………………………… (26)
　　2.4.1　信息检索效果 ………………………………………… (26)
　　2.4.2　提高查全率和查准率的方法 ………………………… (28)

3　国内农业文献检索……(30)
3.1　印刷型检索工具……(30)
3.1.1　印刷型检索工具概论……(30)
3.1.2　常用印刷型检索工具……(32)
3.2　农业及生物学数据库……(39)
3.2.1　中国农林科技文献数据库……(39)
3.2.2　中国生物学文献光盘数据库……(39)
3.2.3　中国生物医学文献数据库……(43)
3.3　综合及相关数据库……(47)
3.3.1　中国期刊网……(47)
3.3.2　维普《中文科技期刊数据库》……(58)
3.3.3　万方数据……(64)
3.3.4　电子图书……(84)
3.3.5　国务院发展研究中心信息网……(100)
4　国外农业文献检索……(106)
4.1　印刷型检索工具……(106)
4.1.1　美国《化学文摘》(Chemical Abstracts,CA)……(106)
4.1.2　美国《生物学文摘》(Biological Abstract,BA)……(111)
4.1.3　《BA/RRM》(生物学文摘/报告、评论、会议)……(112)
4.1.4　国际农业和生物科学中心文摘(CABI)……(112)
4.1.5　《食品科学与技术文摘》(Food Science and Technology Abstracts,FSTA)……(114)
4.1.6　美国《农业文献题录》……(115)
4.1.7　联合国粮农组织《农业索引》……(116)
4.1.8　美国《环境文摘》(Environment Abstracts,EA)……(117)
4.1.9　美国《EI》……(119)
4.2　农业及生物学数据库……(121)
4.2.1　国际三大农业综合数据库……(121)
4.2.2　生物学及食品科学数据库……(142)
4.3　综合及相关数据库……(160)
4.3.1　化学与工程数据库……(160)
4.3.2　电子期刊……(173)
4.3.3　其他数据库……(202)
4.4　文献传递服务……(222)
4.4.1　文献传递服务的概述……(223)
4.4.2　我国的文献传递……(223)

4.4.3 国外文献传递服务机构 …… (226)
5 特种文献检索 …… (230)
5.1 会议文献 …… (230)
5.1.1 会议文献概述 …… (230)
5.1.2 会议文献的类型 …… (230)
5.1.3 会议文献的检索 …… (231)
5.2 科技报告 …… (234)
5.2.1 科技报告概述 …… (234)
5.2.2 科技报告的收藏与管理 …… (235)
5.2.3 科技报告的检索 …… (235)
5.3 学位论文 …… (243)
5.3.1 我国学位论文的检索 …… (243)
5.3.2 国外学位论文的检索 …… (244)
5.4 专利文献 …… (250)
5.4.1 专利文献概述 …… (250)
5.4.2 中国专利文献及其检索 …… (252)
5.4.3 国外专利文献及其检索 …… (256)
5.5 标准文献 …… (260)
5.5.1 标准文献概述 …… (260)
5.5.2 标准文献的检索 …… (263)
6 Internet 与数字图书馆 …… (271)
6.1 Internet 信息检索 …… (271)
6.1.1 Internet 概述 …… (271)
6.1.2 Internet 搜索引擎 …… (277)
6.1.3 Internet 免费农业信息资源 …… (288)
6.2 数字图书馆 …… (289)
6.2.1 数字图书馆概述 …… (289)
6.2.2 数字图书馆定义 …… (290)
6.2.3 数字图书馆的产生背景与发展现状 …… (292)
6.2.4 数字图书馆技术体系构成及相关技术 …… (293)
6.2.5 数字图书馆雏形 …… (300)
7 参考工具书 …… (311)
7.1 参考工具书及其使用的基本知识 …… (311)
7.1.1 参考工具书与工具书、普通图书 …… (311)
7.1.2 参考工具书的一般结构与排检方法 …… (312)
7.1.3 参考工具书的质量鉴别 …… (314)

7.2 参考工具书的类型及特点 …… (315)
7.2.1 字典、词典 …… (315)
7.2.2 类书、政书 …… (316)
7.2.3 百科全书 …… (317)
7.2.4 年鉴 …… (319)
7.2.5 手册 …… (320)
7.2.6 名录 …… (321)
7.2.7 图录、表谱 …… (323)
7.3 重要参考工具书介绍 …… (323)
7.3.1 印刷版参考工具书举要 …… (323)
7.3.2 电子版参考工具书举要 …… (326)
8 信息检索实例 …… (328)
8.1 以了解科研动态为目的的检索 …… (328)
8.2 以撰写综述为目的的检索 …… (335)
8.3 以查新论证为目的的检索 …… (338)
8.4 以查找专利文献为目的的检索 …… (342)
参考文献 …… (346)

1 信息检索基础

1.1 信息检索的概念范畴

自古以来，人们随时都在自觉不自觉地接收、传递、存储和利用着各种信息。在人类社会的演变和发展过程中，人类的信息活动从来没有间断过，信息一直在积极地发挥着人类已经意识或还没有意识到的重要作用。但是，信息作为一个科学概念以及科学研究对象，却只有四五十年的历史。20 世纪以来，随着科学技术的空前进步，信息和材料、能源一起构成了现代社会文明的三大支柱，使人们对信息的认识和研究进一步深刻和拓展。然而，到目前为止，人们从不同的学科领域角度、不同的认识层面，对信息的概念作了许多不同的解释，至今还没有统一、完备的定义。

1.1.1 信息的概念

信息可以说是一种十分广泛的概念，它在自然界、人类社会以及人类思维活动中普遍存在。信息，是人类在认识和改造客观世界中所依赖的和使用的一种既非物质又非能量的东西，它的表现形式可以是消息、信号、数据、情报或知识等；同时，信息又是客观世界中一切物质的属性，它反映的是物质之间的普遍联系。既然信息具有普遍存在的属性，同时又是物质存在和运动的反映。因此，本书从对信息检索领域及其应用的角度出发，给信息一个比较广泛的、容易接受和理解的定义：信息是一切事物存在方式和运动状态的客观反映。

要把握、理解信息的概念，我们应了解信息的几个共同特征：

(1) 客观性

信息是客观存在的，它源于客观存在的物质及其运动两大特性。信息的客观性还表现为它是以物质的客观存在为前提的，即使是主观信息，如决策、判断、指令、计划等，也有其客观实际背景，并以客观信息为“原料”，受客观实践的检验。

(2) 依附性

信息总是依附于一定的物质载体而存在，需要某种物质承担者。如果不依附各种适当的载体，信息的含义和价值则不能传递和发挥。声音、语言、文字、颜色、图像、各种符号、光电磁、生物等各种信息信号、纸张、胶片、磁带、光盘、人的大脑等等，无一不是信息的载体。

(3) 可传递性

信息的产生是同信息的传递联系在一起的，信息在传递过程中发挥作用。信息的传递过程是一个重复使用的流通过程，在这一过程中，信息的占有者不会因传递信息而失掉信息，一般说来，也不会因多次使用而改变信息的自身价值。

(4) 可塑性

信息可以加工处理，可以压缩、扩充和叠加，也可以变换形态。在流通和使用过程中，经过综合、分析、再加工，原始信息可以变成二次信息和三次信息；原有的信息价值也可以实现增值；为了有效地交流和传递，借助于先进的信息技术，文本、图像、数字、语言等各种形态的信息均可实现互相转换。

(5) 时效性

现代社会中，信息的使用周期迅速缩短，信息的价值实现取决于及时地把握和运用信息。信息是活跃的，不断变化的，及时地获取有效的信息将获得信息的最佳价值，如时效性很强的天气预报、经济信息、交易信息、科学信息等。不能及时地使用最新信息，信息的价值就会随其滞后使用的时差而贬值。

(6) 共享性

信息的共享性主要表现在同一内容的信息可以在同一时间由两个或两个以上的使用者使用，而信息的提供者并不失去所提供的信息内容和信息量，它是信息资源的广泛提供与利用的基础。

1.1.2 文献的概念

在我国古代，“文献”包括历代的历史文件和贤者两个方面。后来，“文献”一词的内容发生变化，一般泛指具有史料价值的文章和图书。目前，“文献”一词广泛应用于图书馆学、情报学、目录学等研究领域。我国国家标准《文献著录总则》中则用简洁的语言规定：“文献：记录有知识的一切载体。”从定义中可以看出：文献既不是知识本身，也不是记录知识的物质载体本身，而是两者的共同组合；知识是文献的内容，载体是文献的外在形式，文献正是知识内容与载体形式的统一体。

随着科技的发展，随着记载知识的新载体和手段的不断出现，存储和表达人们思想的物质载体不断更新、变化，从竹简、羊皮、石板、丝帛、纸张发展到用感光介质、磁性介质及其他新型载体；另外，文字也不再是表达思想的惟一手段，图形、声频、视频等同样是表达思想、传递感情的重要手段。因此，可以说文献的类型非常繁多，五花八门，而且还不断有新的文献形态出现。在信息检索领域，可按一定的划分标准将文献划分成不同的类型。如，按文献载体物理类型可将文献分为：印刷型文献、缩微型文献、机读型文献、视听型文献等；按文献载体的出版类型可将文献分为：图书、报纸、期刊、特种文献等，其中特种文献包括科技报告、会议文献、专利文献、学位论文、标准文献、政府出版物等等；按文献的加工层次可将文献分为：零次文献、一次文献、二次文献、三次文献等等。因此，我们不能把文献的内涵仅仅局限于常见的纸质形式的信息载体上。

值得一提的是，虽然将文献定义为“记录有知识的一切载体”，但随着新的文献载体不断出现，“一切载体”比较笼统，有的载体是固态的、可见的，有的载体是动态的、不可见的。如声波、光波、电磁波，未来的信息高速公路，数据经压缩后能以比现在高数千倍的速度在光纤上快速传递。因此，有人提出“信息通道”的概念，它可以分为存储型和传播型。文献应属于存储型的固态的载体，而不是同样可承载和传递信息的图文电话、语音信箱、电子邮件、网络等。所以应该可以把文献理解为“记录有人类精神信息的、且便于存储或传递的人工固态附载物”。这里强调的是那些在载体形式上便于保存和传递的纸质和非纸质的固态载体，而非瞬时信息的附载物或其他实物，这两点限定可以帮助我们把文献置于实用的、可操作的范围内。否则，过分扩大文献概念的外延只能给文献信息工作带来困难，使理论和实际脱离。

1.1.3 知识的概念

知识是人类社会实践经验的总结，是人的主观世界对客观世界的概括和如实的反映。知识是人类通过信息对自然界、人类社会以及思维方式与运动规律的认识，是人的大脑通过思维重新组合的系统化的信息的集合。因此，人类不仅要通过信息感知、认识和改造世界，而且要根据所获得的信息组成知识。根据当代著名科学哲学家卡尔·波普尔的“世界 3”理论，知识可以分成两种，即主观知识和客观知识。主观知识主要是指人们头脑中的经验、观点、思想，在文字产生以前，知识主要以主观知识的形式出现，但随着信息载体的发展，主观知识实现主体外存储，从而产生了通过文字、图像等记录于载体的客观知识，它是人类的一个重大进步。主观知识可以随着人的死亡而消失，而客观知识可以代代继承，从而实现跨越时空的交流、传递与开发利用，因而客观知识的作用和意义不可低估。人类文明的进步，主要是客观科学知识的作用，它也是当代社会信息资源的主体结构。

1.1.4 信息、文献、知识的关系

通过以上对信息、文献、知识概念的定义和解释，关于信息、知识和文献之间的关系我们可以归纳为：信息是广泛存在于自然界、人类社会、人类思维之中的一切事物的存在方式和运动状态的客观反映；知识是人类社会中经过人类智能加工的系统化的信息；文献则是记录人类信息、知识、情报的一切载体。同时，信息、知识、文献又是可以不停地互相转换的。

关于信息、文献和知识之间的范畴关系如图 1－1 所示。

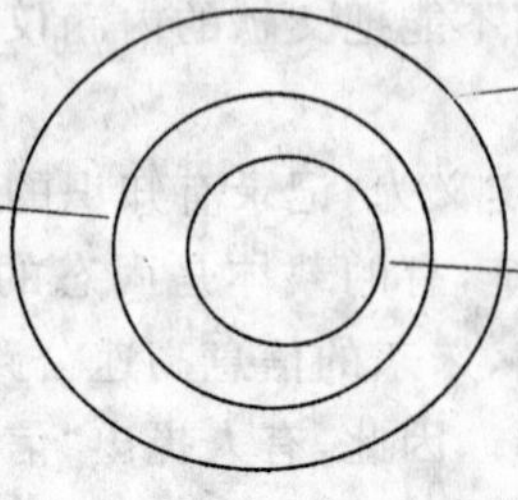

图 1-1 信息、文献、知识的关系

因此,只有科学地了解和认识信息、文献、知识三者的概念和关系,才能更好地把握信息,才能使信息更好地为科学技术、经济和社会发展服务。

1.1.5 信息检索的概念

信息检索是信息工作的一项重要内容,是沟通广大信息用户和各种信息源的主要渠道,也是大量信息进行广泛传递的集中表现形式,最能体现信息存储的目的。信息检索一般是指查找满足特定需要的过程。虽然这种查找行为很早就萌芽于图书馆的参考工作之中,但信息检索的概念直到 20 世纪 50 年代以后才产生。这一概念的产生是由于:① 现代记录下来的知识急剧增长而需要给以合理的存储;② 人们查寻的着眼点更多地指向包含在文献中的信息而不是文献本身;③ 电子计算机应用到信息工作领域使人们拥有强有力的信息处理手段。

(1) 广义的信息检索

从广义上理解,信息检索是指将信息按一定方式组织和储存起来,并根据信息用户的需要找出有关信息的过程。所以它通常被称为"信息存储与检索",包括各种文献信息的加工存储和检索利用两方面的内容,由两个方向相反而又相互依存的工作过程构成。广义的信息检索概念是对信息工作者而言的。

(2) 狭义的信息检索

狭义的信息检索是指广义的信息检索的后半个过程,即从信息集合中找出所需要信息的过程,相当于人们所说的信息查检。在实际工作中,也往往把日常的信息加工和存储视为内部准备工作,而狭义地把信息的查检视为信息检索。狭义的信息检索的概念通常是针对信息用户而言的,即根据信息用户的特定要求查找所需信息的全过程。

1.2 信息检索的目的、意义

信息检索在信息用户与信息源之间起媒介作用,它是联系信息生产者与信息需求者的中间环节,是信息交流和传递的重要过程,是提高文献信息利用率和科研效率的重要手段，也是合理利用人类智力资源的重要措施。概括起来，信息检索的意义主要体现在以下几个方面：

(1) 信息检索是获取知识的有效途径

在当今文献和知识急剧增长的信息时代，如何在浩如烟海的文献信息流中迅速找到所需文献信息，并加以合理有效的利用，是摆在科研工作者面前的一道重要课题。据测算，人类知识总量在19世纪每50年增加一倍，20世纪初每10年增加一倍，20世纪70年代每5年增加一倍，80年代几乎是每3年增加一倍。而且，文献信息的分布极不平衡，同一学科的论文分散在几十种，甚至几百种期刊上，导致文献的查找越来越困难。因此，如何以最少的精力、最短的时间充分占有文献信息，成了人们亟待解决的实际问题，而信息检索正是有效解决这一问题的最好途径，它可以帮助人们快、准、全地获取所需信息，最大限度地节省查找时间，使文献信息得以充分的利用。

(2) 信息检索能够避免重复研究和走弯路

科研的任务是为了创造新的知识成果，它要求对某一课题或某一领域的认识及判断应是前所未有的。因此，任何科研项目都必须建立在完全的、充分的信息检索基础之上，否则很容易造成重复研究，导致人力和物力的严重浪费。据统计，我国低水平的重复研究现象比较严重，尤其是省级及以下科研项目，重复率达到50%。可见，要进行有价值的科学研究，必须全面地获取有关文献信息，及时了解各学科领域出现的新问题、新观点，这只能依赖信息检索才能实现。

(3) 信息检索可节省劳动时间

信息检索是研究工作的基础和必要环节，成功的信息检索可以起到事半功倍的效果；尤其是随着信息技术的更新发展，研究者可以在很短时间里完成信息调研，从而节省劳动时间，提高工作效率。

(4) 信息检索能协助管理决策

科学的决策，源于对信息资料的充分占有。管理决策必须依赖信息咨询才能保证其科学性、公正性；信息咨询成功的基础则是通过科学合理的信息检索获取大量有用的信息。因此，信息检索是国家、企业、单位和个人等获得信息的重要途径。

(5) 信息检索能提供科学的方法

有人曾用“信息爆炸”一词来描述当今社会中信息生产与信息载体数量的迅猛增长，在浩如烟海的信息资料之中盲目地找寻自己所需要的信息，自然是一件非常困难的事情。信息检索则为人们提供了一套较完整的开发、利用信息资料的方法。包括信息检索工具的选择，信息检索策略的制定，信息检索手段的选择等。

(6) 信息检索是科研工作的组成部分

科学研究必须以继承前人成果和借鉴他人工作为基础。一般包括资料准备阶段和研究阶段。其中，资料准备阶段要占用科研人员全部科学研究的30%～60%的时间，上下幅度随着信息检索效率的高低发生变化。高效的信息检索不仅能使科研人员减少查找资料的时间，而且还能够通过信息检索获得启发，对研究工作具有极大的帮助作用，最终缩短科学研究的时间。

1.3 信息检索的类型及特点

信息检索按不同的标准可划分为不同的类型，不同类型有各自不同的特点。

1.3.1 按存储和检索的对象分类

(1) 文献检索

文献检索是指以文献为查找对象的检索。用户为了获取某个课题、某个问题、某个事物的相关信息，而去查取记载这些相关信息的文献，就是我们所说的文献检索。它查找的对象是文献，只有当相关文献被找出后，才能得到相关的信息。但这些相关的信息并不能回答用户怎样去解决这个问题，只能对用户解决问题起参考作用。因此，文献检索是一种相关性检索，一种非确定性检索，它的检索原理与方法一般比较复杂，需经过专门培训才能掌握。

(2) 数据检索

数据检索是指用户利用某些检索工具去查找某个确定性的数值型数据而进行的检索。它的目的是为了查找某些确定性的数据，而且这种数据是数值型的。如铁的密度，某个建筑的高度，某个单位的确切人数等。它所利用的检索工具是参考工具书，如手册、年鉴等，或者是相关的数据库。根据其概念我们知道它是一种确定性的检索，能为用户提供直接的答案、确定的结果。因此，数据检索是一种确定性的检索，检索结果要么正确、要么错误，不存在是否能提供多少参考价值。

(3) 事实检索

事实检索是指用户为了确定某个事件或事实发生的时间、地点和过程等方面的信息而进行的检索。它的检索结果可视为一种非数值型数据。因此，有人也将它归入数据检索类中。事实检索直接解决用户的问题，结果要么正确、要么错误，它也是一种确定性检索。

1.3.2 按信息存储和检索的方式和技术分类

(1) 传统信息检索

传统信息检索一般称为手工检索。手工检索是指人们通过手工的方式来存储和检索信息。检索过程是完全由人来进行的行为，专业信息管理人员用人工的方式来完成信息的存储，用户通过手翻、眼看、大脑判断来完成检索过程。根据人们的手工检索实践，又可将它分为专业性检索和非专业性检索。非专业性检索是指人们直接针对原始文献进行检索，不是利用检索工具来进行。这种检索是盲目的，不仅费时费力，而且检索结果不理想，查全率和查准率都很低。现在许多没有经过检索培训的人还是常用这种非专业的检索方式。专业性检索包括追溯法、工具法和综合法。追溯法是指人们在查出部分与课题相关的文献后，再通过这些文献的参考文献，找到参考文献的参考文献，由此可追溯查出更多的与课题有关的文献。工具法是指人们利用检索工具进行信息检索，这是一种较专业的方法，检索结果往往比较理想，但用户须经过培训才可熟练掌握。综合法则是指追溯法与工具法的综合利用，人们可以先通过工具法找到部分文献，再利用追溯法查找更多的有参考价值的文献，两种方法反复交叉使用，直到检索结果满意为止。

(2) 现代信息检索

由于现代人们已广泛利用计算机进行信息存储和检索工作，因此现代信息检索一般就是指计算机检索。计算机检索是指人们利用数据库、计算机软件技术、计算机网络以及通信系统来进行信息的存储和检索。计算机的产生使信息检索发生了革命性的变化，人们利用计算机大大提高了信息的处理和检索能力，并能在短时间内完成大量的信息检索工作，而且检索效果很好，使人们在信息服务方面得到了巨大的改善。计算机检索的原理比较简单，但有很强的检索技巧性。因此，它也是一种专业性的检索，用户需进行专门的培训方能较好地完成检索任务。

计算机检索按其检索方式又可分为光盘检索、联机检索和网络化信息检索。光盘检索再分为单机光盘检索、光盘联机检索。计算机的出现促进了信息检索革命性的发展。计算机检索从过去的单机检索到现在的网络化检索，使人们能在短时间内获取大量的、有价值的信息。现代信息检索技术已成为每个人必须掌握的技能之一。

1.3.3 按信息组织的方式分类

(1) 目录检索

目录检索是指以目录的形式来组织信息，形成目录型检索工具，然后用户利用目录来进行检索。目录通常有卡片式目录、书本式目录、机读目录、联机公共检索目录。通过目录只能检索到文献的外部特征信息如书名、著者、出版者、出版地、页码、分类号、文献收藏单位等书目数据，使人们了解到文献的各种特征，然后根据这些外部特征再去查找文献，从而得到原文。

(2) 题录检索

题录检索是指以题录的形式来组织信息，形成题录型检索工具，它类似于目录检索，但其检索结果不是文献的外部特征信息，而是文献中某篇文章的外部特征信息。

(3) 文摘检索

文摘检索是以文摘的形式来组织信息，形成文摘型检索工具，它是在题录的基础上增加了篇章的内容摘要。这样人们不仅能查到文献中某篇文章的外部特征信息，更能大概了解篇章的内容是什么。

(4) 全文检索

在计算机检索中,由于计算机存储和处理信息的能力很强,因此可以将文献的全文存储在数据库中,并且可以针对全文进行检索。全文检索可以直接用检索词在全文中进行匹配,如果全文中包含相关的检索词,则认为这篇文章满足用户的检索要求,是用户所需的文章。

(5) 超文本检索

传统的文本是线性的,用户需按顺序阅览。超文本则是非线性的,是一种网状结构。超文本的基本组成元素是节点和节点间的逻辑联接链,节点存储信息,节点中的信息和逻辑联接链被联系在一起,构成相互交叉的信息网络。当用户激活某个节点时,计算机就会在屏幕上显示出相应节点的信息。与传统文本的线性关系不同,超文本检索强调中心节点之间的语义联接结构,依靠系统提供的复杂工具作图示穿行和节点展示,提供浏览式查询。

(6) 超媒体检索

超媒体是在超文本的基础上发展而来的,早期的超文本以文字为主,随着多媒体技术的发展,开始将图像、图形、视频、动画、声频等超媒体信息载体用来建立超链接。因此超媒体的存储对象超出了文本范畴信息的存储结构,已经从单维发展到多维,存储空间亦在不断地扩大。信息的浏览方式多采用多窗口形式,一个窗口显示一个节点的内容。

1.4 信息检索的发展趋势

传统的手工方式处理信息的能力是有限的,现代信息社会中信息每年成几何倍数增长,人们对信息服务的要求也越来越高,不仅要求信息传递迅速,达到即时传递,同时对信息新颖性和广泛性的要求也越来越强,还要得到全球范围内不同语种的最新的、最准确的信息。手工检索方式处理信息的速度和能力已远远不能满足人们对信息的需求。因此,依托通讯网络的现代计算机信息检索成为信息检索发展的不可逆转的趋势。现代计算机信息检索是以计算机为核心的人们基本的实践活动之一。现代信息检索在近几年来发展非常迅速,由起初的单机检索系统到现在的网络化检索系统,从单一文字检索到多媒体检索等,人们处理信息和开展信息服务的方式和能力正在日新月异地发生着深刻的变化。

现代的计算机检索系统不仅能处理文字信息,更能处理大量的图像、图形、音频、视频和动画等信息,通过检索系统的语言转换,使人们可以得到不同自然语言环境的信息。而且信息能在第一时间内从信源到达人们的手中,达到即时传递。

计算机信息检索的智能化交互功能越来越强。实现多媒体信息检索以来,利用软件技术,人们可以同检索系统进行自然语言的人机交流。当人们将自己检索内容以自然语言的方式提供给计算机检索系统后，检索系统就会根据相应的要求进行检索，并将结果输出。在一些发达的国家，计算机检索系统已经实现了多媒体3D动画式的较强的智能化交互功能，用户只需通过语音系统将提问直接读给计算机，计算机就能根据用户的语音提问进行检索。同时，通过虚拟的咨询人员与用户进行交互式回答，直到用户得到满意的检索结果为止。这种多媒体智能化的服务方式将是现代信息检索系统发展的主要方向之一。

在实现智能化交互式检索功能的同时，检索系统也在不断地简化用户界面，以最友好、最简便的操作让用户进行检索。检索界面越来越大众化，不仅经过培训的人能够使用，而且尽可能让儿童或老人都能够使用。就如现代许多开发人员所提倡的“只要会点鼠标的人就会使用我们的系统”。因此，友好的检索界面也是一个检索系统的主要发展方向之一。

在过去，检索系统一般是面对专业的检索人员。但在现代社会，信息检索已成为人们日常生活和工作的一件“日常事”，检索系统的对象也由过去的专业检索人员逐渐变为最终用户。检索对象的改变，决定了检索系统在对信息进行存储管理和检索的原理和技术上的变化。上述的检索界面越来越友好，操作越来越简单就是一个例证。因此，检索系统在今后的发展上，面对的应是越来越多的最终的信息用户，信息检索大众化的方向已不可逆转。

随着网络化检索系统在各国的发展，越来越多的国家认识到实现信息共享和交流的重要性。在互联网日益发达的今天，人们对计算机检索系统必须具有跨国家和地区的检索功能要求也越来越强烈。许多人都希望能在一个简单的、统一的检索平台下，以最少的操作、最短的时间检索到尽可能多的国家和地区的信息。因此，检索系统在保证界面友好、操作简便的同时，提供跨地区的信息服务功能也越来越重要。在已进入信息化社会的美国，OCLC(Online Computer Library Center)就是一个全球化检索系统的雏形，它不仅将美国许多信息服务单位的众多的检索系统联系在一起，而且发展到欧洲和亚洲等国家和地区，形成了辐射全球的服务网络。

在现代社会，为了满足人们对信息的需求，计算机信息检索正朝着多媒体、交互式、智能化、大众化、网络化、全球化方向发展。

（孙文海，吴贤奇）

2 信息检索原理与技术

2.1 信息组织及检索原理

广义的信息检索包括信息存储和信息检索两个过程。其中,存储是为了检索,而检索必须先存储,信息存储和检索是方向相反而又相互依存的两个方面。

在信息工作中,一个重要的工作就是信息组织。信息组织是对大量杂乱无章、分散的信息资源进行搜集、整理,并根据信息资源的外部特征和内容特性,按学科、主题、分类、地域、时序等,进行筛选、整理、分析、标引,使其归纳到一个统一的系统中,成为一个有序的检索系统,或称检索工具。所以,信息组织是检索的基础,只有实现信息的规范、科学的组织,才能实现信息的有效检索,才能便于利用。

信息检索要求存储过程和检索过程必须采用相同的检索标识进行信息标引,使要存入的信息特征与要检索的信息具有一致的特征标识形式。信息检索的基本原理就是检索者将检索提问的标识与存储在检索工具中的信息特征标识进行比较或匹配,凡是信息特征标识与检索提问标识相一致,或者信息特征标识包含了检索提问标识的,那么,具有这些特征标识的信息就从检索工具中输出,输出的信息线索与检索者所需的信息线索大致吻合。

2.1.1 信息检索语言

从一定意义上说,信息检索成败的关键是能否在检索系统(检索工具)中用规定的检索标识系统,即检索语言,来正确标引检索提问,而正确标引检索提问的关键又在于是否能从检索工具的词表中选出最能确切表达检索提问所需要的标识。信息检索语言是根据信息检索的需要而创造的人工语言。一般又称为信息存储与检索语言、索引语言、标引语言、文献工作语言、标识系统等。其实质是用于表达一系列概括文献信息内容的概念及其相互关系的概念标识系统。它可以是从自然语言中精选出来并加以规范化的一套词汇,可以是代表某种分类体系的一套分类号码,也可以是代表某一类事物的某一方面特征的一套代码,用于对文献内容和信息需要进行主题标引、特征描述或逻辑分类。

当检索信息时,信息检索人员首先对检索课题进行主题分析,即明确课题所涉及的检索范围,使之形成若干能代表信息需要的概念,并把这些概念转换成信息检索语言的语词(标识),然后从检索工具或检索系统中查找用该语词标引的文献,从而找到包含所需信息的文献。信息检索语言在信息检索过程中的作用以及这两个过程的相互关系如图 2－1 所示。

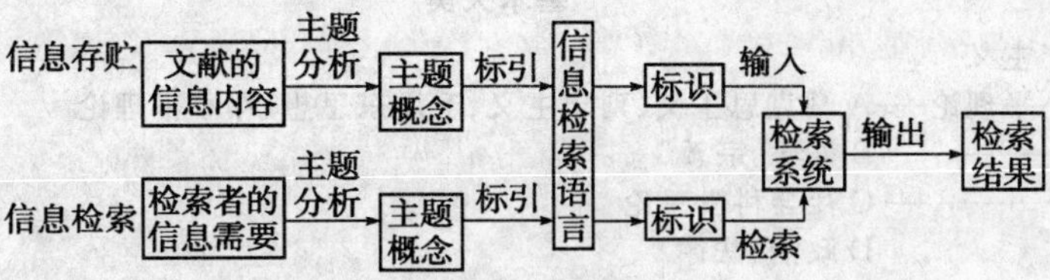

图 2－1　信息检索语言在文献检索中的作用图示

目前国内外有许多种信息检索语言,《中国图书馆图书分类法》、《汉语主题词表》、《国际十进制分类法》、《杜威十进制分类法》、《NASA 叙词表》等,都是具有代表性的信息检索语言。

2.1.2　常用信息检索语言

信息检索语言有很多类型,常用的检索语言有分类检索语言、主题检索语言、代码检索语言等。下面主要介绍前两种信息检索语言。

2.1.2.1　分类检索语言

分类检索语言是依据一定的意识形态观点,以学科属性为基础,结合信息内容特征的一种直接体现知识分类概念的检索语言。其以文献信息的内容学科属性为对象,运用概念划分和概括的方法,按照知识、门类的逻辑次序,从总到分,从粗到细,层层进行概念划分,构成具有上位类和下位类之间隶属关系、同位类之间并列关系的概念等级体系。形成了有序的知识门类体系后,再用规范化的人工符号——字母、数字和语词表示这些类目,不同的类号和类名表示各类目的先后顺序。

分类检索语言在图书、期刊论文以及其他文献信息分类中经常用到。目前国内外常用的分类检索语言有:《中国图书馆图书分类法》(简称《中图法》),《中国科学院图书馆图书分类法》(简称《科图法》),《美国国会图书馆图书分类法》(Library of Congress Classification)(简称《LC 分类法》),《杜威十进制分类法》(Decimal Classification)(简称《杜威法》),《国际十进制分类法》(Universal Decimal Classification)(简称《UDC 分类法》)等。下面以《中图法》为例介绍等级体系分类语言的结构与特点。

《中图法》是目前国内绝大多数图书馆和信息研究部门使用的分类法,最新版本是第 4 版。它将图书划分为马列主义、毛泽东思想、邓小平理论;哲学;社会科学;自然科学和综合性图书 5 大部类。在此基础上再分成 22 个基本大类。每个大类用一汉语拼音字母表示,各大类下进一步再按二、三、四级……类目层层展开。二级类目以下，加阿拉伯数字表示其分类号。最终形成一个等级分明、次序清晰的知识系统（见图 2－2）。

基本部类	基本大类
马克思主义、列宁主义 毛泽东思想、邓小平理论	A 马克思主义、列宁主义、毛泽东思想、邓小平理论
哲学	B 哲学、宗教
社会科学	C 社会科学总论
	D 政治、法律
	E 军事
	F 经济
	G 文化、科学、教育、体育
	H 语言、文字
	I 文学
	J 艺术
	K 历史、地理
自然科学	N 自然科学总论
	O 数理科学和化学
	P 天文学、地球科学
	Q 生物科学
	R 医药、卫生
	S 农业科学
	T 工业技术
	U 交通运输
	V 航空、航天
	X 环境科学、安全科学
综合性图书	Z 综合性图书

S 农业科学
- 1 农业基础科学
- 2 农业工程
- 3 农学（农艺学）
- 4 植物保护
- 5 农作物
- 6 园艺
  - 60 一般性问题
  - 61 苗圃学
  - 62 温室园艺（保护地栽培）
  - 63 蔬菜园艺
  - 66 果树园艺
  - 68 观赏园艺（花卉和观赏树木）
    - 681 一、二年生花卉类
    - 682 多年生花卉类
    - 685 观花树木类
    - 686 观果树木类
    - 687 观叶树木类
    - 688 园林植物栽培
- 7 林业
- 8 畜牧、动物医学、狩猎、蚕、蜂
- 9 水产、渔业

图 2－2《中图法》结构示意图

等级体系分类法的优点：能体现学科的系统性，并清楚反映客观事物的派生、隶属与平行等内在关系，便于从族性角度做全面检索，可随时调整检索范围。此外，各种体系分类表所用的分类标记简单明了，只要掌握它所采用的分类法，就可以借助分类号做有效查找。

等级体系分类法的局限性：直线序列的分类语言难以反映多元性的知识空间，很难满足对边缘学科、交叉学科的课题查找。同时，从"类"入手检索，不宜准确把握与课题最贴切的那一类的范围。换言之，分类法适合作"族性"普查，不太适合作围绕狭窄主题或跨学科主题的专指性检索。

2.1.2.2　主题检索语言

主题检索语言是用表达文献主题内容的词语作为标识的信息检索语言。

主题是一组具有共性事物的总称，用以表达文献所论述和研究的事物对象和问题的概念，即文献的中心内容。主题词是将实词（名词、动词、形容词等）进行规范化处理后的标准用词，主题词与表达的事物概念可以达到一一对应。用语词作文献标识和检索提问标识，并按主题词首字母字顺编制检索工具和进行检索的方法称为主题法。主题法主要包括主题词表、主题词文献库及其索引系统。把文献的主题概念转换为经过规范化处理的语词标识，这一过程称作主题标引。读者进行检索时，必须把提问概念转换为语词标识，并据此进行查找，这一过程称为主题检索。主题词是主题语言中的主体，其具体形式是各种主题词表，如标题词表、叙词表等。常见的主题词检索语言有：叙词语言、标题词语言、关键词语言。在计算机数据库中检索文献大量使用上述检索语言。

主题词语言的特点：按文献所论述的事物（即主题）集中文献；用规范化的科技名词标引文献的主题概念，经规范化处理后直接表达文献所论述的事物；用参照系统间接显示事物概念之间（即主题之间）的关系；按主题词名称的首字母字顺提供检索文献的途径。

主题法的优点：专指性，主题法在揭示文献内容时，不论文献主题多么专指，只要有这一主题的主题词，就可以表达出来；直观性，主题法直接采用语词作标识，易读、易记、易理解；动态性，主题词可进行概念组配，词表中的词汇可以增加或删除。

主题词语言根据选词方法的不同可分为关键词语言、单元词语言、标题词语言和叙词语言。目前，中外文检索期刊编制主题索引时较常使用的是标题词语言、关键词语言和叙词语言。下面分别介绍这三种语言。

(1) 标题词语言

标题词语言是传统的主题检索语言，是以文献的标题词作为标引和检索文献的方法。所谓标题词，是指从自然语言中选取，经过词汇控制的比较定型的事物名称和名词术语。

无论是汉语还是英语，根据语法，标题词语言的组织形式可以分为单词和词组两大类。单词一般选用常用的、易被人们接受的词汇。标题词语言的组织形式一般有单级标题和多级标题两种。单级标题词形式采用单一标题揭示文献的主题内容；多级标题词一般是由主、副标题词组成，检索点为主标题词，用副标题词限制、细分、修饰或描述主标题词的某一个方面，加强其专指性。

在标题词语言系统中，一个概念只用一个标题词表达，排除了一词多义的现象。

在多级标题词中，由于主标题与副标题的搭配一般是固定的，因而标引工作也可以简单地认为是从标题词表中选择最切合文献内容的标题。读者在利用相应的检索工具时，只要在标题词表中对号入座直接选取词汇即可，不必重新组配。

(2) 关键词语言

关键词语言是以文献中的关键词作为标引和检索文献的方法。所谓关键词，亦称键词，是指从文献题名或文摘以及正文中抽取的，能够表达文献主题并具有实质意义的未经规范化处理的自然语言词汇。这种语言不受任何词表的控制，标引较方便，并且可以多个词作为检索点。因此，在计算机检索系统中被广泛应用。

关键词语言与其他主题法的区别在于：前者不受词表的控制，后者受相应词表的控制；关键词可以进行轮排，增加检索点。

关键词语言的优缺点：标引迅速、容易，方法简便，无需查阅词表；由于各个同义词都可作检索标目词，所以检索时，要同时对同义词进行检索，以免漏检；有利于计算机标引。

(3) 叙词语言

叙词语言是以叙词作为标引和检索文献的方法。所谓叙词，是指从文献题目、正文、摘要中抽取出来的，用以表达文献内容的自然语言，并在这些自然语言中优选出来经过规范化处理的名词术语。叙词语言是当今主题检索语言中最主要的类型，它吸收了其他检索法的优点，结合当代检索手段的发展，在方法及原理上优于其他语言，成为当代信息检索语言的主流。

叙词语言有两个特征：第一，规范性。叙词语言采用的检索语言均需要事先进行规范化处理，列于叙词表中，标引和检索都从叙词表中选调，因而保证了标引和检索的一致性。第二，概念性。叙词语言从单元概念出发来揭示文献内容，但它是单元词，检索时可以用一个单元概念，也可以用多个单元概念进行组配，具有灵活性。

叙词语言是按照概念之间的逻辑关系，以自然词汇为基础，进行概念组配。其组配形式有三种：

① 交叉组配是指使用两个或两个以上具有交叉关系的叙词作组配。组配结果可以形成一个新概念，例如："温室"和"大棚"，两词组配后的概念是"温室大棚"。

② 这是一个表示该事物的叙词与表示该事物某一方面的叙词之间进行概念限定的组配。例如：将"电子计算机"和"存储器"这两个分别表示事物及其部分的叙词进行组配，表示"电子计算机存储器"，限定于计算机的某一方面。

③ 表示两个或两个以上具有概念并列关系的同级叙词之间的组配，组配结果形

成一个属概念，即用于组配的各概念的上位概念。例如“病害”与“虫害”组配后的概念是“病虫害”。

采用叙词组配的方式表达文献主题，克服了标题词语言的词汇束缚，可提高标引深度，有助于充分表达文献的主题，满足了从不同主题查找文献的需求。

使用叙词语言的工具是叙词表。叙词表是将标引人员和检索者的自然语言转换成规范化语言的一种控制工具。它是概括某学科领域并由语义相关、族性相关的术语组成的一种规范化的动态词表。在叙词表中，一方面是通过词间关系的揭示来表达其语义关系，如等同关系、属分关系、相关关系等，同时运用字顺、分类或范畴、词族等方法予以全面显示。因此，一部叙词表就是一个联系密切的语义网络。目前，国内出版的叙词表有综合性的和专科性的两类，其中，《汉语主题词表》是国内最通用的一部综合性大型叙词表。《汉语主题词表》由前言、说明、使用规则、主表、辅助表和各种索引组成。全书共有 3 卷 10 分册。

2.2 信息检索技术

如前所述，广义的信息检索包括信息的加工整理和查询。信息加工整理技术的不断发展推动了信息查询技术的相应更新。按照信息加工整理和查询的手段划分，信息检索技术包括手工检索技术、机械检索技术和计算机检索技术。

20 世纪 80 年代以来，光盘存储技术的应用促进了传统信息检索系统模式的改观，特别是 90 年代，Internet 的普及应用极大地改变了人类的生活和工作方式。在信息检索领域，传统检索的中介代理服务功能正在逐步减弱，成千上万各行各业的人都将成为计算机网络系统的最终用户。Internet 系统中存储的信息除传统检索工具的内容外，已出现越来越多的全文本数据、事实数据、数值、图像和其他多媒体信息资源。计算机及其网络环境和各种先进技术使信息的可获得性、传递速度大大增强。跨文件、跨文档、跨数据库以及在多媒体数据库中自由查询已成为现实。在这种情况下，传统的检索方式，用同一界面应付不同水平和不同要求的用户，用静态的同一标准去衡量检索效果等技术显然已经远远满足不了用户的需求。

所以，计算机信息检索技术还可以按照信息载体的不同分为联机检索技术、光盘检索技术、网络检索技术；按照系统数据类型的不同分为全文检索技术、多媒体检索技术、超媒体及超文本检索技术。

2.2.1 联机检索

传统的联机检索技术在 Internet 发展潮流的强烈冲击下，正在克服它的种种弊端，许多世界著名的联机检索系统纷纷加盟了 Internet，如 Dialog、OCLC、STN 等，开通了 Internet 的国际联机检索业务，实现了网上对话方式的信息检索。

当前,主要的联机检索技术有 2 种。

(1) WWW 联机检索

WWW(World Wide Web)是一个可以查询 Internet 上几乎所有信息资源的检索系统。WWW 网中的所有主机都安装 TCP/IP(Transfer Control Protocol/Internet Protocol)、客户服务程序和 HTTP(Hyper Text Transfer Protocol)。前者用于浏览或管理超文本文件(Hyper Text Markup Language, HTML),后者则用来传输超文本文件。这些协议和程序使得世界上 WWW 网中所有不同类型的计算机之间都可以用同一种语言互相访问和显示文档。WWW 的超文本文档不仅限于文本,而且还是一个图文声并茂的超媒体巨型信息库,可通过不同网址直接访问。如 OCLC 的网址:http://www.ref.oclc.2000;Dialog 的网址:http://dialog;STN 系统中美国《化学文摘》的网址:http://www.info.cas.org/online.html。

(2) Telnet 联机检索

Telnet(远程登录)是 Internet 三个基本功能(另两个为 FTP 和 E-mail)中最强的一个,通过 Telnet 可以登录到世界各大联机检索系统,查寻不同的名录数据库、电子公告牌(BBS)、图书馆馆藏目录及其原始文献等。远程登录有两种方式:

① 直接拨号　即通过本地的调制解调器(modem)与远程系统的 modem 直接连接,不需要 IP 地址和主机名。

② TCP/IP 方式　即使用 TCP/IP 协议的连接方式,其传输速度比直接拨号明显提高。在使用 Telnet 登录联机服务时,应注意申请一个账号,进入主机登录时必须输入用户名和密码(口令),系统对不同的账户给予不同的权限。

2.2.2 光盘检索

光盘是 20 世纪后期人类发明的最有影响的信息技术之一。由于价格低廉、存储安全等一系列不容忽视的优点,使信息传播和服务的方式得到革新和发展,使计算机数据库检索技术大众化。光盘作为机检的新品种,不但具备了多种计算机检索的共同属性,如布尔逻辑检索、位置检索、数值限定检索等,还具有自己的特色与优势,如光盘可以由联机(on-line)演变为现场(on-site),为个性化服务打开了方便之门。目前,光盘检索技术主要有以下几种:

(1) 光盘工作站

光盘工作站由普通计算机、光盘数据库和检索软件构成。被检索的数据库可以存储为光盘或服务器硬盘上的虚拟光盘,与其配套的检索软件安装在作为工作站的计算机硬盘上,运行后即可进行检索。光盘工作站读取信息的速度快,平均响应时间短,如果利用虚拟光盘技术,还可以同时检索几个或十几个光盘数据库,省却了逐个更换光盘的麻烦。从光盘数据库中检索出来的信息可以转存在硬盘或软盘上,也可以用打印机打印出来。

(2) 光盘网络

光盘数据库可以在网络上通过光盘塔、光盘阵列、光盘镜像或存储区域网络(SAN)提供网上用户的检索服务。它不仅可以提高光盘数据库的利用率,实现一人同时检索多个数据库,还可以多人共享同一光盘数据库。目前,国内大多数图书馆都在网络环境下,以文件服务器和光盘服务器或专用网络文件服务器的形式实现光盘的网络检索功能,取得了良好的利用效果。

2.2.3 网络信息检索

网络信息检索是利用 Internet 的网络资源,通过交互式的图形界面,为检索者提供友好的信息查询入口,由系统自动向适当的服务器提出请求,获取用户特定需求信息的技术。一般具有检索服务的开放性、超文本超媒体的多链接性以及操作的简易性等特点。

随着网络信息组织与检索实践的不断丰富和发展,各种类型、各种品牌的网络信息检索工具如雨后春笋般不断涌现,其各自的检索功能与服务在不断完善;结合网络信息资源特点的各种行之有效的检索策略、方法与技巧也在探索与形成中。

网络检索工具一般可分为以下两大类:

(1) Web 资源检索工具

即以 Web 资源为主要检索对象,又以 Web 形式提供的检索工具。它代表了网络信息检索的较高水平,应用最为普遍,几乎成为网络信息检索工具的代名词。Web 资源检索工具主要分为以下类型:

① 目录型检索工具　目录型检索工具是一种由信息管理专业人员在广泛搜集网络资源再经过加工整理的基础上,按照某种主题分类体系编制的一种可供检索的等级结构式目录。每个目录类及子类下提供相应的网络资源站点地址,并给以简单的描述。用户能通过浏览该目录,在目录体系的导引下,检索到相关的信息。

② 搜索引擎　搜索引擎使用自动索引软件来发现、收集并标引网页,建立数据库;以 Web 形式提供给用户一个检索界面,供用户输入检索关键词、词组或短语等检索项;代替用户在数据库中查找出与提问匹配的记录,返回结果可按相关度排序输出。搜索引擎突出的是检索功能,而非主题指南那样的导引、浏览,一般可称为因特网资源的关键词索引。

③ 多元搜索引擎　多元搜索引擎又称为集合式搜索引擎。针对不同搜索引擎的数据库覆盖的领域、资源类型、规模不同,检索方式各具特色,为避免用户对不同搜索引擎重复输入提问式、筛选剔除重复结果等,将多个搜索引擎集成在一起,提供一个统一的检索界面,可一次性获得全面信息。

(2) 非 Web 资源检索工具

即以非 Web 资源(如 FTP, Gopher, Telnet, Usenet 等)为检索对象的检索工

具,如:Archie, Veronica, WAIS等。随着Web这一网络资源“后起之秀”的出现,此类检索工具的作用有所削弱。

2.2.4 全文检索

全文检索技术是20世纪50年代末产生的信息检索技术。最早的全文检索系统是1959年美国匹兹堡大学卫生法律中心研制的。全文检索系统的出现为人们获取原文而非文献线索提供了一条有效的途径。近年来,全文检索技术的应用范围不断拓展,与出版技术相结合,制作出各种科技书刊、专利文献、新闻报纸等的全文数据库。如中国的《人民日报》、美国的《纽约时报》、加拿大的《多伦多环球邮报》等都出版了机读全文数据库,并每天更新。一些年鉴、手册、百科全书、参考书、文学作品等也成为全文检索系统的处理对象,如《中国法律法规大典》、《中国大百科全书》等。

全文检索以全文数据库存储为基础。所谓全文数据库即是将一个完整信息源的全部内容转化为计算机可以识别、处理的信息单元而形成的数据集合。全文检索系统必须对全文数据库进行词(字)、句、段等更深层次的编辑、加工。同时,允许用户用自然语言表达检索提问,借助截词、邻词等方法直接查阅文献原文信息。

由于全文检索系统存储的对象是信息源本身,而不是信息的线索,因而占用空间大,系统响应速度慢;同时,由于采用自然语言标引与检索,规范化程度低,误检、漏检在所难免。诸如此类的问题,正是当前全文检索系统研究的热点。

2.2.5 多媒体检索

多媒体检索技术是把文字、声音、图像等多种信息进行数字化加工处理后供检索的一种综合技术。一般分为三类:

(1) 视频检索

视频检索是在大量的视频数据中查找所需要的视频片段的过程。其用途广泛,如人体心脏的跳动、卫星云图的变化等;往往具有层次化特征。比如,要检索关于某一个镜头中的某一主题的视频段,或某些图像帧等。因此,视频系统的层次化结构处理是视频检索的关键,采用的技术主要有:

① 框架检索　框架的组织是对一个数据对象或类似于传统数据库中的一个记录进行结构层次处理,可按视频主题或按内容特点安排。主题框架的最高层次是主题目录,其下可定义超类、类以及子类等。内容框架的最高层次是视频镜头源,如名称、地点以及拍摄时间等,其下分别为背景、对象的运动情况等。框架检索是基于对框架的填充技术,每个检索首选最高层,一旦命中,则按内容的填充框架提供给用户。其检索接口是一个基于框架层次结构的表格。

② 特征描述检索　特征描述检索是针对视频的局部特征(事物的颜色、形状、纹

理等)及视频中目标的运动情况的检索。其中,基于主色调的检索在视频检索中效率较高。用户可以选用系统提供的调色板,指出所需检索的镜头或代表帧的主色调,也可以通过调色板调整其所需颜色。对于目标运动情况的检索有两种方式:一是通过SQL语言方法查询;二是采用手绘的方法描述、检索。

③ 浏览检索　层次化浏览是视频检索常用的方法,如利用分层场景转移图进行浏览,获取整段视频的场景图之后,再用分层方法对代表帧聚类,并将每类选取的代表帧作为浏览节点再依次向下一层浏览。

(2) 声音检索

声音检索包括:用序号查找一段声音,以匹配方式检索给定样值的声音,对声音文本的检索等。常用的技术有:

① 特征描述法包括自然语言描述法和声音解释法。

• 自然语言描述法是将原始的声音录制成文件形式保存,通过对文本的自然语言描述(如题目、内容特征介绍等),提供声音检索。

• 声音解释法是把对声音特征所作的适当索引与声音数据一起存入多媒体数据库中,根据对每个声音解释中的结果来建立声音索引的方法。

② 内容检索法包括以下几种形式:

• 赋值检索　即按用户指定某些声学特征的值或范围的说明进行检索。

• 示例匹配检索　即由用户根据选择示例的声音或建立在对声音的某些特征进行描述基础上的检索。

• 浏览检索　即将某种或某些声音的内容分割为若干节点,用链路连接,用户可按任意顺序通过链路进行检索。

• 语言识别与合成方式的检索　该方法是由语言识别装置将原始语言转化为计算机可以理解的数据,存入语言数据库,将语言与文本信息统一起来,用数据库管理系统统一描述、编辑、存储与检索。

(3) 图像检索

基于内容的图像检索技术是一种综合集成技术。它通过分析图像的内容,如颜色、纹理等建立特征索引,并存储在特征库中。用户查询时,只要把自己对图像的模糊印象描述出来,即可在大容量图像信息库中找到自己所要的图像。

用户对图像检索的要求一般分为:准确的图像示例检索,模糊示例检索,描绘示例检索。对于系统来说,不管是哪种检索要求,都要对图像特征进行匹配。因此,图像检索的技术通常是基于颜色特征、纹理特征或形状特征的检索。

2.2.6 超媒体及超文本检索

传统的文本都是线性的,用户必须按顺序阅读。超媒体和超文本却与此不同,它们是一个非线性的网状结构,用户可沿着交叉链选择阅读自己感兴趣的部分。早期的超文本以文字为主，随着多媒体技术的发展，现在可以容纳包括图像、视频、音频等各种动态和静态的信息，这些通称为超媒体系统或超文本系统。对此，目前主要提供两种检索技术。

(1) 基于浏览的检索方式

超媒体系统的数据库是一个多维空间结构的文献链路网。链路网将同一篇文献或不同文献的相关部分结构化地连接起来，这是传统的检索系统所无法实现的。这种组织结构决定了它主要通过非线性浏览获取信息，即通过跟踪信息节点间的链路在网络中移动的过程，并非直接检索。通过浏览不但可以了解数据库的组织，从中查询与课题相关的信息，而且可以不断得到新节点的启发，重新调整检索的目标，使获取的信息更切题，或者通过浏览信息片段，动态地建立新的检索路径。但是，该技术目前仍存在明显的不足：随着节点和链路的不断增加，用户"迷路"现象在所难免；仅靠用户自行浏览发现相关的主题内容，需要花费大量的时间和精力，影响检索的速度和效率；节点间的链路是由系统设计者预先设计好的，即链接是静态的，无法满足用户按照自己的思路去创造、删除或修改。

(2) 基于提问的检索方式

即检索者按照规定的格式要求在终端输入检索提问式，交由超媒体系统自动检索获取所需信息的技术。该技术目前正在试用的模型有：分类提问模型、双层结构模型、似然推理模型等。与基于浏览的检索方式相比，基于提问的检索方式查找目标明确，获取的信息准确度高，较适于大型检索系统。但该方式对用户的要求较高，检索者必须熟悉专业化的检索语言和检索策略。

2.3 信息检索的方法与步骤

信息检索的方法和步骤是信息查询的灵魂。信息检索的方法很多，每种方法都有其特点和使用环境。用户在检索过程中要根据检索的特点及检索环境选择正确的检索方法，同时掌握正确的检索步骤。

2.3.1 信息检索的方法

信息检索的方法可以分直接检索方法、间接检索方法和综合检索方法三种。

(1) 直接检索方法

直接检索方法是一种传统的查找文献的方法，大致可以分为浏览法和追溯法。

① 浏览法是指直接在一次文献中查找所需文献的方法。带有一定的盲目性，一般只作为其他检索方法的补充，主要用于查找新近发表还没有被各种检索工具和数据库收录的文献。

② 所谓的"追溯法"，就是当查到一篇文献后，以文献后所附的参考文献或附录

式书目为线索追溯信息,由近及远,进行逐一追踪的方法。此种方法不需利用检索工具,查找方法简单,能追溯到相关学科的部分代表作品,但有局限性。其缺点是检索效率不高,费时费工,且漏检率大。另外,作者所提供的参考文献信息可能不全面,与原文见解不同的文献信息可能很少提供,所得的信息比原文还要陈旧。

(2) 间接检索方法

间接检索方法主要是利用检索工具查找文献信息的方法,即所谓的"常用法"。这种方法具有检索上的科学性及检出信息的系统性和客观性,条件允许时,人们应首先考虑采用此法进行信息检索。"常用法"在实践中根据时间又可分为顺查法、倒查法和抽查法。

① 所谓顺查法,就是从过去某一时间起往现在逐年逐月地检索。如果将所查出的文献信息按时间顺序加以分析,就可以看出研究对象的发展过程及规律。适用于课题研究面宽、需了解历史演变的项目。

② 倒查法是从现在往过去逐年回溯。用这种方法检索的用户比较注重新的信息,同时对信息量有一些要求。例如,写论文时想查找一定数量的参考文献,采用这种方法,既能保证相关领域新的信息的检出,又可根据自己对信息量上的要求随时终止检索。这种方法适用于新兴的研究课题或了解学科发展趋势的查检。

③ 抽查法就是抽检某时段的信息。这种方法是利用事物发展的不平衡性来进行检索的。在事物发展的关键时期、鼎盛时期,往往也是重大成果出现的时期,抽取这一时期信息资料进行检索,往往能找到重要的信息。所以利用这种方法检索的用户注意的是某些重要的、关键的信息资料,而淡化信息的全面性和系统性。

(3) 综合法

综合法又称交替法、分段法、循环法,是直接和间接两种检索方法的结合。综合使用各种检索方法,实际上是扬长避短,发挥各种方法的长处。因此,在检索实践中被广泛采用。

2.3.2 信息检索的途径

所谓检索途径,就是利用信息的某种特征作为检索标识来查询相关的信息。信息的检索途径与前文所述的检索语言是直接对应的,也就是说,基本上每种检索语言都可以作为一条检索途径。为此,常用的信息检索途径可以大致分为两大类,即按信息外表特征检索和按信息内容特征检索。按信息外表特征检索的检索途径有题名(或标题、书名、刊名、篇名)检索、责任者(包括个人或团体的著者、编者等)检索、号码(如登录号)检索、机构名检索、出版物名称检索等;按信息内容特征检索的检索途径有分类号检索、主题词检索、关键词检索、任意词检索等。此外,在有些工具中还有一些特殊的检索途径,如生物类的生物分类途径,化学类的分子式或功能团等途径。以下就最常用的一些途径作简单介绍。

(1) 题名(或标题、书名、刊名、篇名)检索

在手工检索中,常利用书名的拼音或笔画、笔形来查询特定图书的有无,但利用题名来查询连续出版物上的信息则少见。计算机检索中,利用题名检索特定的图书或论文都是可行的。

(2) 责任者(包括个人或团体的著者、编者等)检索

利用责任者姓名或团体机构的名称检索某人或某机构发表的文献信息,在手工检索和计算机检索中都十分普遍。手工检索是利用著者索引来查询。计算机检索时,只要选择责任者途径,然后在对话框内输入责任者的名称就可以进行检索了。

(3) 号码(如登录号)检索

经常被用来检索的号码有物质登记号、标准书刊号、报告号、资料索取号等。这些号码都是用在检索特定的信息资料上,一般和信息内容没有直接关系,所以单纯检索索取号没有任何意义,检索信息的索取号是为了索取原文。

(4) 机构名称和出版物名称(如刊名)检索

这两种检索其实是两种抽样检索方法,是为了抽取重要的机构或重要出版物内的相关信息而进行的。计算机检索中,选择途径后在对话框内输入要检索的名称即可进行检索。

(5) 分类号检索

分类号检索就是人们常说的分类检索。这种检索具有较好的族性检索功能。但是值得注意的是,信息资料学科交叉渗透情况很复杂,按某一个分类号查出所有相关信息几乎是不可能的。同时由于对分类概念理解上的差异(尤其是在新学科、交叉学科、边缘学科中),大大降低了信息查全率。另外,如果同类信息太多,比较选择相对重要的、相关性强的信息也是十分繁琐的。

分类检索的要点:第一,对待检课题的概念要清楚,并对其学科间的各种关系要明了;第二,正确掌握相关课题的分类名称、分类号及分类型检索工具的排检。

(6) 主题词检索和关键词检索

与分类号检索相比,主题词检索和关键词检索有非常明显的优势。首先,利用用户非常熟悉的词汇作为检索标识比较直观,而对一般用户来说,理解分类号的确有一定的困难;检索过程中,检索用词和各词间的关系都是由用户自己决定的,检索起来非常灵活;在复杂的课题检索上,很难用一个分类号准确地描述课题所包含的所有内容,而用几个词来描述要容易得多;此外,在检索速度、查全率和查准率上,关键词检索和主题词检索都明显优于分类检索。

主题词检索和关键词检索的要点:首先要选好检索词(包括检索中心词和说明词语),所谓"选好"应包括选全和选准两方面,换句话说,所选用的词概念要准确,要将同义词和近义词都列出来;其次,检索中要正确处理各词间的关系、位置和重要程度。

(7) 任意字段检索

在计算机信息检索中,用词汇检索常有关键词(或主题词)和任意字段两种途径供用户选择。两种途径检索的基本步骤相似。所不同的是，关键词或主题词检索通常是限定在相应的字段中进行，查准率较高，但对查全率有一定的影响。因此，当用户对信息的查全率要求较高时，可以考虑采用任意字段检索，就是在整个相关数据库中对每条记录的所有字段都进行搜索，很显然，用这种方法检索具有较高的查全率，而查准率有所降低。

2.3.3 信息检索的步骤

信息检索步骤，简单地说就是信息检索过程所要遵循的先后顺序，一般分以下五步进行。

(1) 分析研究课题

信息检索步骤与检索要求密切相关，检索过程中每向前走一步都要明确相应的需求和目标。只有清楚自己要查找什么，才能取得很好的检索效果。检索的内容和目标越明确，范围越具体，掌握的线索越多，查获相关信息的可能性就越大，因此在检索之前必须对检索课题进行深入、细致地分析。

① 分析主题内容　就是要对检索课题进行深入细致的主题分析，明确所需文献的具体内容、性质和特点，并形成主题概念，力求检索的主题概念能正确地反映检索要求，并找出与之有关的所有主题词。如检索“土壤环境条件对豆科植物固氮作用的影响”的文献，若仅以课题题目的“土壤环境”、“豆科作物”、“固氮作用”作主题词是很不够的，应对课题作更深入细致的主题概念分析，选择一些与主题内容关系密切的词语一起作为主题词，如决定土壤环境条件的温度、湿度和 pH 值、豆科作物中的大豆、花生等，以及在固氮作用中起重要作用的固氮菌、根瘤菌等。这样就能更充分地揭示课题基本内容，查获相关信息的可能性就会大大提高。

分析课题主题内容，还要根据检索的主题概念，确定课题涉及的学科范围。由于自然科学各学科的交叉渗透，常造成某一课题文献分散于多门学科中。如“超声波技术在兽医上的应用”，不仅涉及“超声波技术”和“兽医科学”两门学科，进一步分析还发现，超声波技术在医学上已得到广泛应用，而医学与兽医学密切相关，从医学文献中也可查到与本课题有关的文献。因此，当课题涉及多门学科时，应一一列出，并分清主要学科与次要学科，以主要学科作为检索重点，次要学科作为补充，这样才能全面系统地检索到所需信息。

② 分析信息类型　现代科技信息类型众多，特定课题的相关信息可能分散在各种类型的信息中。研究基础理论课题，侧重于检索期刊论文、专著和科技报告；搞技术应用和开发的课题，侧重于检索专利文献、标准文献；搞产品选型设计的课题，则侧重于检索产品样本资料、标准文献和专利文献等等。明确信息类型，可为选择检索工具和检索手段提供依据，提高检索的针对性。

③ 分析查找年代　确定检索时间范围，可避免浪费时间和精力。根据课题的历

史背景和检索要求，推算所需文献最为适当的时间段。例如，申请专利的查新检索，回溯年限要长些，而为了了解课题的研究水平与动向等，回溯时间则可短些。

④ 分析地区范围　农业科研和生产具有鲜明的地域性，农业科技信息的产生与分布也有明显的地域性。分析所需信息分布的地域范围，以便有针对性地选择语种、国别或地区。如检索“茶叶加工技术”的信息，应以中、日文为主要文种，主要在中国、日本及东南亚一些有饮茶习惯的国家和地区所发布的信息中查找。

(2) 选择检索工具

选择检索工具的依据有以下两方面：

① 根据课题涉及的学科范围和信息类型来选择。若课题复杂，涉及学科多，应选择综合性和专业性检索工具相结合，以达到较为全面地检索；若课题涉及学科单一，可以专业性检索工具为主，综合性检索工具作为补充；若检索课题涉及某种特定的信息类型，则应选用收录特定文献类型的检索工具，比如要检索专利文献，应选用《中国专利公报》等检索工具。

② 根据检索工具收录范围和编制特点来选择。各种检索工具收录信息的内容范围、语种范围、报道信息内容的侧重点、编排方法和索引系统等各不相同，应根据检索要求权衡选择。如 CABI、Agrindex 和 Bibliography of Agriculture 均是农业主要检索工具，但它们在收录范围、报道形式、编排体系和索引系统等方面各有不同，各具特色，使用时可根据具体检索要求加以选择。

总之，选择检索工具应注意选择专业对口、收录完备、索引系统完善的检索工具，国内与国外检索工具还应相互结合，互为补充。此外，选择时会受到馆藏情况和检索者语种的限制。

(3) 选择检索手段和检索方法

检索手段可根据人力、财力和课题要求来定。检索课题复杂、时间紧迫或人手紧，且经费允许时，可采用计算机检索；课题简单易查，时间较充裕时，可采用手工检索。由于各种全文数据库都有一定的滞后性，检索最新资料必须用手工检索，所以检索实践中更多的是两种手段相结合，根据具体课题要求而侧重点不同。

如前所述，各种检索方法各具特色，使用时应视具体检索条件和检索课题而定。在有大量检索工具可用时，应选用检索工具法；而在缺乏检索工具时，则选用追溯法；如果检索课题要求进行全面系统地普查，以查全为主，应选用顺查法结合浏览法；如检索课题是要了解现状、趋势等动态性信息，或者是新兴的科研课题，应选用倒查法结合浏览法；如已掌握课题的发展过程，为节省时间，提高检索效率，可用抽查法；若检索课题涉及的范围较小，主题概念专指度较高，用分段法就可以达到既较全面系统地检得所需文献，又可提高检索效率。

(4) 选择检索途径，确定检索标识

① 选择检索途径　采用何种检索途径，应根据检索工具所提供的检索途径、检索课题的要求以及已掌握的检索线索来确定。

• 根据检索工具所提供的检索途径来选择：有的检索工具有限的索引种类本身就限定了检索途径而无从选择。如某些检索工具只附有著者索引，因而只能提供著者检索途径和目次表提供的分类检索途径。目前，电子版检索工具的检索途径一般都很全面，所以选择检索途径时更多的是从检索课题的具体要求和已知的线索来考虑。

• 根据检索课题的具体要求来定：当课题所需信息范围较广，应选用族性检索功能较强的分类途径；当课题所需文献范围较窄、较专深具体时，以选用特性检索功能较强的主题途径为宜。

• 充分利用已知的线索来确定：如已知某些著者或专利号或分子式等，可采用相应的著者途径、专利号途径或分子式途径进行检索，并以此为起点，先查到一批相关信息，通过对这批信息的分析，再选用其他途径检索，往往能收到较好的检索效果。

② 确定检索标识　如前所述，每一个检索途径对应一种检索标识。因此，选择检索途径后，确定检索标识是否恰当，将直接影响检索效果。确定检索标识，应注意以下两点：

• 采用关键词作检索词时，对自然语言中的同义词、近义词、多义词等要有认识和掌握，尽可能把有关的词考虑周全，以免漏检。

• 了解上位、下位、同位概念之间的关系，并根据检索课题的要求，选取恰当的检索标识。如把检索概念"放大"（即使用上位类或上位概念检索词），以扩大检索范围、增加检索的广度而使精度分散；如把检索概念"缩小"（即使用下位类或下位概念检索词），则增加检索精度、提高准确性而使检索范围变窄。

(5) 查找信息线索，获取原始文献

上述都是检索的准备工作，准备工作就绪后，就进入检索实战阶段了。在检索过程中，应注意正确识别各项著录，主要包括识别文献类型、了解欧美著者姓名的倒置、了解非拉丁语系著者姓名和出版物名称的转译、缩写刊名的识别和还原等，只有正确理解各项著录内容，才能掌握信息线索和来源。

获取原始文献是检索过程的最后一步，它是根据所查到的信息线索，查找原文收藏单位，再联系借阅和复制。查找原文收藏单位应由近及远，先查找本单位、本地区各文献收藏单位的馆藏目录，若无收藏，可利用检索工具正文著录款目中提供的收藏单位及其索取号或查找外地有关单位的书本式馆藏目录或有关的联合目录，经馆际互借或委托复制来获取。除此之外，还可根据文献条目中提供的著者姓名及其单位名称和地址，向著者索取，或根据文献条目中的出版发行事项向出版发行机构购买。通过联机方式查得的文献还可用联机订购获得原文。

信息检索是一种逻辑思考与推理过程，按一定的检索方法、途径和步骤来查找相关信息，掌握检索的技能，尽量减少检索的盲目性、偶然性，提高针对性、目的性，就可提高检索效率，达到迅速、准确、无重大遗漏地查获所需信息。

2.4 信息检索效果

无论是手工还是利用计算机进行信息检索，并不是每次都能如愿以偿。造成检索结果不如意的原因很多，其主要原因来自两个方面：① 工具和检索系统本身的问题。比如说，工具收录的信息不全，标引深度不够(大多只对信息的中心主题进行标引，而不标引次要主题)，系统只能回答情报提问而不一定能满足情报需求等。② 检索者本身的问题。一般情况下，检索者只能大概地表述自己的提问而且不能确切地衡量文献信息与提问的切题程度。加之，学科不断发展，使课题的性质和范围也不断地变化。同时，检索方法还需不断完善。

因此，我们应该对检索效果做出科学地评价。评价的目的是为了准确了解检索系统的各种性能水平，分析影响检索效果的因素，调整检索策略，改进检索系统的性能，提高检索效果，满足对信息检索的需求。

2.4.1 信息检索效果

检索效果(Retrieval Effectiveness)是检索者对检索系统实施信息检索的有效程度，也是某次信息检索满足检索者信息需求的程度。它同时反映检索者和检索系统的能力。检索效果包括技术效果和经济效果。技术效果是由检索系统完成各种功能的能力、检索者对检索系统的有效操作能力以及对检索课题内容和检索任务的把握能力确定的；经济效果是由检索系统完成各种功能、检索者达到自己的检索目的所花费的成本和时间来确定的。查全率和查准率是评价检索效果的最主要也是最常用的两个指标。有关检索效果的评价见表 2-1。

表 2-1 表示检索效果评估的相关数据表

	相关信息量	非相关信息量	总计
被检索出的信息量	a	b	$a+b$
未被检索出的信息量	c	d	$c+d$
总 计	$a+c$	$b+d$	$a+b+c+d$

(1) 查全率和查准率的概念

查全率(Recall Ratio)又称检全率、命中率，是指检索出的相关信息量与检索系统中相关信息总量之比。可用下式表示：

$$\text{查全率}(R)=\frac{\text{检索出的相关信息量}}{\text{系统中的相关信息总量}}\times 100\% =\frac{a}{a+c}\times 100\%$$

查准率(Precision Ratio)是指检索出的符合课题需要的相关信息量与检索出的

信息总量之比，用字母 P 表示。

$$查准率(P)=\frac{检索出的相关信息量}{检索出的信息总量}\times100\% =\frac{a}{a+b}\times100\%$$

在上述公式中，前者是衡量检索系统和检索者检出相关信息的能力；后者是衡量检索系统和检索者拒绝非相关信息的能力。两者结合起来，即表示检索效率。检索者的最终目的是要求达到查全率和查准率均为100%，这实际上是不可能的。一系列实验结果表明，查全率和查准率之间存在互逆关系。例如，心理学是包含教育心理学的大概念，把“心理学”作为检索词具有泛指性，能提高查全率（如图2-3中的A点），但是正因为检索范围的扩大使得查准率降低。同样把“教育心理学”作为检索词具有针对性，能提高检索词的专指性，排除非相关信息，但是同样也降低了查全率（如图2-3中的B点）。可见，查准率和查全率同时提高是不可能的。也就是说，对于任何一次信息检索，查全率与查准率之间都存在着一个最佳的比例关系，如图2-3中的C点和D点，就是A点和B点两种极端之间的折中检索，即查全率一般在60%～70%，查准率一般在40%～50%，这是检索的最佳状态。

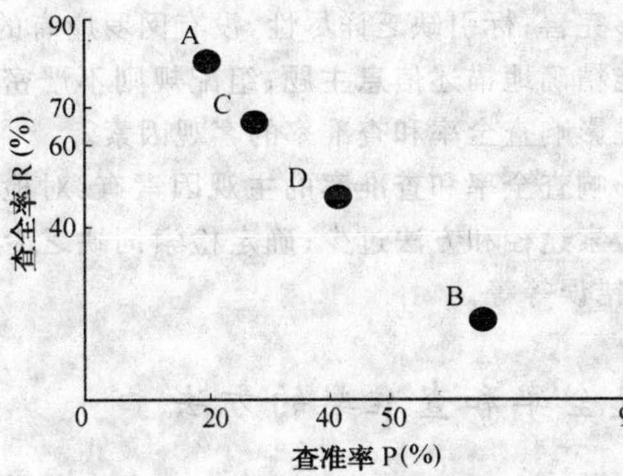

图2-3　查全率和查准率的关系曲线

(2) 查全率和查准率的局限性

查全率和查准率虽然是目前衡量检索效果的相对合理的指标，但它们都存在着难以克服的局限性。

查全率的局限性主要表现在：它是检索出的相关信息量与存储在检索系统中的全部相关信息量之比，但系统中相关信息量究竟有多少一般是不能确知的，只能估计；另外，查全率或多或少具有“假设”的局限性，这种“假设”是指检索出的相关信息对用户具有同等价值，但实际并非如此，对于用户来说，信息的相关程度在某种意义上比它的数量重要得多。

查准率的局限性主要表现在：如果检索结果是题录式而非全文式，由于著录的内容简单，用户很难判断检索到的信息是否与课题密切相关，必须找到该题录的全文，才能正确判断出该信息是否符合检索课题的需要；同时，查准率中所讲的相关信息，也具有“假设”的局限性。

产生这种局限性的主要原因在“相关性”这个概念上。“相关性”的概念本身，主观成分很多，不同的课题，对信息相关性的要求不同，即使同一课题，随着时间、地点、条件的不同以及研究的深入，对所需信息相关性的要求也会有很大出入。例如，在开始确定一项新的研究计划时，对查全率要求很高，希望不漏掉任何一个重要研究项目的情报；而在进行项目研究的过程中，为了核实或补充某个问题，有时又需要很高的查准率。因此，前面所说的查全率和查准率，都是相对的，而不是绝对的。它们只能近似地描述检索效果。在评价检索效果时，必须谨慎使用这两个概念。

(3) 影响查全率和查准率的主要因素

对用户来说，最关心的是检索效果，影响检索效果的主要因素有文献标引的广泛性和用户检索标识的专指性。标引的广泛性是指标引时揭示文献主题基本概念的广度，是支配查全率的重要因素；检索标识的专指性是指检索标识表达主题的基本概念的专指度，是支配查准率的重要因素。

对于一个信息检索系统来讲，系统内信息存储不全，收录遗漏严重；索引词汇缺乏控制；词表结构不够完善；标引缺乏详尽性，没有网罗应有的内容；信息分类(标引)专指度缺乏深度，不能精确地描述信息主题；组配规则不严密，容易产生模棱两可或歧义现象等，这些都是影响查全率和查准率的客观因素。

对检索者来说，影响查全率和查准率的主观因素有：对检索课题要求不明确；检索工具选择不恰当；检索途径和方法过少；确定检索词缺乏专指性，检索面宽于检索要求；用词不当；组配错误等等。

2.4.2 提高查全率和查准率的方法

提高查全率和查准率可以采取以下措施，见表2-2。

表2-2 提高查全率和查准率的措施

<table>
<tr><th rowspan="2">检索目的</th><th rowspan="2" colspan="2">构造检索策略的技巧</th><th colspan="2">影响效果</th></tr>
<tr><th>查全率</th><th>查准率</th></tr>
<tr><td rowspan="7">提高查全率</td><td colspan="2">少用逻辑“与”(AND)组配</td><td>+</td><td>—</td></tr>
<tr><td colspan="2">多用逻辑“或”(OR)组配</td><td>+</td><td>—</td></tr>
<tr><td rowspan="4">利用词的等级</td><td>族性检索</td><td>+</td><td>—</td></tr>
<tr><td>同位类检索</td><td>+</td><td>—</td></tr>
<tr><td>上位词检索</td><td>+</td><td>—</td></tr>
<tr><td>同义词检索</td><td>+</td><td>—</td></tr>
<tr><td colspan="2">截次检索</td><td>+</td><td>—</td></tr>
</table>

续表 2-2

检索目的	构造检索策略的技巧	影响效果	
		查全率	查准率
提高查准率	下位词检索	—	+
	提高检索词的专指度	—	+
	利用逻辑“非”(NOT)剔除	—	+
	利用文献外表特征限制检索	—	+
	加权检索	—	+

在实际检索中需要根据具体的检索课题来调整查全率和查准率。用户通常是经过几次检索来调整符合检索课题需要的查全率和查准率。在多数情况下,应该在查全基础上逐步利用限制检索来提高查准率。

另外,要提高检索效果,还可以参考使用以下辅助性措施和方法:

① 提高检索工具的质量。包括数据库收录信息内容的范围不但要广泛,而且要切合课题检索的要求;著录的内容详细、准确,辅助索引完备;具有良好的索引语言的专指性与网罗性及其标引质量等。

② 提高自身利用检索工具的能力,使之具备一定的检索语言知识,能选取正确的检索词,并能合理使用逻辑组配符,完整地表达信息需求的主题;能灵活运用各种检索方法和检索途径等,使检索工具最大限度地发挥作用。比如,全面准确地表达检索要求,合理使用信息检索点。根据不同检索课题的需要,适当调整对查全率和查准率的要求。

③ 制定优化的检索策略,尽量准确地表达检索要求,合理调整查全率和查准率。如需了解某项研究的概况则要求查全率高,如需了解某项研究的最新进展,则要求有较高的查准率。总之,选用泛指的检索词,或尽可能增加与检索主题概念相关的检索词的数量,则查全率就高;选用专指性的检索词或由若干个检索词组配的专指概念的检索词,则查准率就高。只要掌握了这些方法和技能,并在具体检索中合理运用,就能得到满意的检索结果。

(孙文海,张洪艳)

3 国内农业文献检索

3.1 印刷型检索工具

3.1.1 印刷型检索工具概论

印刷型检索工具又称手工检索工具或传统检索工具。我国从最早翻译外国的检索工具到自编检索工具,经过一个艰难的发展过程。20 世纪 80 年代检索工具有了一定的规模,对科研和生产的影响也逐渐增加,但与国外比起来仍相差较远。在计算机检索日益发展的今天,我国许多手工检索工具仍在出版,在信息服务方面做出了不小的贡献。目前我国自编的检索工具主要以报道国内文献为主,兼顾报道部分国外文献。内容涉及几乎所有的学科,收录的文献类型也由传统的图书和期刊论文扩展到会议论文、学位论文、专利、标准、地图、视听资料、缩微胶卷(片)、计算机文档等多种类型。

我国现有的国内手工检索工具主要有题录类、文摘类和目录类三类。

三类检索工具的结构基本相同,一般由说明、目次表、正文、辅助索引、附录五部分组成。使用说明一般向读者介绍该工具的编制目的、收录范围、著录格式、代号说明及注意事项等;目次表指明了类目所在的页码;正文一般按分类编排,便于读者利用分类途径进行检索,正文是检索工具的核心部分,存储的不是原始文献,而是描述原始文献特征信息的条目,条目一般包含了原始文献的题名、著者、出处、内容摘要、主题词、分类号、索取号等,每个条目都有一个编号,称为文摘号或顺序号,用于组织各种索引;辅助索引是检索工具的一部分,必须与正文一起使用,它是检索工具中最关键的部分,掌握了辅助索引的使用,才算真正掌握检索工具的使用,辅助索引可以提供更多的检索途径,一般有主题索引和作者索引,以满足读者通过不同的途径检索正文;附录部分是对检索工具内容的补充,一般包括收录原始文献的目录、正文中使用的缩略语、原始文献收藏单位等内容。

手工检索工具正文中的条目对原始文献的特征信息进行揭示时,必须遵循一定的格式和规则,即条目(款目)的著录规则和格式。现在我国大部分检索工具都遵循国家的文献著录标准——GB3793-83《检索期刊条目著录规则》。相同类型的文献著录规则和格式基本相同,不同类型的文献著录内容和格式稍微有所不同。下面是几种常见文献类型的标准著录格式。

期刊论文的著录格式：

分类号
顺序号　中文题名＝外文题名　［刊，文种］　/第一著者（作者单位），第二著者//刊名（国别或地名） ．一年，卷（期）．一所在页码
提要。　　图＊表＊参＊（文摘员）
主题词　　　索取号

图书的著录格式：

分类号
顺序号　中文书名＝外文书名　卷（册、编）次：卷（册、编）的书名　［著，文种］　/著者或编者．一版本/与版本有关的责任者．一出版地　出版者，出版日期．一总页码；开本．一（丛书项）．一附注项．一文献标准书号
提要。　　图＊表＊参＊（文摘员）
主题词　索取号

会议论文的著录格式：

分类号
顺序号　会议名称：会议时间［会］．一编辑出版单位，编辑时间．一起止页或总页码
内容摘要
（文摘员）　　　　　　馆藏号

科技报告的著录格式：

分类号
顺序号 题名：报告号［告］/著者．一出版者，出版日期．一总页码
内容摘要
（文摘员）　　　　　　馆藏号

学位论文的著录格式：

分类号
顺序号 题名［学］/著者；授予学位学校或研究机构．一出版者，出版日期．一总页码．一发表日期
内容摘要
（文摘员）　　　　　　馆藏号

3.1.2 常用印刷型检索工具

3.1.2.1 题录类或文摘类手工检索工具

题录类和文摘类检索工具最多，其中涉及农业的主要有《中国农业文摘》、《环境科学文摘》、《海洋文摘》、《农业机械文摘》、《古生物学文摘》、《麦类文摘》、《食品文摘》、《食用菌文摘》、《水产文摘》、《中国水产文摘》、《全国报刊索引》、《中国学术期刊文摘》等。这些检索工具几乎收录国内出版的所有农业学科方面的文献，下面简要介绍几种常用的检索工具。

(1)《全国报刊索引》

简介：1955 年创刊，现为月刊，由上海图书馆编辑出版，是报道国内报纸、期刊的综合性题录型检索工具，分哲学社会科学版和自然科学版 2 种。它是我国建国后持续出版时间最长、涉及学科最广、信息资源最丰富的报刊检索工具。国内外公开发行，年报道量 40 万条以上。目前，收录报纸 150 多种，期刊 6 700 多种。每月提供的报刊篇目 2 万条左右。学科范围包括自然科学和社会科学，收录的文献类型包含期刊、报纸、会议论文等。

内容编排：该索引内容由说明、目录、正文、索引、附录组成。说明部分对该索引的各方面作了一个比较简单的介绍；目录按照《中国图书资料分类法》对该索引的内容进行分类；正文采用《中国图书资料分类法》的分类方法进行编排；索引部分提供了作者索引、题中人名索引，没有提供主题索引；附录部分包含了引用期刊一览表，通过附录检索，可知所要检索的文献是否在该索引引用的期刊之中，如果不在所引期刊中，则不必检索该索引。

检索途径：提供了分类途径、著者途径、题中人名途径 3 种检索途径。利用题中人名途径进行检索的方法与分类和著者途径基本相同，不同的是检索者须首先知道题中人名，如查找评论某人物的相关文献，则利用题中人名进行检索较好。

(2)《中国学术期刊文摘》

简介：《中国学术期刊文摘》是由中国科学技术协会学会部主办，国家科委批准的全国性检索刊物。报道我国最新的科学技术领域研究成果与进展等，为科学技术的交流、信息的沟通发挥了重要的作用。学科范围包括：数理科学和化学；天文学、地球科学；生物科学；医药、卫生；农业科学；工业技术；交通运输；航空、航天；环境科学、劳动保护科学（安全科学）以及交叉学科、边缘学科和新兴学科等。文献类型包括国内公开出版的学术期刊中重要的论文、会议论文、科技报告等。论文分类采用《中国图书馆图书分类法》。有报道性文摘和指示性文摘两种方式。该文摘现已出版电子版——计算机检索系统。

内容编排：内容编排由说明、目次表、正文、索引、附录等组成。说明不是每期必有，一般在第一期，或在最后一页中出现。附录主要是《中国学术期刊文摘》所引用期刊的刊名目录。正文按《中图法》分类编排，著录内容包含论文的题名、英文题名；作者；第一作者单位；刊名；年卷期；论文摘要；资助项目说明等，在对著者项进行著录时，只著录前两个著者，两个著者之间用“，”分隔，其余著者用“…”表示。第一位著者后“()”内为著者工作单位。该刊还出版少量原始学术论文。整个条目按国家著录标准著录。年终出版年度索引，年度索引包含分类索引和关键词索引。

检索途径：分类途径、关键词途径。

(3)《中国农业文摘》

简介：1981 年创刊，双月刊。由中国农业科学院科技文献信息中心编辑出版，收录的内容范围包括农业工程和机械、农业经济、资源环境保护、农业气象、植物生理、植物保护、园艺、林学、渔业、农学等方面的文献。涉及有关农业的期刊二百多种。收录的文献类型包括期刊、会议论文、科技报告、汇编论文、学位论文、专利、标准等。

内容编排：该刊按学科原分成 7 个分册，分别为《中国农业文摘——粮食与经济作物》、《中国农业文摘——植物保护》、《中国农业文摘——园艺》、《中国农业文摘——土壤肥料》、《中国农业文摘——畜牧》、《中国农业文摘——兽医》、《中国农业文摘——水产》(1991 年更名为《中国水产文摘》)，1989 年增加《中国农业文摘——农业工程》。2003 年《中国农业文摘——粮食与经济作物》改名为《中国粮食经济作物文摘》、《中国农业文摘——植物保护》改名为《中国农业综合开发文摘》、《中国农业文摘——园艺》改名为《中国园艺文摘》、《中国农业文摘——土壤肥料》改名为《中国农业资源环境文摘》、《中国农业文摘——兽医》和《中国农业文摘——畜牧》改为《中国畜牧兽医文摘》，辅助索引有主题索引和第一著者索引，主题索引由一、二级标题词和文摘号组成，标题词按汉语拼音字顺编排。著者规则和格式遵循国家 GB3793－83《检索期刊条目著录规则》。

检索途径：分类途径、主题途径、著者途径。

3.1.2.2 目录类手工检索工具

目录类检索工具很多，一般有《中国国家书目》、《中文核心期刊要目总览》、《全国西文连续出版物联合目录》、《中国报刊大全》等，下面介绍几种常用的目录类检索工具。

(1)《中文核心期刊要目总览》

简介：由北京大学图书馆和北京高校期刊工作研究会主持出版，最新版本为 2000 年版(第三版)。收录内容范围：除军事学以外的其他学科。收录文献范围：期刊。

内容编排：此书按《中图法》第四版将学科分成 7 个部分，依次是：第一编，哲学、社会学、政治、法律；第二编，经济；第三编，文化、教育；第四编，自然科学；第五编，医药、卫生；第六编，农业科学；第七编，工业技术。这 7 个部分共载录了 75 个学科的

1 571种核心期刊。由于各学科核心期刊是动态发展的，因此目录也会相应地发生变化，不断地出版新版本。

《中文核心期刊要目总览》主要由说明部分、目次表、正文、索引、附录等组成。说明部分简单介绍了该目录的编辑人员、顾问人员、文献计量方法、学科鉴定专家名单及使用方法等。正文是核心期刊表。附录包括专业期刊一览表、检索性期刊一览表、国内版外文期刊一览表、核心期刊的刊名索引、刊名索引 5 个部分，其中后 2 个部分为辅助索引。因此辅助索引包含核心期刊的刊名索引、刊名索引 2 个部分。

核心期刊表提供的农业科学方面的核心期刊是：综合性农业科学类 20 种，肥料学、土壤学类 9 种，农业工程类 12 种，农学、农作物类 16 种，植物保护类 8 种，园艺类 7 种，林业类 17 种，畜牧、动物医学类 12 种，水产、渔业类 9 种。各种期刊都提供了详细的编辑部地址和内容介绍。

检索途径：分类途径、刊名途径。

(2)《中国国家书目》

简介：《中国国家书目》由国家图书馆编辑出版，在全国起着一个书目中心的作用。它以月刊和年刊两种形式出版，整个目录由说明、正文、辅助索引和附录等内容组成，收录内容范围包括所有学科，收录的文献类型有图书、期刊、学位论文、地图、标准、乐谱、视听资料、少数民族语言文献、盲文文献、我国出版的各种外国语言文献等。

内容编排：正文按分类编排，分类标引遵循《中国图书馆图书分类法》和《中国科学院图书分类法》，主题标引遵循《汉语主题词表》，条目著录遵循《国际标准书目著录》和《中国国家文献著录标准》。辅助索引包括题名汉语拼音索引和著者汉语拼音索引。

检索途径：分类途径、题名途径和著者途径。通过分类途径，可以检索到某个学科的相关文献；通过题名途径，可以检索到有关某个题名的相关文献；通过著者途径可以检索到某个著者在某段时间内出版的所有文献。

(3)《全国西文连续出版物联合目录》

简介：《全国西文连续出版物联合目录》是为了全国不同单位收藏的西文连续出版物能够被广大读者所共享而编辑的，它的目的是能让读者找到自己本单位没有收藏的原始文献。它收录了涉及全世界 100 多个国家和地区的 2 万多种连续出版物，涉及国内 700 多个收藏单位。文献类型有报纸、期刊、会议录等十几种文献。

内容编排：内容包含了使用说明、目录、正文、辅助索引、附表等。使用说明有“正文排列顺序、著录项目与顺序、本目录正文之后附有的索引、本工具书所附索引以外的与本工具书有关的索引”等内容。目录正文按题名字顺排列，以数字开头的期刊名排在正文的最前面“numerals”类目下。辅助索引有分类索引、缩略题名索引、题名关键词索引、中国图书进出口总公司刊号等 4 个索引。附录部分的内容：著录常用语表、著录用标点符号表、不排列顺序的首冠词表、几种文字的“和”词表、文种代码表、世界各国和地区名称代码表、地区名称缩写表、文献类型代码表等 8 个表。详细说明了目录中涉及的各种符号的含义。

检索途径:分类途径、缩略题名途径、题名关键词途径。

3.1.2.3 有关农业科学的检索工具一览表

有关农学的检索工具分类列表见(表 3-1～表 3-8)。

表 3-1 综合类检索工具

检索工具名称	出版情况	收录的内容范围	收录的文献类型	检索途径
中国学术会议文献通报	月刊,中国科技信息研究所等主办	所有学科	会议论文	分类途径
中国学位论文通报	双月刊,中国科技信息研究所主办	所有学科	学位论文	分类途径
科学技术研究成果公报	月刊,国家科委成果管理办公室	国内外各学科的科研成果	科技报告	分类途径
中国学术期刊文摘	月刊,中国科学技术协会主办	国内自然科学	科技论文、会议论文	分类途径、主题途径
全国报刊索引	月刊,上海图书馆主办	国内所有学科	报纸、期刊	分类途径、主题途径、题中人名途径
全国总书目	月刊,新闻出版署主办	国内所有学科	图书	分类途径

表 3-2 农业类检索工具

检索工具名称	出版情况	收录的内容范围	收录的文献类型	检索途径
中文科技资料目录——农业	双月刊,中国农科院文献信息中心主办	国内外农学各科	期刊、专著、专利等	分类途径
国外科技资料目录——农业	月刊,中国农科院文献信息中心主办	国外农业科学文献	期刊、专著、专利等	分类途径
中国农业文摘	季刊,中国农科院文献信息中心主办	园艺、植保、土壤肥料、畜牧、兽医、粮食与经济作物	期刊、专著、专利等	主题途径、分类途径
国外农学文摘	双月刊,中国农科院文献信息中心主办	农业科学	期刊、专著、专利等	主题途径、分类途径
水稻文摘	双月刊,中国水稻研究所主办,1994 年停刊	国内外水稻科学方面的文献	期刊、专著、会议论文、论文汇编、专利等	分类途径、主题途径
麦类文摘	双月刊,河南省农业科学院主办	国内外有关大小麦、黑麦、燕麦方面的文献	期刊、会议论文、汇编论文、科技报告、技术标准、专利、学位论文、科技图书、未发表的论文	主题途径、分类途径

续表 3-2

检索工具名称	出版情况	收录的内容范围	收录的文献类型	检索途径
茶叶文摘	双月刊，中国农业科学院茶叶研究所主办	国内外茶叶方面的文献	期刊、专著、会议论文、专利、科技报告等	分类途径、主题途径
蚕业文摘	季刊，中国农科院蚕业研究所主办	国内外蚕业学科文献	期刊、专著、会议论文、科技报告等	分类途径
食用菌文摘	季刊，上海农科院情报所主办	国内外食用菌文献	期刊、专著、会议论文、科技报告等	分类途径
水产文摘	月刊，中国水产科学院南海研究所主办	国内外水产资源、养殖、加工、环保设备等方面的文献	期刊、专著、会议论文、科技报告等	分类途径
中国水产文摘	季刊，中国水产科学院信息所主办	国内水产资源、养殖、加工、利用、设备、经济、环保等方面的文献	期刊、专著、会议论文、科技报告等	分类途径

表 3-3　农业机械与工程类检索工具

检索工具名称	出版情况	收录的内容范围	收录的文献类型	检索途径
农业机械文摘	双月刊，中国农业机械化科学研究院主办	国内外有关农业机械方面的文献	期刊、专著、汇编论文、会议录、科技报告、技术标准和专利等	分类途径、主题途径
中国农业文摘——农业工程	季刊，中国农业大学主办	国内农业工程领域方面的文献	期刊、专著、会议论文、科技报告、专利等	分类途径
中国机械工程文摘	月刊，机械工业信息研究院主办	收录机械工程学会、电工技术学会、自动化学会等十余个专业学会发表的论文，内容涉及机电产品的各个方面以及市场信息和企业管理等	研究报告、专题汇编论文、科技报告、会议论文、技术标准、专利	分类途径、主题途径
机械工程文摘	双月刊，中国科学技术情报编译委员会主办	国内外近期发表的有关工程机械方面的文献	期刊、专著、标准、会议论文、专利、科技报告，语种包括中、英、日、俄、德、法、意等	分类途径、主题途径
纺织文摘	双月刊，上海市纺织工业研究院主办	国内外有关纺织科学与技术方面的文献	期刊、专著、会议论文、科技报告、专利等	分类途径、主题途径、作者途径

表 3-4　林业类检索工具

检索工具名称	出版情况	收录的内容范围	收录的文献类型	检索途径
中国林业文摘	双月刊，中国林业科学研究院主办	国内有关林业科学和技术方面的文献	期刊、科技专著、汇编论文、科技报告、学位论文、会议论文、专利、会议资料等	分类途径
国外林业文摘	双月刊，中国林业科学研究院主办	国外有关林业科学方面的文献	期刊、专著、会议论文、科技报告、专利等	分类途径
竹类文摘	半年刊，中国林业科学研究院主办	国内外有关竹子科学和技术的文献	期刊、专著、会议论文、科技报告、专利、论文汇编等	分类途径
国外林产工业文摘	双月刊，中国林业科学研究院主办	国外林产工业方面的文献	期刊、专著、会议论文、科技报告、专利等	分类途径

表 3-5　生物类检索工具

检索工具名称	出版情况	收录的内容范围	收录的文献类型	检索途径
中国生物学文摘	月刊，中国科学院文献情报中心等单位联合主办	中国科技人员在国内外公开出版发行的有关生物学及其相关学科的文献	期刊、专著、会议录等	分类途径、作者途径、主题途径
生物技术通报	月刊，中国农科院文献信息中心主办	国内外生物技术方面的文献	期刊、专著、会议论文、科技报告、专利等	分类途径
古生物学文摘	季刊，中国科学院文献情报中心等单位主办	国内外有关生物学方面的文献	期刊、专著、汇编论文、科技报告、会议论文等	分类途径

表 3-6　食品科学和工程类检索工具

检索工具名称	出版情况	收录的内容范围	收录的文献类型	检索途径
食品文摘	月刊，北京市食品研究所主办	国内外有关食品行业法规、食品加工工艺及设备、行业动态、行业信息等文献内容	期刊、会议论文、科技报告、专利、标准、论文汇编	分类途径
中国科技资料目录——商业、粮油、供销	双月刊，商业部主办	国内食品科学与技术方面的文献	期刊、会议论文、科技报告等	分类途径
国外科技资料目录——商业、粮油、供销	双月刊，商业部主办	国外食品科学与技术方面的文献	期刊、会议论文、科技报告等	分类途径

表 3-7 农业经济与管理类检索工具

检索工具名称	出版情况	收录的内容范围	收录的文献类型	检索途径
经济管理文摘	半月刊,国家经济体制改革委员会主办	国内经济管理方面的文献	期刊、会议论文、专著、科技报告、论文汇编等	分类途径
经济学文摘	月刊,中国经济学术团体联合会主办	国内经济学方面的文献	期刊、会议论文、专著、科技报告、论文汇编等	分类途径
中国国土资源文摘	季刊,中国科学院主办	国内有关国土资源管理方面的文献	期刊、论文汇编、科技报告等	分类途径、作者途径、地区途径、著者途径

表 3-8 其他相关的检索工具

检索工具名称	出版情况	收录的内容范围	收录的文献类型	检索途径
环境科学文摘	双月刊,中国环境科学研究院主办	国内外有关环境科学与技术方面的文献	期刊、专著、会议论文、科技报告、政府出版物、专利、论文汇编等	分类途径、主题途径
中国化工文摘	双月刊,化工部情报所主办	国内化工方面的文献	期刊、专著、会议论文、科技报告、专利等	分类途径
中国无机分析化学文摘	季刊,北京矿冶研究院主办	国内各种化学分析方法等方面的文献	会议论文、期刊、科技报告等	分类途径、分子式途径
分析化学文摘	月刊,科技部西南信息中心主办	国内外有机无机化学、食品、药物、农业、环境等方面的文献	会议论文、期刊、科技报告等	分类途径、主题途径
中国科技资料目录	季刊,中国农林科学院主办	国内食品科学与技术方面的文献	期刊、会议论文、科技报告等	分类途径
国外科技资料目录	月刊,中国农林科学院主办	国外食品科学与技术方面的文献	期刊、会议论文、科技报告等	分类途径
国外农药文摘	季刊,沈阳化工研究所主办	国外有关农药方面的文献	期刊、会议论文、科技报告、专著、专利等	分类途径
中国药学文摘	月刊,国家药品监督管理局信息中心主办	国内有关药学方面的文献	期刊、会议论文、科技报告、专著等	分类途径、主题途径、外文药名途径
国外地理文摘	季刊,中国科学院情报中心和地理科学情报网主办	国外有关地理科学方面的文献	期刊、专著、会议录、论文集、科技报告等	分类途径、主题途径
中国物理文摘	双月刊,中国科学院情报中心和物理情报网主办	国内有关物理学方面的文献	期刊、会议论文、专著、科技报告等	分类途径、作者途径、主题途径

3.2 农业及生物学数据库

3.2.1 中国农林科技文献数据库

中国农林科技文献数据库是中国农林领域综合性文献型数据库，它由中国农业科学院科技文献信息中心及中国林业科学研究院信息研究所共同建设。该数据库1988年开始建设，现累计数据达60余万条。该库以1 000余种专业期刊为文献源，收录范围涉及农业经济、土壤、肥料、农学、农业气象、植物保护、园艺、林业、畜牧、兽医、桑、蚕、蜂、水产等专业，主要用于科技信息机构、科研院所、高等院校等部门的科研、技术开发、信息咨询及农技推广等方面。20世纪90年代初，该数据库的部分数据被转让给万方数据公司，关于如何查找这部分数据，将在万方数据库章节中(3.3.3)介绍。

3.2.2 中国生物学文献光盘数据库

中国生物学文献光盘数据库(Chinese Biological Abstracts Database－Compact Disc, CBA－CD)是目前国内有关生物学方面最全的综合性文献数据库，系汉英双语种数据库，由中国科学院上海文献情报中心研制出版。2002年版CBA－CD收录了1986～2002年的有关生物学及相关专业文献，累积约14万条数据。该数据库结构简单，操作方便，以功能齐全的检索软件提供主题词、著者、著者单位、出版刊物、《中图法》分类号，以及文摘中英文关键词等索引浏览式检索，并支持布尔逻辑检索。CBA平均每条记录达150个检索点，从汉字、英/拼音的途径均能检索，是个检索功能很强的文献数据库。

3.2.2.1 检索方式及技术

单机版光盘检索：先安装CBA－CD的检索软件，然后用鼠标双击相应的图标；网络版光盘检索：点击光盘链接的CBA－CD，即可开始检索。该数据库主要提供两种检索方式：基本检索和索引浏览式检索。

(1) 基本检索

在CBA检索的主界面，单击菜单栏【S.检索】的下拉菜单中【Q.检索提问】，弹出“提问检索窗”，如图3-1所示。主要由6部分组成。

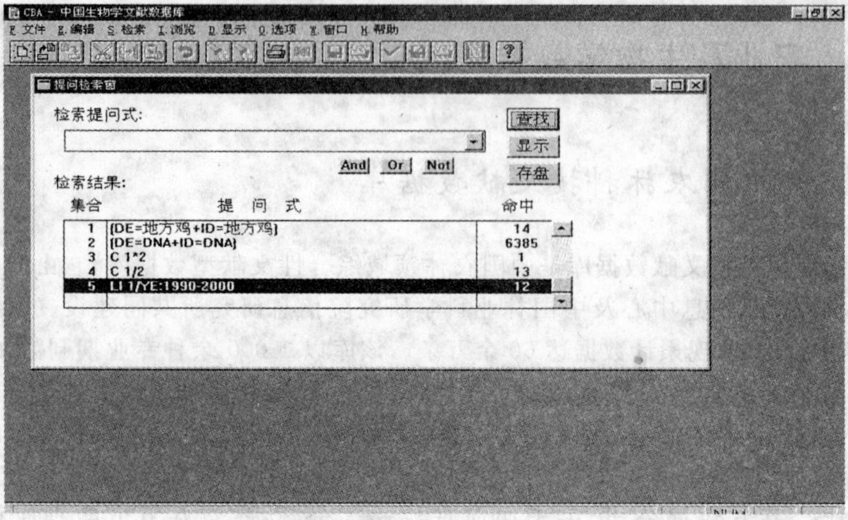

图 3-1 检索提问窗

① 检索提问式框——检索提问式输入区域 检索提问式由检索命令和检索式两部分组成，两者之间空一格。本系统共使用三种命令：Select：检索命令，缩略形式为"S"。Combine：集合间逻辑运算命令，缩略形式为"C"。Limit：检索结果年份限制命令，缩略形式为"Li"。

• Select 命令：输入格式：S fn＝term。

"S"为检索命令符，其后空一格再输入字段标识符及检索式。它可以进行逻辑运算和前方一致检索。逻辑运算采用常用的逻辑运算符，它们是逻辑与（"and"或"＊"）、逻辑或（"or"或"＋"）、逻辑非（"not"或"/"），前方一致检索采用问号"?"实现，目前该数据库提供主题、作者和出版物 3 个字段前方一致检索。

"fn"为检索字段标识符，共有 6 个字段标识符，详见表 3-9。

表 3-9 检索字段标识符说明表

标识符	含 义	示 例
de	主题	S de＝生物技术；S de＝genetics
au	作者	S au＝卢萍；S au＝Mei Lijun
os	单位	S os＝北京实验动物研究中心
so	出版物	S so＝科学通报；S so＝Kexue Tongbao
cc	中图分类号	S cc＝Q949
id	标题、文摘	S id＝动物模型；S id＝Karyotype

值得注意的是，在检索字段标识符缺省情况下，系统默认在主题(de)和标题/文

摘(id)两个字段中检索。如输入"S 地方鸡"与输入"S de=地方鸡 or S id=地方鸡"检索结果是一样的。

• Combine 命令:该命令用于不同集合间集合号的逻辑运算,缩写成"C"。格式:C 1 and 2 或 C 1 * 2(如图 3-1)。

• Limit 命令:该命令用于对检索结果的年代限制。如 Li 1/ye:1990-2000(如图 3-1)。

② 检索结果框——检索中间结果存放区域　当实现了一次检索,框中即刻显示本次检索结果存放的集合号、检索提问式和命中文献篇数,以便用户随时了解检索过程,并快速调整检索策略。

③【查找】按钮——执行检索铵钮　在检索提问式框中输入提问式后,单击【查找】按钮进行检索。与此同时,在"检索结果框"中显示中间结果,"检索提问式框"中的提问式也被清除。

④【AND】、【OR】、【NOT】按钮——逻辑运算符　对于需要进行逻辑检索的提问,在输入了提问式的一部分后单击其中某一按钮可把逻辑运算符加到已输入的提问后。习惯上,大多数用户愿意自己输入运算符,故这三个按钮较少使用。

⑤【显示】按钮——显示检索结果　当光标定位于检索结果框中的某一集合时,单击【显示】按钮可逐篇显示该集合的文献。

⑥【存盘】按钮——保存检索结果　当光标定位于检索结果框中的某一集合时,单击【存盘】按钮,弹出"结果保存"窗口,用户可根据通常的计算机使用知识输入路径和文件名,并确定输出范围。请注意,只允许储存连续的范围。

(2)索引浏览式检索

索引浏览式检索可以帮助用户从索引词表中选词、检索。CBA-CD 数据库提供两种方式的索引浏览式检索,即前方一致方式和汉语拼音的字顺方式。

① 前方一致方式浏览　前方一致方式浏览包括主题、作者、单位、出版物名、《中图法》分类和英文关键词。选择不同的浏览途径,屏幕显示不同的索引窗,用户根据课题需要进行选择。下面以主题词索引浏览为例,介绍检索方法。

在 CBA 检索的主界面,单击菜单栏【I.浏览】下拉菜单的【D.主题词】选项,弹出主题词索引窗,如图 3-2 所示,系统自动打开索引,用鼠标点击【浏览】,也可在主题词输入栏输入检索词(如动物模型),光标则自动停留在与检索词匹配的索引条目上,点击【显示】按钮即可显示记录;点击【转存】按钮,可将该检索词转存到基本检索界面的"检索结果框"中,给用户以组建逻辑检索提问式;点击【存盘】按钮,弹出"结果保存"窗口,用户可输入路径和文件名,并确定输出范围(只允许储存连续的范围,如 2 to 10),再点击【确认】按钮可将该检索词有关的文献存盘。

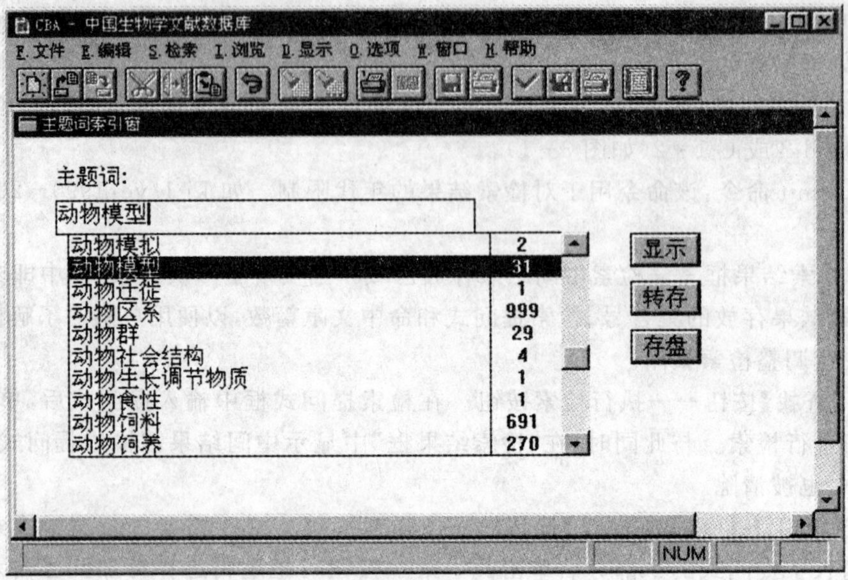

图 3-2 索引浏览式检索界面(主题词索引窗)

索引浏览式检索不能进行逻辑组配,但可以将索引窗口中的检索词转移到基本检索界面以供用户进行逻辑组配检索。方法有两种:一是单击索引窗口的【转存】按钮,就把所需检索词转移到基本检索界面的"检索结果框"中,以备下一步用 combine 命令进行集合间的逻辑运算;二是双击所需检索词,就把该检索词转移到"提问检索窗"的"检索提问式框"中,供用户直接进行逻辑组配。

② 汉语拼音字顺方式浏览　汉语拼音字头码方式浏览主要用于中文主题代码、作者姓名码、作者单位码和出版物代码的检索,这些代码由检索词中每个字的第一个拼音字母组成。如染色体带型的主题代码为 RSTDX,武汉植物学研究的代码为 WHZWXYJ。检索时只要单击菜单【I. 浏览】下拉菜单的相应选项,出现两个索引框,左侧为代码索引框,右侧为相应内容的索引显示框(该框用于显示相关的索引术语及文献篇数),然后将有关代码输入代码索引框,就能在索引显示框内找到所需的索引术语并可显示、转存或存盘。

3.2.2.2 检索结果的显示与输出

(1) 检索结果的显示

中国生物学文献数据库有 2 种检索结果显示方式:单记录显示和多记录显示。

① 单记录显示　当光标定位在"提问检索窗"的"检索结果框"的某一集合,单击菜单栏【D. 显示】下拉菜单的【单记录显示】选项,即可逐条显示这一集合的文献。除了选用显示菜单实现单记录显示外,在大多数情况下利用"提问检索窗"的【显示】按钮和浏览过程中利用"索引窗"的【显示】按钮实现单记录显示。

② 多记录显示　光标定位在某集合处，单击菜单栏【D. 显示】下拉菜单的【多记录显示】，只显示检出文献的篇名，最多显示 20 条文献的标题。用户可据此确定有无必要显示更具体的信息。如对某篇文献感兴趣，可将鼠标移至该篇文献处，双击鼠标，该文献就以单记录显示的格式显示信息。

(2) 检索结果的标记

不少用户在逐一阅读显示的文献过程中，只是希望把感兴趣的文献存盘。CBA 也具备"标记"功能，在"单记录显示"过程中，看到感兴趣的文献，单击菜单栏【D. 显示】下拉菜单【m. 标记记录】即可。

(3) 检索结果的存盘

当光标定位提问检索窗的检索结果框的某一集合处，单击【存盘】按钮可弹出一存盘窗，在该窗口的相应文本框输入路径和文件名及存盘的文献范围即可把检索结果存盘。

当光标定位浏览时的索引窗的某检索词处，单击【存盘】按钮，弹出存盘窗口，在该窗口的相应文本框输入路径和文件名及存盘的文献范围即可将该检索词的检索结果存盘。

当需要把做过标记的记录存盘时，单击【D. 显示】的下拉选项【S. 标记保存】。弹出一存盘窗口，在该窗口的相应文本框输入路径和文件名以及存盘的文献范围，即可把做过标记的文献存盘。这里文献范围中的数字是作过标记的记录数。当需要把做过标记的记录直接打印，单击【D. 显示】的下拉选项【P. 标记打印】即可。

(4) 检索结果的打印

对于已经存盘的文件，可在 CBA 状态下，单击菜单栏中的【文件】，再单击【存盘记录打印】，然而根据弹出的文件列表选择合适的路径和文件进行打印。用户也可用 Windows 的其他的文件打印功能打印这些文件。

对于在单记录显示状态时打印某记录，可在 CBA 状态下，单击菜单栏中的【F. 文件】的下拉菜单中的【显示记录打印】。

3.2.2.3　检索过程中需注意的问题

由于 CBA 检索软件开设窗口有限，因此在检索和显示结果时，如果没有响应，应关闭不需要的窗口。比如，已经用单记录方式显示了某一集合的文献，不可同时又将光标移动到另一集合再显示其文献。如要显示下一集合的文献，需先关闭原先显示的窗口。

3.2.3　中国生物医学文献数据库

中国生物医学文献数据库(China BioMedical Literature on Disc，CBM)是中国医学科学院医学信息研究所开发研制的综合性医学文献数据库。该数据库收录了

1978 年以来近千种中国生物医学期刊，以及汇编、会议论文的文献题录，总计 200 余万条，年增长量约 20 多万条，涵盖《中文科技资料目录：医药卫生》收录的题录，内容涉及基础医学、临床医学、预防医学、药学、中医学、中药学、护理学、医院管理等生物医学的各个领域。1995 年起，约 70%带有文摘。目前，其更新周期缩短为 2 个月。

CBM 的全部题录根据美国国立医学图书馆 1995 年版的《MeSH》表和中国中医研究院情报研究所出版的《中医药学主题词表》进行主题标引；根据《中图法》进行分类标引。除使用《MeSH》表的 82 个副主题词外，还采用了《中医药学主题词表》的 11 个副主题词。

该数据库检索系统适用于单机、网络多种操作系统平台，目前使用的多为 Windows 检索界面，用户操作界面友好，具有强大的词表辅助检索功能，检索途径多样、灵活。

3.2.3.1 检索技术

如果是单机光盘检索，在安装 CBM 检索软件后，用鼠标双击图标，便可启动光盘。如果通过光盘网络检索，首次检索时应安装浏览器光盘检索插件，然后在光盘链接中点击 CBM，便可启动，进入 CBM 的基本检索屏幕，如图 3-3 所示。

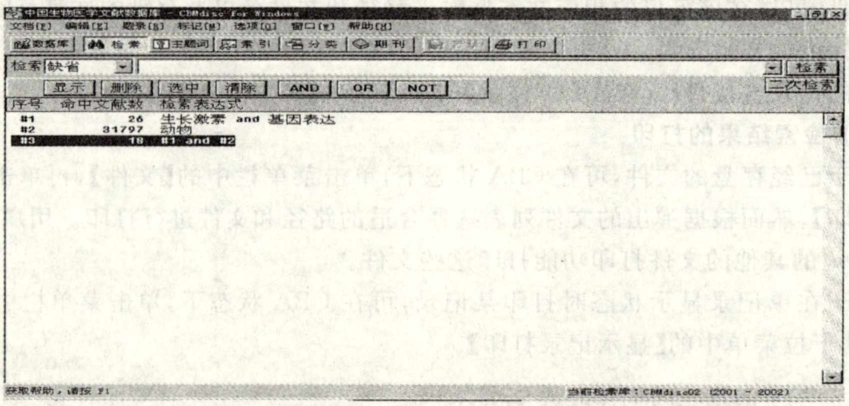

图 3-3 CBM 的基本检索界面

(1) 基本检索

基本检索界面上三行分别为标题栏、菜单栏、工具按钮，第 4 行以下为基本检索窗口。

① 缺省检索　缺省检索又称自由词检索。如用户在检索式输入框内键入检索词(式)，点击【检索】按钮，屏幕显示该检索式和命中文献数。在中文题名、文摘、主题词、关键词、特征词、期刊 6 个字段中查找检索词。

② 字段限制检索　点击【缺省】右边的下拉按钮选择字段，可将检索词限制在某一字段中检索，也可直接将限制字段检索的检索表达式输入检索式输入框，单击右边

的【检索】按钮。

③ 二次检索　二次检索是指在最后一个检索式检索结果的范围内进一步查找，即在检索式输入框中再输入某个检索词，点击右边的【二次检索】按钮。

(2) 词表辅助检索

① 主题词检索：在基本检索界面，选择菜单栏【窗口】下拉菜单中的【主题词检索】选项，或点击工具栏【主题词】按钮，系统进入“主题词检索”窗口。主题词检索可选择用中文主题词方式或英文主题词方式检索。例如：在主题词输入框中输入主题词“炭疽”，点击右边的【浏览】按钮，出现“炭疽”、“芽孢杆菌”主题词，然后点击【加入列表】按钮，弹出选择副主题词窗口，分别加入副主题词，在选择副主题词窗口，可以选择全部副主题词、无副主题词或某个副主题词等中的一项或多项，最后点击【检索列表】按钮。

尽管基本检索也可进行主题词检索，但为了达到更好的主题检索效果，建议使用主题词表进行主题检索。

② 索引词检索：索引词包括数据库中可检字段中的词、词组，主题词以及期刊名称等。该表有助于用户通过浏览方式选词检索。

选择菜单栏【窗口】下拉菜单的【索引词检索】选项，或点击工具栏【索引】按钮。系统转入“索引词检索”窗口。

在索引词检索界面，直接点击【浏览】按钮，系统显示整个索引词列表；在索引词输入栏内输入某个词或词组，点击【浏览】按钮，系统显示含有该词的索引词列表。例如：在索引词输入栏（第 4 行）输入检索索引词“炭疽”，按【浏览】按钮，出现“炭疽”、“芽孢杆菌”和“芽孢杆菌感染”索引词，然后按【加入列表】按钮，分别将这 3 个索引词加入列表，最后点击【检索列表】按钮检索。

③ 分类检索：在基本检索界面，选菜单栏【窗口】下拉菜单中【分类检索】选项，或单击工具栏【分类】按钮，系统转入“分类检索”窗口，检索字段可选择分类号或分类词(分类名)。

在分类检索的输入框内输入分类名或分类号，单击【浏览】按钮，系统显示含有该分类号的分类号－分类名列表或分类名的分类名－分类号列表，如图 3－4 所示。单击要选的检索词，使其呈高亮显示，再点击【检索】按钮，系统则对选定的检索词进行检索；如果检索多个分类号或分类名，分别选中，点击【加入列表】按钮，如此反复操作多次，再点击【检索列表】按钮，系统就根据用户指定的检索词进行检索。

由于该分类表仅包括《中国图书资料分类法》第三版 R 类的内容，所以凡是涉及动物科学或动物医学方面的内容，应采用分类号 R－332 和其他分类号组配检索。如检索“动物狂犬病”，用 R－332 和 R512.99 组配检索。

④ 期刊检索：期刊表列出了数据库中收录的期刊名称及其有关信息。该表有助于用户从刊名、出版地、出版单位等途径查找某期刊的文献。

选菜单栏【窗口】下拉菜单的【期刊检索】选项，或点击工具栏【期刊】按钮。系统转入“期刊检索”窗口。在期刊检索的输入框内输入刊名或出版地、出版单位、主题词，点击【浏览】按钮，系统显示相关信息，选中后点击【加入列表】按钮，再点击【检索列表】按钮，系统对用户指定的刊物进行检索。

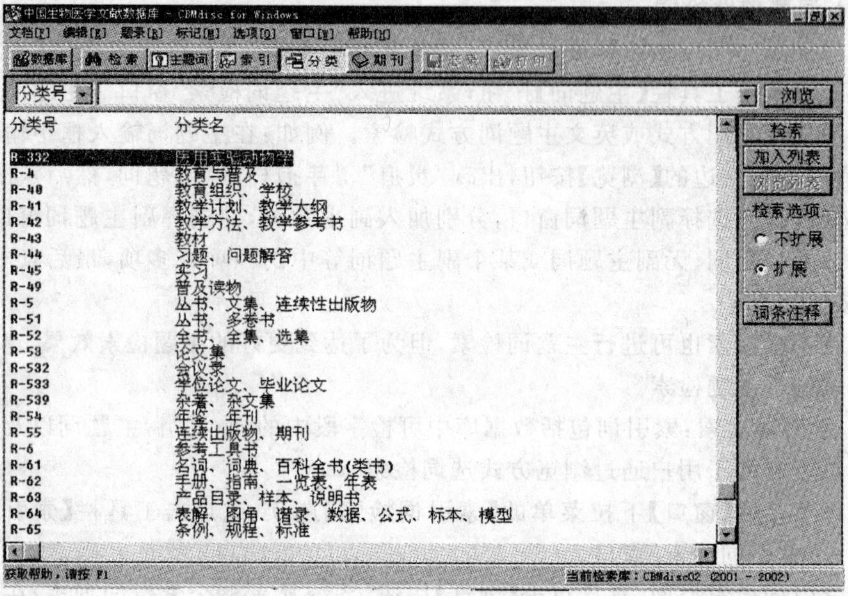

图 3-4 分类检索界面(分类号—分类名列表)

3.2.3.2 检索结果的显示与输出

(1) 检索结果的显示

在检索结果的界面，光标指向要显示的检索式，点击【显示】按钮，或双击检索式即可。在记录显示窗口，可以通过右边的上下滚动条浏览文献；通过切换工具栏中“文摘格式”和“题录格式”改变记录的显示格式；点击记录左上角小书图标，可对需要的记录做上标记。

(2) 检索结果的输出

检索结果的输出包括文献的套录和打印。

点击菜单栏【文档】命令下拉菜单中【套录记录】，或工具栏【套录】按钮，在弹出的套录对话框中根据需要完成对记录套录的设置，点击【套录】按钮即可。

通过浏览文献，确定所需文献记录后，点击菜单栏【文档】命令下拉菜单中【打印】，或工具栏【打印】按钮，在弹出的打印对话框中完成记录打印的设置，再点击该对话框中【打印】按钮，进入【打印机设置】对话框，最后单击【确定】按钮即可打印。

3.3 综合及相关数据库

3.3.1 中国期刊网

中国知识基础设施工程(China National Knowledge Infrastructure)简称为CNKI工程,从1999年6月开始实施,是一项采用现代信息技术,建设适合于我国的可以进行知识整合、生产、网络化传播扩散和互动式交流合作的一种社会化知识基础设施的国家级大规模信息化工程,由清华同方光盘股份有限公司、中国学术期刊(光盘版)电子杂志社、清华大学光盘国家工程研究中心、清华同方光盘电子出版社、清华同方知识网络集团、清华同方教育技术研究院联合承担。

CNKI工程的主要内容包括:知识信息资源数字化建设及挖掘、网络数据存储与知识网络传播体系、知识信息组织整合平台、知识仓库建库管理和发布系统、知识信息计量评价系统和数据库生产基地建设等方面。目前建有两个中心网站:电讯全国中心 http://www.cnki.net 和教育全国中心 http://www.edu.cnki.net;12个数据交换中心:华北交换中心、华中交换中心、西北交换中心、华南交换中心、东北交换中心、西南交换中心、华东北交换中心、华东南交换中心、军队交换中心、香港交换中心、台湾交换中心、美国交换中心。

CNKI主要提供以下数据库供用户检索:

(1) 中国期刊网全文数据库

收录1994年至今的国内公开出版的5 300种核心期刊与专业特色期刊的全文,积累全文文献618万篇,题录1 500余万条,内容覆盖理工、农业、医药卫生、文史哲、经济政治与法律、教育与社会科学、电子技术与信息科学,分9大专辑,126个专题文献数据库。CNKI中心网站及数据库交换服务中心每日更新,各镜像站点通过互联网或卫星传送数据可实现每日更新,专辑光盘每月更新(文史哲专辑为双月更新),专题光盘年度更新。分光盘、镜像、Web版(包库)等多种方式发行。

(2) 中国优秀博硕士学位论文全文数据库

每年收录全国300家博士培养单位的优秀博/硕士学位论文约2万篇,已完成2000～2001年3万本论文的数据加工与入库。

(3) 中国基础教育知识仓库

全文数据库卷:收录3 000种教育类、综合类期刊,400多种教育、综合类报纸及百科知识库(内容涵盖中国大百科、儿童百科、奥林匹克百科、儒学百科等)。

多媒体教育软件资源卷(高中版):包括教育教学素材库(含有精美数字化教学素材;动画、图片、文字、教案、音视频资料等,连续更新)和《带着问题学》(面向学生学习过程中的问题设问,专家精解)。

(4) 中国医院知识仓库

收录 1994 年至今的各类医学文献达 160 多万篇，内容来源于期刊(700 多种医药类专业期刊及 2 300 多种非医药类期刊所提供的文献)、报纸(280 多种专业报纸及与其相关的其他报纸)、医学博硕士论文、我国重要的医药卫生会议论文以及部分医药卫生类工具书、教材等。日更新千余篇，年更新量约 30 万篇。

(5) 中国企业知识仓库

收录国内 5 400 余种核心与专业特色期刊、博硕论文、报纸、行业标准、法律法规、行业经济数据统计、行业深度研究报告、技术发展动态、国外经济发展动态等信息，涵盖企业技术创新、经营决策、企业管理、WTO、行业动态等专业资料信息。以 Web 和光盘版的形式公开发行，每日更新。

(6) 中国城市规划建设知识仓库

收录 1994～2002 年国内 400 余种期刊、博硕士论文、报纸、优秀设计成果、行业年鉴、行业标准、法律法规、行业通讯、国外期刊、技术发展动态等信息，以不同的用途划分为规划设计、城建管理、监理、施工等专题，并配备了专业的知识服务队伍，以实时的内容更新服务于城建行业。

3.3.1.1 中国期刊网检索方法

全国有许多学校都采用 CNKI 网络服务(即包库)模式，现以华东北交换中心服务平台为例介绍中国期刊网全文库的使用方法。

(1) 登录

在浏览器的地址栏内输入：http://www.nj.cnki.net，按【Enter】键进入中心主页。使用中国期刊全文库需要有正确的账号和密码，然后点击网上包库用户【登录】按钮，进入中国期刊全文库检索界面。如图 3-5。

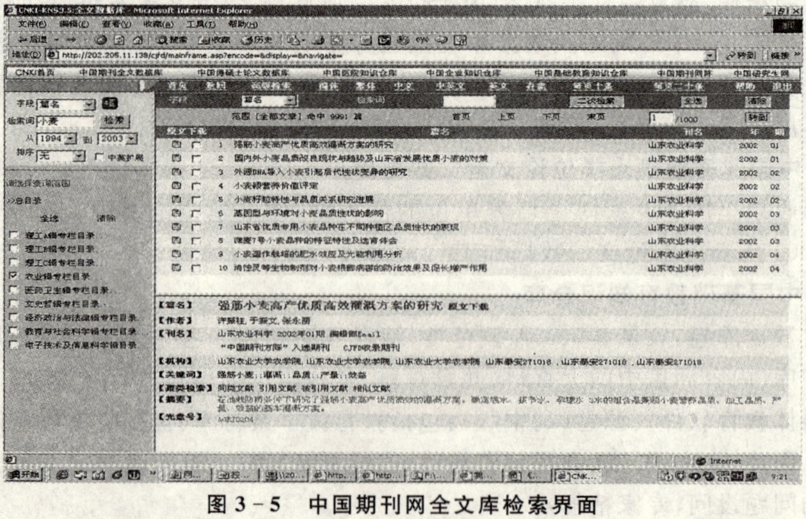

图 3-5 中国期刊网全文库检索界面

(2) 检索方法

针对不同的用户,本系统提供了初级检索、高级检索和分类检索3种方法。系统默认的检索方式为初级检索方式。

• 初级检索能进行快速方便的查询,适用于不熟悉多条件组合查询或SQL语句查询的用户,它为用户提供了详细的导航,最大范围的选择空间。对于一些简单查询,建议使用该检索系统,该查询的特点是方便快捷,效率高,但查询结果有很大的冗余。如果在检索结果中进行二次检索或配合高级检索则可以大大提高查全率。图3-5检索界面即为初级检索。

• 高级检索能进行快速有效的组合查询,优点是查询结果冗余少,命中率高。对于命中率要求较高的查询,建议使用该检索系统。高级检索入口在初级检索界面上部功能条内。

• 分类检索能直接检索到某一学科范围的所有文献。利用初级检索或高级检索中的导航功能实现。

① 初级检索:从图3-5可以看出,初级检索界面分为检索区(左上)、导航区(左下)、题录显示区(右上)和详细记录显示区(右下)4个部分。

A. 检索区:见图3-6。

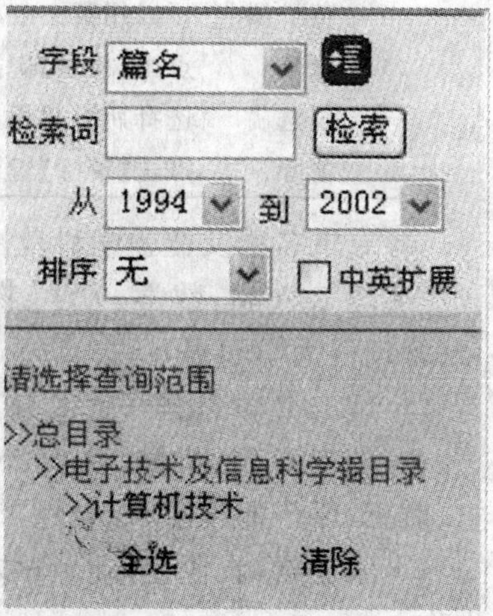

图3-6 检索区

B. 检索词字典:本系统提供作者、关键词、机构、基金、中文刊名、主题词6个检索词字典。下面以"国家自然科学基金"为例,说明它的用法。

如要查询国家自然科学基金的文章,先选择基金,然后点击▣,检索区内输入"国家自然科学基金",点击【检索】后就可以显示相关基金目录,选择需要查找的基金项目,即可自动生成检索界面。除基金外,字段中主题词、机构、刊名、主题词都提供了检索词字典。

检索区各项功能及其说明见表3-10。

C. 导航区介绍:本区提供了CNKI知识仓库分类导航。《中国期刊全文数据库》以"专题数据库"的形式设计CNKI知识仓库分类导航体系,将各学科、各门类的知识分为126个专题,兼顾各学科之间的内在联系、交叉渗透,分层次对知识按其属性及相互从属关系进行并行或树状排列,逐级展开到最小知识单元。根据各篇论文所涉及的学科知识属性,将它们分别编入126个专题数据库的相应知识单元。在检索的时候可以选择全选,选择多个专辑或选择多个下位的子栏目。导航树的使用可以逐步缩小检索范围,节省检索时间,提高查准率。

表 3-10　检索区各项功能及说明

项　目	说　明
字段	有篇名，作者，关键词，机构，中文摘要，引文，基金，全文，中文刊名，ISSN，年，期，主题词，共 13 项
时间	可以选择一段时间内进行检索（如：选择从“2000”年到“2002”年）
排序	此为数据检索的排列。有无序、相关度、日期 3 个选项 无序：为数据无序排列 相关度：以检索词在检索字段内容里出现的命中次数排序。次数越多越靠前 日期：以更新数据日期最新排列。数据更新的日期越新越靠前
	检索词字典，提供作者、关键词、机构、基金、中文刊名、主题词 6 个检索词字典。具体使用见下面的说明
中英扩展	可以用英文查对应的中文内容，中文内容查对应的英文内容
检索	点击【检索】键进行数据检索
全选	选择所有数据库
清除	点击【清除】键清除选择内容

各专辑名称及覆盖学科范围如下：

• 理工 A 辑：数学、力学、物理、天文、气象、地质、地理、海洋、生物、自然科学综合（含理科大学学报）

• 理工 B 辑：化学、化工、矿冶、金属、石油、天然气、煤炭、轻工、环境、材料

• 理工 C 辑：机械、仪表、计量、电工、动力、建筑、水利工程、交通运输、武器、航空、航天、原子能技术、综合性工科大学学报

• 农业辑：农业、林业、畜牧兽医、渔业、水产、植保、园艺、农机、农田水利、生态、生物

• 医药卫生辑：医学、药学、中国医学、卫生、保健、生物医学

• 文史哲辑：语言、文字、文学、文化、艺术、音乐、美术、体育、历史、考古、哲学、宗教、心理

• 经济政治与法律辑：经济、商贸、金融、保险、政论、党建、外交、军事、法律

• 教育与社会科学辑：各类教育、社会学、统计、人口、人才、社会科学综合（含大学学报哲社版）

• 电子技术及信息科学：电子、无线电、激光、半导体、计算机、网络、自动化、邮电、通讯、传媒、新闻出版、图书情报、档案

D. 检索方法

• 选取检索范围：导航的层次为：专辑→专题→一级子栏目→二级子栏目→三级子栏目。检索时，可以在某一层次选中所有子栏目，也可以选取其中一部分。检索方法：单击一个栏目查看下一级子栏目，依次下去，直到选择合适的检索范围。此时，在要选择的范围前选择“√”，点击【检索】即可。

• 选取检索项：在检索项的下拉框里选取要进行检索的字段。检索字段有篇名、作者、关键词、机构、中文摘要、引文、基金、全文、中文刊名、ISSN、年、期、主题词共 13 项。

• 输入检索词：在文本框里输入检索词。检索词为文章检索项中出现的重要词，当按相关度排列时，其出现的词频越高，数据越靠前排列。

• 进行检索：点击【检索】按钮进行检索或点击【清除】按钮清除输入，在页面的右侧上部列出检索结果，点击其中一项，可以在下面的细览区列出详细的信息，如篇名、作者、刊名、机构、关键词等。

E. 检索案例：检索 2002～2003 年有关茶叶的期刊文章。

第一步：确定检索词所在的专辑及专辑的年份。

对检索词“茶叶”，应先考虑其会出现在哪个专辑中，以便缩小检索范围。由于“茶叶”属于农业和理工 B 辑，所以应将检索范围定在农业和理工 B 辑中。由于要检索的时间段是 2002～2003 年，所以应在年份的下拉框里选择“从 2002 到 2003”。

第二步：输入检索词。

选定专辑后即可输入检索词，或先输入检索词再选定范围。

第三步：检索。

F. 检索结果显示与输出：检索结果可以在线浏览，或下载，还可以在此基础上进行二次检索。

• 下载：将感兴趣的文章原文下载到磁盘介质上，下载时只要点击记录前面的磁盘状的图标即可，然后系统提示：是否在当前位置打开或者保存到磁盘，如果选择在当前位置打开且本机安装有全文浏览器，则直接在当前位置打开原文；如果选择了保存到磁盘，则将原文数据下载到本地硬盘。

• 跳页码：检索后，会在页面的概览区列出满足检索条件的所有记录，由于检索结果很多，一般每页最多只能显示 10 条记录，如果想看后面的记录则直接利用页面上的翻页功能或跳转功能定位到指定的页码或记录，这些功能显示：首页、上页、下页、末页。如果要直接跳转到某个页面，可直接在输入页码旁边的文本框里输入一个整数，然后点击【转到】按钮即可。输入的页码数即表示用户想要跳转的页码。输入的页码数不能为负数、非整数、字母或其他符号。如果输入的页码大于总页码，会跳转到最后一页；如果输入的页码数为负数或其他“不合法”的符号，则会自动跳转到第 1 页。

• 全选：将界面上显示的检索结果全部选中。

• 清除：对界面上选中的检索结果，点击【清除】按钮去除。

• 二次检索：一次检索后可能会有很多自己所不期望的记录，此时可在第一次检索的基础之上进行二次检索。二次检索是在上次检索结果的范围内进行检索，缩小了检索范围，使检索结果越来越靠近用户所需。

全文浏览打开方式如图 3－7（首先必须安装全文浏览器 CAJ Viewer 5.0）。

② 高级检索：点击初级检索界面上的【高级检索】按钮，即进入高级检索界面，见

图 3-8。

A. 检索区介绍

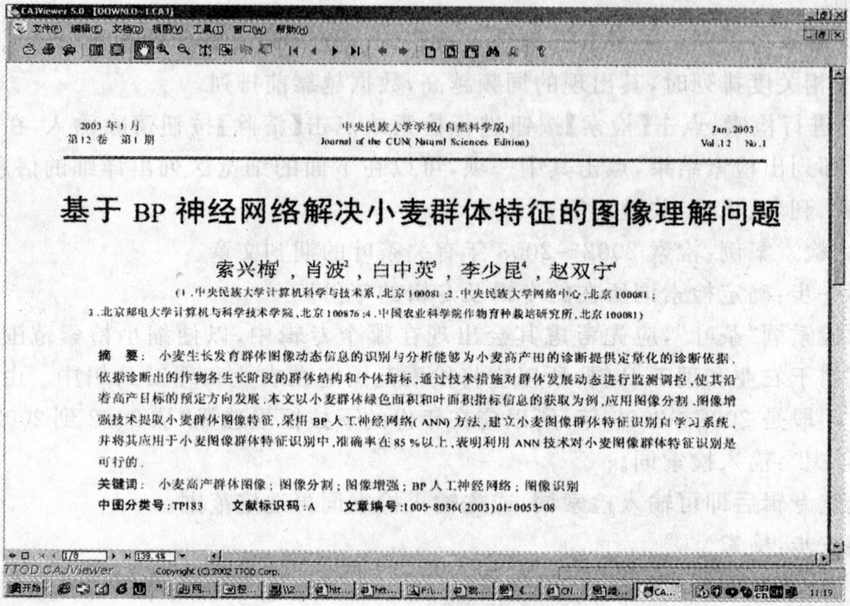

图 3-7 全文浏览界面

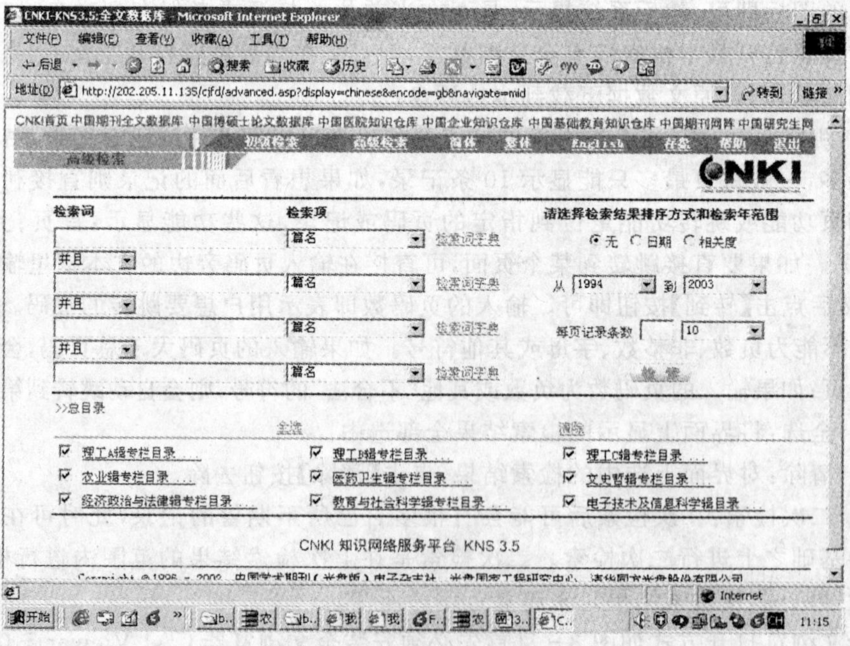

图 3-8 高级检索界面

检索区中各项说明见表 3-11。

B. 检索方法

• 选取检索范围：与初级检索中导航树的运用类似。导航的层次为：专辑→专题→一级子栏目→二级子栏目→三级子栏目。

表 3-11　高级检索检索区介绍

项　目	说　明
组合检索项	有两个检索项，可依次输入检索条件，再选择“与”“或”“非”操作，就可进行快速准确的组合查询
检索项	数据库数据的索引字段，可以选择字段（如：篇名、作者姓名等）进行检索
时间	可以把检索限制在一定的时间范围以内（如：选择从“2000”年到“2002”年）
排序	此为检索结果的排列。有无序、相关度、日期 3 个选项 无序：为数据无序排列 相关度：以检索词在检索字段内容里出现的命中次数排序。次数越多越靠前 日期：以更新数据日期最新排列。数据更新的日期越新越靠前
检索	点击【检索】键进行数据检索
全选	对数据检索目录全部选中
清除	点击【清除】键清除选择内容，此“清除”为清除所有的内容，包括下面总目录的选择

• 选取检索项：在字段下拉框里选取要进行检索的项，这些字段有篇名、作者、关键词、机构、中文摘要、引文、基金、全文、中文刊名、ISSN、年、期、主题词共 13 项。

• 输入检索词：在文本框里输入检索词。检索词为文章检索字段中出现的重要词，当按相关度排列时，出现的词频越高，数据越靠前排列。

• 确定各检索词之间的关系：各个检索词之间的关系有 AND 和 OR，AND 用来连接两个查询，例如查询：A AND B，则查询结果为：既满足条件 A 的记录也满足条件 B 的记录。如用 OR 连接词连接的两个查询，例如查询：A OR B，则查询结果为：满足条件 A 的记录和满足条件 B 的记录。但如果一个复杂的查询中既包含了 AND 也包含了 OR，则要比较 AND 和 OR 运算符的优先级。

• 进行检索：点击【检索】按钮进行检索或点击【清除】按钮清除输入，在页面下方列出了检索结果。注意：查询框的内容要依次填入，否则将不能查询到相关文献。

C. 检索案例：检索 2002 年“南京农业大学学报”上发表的题目中包含小麦的文献。

分析检索需求：① 篇名中包含主题词“小麦”；② 刊名为“南京农业大学学报”；

③ 时间为 2002 年。

第一步:确定检索词所在的专辑及专辑的年份。由于要检索的时间段是 2002 年发表的文章,所以在年份的下拉框里选择“从 2002 到 2002”。

第二步:输入检索词及确定各检索词之间的连接关系:篇名＝小麦 AND 刊名＝南京农业大学。输入检索词(图 3-9)。

第三步:检索,点击【检索】按钮即可进行检索。

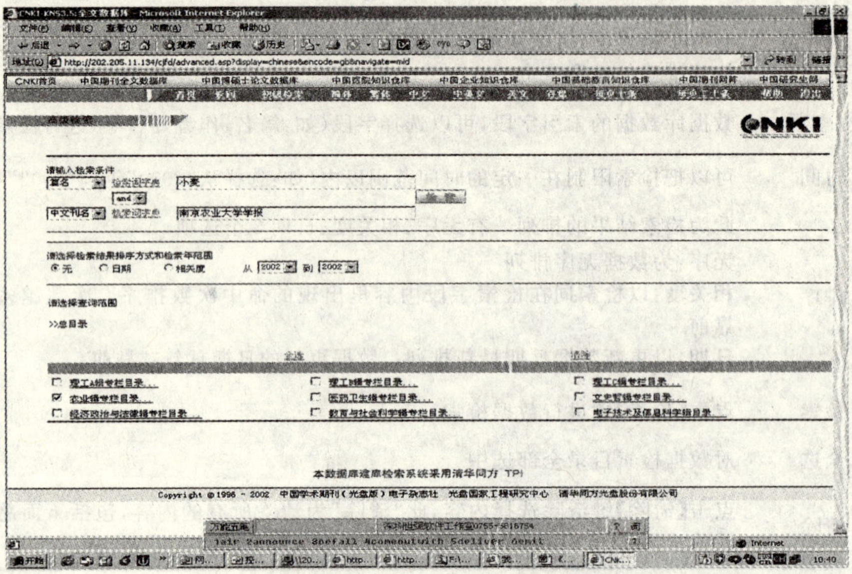

图 3-9　高级检索方法

D. 检索结果显示与输出:高级检索的检索结果直接显示细览格式,与初级检索不同,如图 3-10 所示,但对检索结果既可在线浏览全文、下载,也可再进行二次检索。

(3) 分类检索

分类检索利用导航体系逐步细化,最终检索出最小知识单元中包含的论文,这种检索方式主要使用导航区。在初级检索和高级检索中导航区都可实现分类检索功能。例如,农业专辑——农作物——豆类作物——饮料作物——茶,可以直接检出有关茶的种植的文章,如图 3-11。

细览区各链接介绍见表 3-12。

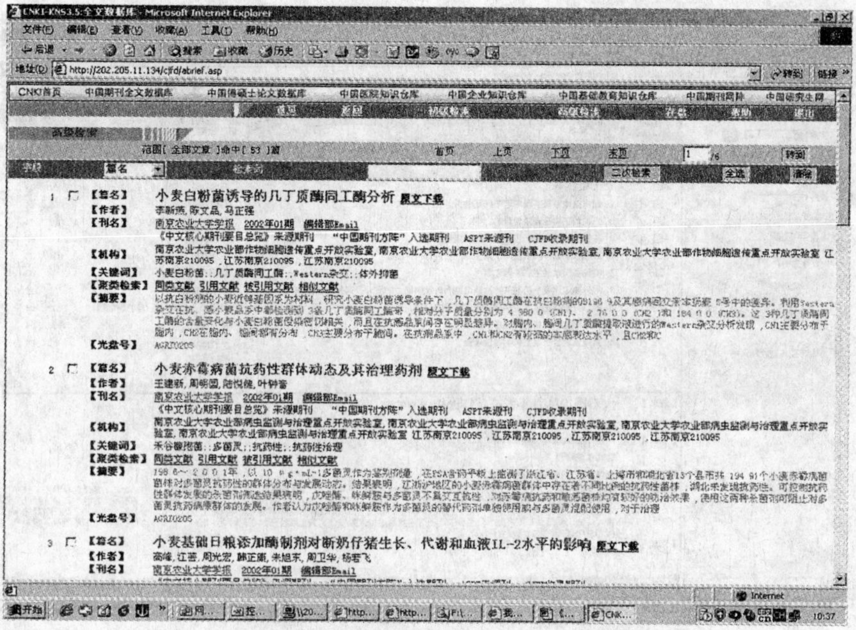

图 3-10　高级检索检索结果显示

表 3-12　细览区各链接介绍

项　目	说明
原文下载	将感兴趣的文章原文下载到磁盘介质上，下载时只要点击记录前面的磁盘状的图标即可，然后系统提示：是否在当前位置打开或者保存到磁盘，如果选择在当前位置打开且本机安装有全文浏览器，则直接在当前位置打开原文，如果选择了保存到磁盘，则将原文数据下载到本地硬盘
刊名	通过刊名栏可以查询该刊各期文章列表，直接获取该期文章原文，还可以给编辑部发 E-mail
卷期	通过卷期链接也可以直接查询该刊该期的文章列表
聚类检索	检索与本篇文章具有相同分类号的文章
引文链接	链接到该篇文章的引用文献
被引链接	链接到引用该篇文章的文献

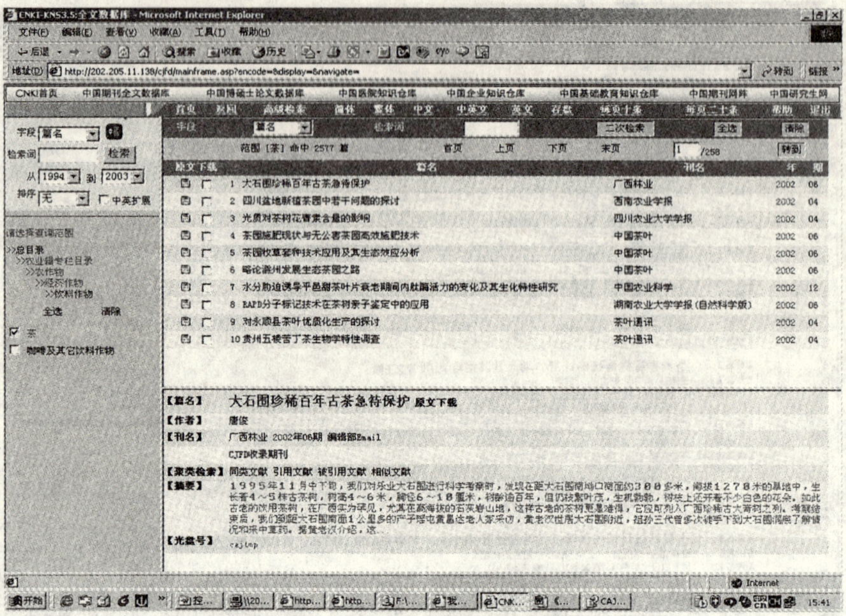

图 3-11　分类检索

3.3.1.2　全文浏览器的下载与使用

CAJViewer 全文浏览器是中国期刊网的专用全文格式阅读器，它支持中国期刊网的 CAJ、NH、KDH、CAS、CAA 和 PDF 格式文件，既可配合网上原文的阅读，也可以阅读下载后的全文，而且它的打印效果与原版效果一致，目前全文浏览器的最新版本为 5.0。下面介绍 CAJViewer 5.0 的主要功能。

(1)工具栏介绍

工具按钮从左至右依次是：打开文件夹、保存文件、复制、打印、拖动、选取文本、复制位图、放大、缩小、原始尺寸、适应窗口高度、适应窗口宽度、首页、上一页、下一页、末页、指定页面、按区域取词(用于 *.kdh 格式的原文)、设置背景颜色、查找、退出、关于(图 3-12)。

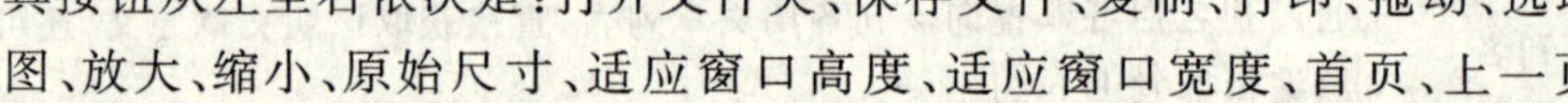

图 3-12　全文浏览器工具栏

(2) 功能介绍

① 页面设置　可通过“放大”、“缩小”、“指定比例”、“适应窗口宽度”、“适应窗口高度”、“设置默认字体”、“设置背景颜色”等功能改变文章原版显示的效果。

② 浏览页面　可通过“首页”、“末页”、“上下页”、“指定页面”、“鼠标拖动”等功能实现页面跳转。

③ 查找文字　对于非扫描文章，提供全文字符串查询功能。

④ 切换显示语言　本软件除了提供简体中文，还提供了繁体中文、英文显示方式，方便了海外用户使用。

⑤ 文本摘录(图 3-13)　只能用于非扫描页，具体操作如下：

在“浏览”菜单中点击“栏选”(鼠标变为加粗箭头形状)，按下鼠标左键拖动鼠标至选定位置划出一片区域，停止拉动后所选文字呈反色显示，点击“复制”；打开 Windows 写字板进行“粘贴”，即可得到摘录的文本。同时也可以编辑存盘。对于扫描页，须采用图像摘录。

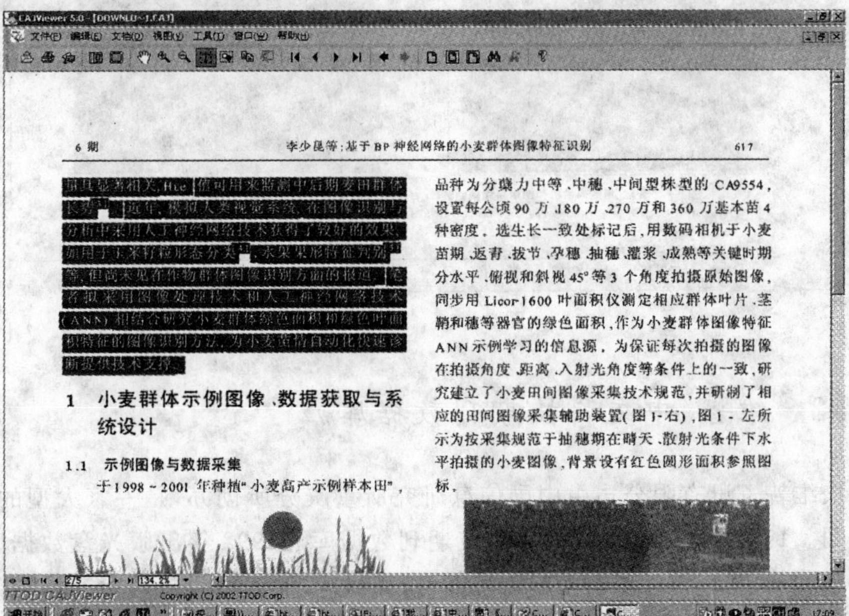

图 3-13　文本摘录

⑥ 图像摘录(图 3-14)　可以拷贝原文中的图像，适用于扫描页和非扫描页，具体操作如下：

在“浏览”菜单中用鼠标点击“图像选择”，鼠标所在的位置出现一个“十”字，按下鼠标左键拖动鼠标至选定位置划出一片区域，如下图虚线框；选择菜单“编辑”下的“复制”，图像即被复制到剪贴板，也可粘贴到 Word、WPS 等 Windows 环境下的编辑器中进行编辑。

如果识别扫描页中的文字，用鼠标点击【图像选择】工具按钮，划出一片区域后，点击【文字识别】工具，即直接识别出文字，粘贴到 Word、WPS 等 Windows 环境下的编辑器中进行编辑。

⑦ 打印及保存　如用户在浏览文章后，希望进行保存，可选择“文件”菜单中的“另存为”，把文章保存在本地硬盘上。用户可选择 *.caj/kdh/nh/pdf 多种文件格式

保存。如果用户已经安装了打印机，则可以选择“文件”菜单中的“打印”，在打印前首先进行“打印设置”，打印出的效果和原文显示效果一致。

图 3－14　图像摘录

3.3.2　维普《中文科技期刊数据库》

重庆维普资讯有限公司由中国信息研究所重庆分所创办，是一家大型的专业化数据公司。1989 年开始研制《中文科技期刊数据库》，1992 年出版光盘数据库，1999 年提供 Web 版数据库，2001 年推出维普《中文科技期刊数据库》的全文版，它是目前国内最大的期刊全文数据库之一，又称为维普全文数据库(简称 VIP)。其全文和题录文摘版一一对应，全面解决了文摘版收录量巨大但索取原文烦琐的问题。该网站网址为：http://www.tydata.com(天元数据网)。

目前，重庆维普资讯有限公司提供以下 5 种数据库。

(1) 中文科技期刊数据库

收录 1989～1999 年出版的期刊 7 000 种，2000 年后出版的期刊 8 000 余种。学科范围覆盖理、工、农、医以及社会科学各专业(包括经济、教育、体育、法律、图书情报等领域)。1989～1999 年累积文献量达 400 万篇，2000 年以后每年出版文献 90 万～100 万篇。该库是目前国内收录中文期刊最全、报道文献量最大的综合性全文数据库，用户可以下载维普浏览器后直接阅读全文，也可以下载到本机上使用。目前，提供题录文摘版和全文版 2 种版本的数据库供用户选择使用。

(2) 中文科技期刊引文数据库

收录 5 000～6 000 种期刊引文，数据量 200 万条/年。

(3) 外文科技期刊数据库

在成功开发和推广《中文科技期刊数据库》的基础上，维普资讯公司联合国内数十家图书馆(如上海图书馆、南京大学图书馆、山东大学图书馆等)，以它们订购和收藏的外文期刊为依托建立的综合性文献数据库。《外文科技期刊文摘数据库》在一定程度上满足了国内对外刊文献的检索需要，并为有关原始文献的索取提供了保障。其中题录文摘版收录 6 000 种期刊题录和文摘，提供国内馆藏情况，数据量 100 万条/年。

(4) 中国科技经济新闻数据库

以报纸为主要信息源，辅以数百种信息类刊物，定期制作出版的大型电子剪报，集系统性、新闻性、实用性和可读性于一体，使报纸作为一种信息资源的价值得以充分体现。

(5) 中国企业及产品广告数据库

报导国内市场上最新推出的新产品信息以及其生产、销售企业的基本信息。现有产品信息 8 万余条，企业信息 4 万余条。每周增加 4 000 余条。

3.3.2.1 检索方法

目前，维普天元网站上提供题录和文摘版的免费检索。用户不需注册，直接点击数据库检索中的"中文科技期刊数据库"(如图 3-15 所示)，进入检索界面后，即免费提供检索题录。如需浏览文摘和全文，用户必须交纳费用成为注册用户。目前，全国许多图书信息机构都订购了中文科技期刊数据库，一些单位还建有镜像站点。

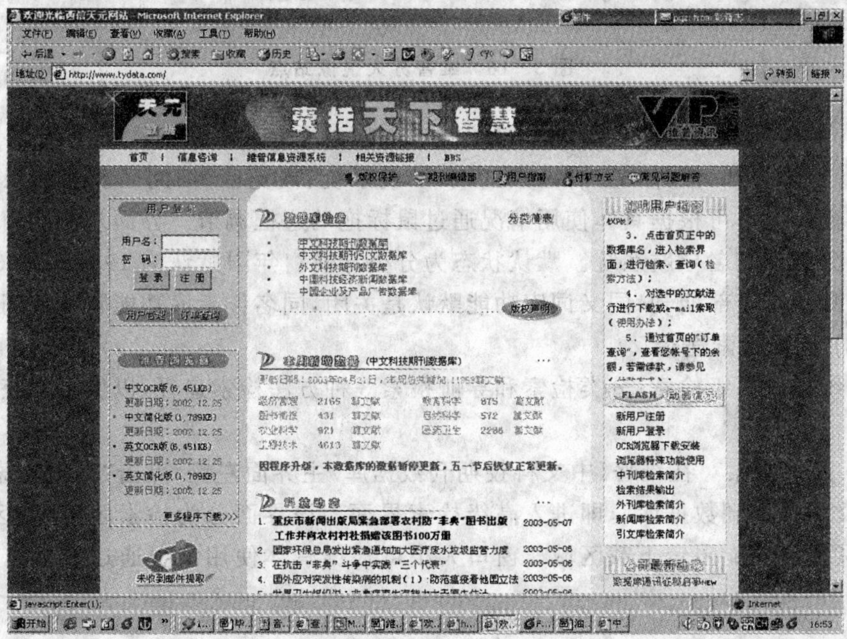

图 3-15 维普天元网站

(1) 登录

在地址栏键入天元网网址(http://www.tydata.com)或登录各镜像站点。下图为登录苏州大学镜像站点(如图 3-16 所示)。输入用户名和密码,点击【登录】按钮进入检索系统。

图 3-16 维普苏大镜像站点

输入用户名和密码,点击【登录】按钮进入检索系统,图 3-17 为《中文科技期刊数据库》检索界面,该界面分为检索区域、导航系统、概览区、细阅区和功能限定下载区域。窗口大小可根据具体使用情况通过鼠标拖动边框调节。界面左侧的窗口是学科导航分类和刊名导航系统。默认状态为分类导航。年限默认为 1989～2003 年,期刊范围默认是全部期刊,同义词库功能默认是关闭,同名作者库功能默认关闭。

(2) 选择检索途径

系统提供高级检索、分类检索和导航检索 3 种方法检索途径,以供用户获取论文信息。

① 高级检索　在维普《中文科技期刊数据库》主界面左侧,点击"高级检索"下面的"中文科技期刊数据库",即进入高级检索界面。该界面分为检索区、导航区、概览区、细阅区和功能限定下载区域。窗口大小可根据具体使用情况通过鼠标拖动边框进行调节。

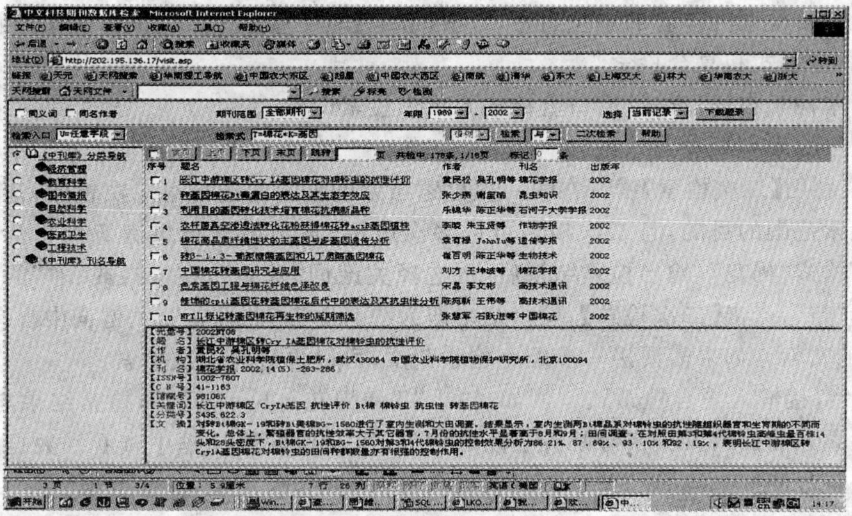

图 3-17　检索界面

A. 选择检索入口

在检索主界面有一个检索入口，点击下拉菜单，有 9 种检索字段可供选择：关键词、刊名、作者、第一作者、机构、题名、文摘、分类号和任意字段，其中“任意字段”指在所有字段内检索。选定某一检索字段后，可在检索输入框输入检索词，点击【检索】按钮后，即实现相应的检索。字段名前的英文字母为检索途径代码，在复合检索中使用。例如，K 代表关键词、T 代表题名等等。这些代码可直接加在检索标识前进行相应的字段限定，例如“K＝线粒体”表示在关键词字段中检索“线粒体”。

B. 限定检索范围

• 学科范围限定和刊名限定（导航树的使用）：界面左侧包含学科分类导航和刊名导航系统，这是树形结构的导航系统。学科分类导航系统参考《中国图书资料分类法》进行分类。学科范围限定和刊名限定都是选中某类别后，任何检索都局限于此类别以下的数据。如选中学科范围导航根目录下的“农业科学”中的“植物保护”，那么检索范围就局限于植物保护类别的信息。如果直接点击最底层类别就可以在概览区域中显示出该类别的记录。

• 年代限定：默认为 1989～现在。可根据用户需要进行限定。

• 期刊范围限定：分为全部期刊、重要期刊和核心期刊，默认为全部期刊，可选择其他两类进行检索。

• 同义词库限定：此功能只有在选择了关键词检索入口时才生效，默认为关闭，选中即打开。例：输入关键词“土豆”检索时，会提示“马铃薯、洋芋”等是否同时选中作为检索条件，从而可提高检索的查全率。

• 同名作者库功能与上类似，默认关闭，选中即打开；只有在选择了作者、第一作者检索入口时才生效。输入作者姓名检索时，系统会提示同名作者的单位列表，选择自己所要检索的作者的单位名称，点击【确定】即可检出该单位该姓名作者的文章。

C. 检索式和复合检索

简单检索在“检索式”窗口直接输入单个检索词。

复合检索有 2 种方式：

• 利用【二次检索】键　在第一次检索结果的范围内进行第二次检索，达到不断缩小检索范围的目的，且二次检索可以多次应用，直到检索结果满意为止。如先用“题名”检索“棉花”，输出检索结果后，再选择关键词“基因”，在“与、或、非”的可选项中选择“与”，点击【二次检索】，检出结果即为题名中含有“棉花”，关键词中含有“纤维基因”的文献。如果需要进一步缩小检索范围，可以再进行二次检索。

• 直接输入复合检索式　例如，输入“T＝棉花＊K＝基因”，检索结果与(1)一致。检索词前面的英文字母是各字段的代码，可在检索选择框中查看。数据库的检索语法符号和“与、或、非”关系的对应为“＊”＝与、“＋”＝或、“－”＝非。

D. 刊名浏览功能

在检索结果显示(细览区)处，用户点击“刊名”中表示期刊名称的链接，可以看到此种期刊在数据库中的收录年限，点击其中一个选项(例如：2001)，那么就可以查看到这种期刊在本年度中的所有期(例如：2001 年总共有 12 期)，然后点击其中任意一期，即可看到这期刊登的主要论文的题目、文摘等信息。

E. 模糊和精确检索功能

在“检索式”输入框的右侧，提供了“模糊”和“精确”2 种可选项，该选项只有在选定“关键词”、“刊名”、“作者”、“第一作者”和“分类号”5 个字段进行检索时才生效。系统默认模糊检索，用户可选择精确检索。例如，检索字段选择“关键词”，然后在“检索式”中输入“基因”一词，在“模糊”(默认)检索方式下，将查到关键词字段含有“基因结构”、“基因表达”、“癌基因”、“人类基因组计划”、“线粒体基因”等词的相关文献；而在“精确”检索方式下，就只能查到与“基因”一词相关的文献。

② 分类检索　在维普《中文科技文献数据库》主界面的上部有一个“分类检索”，“分类检索”下方即为维普数据库所细分的各类，用户可根据需要在所需的各类下进行检索。

③ 导航检索　在维普《中文科技文献数据库》主界面的右上部有一个“导航检索”按钮，点击后进入“导航检索”界面(图 3－18)。

用户按照需要一次提交包括检索范围(可多选)、主题词、年代限定等多项检索要求就可得到检索结果。

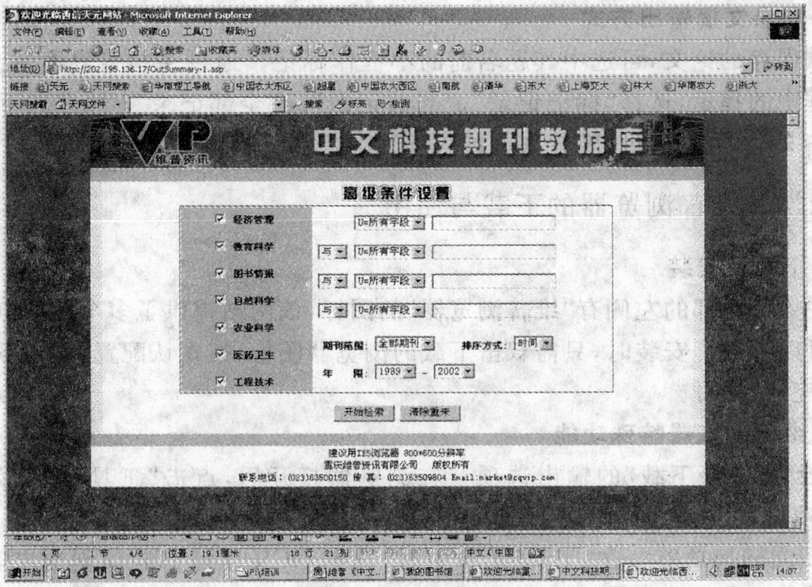

图 3-18　导航检索

3.3.2.2　检索结果显示与输出

(1) 全文输出方式(首次使用必须安装维普浏览器)

单击细阅区的全文链接即可选择打开或下载全文,用维普全文浏览器可实现对全文的浏览、打印等功能(图 3-19)。

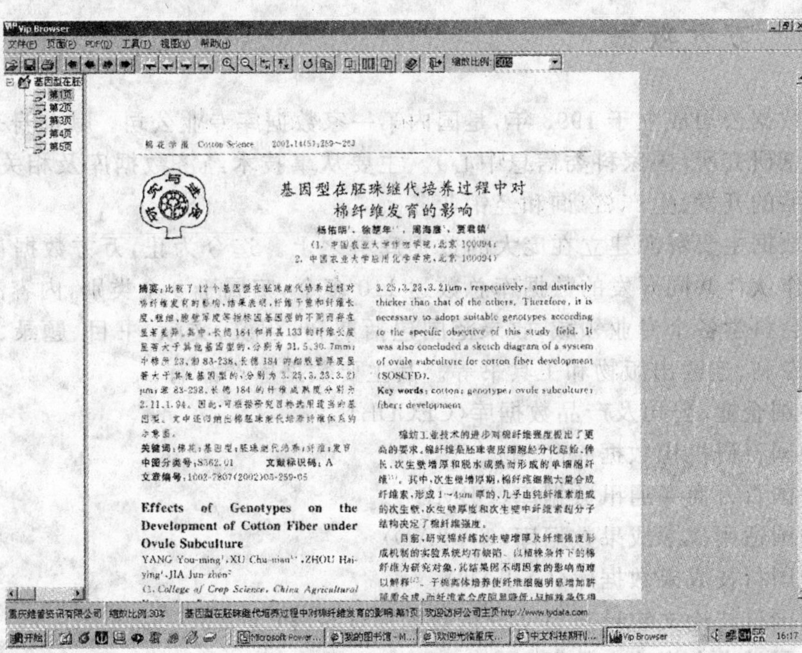

图 3-19　全文输出

(2) 题录文摘输出方式

对欲保存的论文,可选中其题名前的小框作标记。通过主检索界面右上角的选择对话框中的提示,选择“标记记录”、“当前记录”或“全部记录”3 种方式下载,如需打印检中文献,可先通过“维普浏览器”、“记事本”或“写字板”打开后打印。

3.3.2.3 维普浏览器的下载与使用

(1) 下载及安装

在主界面中部的左侧有“维普浏览器”的图标,该网站提供了多个版本,点击任意一款都可以下载。安装时,只需双击下载的浏览器图标,按默认配置点击“下一步”执行直至“完成”即可。

(2) 维普浏览器特殊功能

① 设置“题录下载”的输出选项　在浏览器打开后,点击“工具”下拉菜单中的“输出选项设置”就能选择需要输出的项目。

② 图文转换功能　在“工具”菜单中有“选择 OCR 区域”和“识别选定区域”,对应的快捷图标分别是“OCR”。先点“□”,再去框要转换的文字,然后点“OCR”,就会出现转换成文本格式的提示框。其中可直接修改错误,并可复制、粘贴到其他字处理软件,如 Word 中去。

③ 全文页面的反向显示功能　由于扫描处理问题,有时会遇到黑底白字的页面,选“工具”中的“反向显示”,将它转成白底黑字。

3.3.3 万方数据

万方数据公司成立于 1993 年,是国内第一家数据库专业公司。其前身是中国科学技术信息研究所(国家科委信息中心)。主要从事技术经济数据库及相关软、硬件技术与产品的开发、生产、咨询和经销业务。

万方数据主要资源建立在庞大的数据库群之上。迄今为止,万方数据自有版权以及与合作伙伴共同开发的数据库总数达 110 多个,归属于 9 个类别,内容涉及自然科学和社会科学各个专业领域,收录范围包括期刊、会议、文献、书目、题录、报告、论文、标准、专利、连续出版物和工具书等。其主要数据库产品有:

① 中国企业、公司及产品数据库(CECDB)

② 中国科研机构数据库(CSI)

③ 中国百万商务通讯数据库(CBML)

④ 中国适用技术成果数据库(CATAD)

⑤ 中国科技成果数据库(CSTAD)

⑥ 中国科技论文统计与引文分析数据库(CSTPC)

⑦ 中国学术会议论文数据库(CACP)

⑧ 中国学术会议论文集全文数据库(PACC)

⑨ 中国学位论文数据库(CDDB)

⑩ 中国科技文献数据库(CSTDB)

自 1997 年 8 月以来,万方数据建立了自己的因特网信息平台——万方数据资源系统(http://www.chinainfo.gov.cn)。该系统是目前国内较为完善、规模较大的中文信息检索系统之一,信息资源极为丰富,是读者查询农业及其相关学科信息的重要资源。

2003 年,万方数据资源系统已被纳入中国高等教育文献保障系统(CALIS)。新改版的万方数据资源系统网址为:http://wanfang.calis.edu.cn。其网页如图 3-20 所示。

从图 3-20 中可以看出,万方数据资源系统包括数字化期刊、会议论文全文、科技信息和商务信息 4 个子系统。下面分别加以说明。

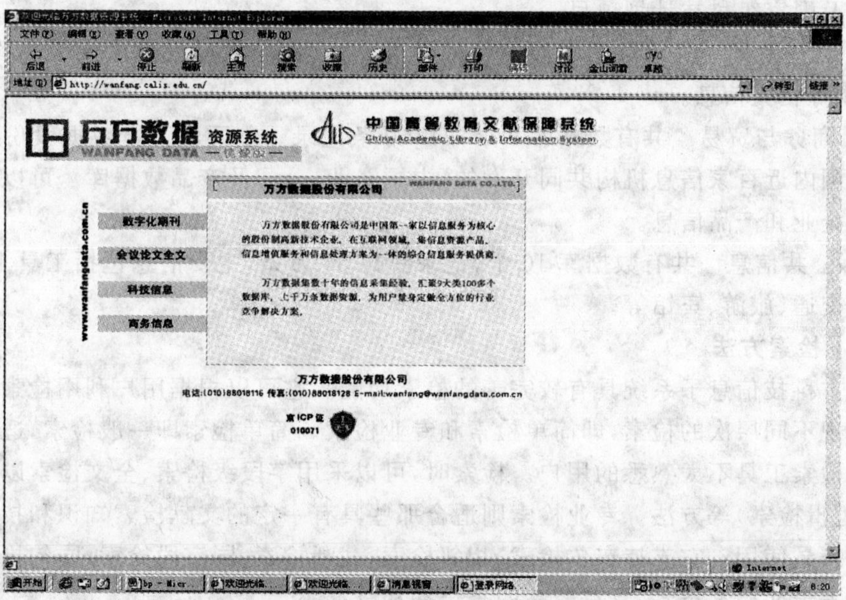

图 3-20　万方数据资源系统首页

3.3.3.1　科技信息子系统

科技信息子系统是万方数据资源中较有特色的子系统。其数据资源包括科技文献、科技名人、政策法规、中外标准、成果专利、台湾系列库、商务与贸易、公共信息 8 大类。汇集中外上百个知名的、使用频率较高的科技、经济、金融、文献、生活与法律法规等 110 多个数据库,记录总数达 1 300 多万条。

(1) 数据库简介

① 科技文献　共收录各类科技文献数据库 37 个，数据量超过 960 多万条。包括会议文献、专业文献、综合文献和英文文献，涵盖面广，具有较高的权威性。

② 名人与机构　共收录数据库 4 个，2 万多条信息。包括我国著名的科学家、两院院士、工程师的全面信息以及科研机构、高等院校、信息机构的信息。

③ 政策法规　主要收录内容是与科技相关的政策法规、科技体制改革、科技创新、人才管理、高新技术开发区管理等方面的动态信息。收录数据库 6 个，记录总数 1 万多条。

④ 中外标准　共收录数据库 12 个，有 20 多万条数据。内容为国家技术监督局、建设部情报所提供的中国国家标准、建设标准、建材标准、行业标准、国际标准、国际电工标准、欧洲标准以及美、英、德、法国国家标准和日本工业标准等。

⑤ 成果专利　共有数据库 9 个，60 多万条记录。内容为国内的科技成果、专利技术以及国家级科技计划项目。

⑥ 台湾系列　共有数据库 24 个，记录近 20 万条。内容为台湾地区的科技、经济、法规等相关信息。

⑦ 商务与贸易　共有数据库 9 个，247 万条记录。主要由万方数据股份有限公司联合国内近百家信息机构共同开发的《中国企业、公司及产品数据库》，可以全方位地展示企业和产品信息。

⑧ 公共信息　共有数据库 10 个，记录总数 56 万条，主要信息包括工具书、寻医问药和交通、旅游、宾馆等。

(2) 检索方法

万方科技信息子系统具有较完善的检索功能。它可以根据用户利用检索工具的能力实现不同层次的检索，即简单检索和专业检索。简单检索即一般检索，适合于大多数对检索工具不太熟悉的用户。检索时，可以采用字段级检索、全文检索以及高级检索(逻辑检索)等方法。专业检索则适合那些具有一定的文献检索知识和技能的专业检索人员使用。它支持布尔检索、相邻检索、截断检索、同字段检索、同句检索和位置检索等全文检索技术，具有较高的查全率和查准率。

① 一般检索　在各个栏目的资源总览区内，列出了不同的资源类目，每一类目下分别列出了可供检索的数据库资源名称，每个数据库资源名称后面括号内的数字，表示数据库资源的记录总数。

用户可以按照检索需要，选择相应的数据库进行检索。点击数据库名称后，进入该数据库检索页面，显示内容包括该数据库的简要介绍、记录样例以及检索提问表单。

假定用户在《科技文献》栏目中选择了“中国学位论文”数据库，之后即现《中国学位论文》数据库检索页面。在此页面，可见检索提问表单(图 3－21)。检索提问表单是用户向检索系统提交检索要求的窗口。正确填写检索提问表单可以实现对单一数据库的字段级检索、全文检索以及高级检索。其填写要求请参照表 3－13。

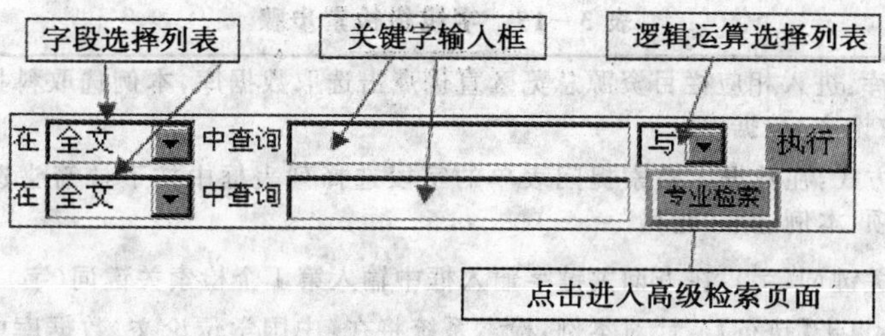

图 3-21 《中国学位论文》数据库检索提问表单

表 3-13 数据库检索提问表单说明

A	字段选择列表:可按下拉箭头选择字段,确定检索入口
B	关键字输入框:用于输入检索关键字(词)
C	逻辑运算选择列表:用于确定 2 个检索关键词之间的关系。选项有"与"、"或"、"非" "与":检索结果中同时包含所输入的 2 个关键词 "或":检索结果中只包含所输入的 2 个关键词中的 1 个 "非":检索结果中包含第 1 个关键词但不包含所输入的第 2 个关键词
D	执行按钮:按用户的检索要求提交系统

方式 1:单一数据库的全文检索

单一数据库的全文检索是在选定数据库的所有字段中进行,检索的关键词(字)只有 1 个。检索步骤参见表 3-14。

表 3-14 全文检索步骤

A	选择数据库:进入相应栏目资源总览区直接点击选取数据库,本例选取科技文献栏目的《中国学位论文》数据库
B	确定检索方式:在数据库检索提问表单的字段选择列表框中按下拉箭头选择"全文"
C	输入检索关键词(字):在数据库检索提问表单的关键字输入框中输入关键词(字),比如"电机"
D	执行检索:点击【执行】。针对本例,检索系统将在《中国学位论文》数据库中将全文中含有"电机"的记录取出

方式 2:单一数据库的字段级检索

字段级检索是在选定的数据库字段中进行,检索的关键词(字)只有 1 个。检索步骤见表 3-15。

表 3-15　字段级检索步骤

A	选择数据库：进入相应栏目资源总览区直接点击选取数据库，本例选取科技文献栏目的《中国学位论文》数据库
B	确定检索方式：在数据库检索提问表单的字段选择列表框中按下拉箭头选择除“全文”之外的选项，本例选取“题目”
C	输入检索关键词(字)：在查询关键字输入框中输入第 1 个检索关键词(字)，比如“电机”
D	执行检索：点击【执行】。针对本例，检索系统将在《中国学位论文》数据库中将题目中含有“电机”的记录取出

方式 3：单一数据库的高级检索(逻辑检索)

高级检索是在选定的数据库中用 2 个关键词进行的检索。检索步骤见表 3-16。

表 3-16　高级检索步骤

A	选择数据库：进入相应栏目资源总览区直接点击选取数据库，本例选取科技文献栏目的《中国学位论文》数据库
B	确定第 1 个关键字的检索方式：在数据库检索提问表单的第 1 个字段选择列表框中按下拉箭头选择，比如选择“标题”
C	输入第 1 个检索关键词(字)：在数据库检索提问表单的第 1 个查询关键字框中输入关键词(字)，比如“电机”
D	确定词间关系：在逻辑运算选择列表框中选择“与”“或”“非”，比如选择“与”
E	确定第 2 个关键字的检索方式：在第 2 个检索字段列表框中做出选择，比如选择“全文”
F	输入第 2 个检索关键词(字)：在数据库检索提问表单的第 2 个查询关键字框中输入关键词(字)，比如“汽车”
G	执行检索：点击【执行】。针对本例，检索系统将在《中国学位论文》数据库中将标题含有“电机”并且全文中含有“汽车”的记录取出

② 专业检索　熟练文献检索技术的用户可对选定的数据库进行专业检索。在单个数据库检索页面上，点击【专业检索】，即可进入专业检索页面。

专业检索需要用户自己建立检索表达式。检索表达式建立的方法见表 3-17。

表 3-17　检索表达式编写说明

A	检索表达式说明	
	教授	检索含有检索词“教授”的记录
	教授 * 英语	检索同时含有检索词“教授”和“英语”的记录
	教授＋英语	检索含有检索词“教授”或“英语”的记录
	教授/(60)	检索字段 60 中含有检索词“教授”的记录
	教授(G)英语	检索同一字段中既含“教授”又含有“英语”的记录
	教授(F)英语	检索同一字段同一重复中既含“教授”又含“英语”的记录
	张 $	右截断检索，以“张”字开始的记录字段值
	镜像系统的专业检索语言是以布尔代数为基础的，它提供了一种方便实用的方法来表达一些逻辑运算	

续表 3 - 17

B 检索词类型

可以使用 2 种类型的检索词来形成 1 个检索式。这 2 种检索词是:精确检索词和右截断检索词

• 精确检索词:精确检索词可以是某一数据库的任一可检索词(项)

另外必须注意:如果检索词中含有括号或逻辑运算符(* 、+、(G)、(F)、$ 、, 、^)或以数字符号开始的检索词必须用双引号(" ")将检索词括起来,以免引起错误。比如,检索词为:GERMANY (FEDERAL REPUBLIC)就必须按下面的方式输入:"GERMANY (FEDERAL REPUBLIC)",否则 Quick IMS 就会出现语法错误

• 右截断检索词:由于某种原因,用户可能并不知某一检索词的精确拼写法,而只知道一个词根。这种情况下,用户只需给出一个检索词词根,而不必给出一个确定的检索词。右截断检索词用在词根后紧跟一个" $ "符来标识

比如:检索词词表中含有下面一些词:

FILE ORGANIZATION

FILM

FILM INDUSTRY

FILM MAKER

FILM MAKING

那么:Film $ 等价于 FILM + FILM INDUSTRY + FILM MAKER + FILM MAKING

FILM M $ 等价于 FILM MAKER + FILM MAKING

与精确检索词一样,如果词根包含了括号,任一逻辑运算符或以数字符号(#)开始,则也必须用双引号(" ")括起来

C 检索运算符(布尔逻辑符)

• 在一个检索式中可以利用检索运算符把 2 个或 2 个以上的检索词连接起来,检索运算符指出了词与词之间的相互关系。基本的运算符有 3 个(OR、AND 和 NOT)逻辑"或"(OR):逻辑"OR"称为集合的并运算。两个集合之间进行逻辑"或"的结果是两个集合的并集,即两个集合的公共部分和任何一个集合的非公共部分

逻辑"与"(AND):逻辑"与"称为集合的交运算。两个集合逻辑"与"的结果是仅含有两个集合公共成员的集合

逻辑"非"(NOT):逻辑"非"是集合的互斥运算,两个文献集合之间进行逻辑非的结果是获得不属于第 2 个集合但属于第 1 个集合的成员(Member)的集合

• 字段级相邻检索运算:这些运算符比逻辑"与"算符有更大的限制,是自然语言检索或全文检索(FullText Search)必不可少的算符。字段级运算符有(G)和(F)

(G):限定 2 个检索词在同一字段内(即使是可重复字段也当作一个字段来处理)。比如:情报(G)检索系统,这就要求命中集合中的记录某一字段内即含有检索词"情报"又含有检索词 "检索系统"。

比(G)运算更为严格的算符是(F),它限定两个检索词在同一字段内的同一重复内出现

• 位置运算:"·",限定 2 个单汉字相邻

D 布尔表达式的句法

使用上面所介绍的运算符,将 2 个或 2 个以上检索词组合在一起,可以组成复杂的布尔表达式。与一般的代数一样,可以用括号来改变运算的顺序。下面所介绍的算符的优先级自高而低如下所示:

高 — — — 低

$ 和 (F) (G) * 和 ^+

续表 3－17

如果在同一表达式的同一级括号中，有 2 个或 2 个以上的优先级相同的算符出现，则按从左到右的顺序计算 在组合检索式时，应遵守如下规则： 除了相邻运算符“＄”和“·”能重复出现外（这 2 个算符不能混合出现），2 个逻辑算符不能彼此相邻 括号必须成对出现。即开括号的数目必须等于闭括号的数目，且每个开括号都有相匹配的闭括号
E　操作限定符 可以使用操作限定符来规定 1 个或多个检索词出现在某一字段或某一组字段内，这对于不同字段含有相同检索词的数据库尤其有用。限定符的一般格式为：检索词/(t1,t2,t3…) 其中 t1,t2,t3…是一组字段标识符，它限定检索词出现在这些字段中。操作限定符与逻辑算符连用，以限制检索在规定的字段内进行。此外还可以将操作限定符用于右截断检索词中。

(3) 结果显示

科技文献子系统中包括上百种数据库。不同的数据库，其检索结果的显示格式也不尽相同。几个与农业相关的专业文献数据库的记录样例和相关信息将重点介绍。

①《中国林业科技文献库》 由林业信息研究所提供，记录条数达 112 784 条。

记录样例

【文献来源】LY

【文献类型】J

【文献题名】我国土壤科学发展的回顾与展望

【责 任 者】李庆逵

【责任者单位】中科院南京土壤所

【母体文献名】土壤学进展（南京）

【文献出处】年卷期：1989，17(4) 页数：1～16

【出版年份】1989

【馆藏索取号】中国林科院图书馆

【分类标识】S714

【关 键 词】中国　研究进展　土壤

②《粮油食品文献》 目前仅有 3 000 多条数据。

记录样例

【题　　名】应用 TTC 显色测定食品中菌落总数

【作　　者】李奇英

【母体文献】食品科技

【文献出处】第 0 卷第 3 期，38～39 页

【出版日期】1998

【分 类 号】ts207

【关 键 词】微生物检验. 菌落总数. 食品卫生

③ 环境科学文献　由中国环境研究院环境信息研究所提供，记录条数达 49 860 条。

记录样例

【题　　名】用电感偶合等离子体光谱法对人体组织中的 Cd、Cr、Ni 和 Pb 进行的顺序多元素分析

【并列题名】Sequential multielement analysis of Cd, Cr, Ni, and Pb in human tissues by inductively coupled plasma spectrometry

【作　　者】I. A. Al－Saleh

【母体文献】Bull. Environ. Contam. Toxicol.

【文献出处】卷期：57(4)

【馆 藏 号】环信 6178

【出版日期】1996

【分 类 号】X838

【关 键 词】生理效应 ;重金属 ;人体 ;等离子体 ;光谱分析

【文　　摘】选择 76 个有恶性或良性肾、大脑肿瘤的苏丹病人，分析他们的肾和大脑活组织检查样品中的 Cd、Cr、Ni 和 Pb 的浓度，统计分析结果发现恶性肾肿瘤组 Cd 的平均值显著高于恶性脑肿瘤组（$P<0.05$），恶性肾肿瘤组的 Cd 浓度是良性肾肿瘤组的 41.9 倍，良性肾和脑肿瘤组之间 Cd 浓度无显著差异，性别、年龄和地理分布对肾、脑恶性或良性肿瘤中的 Cd、Cr、Ni 和 Pb 的浓度无显著影响。文章认为恶性肾肿瘤病人的 Cd 浓度增加可能反映出肿瘤细胞的代谢和生化活性受到干扰。

④ 台湾农业文献　由福建省科学技术信息研究所提供，记录条数达 15 709 条。收录 1978～2000 年有关台湾农业经济，农业政策，农业研究及农业技术、成果等 31 种专业期刊的文献。著录项包括：题目、分类号、作者、作者单位、刊名、年卷期号、页码、主题词。

记录样例

【篇　　名】耐热、省工、品质佳的番茄新品种“台南亚蔬 6 号”

【分　　类】S641.202

【著　　者】刘依昌

【著者单位】台南区农业改良场

【出　　处】丰年 1997，47(1). －26－29

【主 题 词】番茄；台南亚蔬 6 号番茄；品种特性；育苗；栽培技术

(4)《农业科学文献》数据库

① 数据库简介　《农业科学文献》数据库是科技信息子系统中有关农业的专业数据库，是农业信息检索的重要信息源。该库由中国农业科学院科技文献信息中心提供，收录了包括农业经济、土壤、肥料、农学、农业气象、植物保护、园艺、林业、畜牧、兽医、桑、蚕、蜂、水产等学科在内的 1 000 余种专业期刊，数据量达 60 余万条。

② 检索实例 《农业科学文献》数据库的检索界面与前面检索方法中所介绍的《中国学位论文数据库》基本相同。现举实例进行检索练习。

• 一般检索

在第一个下拉检索选项中，有“全文、题名、作者、作者单位、母体文献、分类号、关键词、文摘”等 8 个选项，如选“题名”项，在右边框内填写关键词“番茄”，再在第 2 个下拉式选项中选择“作者单位”项，在其右边框内填入“山西农业大学”，在逻辑选项中选择“与”，点击【执行】按钮，即可得到检索命题为“以山西农业大学为作者单位的有关番茄的论文”11 篇。如图 3-22 所示。

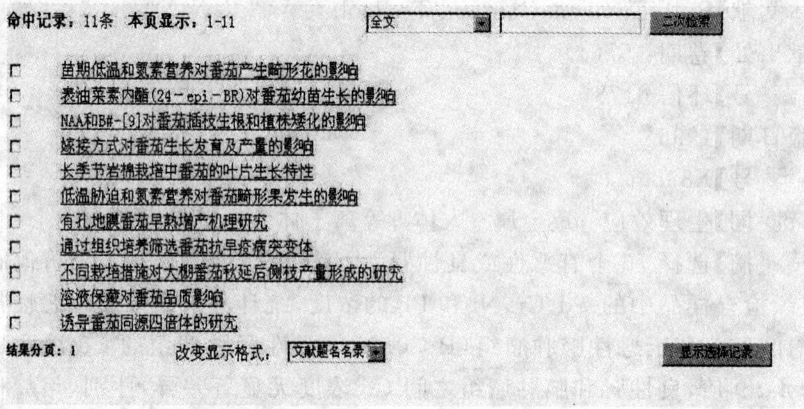

图 3-22 命中记录显示

在上图页面中，还可对检索结果进行二次检索。比如，在下拉选项按钮中选择“个人责任者”项，然后在右边框内填入“邢国明”，点击【二次检索】按钮，即可得到命中记录 1 条，见图 3-23。

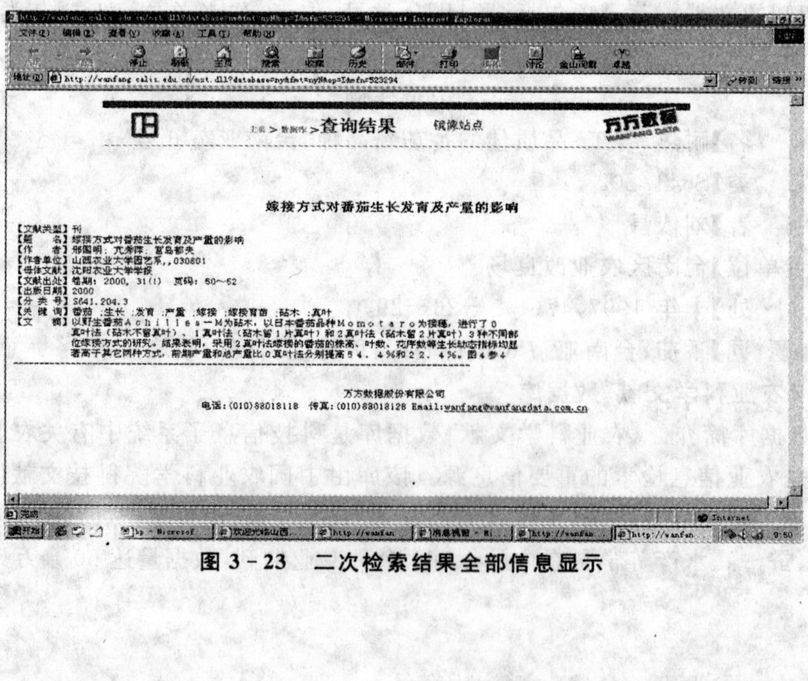

图 3-23 二次检索结果全部信息显示

• 专业检索

在一般检索页面点击【专业检索】按钮，即进入专业检索页面。在编辑检索式时，要在“数据库结构”的下拉式选项栏中查看和选取字段名称和与其对应的标识符号，如图 3－24 所示。比如其中的个人责任者项标识符为（300），那么，在检索式中填写个人责任者关键词时，其后一定要用“/”加上该字段的标识符加以限制，如“邢国名/（300）”，这样，系统才会在相应的字段项中进行查找，否则，会出现误检，影响查准率。

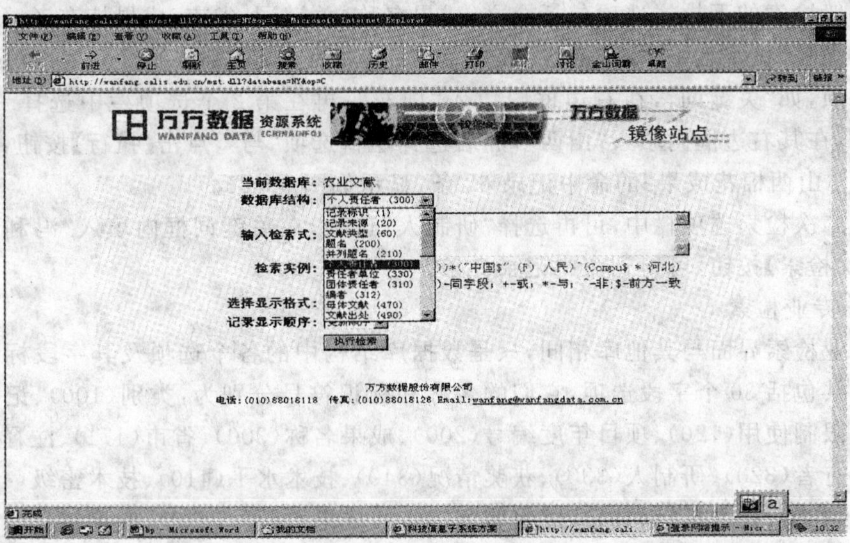

图 3－24 字段名称及其标识符号

在检索对话框中一次性输入检索式“番茄/（200）＊山西农业大学/（330）＊邢国明/（300）”，点击【执行检索】按钮，则会得到前面一般检索时分两步进行的最终检索结果。如果在专业检索中输入“番茄/（200）＊山西农业大学/（330）”的检索式，其检索结果比用一般检索方法得到的结果更精确。前者命中记录为 9 条，而后者则为 11 条，其中有 2 条的“作者单位”不符合检索条件。

• 结果显示

命中结果的显示有 2 种方式：文献题名名录和文献全部信息。缺省情况为名录形式显示。如需显示全记录，用户可以在题名前的方框内先进行标记，然后在“改变显示格式”选项栏内点击下拉箭头，选择其中的“文献全部信息”选项。名录形式如图 3－22，只显示文献名称，但每一题名都具备超链接属性，并对命中关键词做红色突出显示，读者也可在此点击某一题名，从而得到该题名的全部记录显示格式。图 3－23 为全记录显示格式。

(5)《中国科技成果》数据库

① 数据库简介 《中国科技成果》库是万方数据库中较有特色的数据库之一。它汇集了历年来各省市部委鉴定后上报国家科委的科技成果及星火科技成果。收录

范围涉及社会科学、自然科学、工业技术、航空航天、交通运输、环保等领域，由中国科技研究信息所提供，是国家指定的科研成果查新数据库。目前的记录条数达 27.8 万余条。

② 检索实例 《中国科技成果》库的检索界面与其他数据库相同，检索方法有一般检索和专业检索 2 种方法。

• 一般检索

一般检索的下拉式选项包括全文、成果名称、关键词、省市、成果持有者、研制人、中图分类号、技术水平、技术密级、成果鉴定、成果简介等 11 个项目。用户可以选择其中一项，如“关键词”，在右边框内填入“棉花”，再在第 2 个选项栏中选择一项，如“省市”，在其右边框内填入“山西”，然后选择逻辑选项“与”，点击【执行】按钮，便可得到有关“山西棉花成果”的命中记录 62 条，显示如图 3－25。

在二次检索选项栏中，可再选择“研制人”选项，在关键词框内填入“冯利平”，点击【二次检索】按钮，可得到命中记录 2 条。

• 专业检索

专业检索界面与其他库相同，只是数据库结构中的各个选项及其字段标识符不同。它共包括 30 个字段选项，它们的名称和标识符号分别为：类别(100)、记录状态(110)、限制使用(120)、项目年度编号(200)、成果名称(300)、省市(171)、注释(310)、成果持有者(320)、研制人(330)、获奖情况(340)、技术水平(410)、技术密级(420)、成果简介(430)、技术指标(431)、成果鉴定(440)、成果登记号(450)、成果转让(460)、中图分类号(510)、关键词(520)、研究起止时间(973)、推荐部门(980)、登记部门信息(981)、数据来源(8)、数据库类型(9)、资料名称(810)、资料年代(820)、应用范围(830)、专利号(511)、应用行业码(512)、应用行业名称(513)。

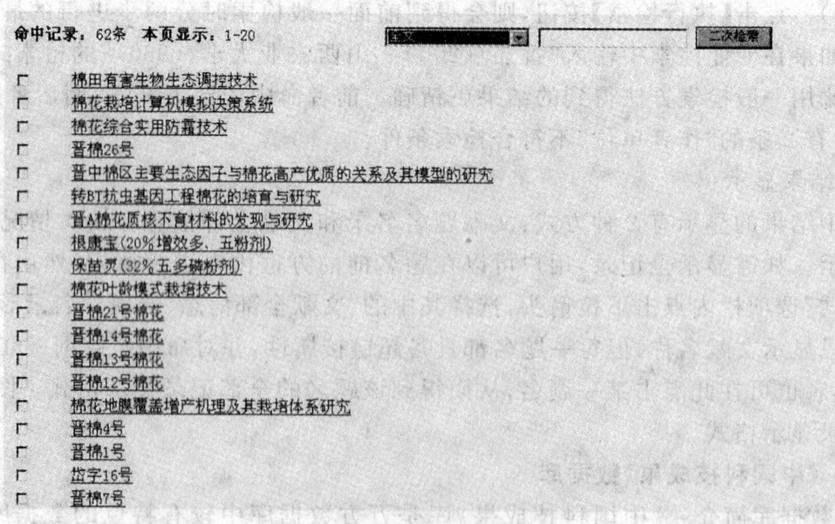

图 3－25 成果检索显示页面

利用这些字段和标识符可以进行逻辑组配，编制检索式。如一次性输入检索式“棉花/(520) * 山西/(171) * 冯利平/(330)”，点击【执行检索】按钮，可得到与上面一般检索中完全相同的结果。

• 结果显示

《中国科技成果》库的检索结果有多种显示方式。在检索结果显示页面，有【改变显示格式】下拉式选项按钮，点击此按钮可以得到包括缺省、成果全部信息、成果名称、成果持有者信签、通讯录、成果简介及研制人信息等格式选项，下面对不同格式将以图示的方式说明。参看图 3-26～图 3-29。

棉花栽培计算机模拟决策系统

【 记录编号 】276118
【项目年度编号】0201060826
【成果项目名称】棉花栽培计算机模拟决策系统
【 省 市 】山西
【 成果持有者 】
单 位：山西省农业厅;山西农业大学;山西省计委；中国农业大学
地 址：太原市新建路133号
邮 编：030002
联 系 人：冯利平;韩学信;杨文章;赵继玉;李跃先；赵中华;李香莲等57人
【 研制人 】李香莲等57人； 赵中华；李跃先；赵继玉；杨文章；韩学信；冯利平
【 成果简介 】
棉花栽培计算机模拟决策系统（COTSYS）是将作物模拟技术、作物生理生态、高产优质栽培技术与优化决策及智能专家系统的原理
法相结合，使COTSYS既具有较强的机理性、综合性，又具有实践性。该系统具有多方面的功能：进行棉花栽培管理优化决策、棉花的生
育模拟，将决策方案打印成棉花高产栽培模式图，直接指导当地生产；进行棉花主要病虫害识别诊断并制订防治决策，进行经济效益
等。该成果以大田试验为基础，将作物模拟技术与栽培优化理论相结合，在多方面直接指导生产，基本上适用于中熟、中早熟和特早
生态棉区棉花栽培管理辅助决策，为棉花生产科学管理服务。该系统适用于不同气候、土壤、品种的棉花栽培，还可以根据当年气象
苗情变化，制订当年栽培优化决策等。
【 应用行业码 】832；011
【应用行业名称】数据处理业；种植业

==

北京万方数据股份有限公司
地址：北京市海淀区车公庄西路乙号华通大厦B座（100044）
网址：http://www.wanfangdata.com.cn 电话：(010)88018118
E-mail：wanfang@wanfangdata.com.cn 传真：(010)88018128

图 3-26 研制人信息格式

棉花栽培计算机模拟决策系统

【 记录编号 】276118
【项目年度编号】0201060826
【成果项目名称】棉花栽培计算机模拟决策系统
【 省 市 】山西
【 成果持有者 】
单 位：山西省农业厅;山西农业大学;山西省计委；中国农业大学
地 址：太原市新建路133号
邮 编：030002
联 系 人：冯利平;韩学信;杨文章;赵继玉;李跃先；赵中华;李香莲等57人
【 研制人 】李香莲等57人； 赵中华；李跃先；赵继玉；杨文章；韩学信；冯利平
【 成果简介 】
棉花栽培计算机模拟决策系统（COTSYS）是将作物模拟技术、作物生理生态、高产优质栽培技术与优化决策及智能专家系统的原理
法相结合，使COTSYS既具有较强的机理性、综合性，又具有实践性。该系统具有多方面的功能：进行棉花栽培管理优化决策、棉花的生
育模拟，将决策方案打印成棉花高产栽培模式图，直接指导当地生产；进行棉花主要病虫害识别诊断并制订防治决策，进行经济效益分
等。该成果以大田试验为基础，将作物模拟技术与栽培优化理论相结合，在多方面直接指导生产，基本上适用于中熟、中早熟和特早熟
生态棉区棉花栽培管理辅助决策，为棉花生产科学管理服务。该系统适用于不同气候、土壤、品种的棉花栽培，还可以根据当年气象条
苗情变化，制订当年栽培优化决策等。
【 技术密级 】非密
【 成果登记号 】20000631
【中图法分类号】S126；S562.04
【 关键词 】计算机模拟决策系统；棉花；栽培
【 应用行业码 】832；011
【应用行业名称】数据处理业；种植业
【 推荐部门 】^A山西省科委^B2000年2月

==

图 3-27 成果全信息格式

棉花栽培计算机模拟决策系统

【 记录编号 】276118
【项目年度编号】0201060826
【成果项目名称】棉花栽培计算机模拟决策系统
【 技术密级 】非密
【 成果简介 】
棉花栽培计算机模拟决策系统（COTSYS）是将作物模拟技术、作物生理生态、高产优质栽培技术与优化决策及智能专家系统的原
法相结合，使COTSYS既具有较强的机理性、综合性，又具有实践性。该系统具有多方面的功能：进行棉花栽培管理优化决策、棉花的
育模拟，将决策方案打印成棉花高产栽培模式图，直接指导当地生产，进行棉花主要病虫害识别诊断并制订防治决策，进行经济效益
等。该成果以大田试验为基础，将作物模拟技术与栽培优化理论相结合，在多方面直接指导生产，基本上适用于中熟、中早熟和特早
生态棉区棉花栽培管理辅助决策，为棉花生产科学管理服务。该系统适用于不同气候、土壤、品种的棉花栽培，还可以根据当年气象
苗情变化，制订当年栽培优化决策等。
【 成果登记号 】20000631.

==

北京万方数据股份有限公司
地址：北京市海淀区车公庄西路乙号华通大厦B座（100044）
网址：http://www.wanfangdata.com.cn　　电话：(010)88018118
E-mail：wanfang@wanfangdata.com.cn　　传真：(010)88018128

图 3-28　成果简介格式

棉花栽培计算机模拟决策系统

【 记录编号 】276118
【项目年度编号】0201060826
【成果项目名称】棉花栽培计算机模拟决策系统
【 省　市 】山西
【 成果持有者 】
单　　位：山西省农业厅；山西农业大学；山西省计委；中国农业大学
地　　址：太原市新建路133号
邮　　编：030002
联 系 人：冯利平；韩学信；杨文章；赵继玉；李跃先；赵中华；李香莲等57人
【 研制人 】李香莲等57人；赵中华；李跃先；赵继玉；杨文章；韩学信；冯利平

==

图 3-29　通讯录格式

3.3.3.2　数字化期刊子系统

万方“数字化期刊群”1998 年开发运作。目前已经集纳了理、工、农、医、人文等五大类 70 多个类目的 2 000 多种科技期刊，实现了网上全文阅览。其中，绝大部分期刊是进入科技部科技论文统计源的核心期刊。

(1) 系统功能特点

万方数字化期刊群，充分利用 Web 页面功能，对收录期刊进行分类索引，为用户提供了一个既直观又全面的阅读和查询界面。其页面的功能设置有以下几个特点。

① 多途径接入期刊全文　用户既可以通过学科分类引导，从自己感兴趣的大类入手，逐层深入，直到找到期刊全文为止；又可以通过页面上的检索对话框，直接输入关键词，对刊物或论文进行检索；还可通过期刊性质分类导航，按照自己所需查询的期刊性质分别在学报、科普期刊、科技期刊或英文版期刊等类别中选择。其页面如图 3-30 所示。

例如，用户想阅读《山西农业大学学报》2002 年第 1 期，首先可以从五大学科分类中的“农业科学”大类中，选择“农科类大学学报”进入二级页面，再按刊名字母顺序，找到“山西农业大学学报”，点击此处超链接，即可进入该学报主页面，选择 2002 年第 1 期便可阅读。

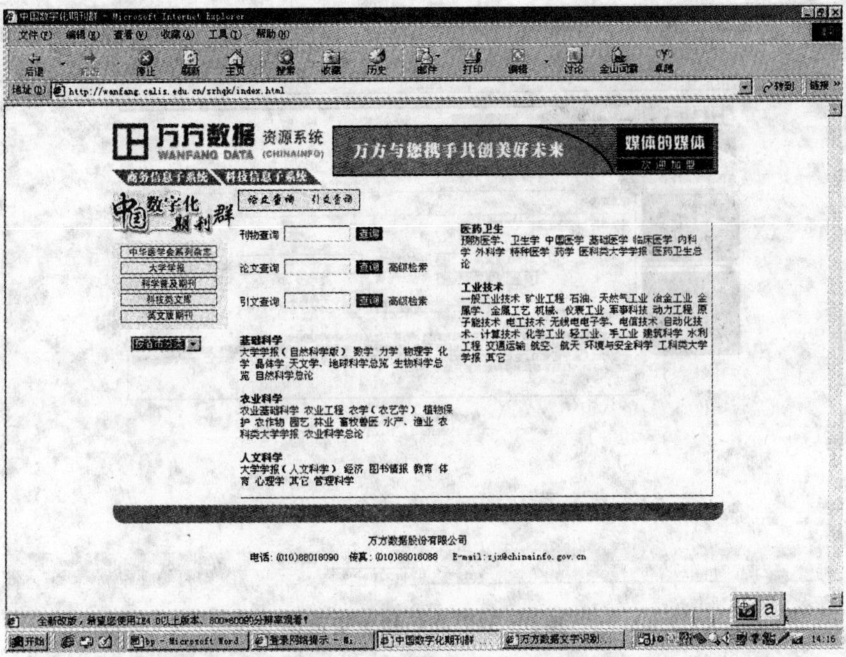

图 3-30 万方数字化期刊子系统主页面

用户也可以在“刊物查询”输入框中直接输入“山西农业大学学报”的关键词，点击【查询】按钮，即可直接进入该刊主页面，进行浏览式阅读。同时，还可以在期刊性质分类导航中，选择“大学学报”导航栏进入二级页面，再按字母顺序查找该刊刊名超链接，进入该刊主页面。

在“中国数字期刊群”页面上，有一个“按省市分类”的下拉式选择列表。用户可以在此选择某省市名称，从而查到该省市所有被万方数据收录的期刊出版物，由此进入期刊页面，进行全文阅读。

② 快捷的文献检索和传统的浏览式阅读相结合　万方数字期刊系统与清华的CNKI或重庆维普科技期刊系统一样，具有较完善的文献检索功能。从它的主页面的“论文查询”系统，用户不仅可以进行只输入关键词的简单查询，而且可以进行较详细的、采用布尔逻辑组配、字段选择及年代限制等的“高级检索”。这种方法可使用户不经过浏览而直接找到自己所需论文，方便快捷。如图 3-31 所示。用户既可以在“年份选择”列表中选择检索年份，又可在关键词检索框中的两个下拉式列表中选择检索字段项，输入关键词后，再选择逻辑组配选项“与”或“非”，进行字段级检索。

万方数字化期刊还有一个区别于其他数字期刊的特点，即它保留了人们阅读纸本期刊的习惯。在主页面的“刊名查询”输入框中，用户只要填写自己想阅读的期刊名称，点击查询按钮，便可调出此种期刊，从期刊目录即可进入全文阅读。这种阅读方式由于沿袭了人类传统的阅读习惯，让人感觉非常自然方便。

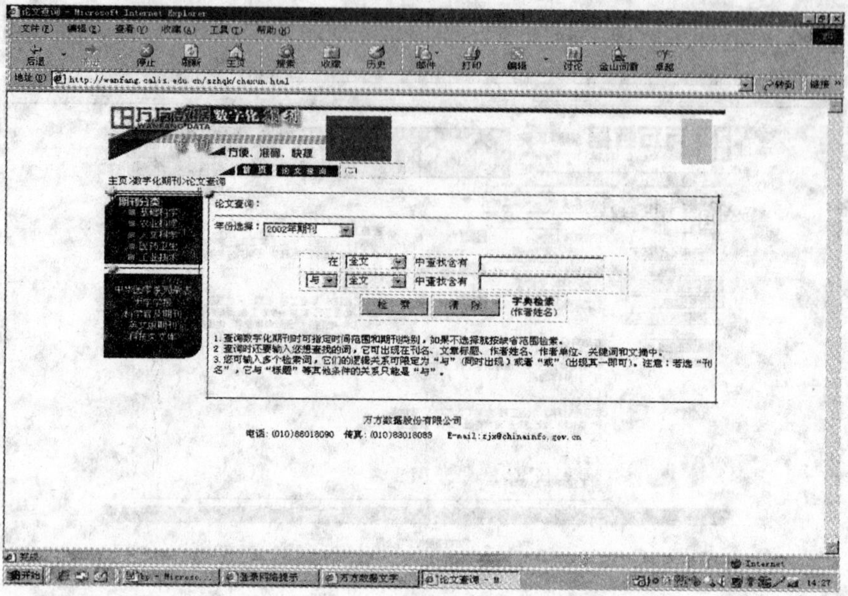

图 3-31　高级检索页面图

③ 引文查询功能　万方数字化期刊系统还具有引文查询功能。用户可利用"引文查询"输入框进行简单引文查询或点击其中的高级检索进入检索页面，选择合适的选项并输入适当的关键词进行高级检索。具体检索方法与论文检索基本相同。检索结果显示如图 3-32。引文检索可以使读者或用户了解某篇论文被他人引用的频次和引用情况，这些数据是评价论文成果的重要指标。

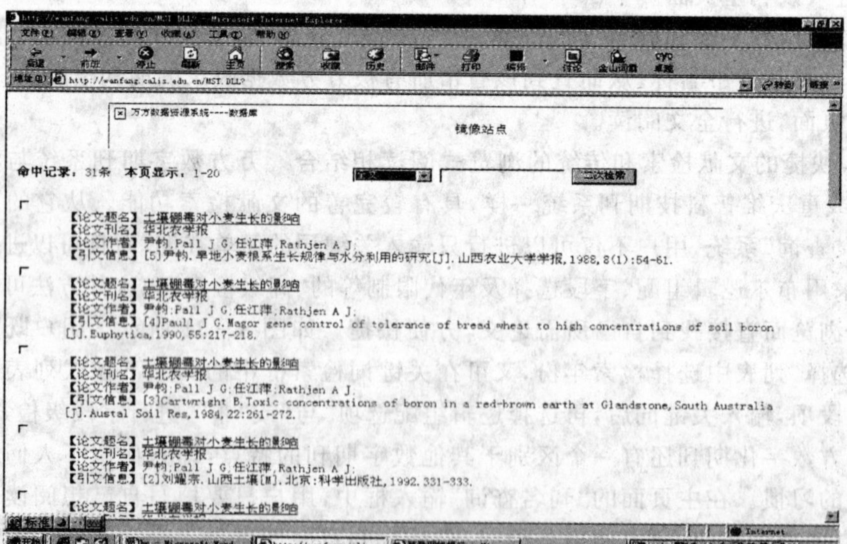

图 3-32　引文查询结果示图

④ 论文作者超链接检索功能　在万方数字期刊系统的检索结果显示中,作者字段中的所有作者都具有超链接属性。用户可以很方便地检索到某位作者的所有作品。比如用“论文查询”系统进行“农业”和“计算机”组合检索,命中记录有 148 篇,显示为一般题录格式。当选择文摘形式显示时,其中的论文作者都具备超链接属性。如果在此对作者“袁大伟”进行点击,便可以得到以“袁大伟”为作者的命中记录 2 篇。

(2) 结果显示和输出

万方数字期刊的论文检索结果有多种显示形式,默认为题录型。在检索结果页面的底部有一个“改变显示格式”的复选框,在下拉式列表中可选择“论文题录”、“参考文献格式”、“全部信息”和“qikan_txt”等 4 种格式,如图 3-33。

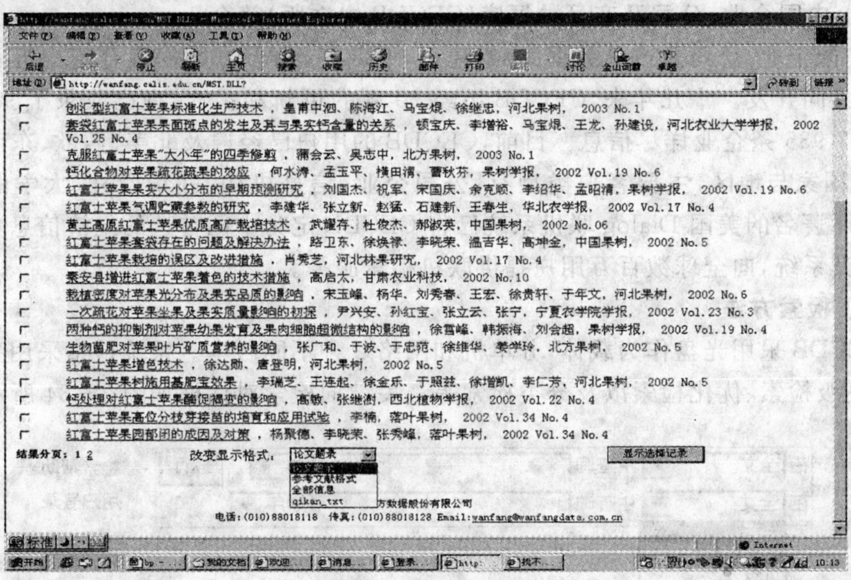

图 3-33　改变显示格式

• “论文题录”格式　显示页面包括命中记录的条数和本页显示记录起止号码。在题录显示格式的每条记录前有一个标记方框,用户可以根据需要进行标记,然后对选中的条目进行打印或输出操作。

• “参考文献格式”　显示的内容与题录格式基本相同,只是按照一般参考文献的著录格式将文章作者、题目、刊名、卷期号等顺序排列。

• “全部信息”格式　显示全部著录信息,包括论文题名、英文题名、作者(全部)、作者单位、刊名、英文刊名、年卷期、关键词和摘要等项目。其中作者项中列出了论文的全部作者名称,并对每位作者进行了超链接标识。作者单位项则根据作者项中的排名次序依次列出作者单位、所在地及邮政编码。

在“全部信息”格式页面下端有“查看文摘”和“查看全文”两个按钮,读者可以在此根据自己需要选择查看格式。文摘显示除题名项外,有摘要、关键词、分类号、文章标识码、文章编号、基金项目、作者简介、作者单位及参考文献等内容；全文显示为FPD格式，阅读前，须下载 Acrobat Reader 阅读器。

3.3.3.3 商务信息子系统

商务信息子系统是一个面向广大工商、企业用户提供商务信息和解决方案的系统。它是以万方数据的拳头产品——中国企业、公司及产品数据库(CECDB)为基础，构架于 Internet 之上的综合性商业交易平台。其主要产品《中国企业、公司及产品数据库》(CECDB)至今已收录了 96 个行业，近 20 万家企业的详尽信息，是我国最具权威的企业综合信息数据库。

(1) 中国企业、公司及产品数据库(CECDB 中文版)简介

《中国企业、公司及产品数据库》始建于 1988 年，由万方数据联合国内近百家信息机构共同开发。十几年来，CECDB 历经 20 版的更新和扩充，现已收录了 96 个行业的 197 935 条企业详尽信息。目前，CECDB 的用户已经遍及北美、西欧、东南亚等 50 多个国家与地区，主要客户类型有：公司企业、信息机构、驻华商社、大学图书馆等。国际著名的美国 Dialog 联机系统已将 CECDB 定为中国首选的经济信息数据库而引进其系统，向全球数百万用户提供联机检索服务。

(2) 检索方法

CECDB 采用光盘作为载体，分单机和网络 2 种不同版本。系统检索采用关键词检索、高级检索、优化检索以及分类检索等。关键词检索对话框如图 3 - 34 所示。

图 3 - 34 CECDB 关键词检索对话框

① 关键词检索

A. 在检索框中提交检索条件：在检索框左侧的下拉菜单中选择需要查询的数据项，包括全文、企业名称、负责人、经营范围、产品、地址、关键词、行业代码及产品国标码等选项。

B. 在检索框的中间部分填写关键词。

C. 点击【执行】按钮，提交检索条件。

② 高级检索

A. 可在上下两行的检索框的下拉列表中选择需要查询的数据项。

B. 在上下两行检索框的中间部分填写关键词;并在检索框第 1 行右侧选择上下 2 个检索条件的组合关系,可以进行“与”和“或”的组合检索。

C. 在第一行右侧点击【执行】提交检索条件。

③ 优化检索　优化检索是在进行关键词或高级检索结果中进行的一种检索。在优化检索框的左侧选择与上次检索条件的组合关系“与”或“或”,在下拉式列表中选择需查询的数据项,在右侧填写检索词,点击【查找】提交检索条件,如图 3-35。

图 3-35　优化检索框

④ 分类检索　万方商务信息子系统的“企业快车”栏目,将其所收录的企业分为 81 个类目。点击任何一个类目即可进入相应下一级类目。逐级点击,就可以看到最终检索结果。检索结果没有排序选择。分类查询的检索结果页面嵌有“二次检索”对话框。用户可对初次检索结果作进一步限定性检索。比如从分类查询表中查询“畜牧业”类目,就可得到该类下含有 4 个类目的二级类目表,再点击其中的“家禽饲养业”,即可得到 97 条命中记录。对此检索结果还可以进行二次检索,选择下拉式列表中的“省名”项,然后在检索框中填写“山西”,点击【二次检索】按钮,可得到命中记录即“山西省家禽饲养企业”2 条。

(3) 结果显示

企业检索的全记录包含 30 多个字段:企业名、负责人、职务、采购部主管、销售部主管、地址、邮码、电话、传真、E-mail、域名、成立年代、法人代码、注册资金、年产值、利润、职工人数、固定资产、营业额、创汇额、技术人数、进出口权、产品出口国家、企业性质、上级单位、企业占地面积、厂房办公面积、机构简介、产品信息[名称、型号、商标、年产量、经营项目、关键词、行业代码],等等。在提交检索条件后,立即可以显示检索结果。用户可以根据需要自主选择显示格式。在“改变显示格式”框中,点击下拉式箭头可选择“缺省”、“企业产品信息”、“企业简介”、“企业经济指标”、“企业名称目录”、“企业全部信息”、“企业通讯信息”、“负责人信函标签”、“采购主管信函标签”、“销售主管信函标签”等各种显示格式。图 3-36 是缺省形式的显示格式。

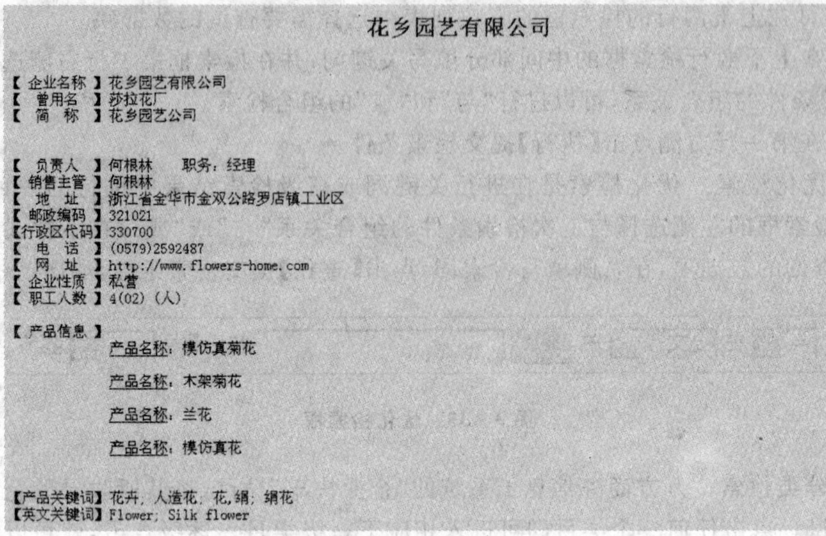

花乡园艺有限公司

【企业名称】花乡园艺有限公司
【 曾用名 】莎拉花厂
【 简 称 】花乡园艺公司

【 负责人 】何根林　　职务：经理
【销售主管】何根林
【 地 址 】浙江省金华市金双公路罗店镇工业区
【邮政编码】321021
【行政区代码】330700
【 电 话 】(0579)2592487
【 网 址 】http://www.flowers-home.com
【企业性质】私营
【职工人数】4(02)(人)

【产品信息】
产品名称：模仿真菊花
产品名称：木架菊花
产品名称：兰花
产品名称：模仿真花

【产品关键词】花卉；人造花；花,绢；绢花
【英文关键词】Flower; Silk flower

图 3-36　企业检索结果显示

3.3.3.4　会议论文全文子系统

(1)《中国学术会议论文全文数据库(PACC)》简介

《中国学术会议论文全文数据库》是万方新近推出的又一新产品，它是国内惟一的学术会议文献全文数据库。收录国家级学会、协会、研究会组织召开的全国性学术会议论文。涉及 600 余个重要的学术会议，年增补论文 1.5 万余篇。数据范围覆盖自然科学、工程技术、农林、医学等所有领域，已收录论文十几万篇。

(2) 检索方法

该数据库检索不仅可以从会议信息、论文信息两方面进行查找，而且可以进行"专业检索"，还可以从"浏览"页面进行主题分类检索。

① 会议名录检索　以会议名称、主办单位、会议时间、会议地点为检索点，可在两个下拉式列表中进行查询选项组配，如在第 1 个列表中选择"会议名称"，关键词填写"控制与决策"，在第 2 个列表中选择"会议地点"，关键词填写"西安"，再选择逻辑组配列表中的"与"，则可得到 1 条命中记录，即 2001 中国控制与决策学术年会(图 3-37)。

② 会议论文检索　会议论文检索主要是在会议名录检索的基础上增加了以会议论文的相关信息如作者、关键词、文摘等为检索点的查询。检索方法与会议名称检索相同，列表选项有所不同(图 3-38)。

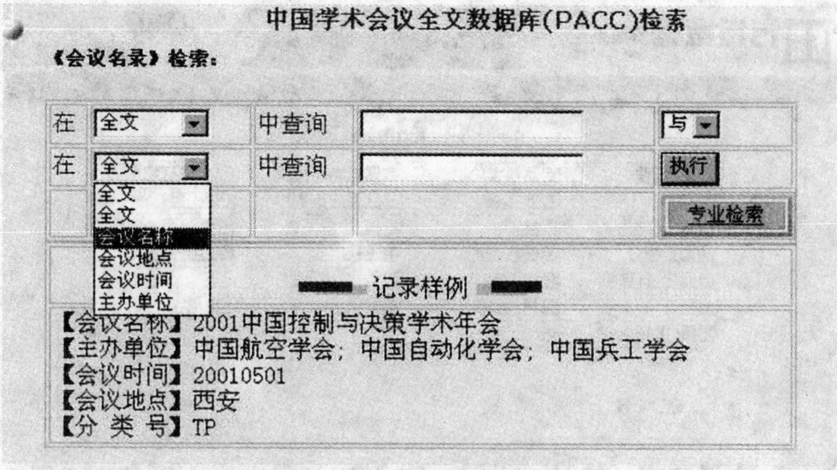

图 3－37 《会议名录检索》

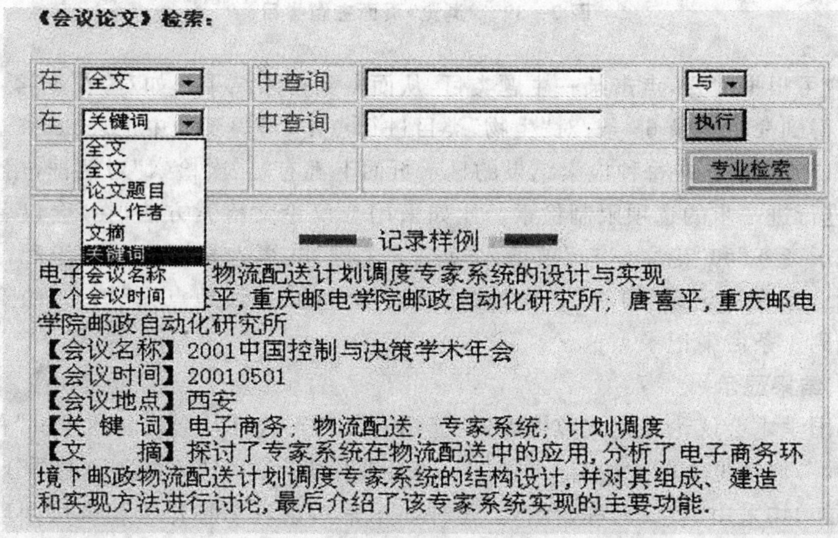

图 3－38 《会议论文检索》示意图

③ 专业检索　以上两种检索框中都含有【专业检索】按钮。点击此按钮可进入专业检索页面。专业检索与其他子系统的专业检索相同,要求一次性输入检索式后进行检索。它要求检索人员掌握各种逻辑组配符号及截断符号的使用方法,并根据需要编制检索式。

④ 浏览检索　"浏览"页面是《中国学术会议论文全文数据库》的另一种检索方式。它将数据进行主题分类,见图 3－39。

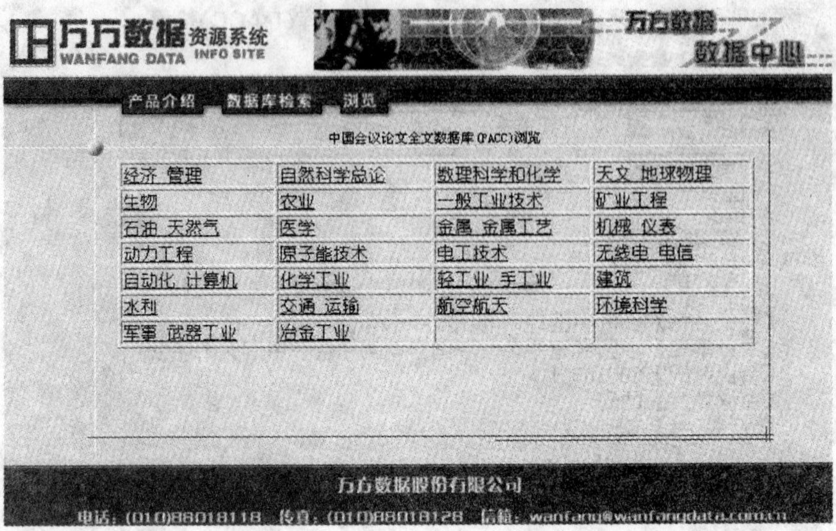

图 3-39 《浏览》页面主题类目

用户可根据需要,点击某一主题类目,从而得到检索结果。如对"农业"类目进行点击,可得到命中记录 68 条;对"生物"类目进行点击,可得到命中记录 23 条。

⑤ 二次检索　在每种检索结果的显示页面上都有"二次检索"对话框,用户可根据需要进行进一步的选项限制检索。比如采用会议论文检索方法,在"会议名称"项填入"电子商务"和"论文作者"项填入"王平"关键词,再选择逻辑"与"组配,进行检索,得到 3 条命中记录,再在"二次检索"对话框中的"会议地点项"填入"西安"作限定,只得到 1 条命中记录。

(3) 结果显示

《中国学术会议论文全文数据库》的显示有 2 种形式,即"会议名称显示"和"会议论文显示",详情见上图中的"记录样例"。"专业检索"和"浏览"页面的主题分类检索的结果显示均采用"会议名称显示"。每种显示都对会议名称作了超链接处理,点击此处超链接,即可进入论文全文目录页面。在此页面中,每篇论文题目后都有"文摘"和"PDF 全文"2 种超链接按钮,选择点击其中一个按钮,便会得到相应的显示结果。阅读 PDF 全文须先下载 Acrobat Reader 阅读器。

3.3.4 电子图书

e-Book(电子图书),即 Electronic Book 的缩写,目前有 2 种类型:电子图书阅读器和在专用浏览器软件下阅读的电子文本。电子图书阅览器是一种书本状的、用触摸屏控制的、具有大容量显示和人性化书报阅读界画的专用电子产品或硬件装置,其人机界面同传统图书一样,整页显示,有封面、有插图、有版式,读者可以像阅读传统纸质图书一样在电子图书阅读器的触摸屏上进行翻页、批注、圈释、划线、折页，查找和检索。电子文本图书是以数字代码方式将图、文、声、像等信息存储在磁、光、电介质上，通过计算机或电子图书阅读器等类似设备使用，并可复制发行的信息载体，通常意义的电子图书指的就是电子文本图书。电子图书能借助网络通讯技术提供大量文本，这些文本下载简便、节省空间，可以大幅度降低各项费用。由于电子图书制作格式的不同，阅读不同公司开发的电子图书则需要使用不同的专用浏览器软件。这些浏览器软件不仅保持了书本原来的版式和色彩，而且具有个性化特征，可根据自己的需要进行批注、翻页、版面设计或交换字体等，而且同时通过打印、拷贝等手段限制读者使用权限，保护著者和出版社的版权利益。

3.3.4.1　中国数字图书馆——网上读书

中国数字图书馆（//www.d-library.com.cn/）（图 3－40）是由中国国家图书馆联盟国内多家图书馆、档案馆、博物馆，以国家数字图书馆国家中心为基础，以行业、地区分中心为辐射，逐步建设具有模块化、开放性、互相联通并且稳定可靠、可扩展的计算机网络与存储体系。它提供 13 项产品和服务："十五"计划光盘、中国数字图书馆资源库、书目数据库、数字图书馆应用服务系统、数字图书馆系统集成、综合性数字图书馆建设方案、中国数图读书卡、电子信息资源服务、音像多媒体资源服务、文献数字化生产技术与服务、在线咨讯服务、网上读书服务、广告服务。数字图书馆推出的网上读书目前已应用于全国多家公共图书馆、大中专学校图书馆及机关团体局域网。

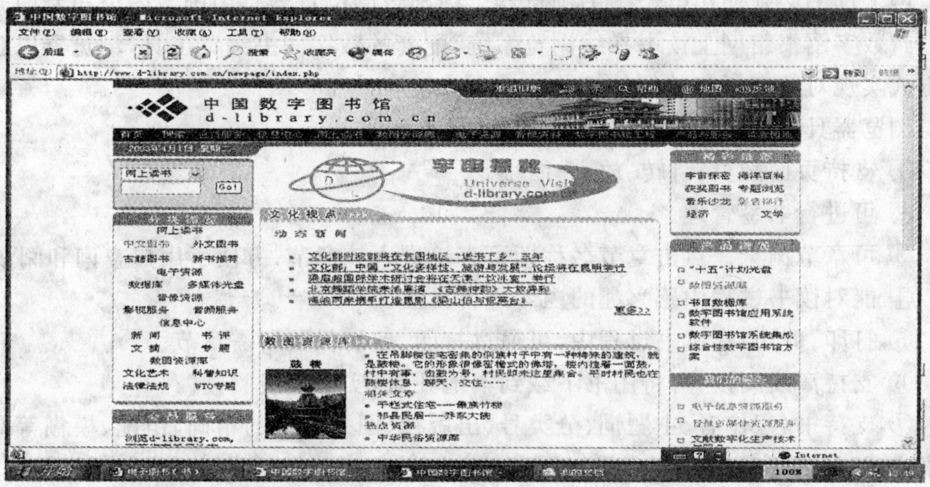

图 3－40　中国数字图书馆主页

(1) 网上读书服务

网上读书服务（图 3－41）是中国数字图书馆的电子图书服务。模仿现实图书馆馆藏模式将图书分为中文图书、外文图书、古籍图书，还设有 2 个专栏：新书推荐和免费读物。网上读书提供分类号、题名、责任者、出版社、关键词检索及以上各项高级检索。

图 3-41　中国数字图书馆——网上读书

(2) 电子图书浏览器

网上读书必须使用电子图书浏览器。中国数图浏览器是中国数图公司专门开发的、与“数字图书馆网上读书在线浏览系统”配套的数字图书浏览工具，浏览器以独特的方式实现对数字版权的保护。

浏览器具有如下功能：

① 支持页面翻页、跳转、放大、缩小。

② 可进行书签管理。

③ 可章节浏览。点击章节名称即可直接进入该章节，方便了用户查询和阅读。

④ 能对读书过程中感兴趣的内容进行批注。

⑤ 打印、剪切：在读书过程中，可通过打印、剪切保留所需章节。

⑥ 支持离线阅读：可将图书下载到本地硬盘，实现离线阅读。

⑦ 支持书名、作者、主题词、分类号、出版社、图书目次的精确、组配、模糊等高级检索方式，读者可便捷地找到目标图书。

中国数图浏览器支持在线阅读和离线阅读 2 种阅读方式。

3.3.4.2　超星数字图书馆(//www.ssreader.com/)

(1) 超星数字图书馆概况

超星数字图书馆是超星电子技术公司与中国国家图书馆合作的产物，它在开发的图文资料数字化技术(PDG)、专用阅读软件——超星阅览器(Superstar Reader)的基础上，为国内外图书馆、档案馆和出版社数字化提供了整体解决方案，并在多家档案馆和图书馆成功应用，现已成为数字图书馆建设的基本模式之一。超星中文电子图书内容丰富，范围广泛，目前超星在线图书馆共有38个大类，阅览器的最新版本为ssreader3.71版。浏览超星电子图书必须使用ssreader，它的原理是将原书完整地一页一页扫描保存，ssreader在书页传输过程中采用了专门压缩和逐渐显示等技术，加快了浏览速度。超星数字图书馆发售超星读书卡，是借阅超星网上由全国各大图书馆及各专业图书馆提供的、总量超过30万册的PDG格式数字图书的"借书证"，持有读书卡，享有会员资格，在网上注册后，可以享受ssreader提供的各项软件服务功能，超星读书卡会员可将馆藏数字图书资料下载到本地电脑离线阅读和打印。江苏省JALIS系统购买了超星电子图书25万余种，并在徐州师范大学、南京大学、南京师范大学设立了3个镜像站点。JALIS的超星数字图书馆按照中图法分为50个专业图书馆，其中农业科学图书馆和生物科学图书馆是农业院校馆藏建设的有效补充，农业科学图书馆有图书2 661种，分13大类。具体内容为：

农业基础科学，农业工程，农学，植物保护，农作物，园艺，林业，水产、渔业，农业科学研究、试验，一般性理论，总论。

有些大类下再细分小类，点击类目可浏览书目信息。

(2) 超星数字图书馆使用方法

① 图书检索方法　先进入超星数字图书馆首页(图3-42)，在首页左上方，有超星阅读器下载说明，阅读在线电子图书必须先下载并安装超星图书阅读器，持有读书卡会员在阅读超星中文电子书时必须在超星主页上进行注册，或打开已安装在自己的计算机上的超星图书浏览器进行注册，有了注册后的用户名和密码，才能免费阅读超星图书。在下载超星阅读器的下方是会员检索入口，输入用户名和密码，即可检索并阅读图书全文。非读书卡会员不需要注册，可直接检索图书，但不能阅览图书全文。超星数字图书馆提供前17页内容的试读，如果需要阅读全文，可购买读书卡，每本电子图书价值2元人民币。

A. 字段检索图书

在超星数字图书馆首页右下角有一个检索框，提供：书名、SS号、作者、出版社、ISBN号、条形码6种检索字段。

例如：通过书名检索，输入"黄瓜"，点击【检索】，此检索为模糊检索，即所有书名中含有该字符的图书都将被检索出来，共2种书名包含"黄瓜"字段的图书逐行显示书目信息，包括该书书名、作者、页数、出版日期、SS号、纸本价格，点击具体某一本书名，出现该书书目信息外，还提供"免费17页试读"，"版权页、书名页、封面页、前言页、目录页、正文页"点击后，超星图书阅读器自动打开，就看到扫描的纸质图书原貌，浏览图书内容。点击"购买纸质图书"读书卡用户可以购买。

图 3-42　超星数字图书馆主页

选择出版社将把所有该出版社的图书罗列出来；选择作者显示超星图书馆拥有的该作者所有图书，检索结果的输出格式与以上书名的结果相同。

B. 分类检索图书(图 3-43)

超星数字图书馆采用中国图书馆分类法，在字段检索框下方和首页的左上侧设有中图分类法类目，每个大类下再细分，共有三级类目，用户可逐级检索。

例如：点击“农业科学”，出现二级类目，选择“园艺”，出现三级类目，选择“蔬菜园艺”，出现图书书目列表，与字段检索相同。

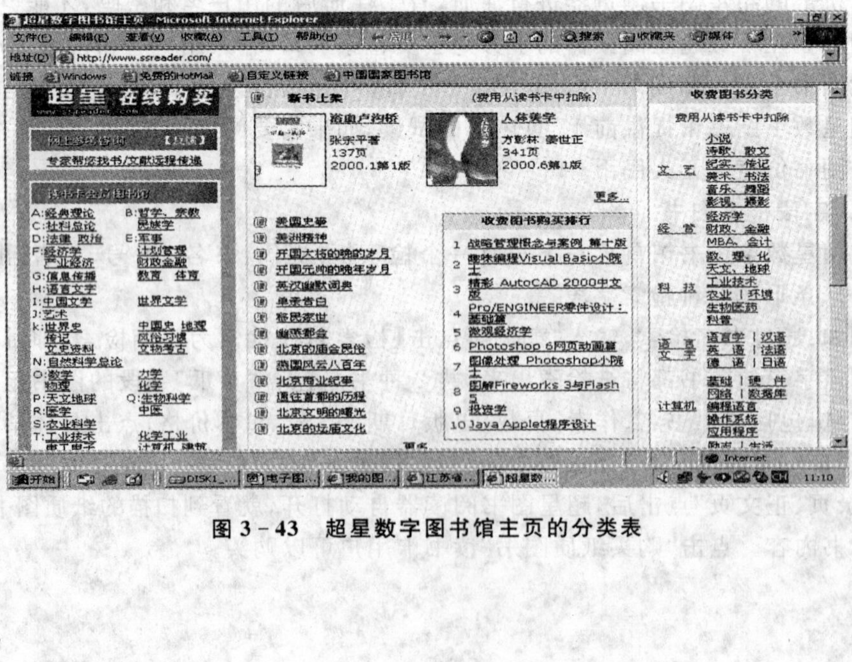

图 3-43　超星数字图书馆主页的分类表

② 超星图书阅览器使用方法　超星阅读软件提供图书在线或离线阅读、在线书目更新、书籍查询、图书打印和下载(只有部分图书可下载)等功能。超星图书阅览软件最新版本为 ssreader3.71 版(图 3-44)。

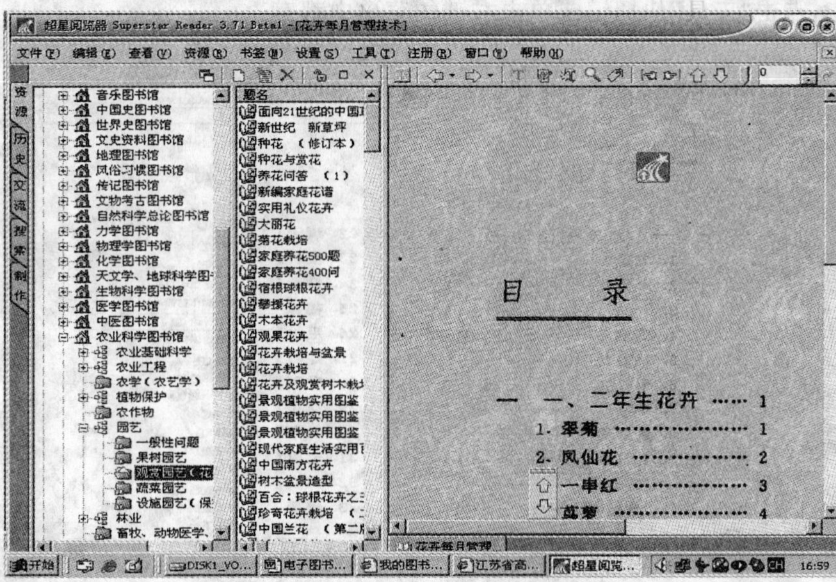

图 3-44　超星浏览器界面

超星阅读器界面从上到下可分为 6 层:

第 1 行:标题行,超星阅读器标志,名称,当前阅读的书名。

第 2 行:菜单行,超星阅读器可操作的 10 个菜单项(文件、编辑、查看、资源、书签、设置工具、注册、窗口、帮助),不同的菜单项有不同的功能。

第 3 行:快捷工具行,共有 13 个按钮。从左至右分别为:显示、隐藏章节目录、后退、前进、文字识别、标注、工具、缩放、添加书签、目录页、指定页、上页、下页、翻页显示框直接点击就可进行某些操作。

第 4 行:读书界面,左侧是资源、历史、交流、搜索、制作 5 项超星软件的开放性功能,右侧则显示该书内容。

第 5、6 行:是读书状态行,显示当前所在图书的书名、使用的功能、当前页码、总页数、显示比例、传输状态等内容。

除上面讲到从超星数字图书馆主页中检索图书阅读外,还可以从 ssreader 的资源中选择书籍阅读,打开 ssreader,点击“资源”,就可以从左侧的“数字图书馆”中看到网上最新的图书馆分类。展开分类,可看到中间书名窗口显示的书名(图 3-45)。双击书名,图书即自动打开,默认显示目录页。

打开图书《花卉每月管理技术》(图 3-45),显示目录页,主要介绍快捷工具行的使用,点击“章节目录”,在左边显示目录,浏览目录选择要看的章节,在读书界面自动出现翻页快捷键，利用“翻页”翻到想看的页面，在页面显示框中出现所在页面页数显示，或点击快捷工具行的【工具】按钮，或单击右键，出现工具下拉菜单，利用“工具”菜单中的翻页键：上一页、下一页、指定页、版权页，快捷工具行的文字识别、书签、标注、缩放功能，点击“工具”快捷键或单击右键的菜单中都有。

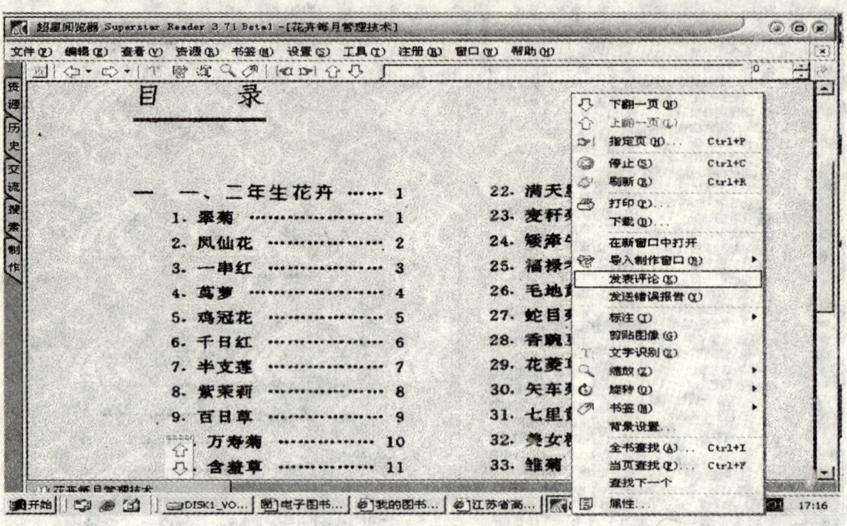

图 3-45 快捷工具

如要摘录一段文字，可利用“文字识别”功能，选择“文字识别”，在所要识别的文字上画框，框中的文字即会被识别成文本显示在弹出的面板中，选择“导入编辑”可以在编辑中修改识别结果，选择“保存”即可将识别结果保存为 TXT 文本文件。

添加书籍书签，点击，根据提示完成操作，书籍书签记录书籍的书名、作者、当前阅读页数及添加时间，以便下次可继续阅读。

图书标注具有重要的阅读功能。阅读书籍时，点击标注，将会弹出标注工具栏。标注有 6 种工具：批注、铅笔、直线、圈、高亮、链接。

• 批注　在阅读书籍时，点击标注浮动工具栏中的批注工具，然后在页面中按住鼠标左键任意拖动一个矩形（想要做批注的地方），在弹出的面板中填写批注内容，点击【确定】即可。

A. 删除：在要删除的批注图标上点击鼠标右键选择“删除”。

B. 显示内容：在批注上单击鼠标右键选择“显示内容”，可以在页面中显示批注的内容。显示内容和隐藏内容可以通过双击批注图标来快速切换。

C. 属性：编辑批注内容、修改颜色。

• 铅笔、直线、圈和高亮　在阅读书籍时，点击标注浮动工具栏中相应工具。按住鼠标左键在相关文字上画直线、圆、高亮。删除，属性与“批注”相同。

• 超链接　在阅读书籍时，点击超链接工具，使用鼠标左键在书籍阅读页面画框，在弹出的窗口中填写超链接地址，或书内链接页码；右键单击，出现删除、转到、属性菜单：

A. 删除：删除超链接。

B. 转到：触发超链接。

C. 属性：编辑超链接地址及更换颜色。

点击缩放功能，出现菜单，可以根据需要，选择不同比例的页面显示。

点击“工具”快捷键或单击右键出现的下拉菜单，旋转和剪贴图像针对图书中的图、表等设置的功能；背景设置可以根据需要和爱好选择图书背景色彩；点击“当页查找、查找下一个”，出现对话框，输入要查找的关键词，自动将当前页的全部关键词高亮显示。“全文查找”只有部分图书可以使用。

打印功能较多，可以根据需要设置打印页数、打印范围、方式、打印纸张大小、打印文字比例，设置完毕，点击【确定】即可。

超星离线阅读，只有读书卡用户可以使用这项功能，下载图书必须要进行注册，首先注册，有离线注册和在线注册，离线注册必须是一台从未上网的机器，阅读其他机器下载的图书，才能使用离线注册方式，从一台能够上网的电脑上获得离线注册码或与超星公司联系获得，将注册码记下来，携带到不能上网电脑，填写到超星阅览器的注册菜单离线注册中，就可离线阅读下载图书；点击“在线注册”，出现需输入用户名和密码的对话框，输入内容，点击【确定】提示注册成功后，就可以阅读这些书籍了，在读书状态行出现下载信息。

3.3.4.3 书生之家数字图书馆（//www.21dmedia.com/）

(1) 书生之家数字图书馆——中华图书网简介

“书生之家”网由北京书生科技有限公司创办，以书生全息数字化为核心技术建立起来的一个全球性网上开架书报刊交易平台和中国信息资源电子商务平台，下设中华图书网、中华期刊网、中华报纸网、中华资讯网等子网，集成了图书、期刊、报纸、论文等各种出版物的(在版)书(篇)目信息、内容提要、精彩章节以及全文。书生之家的目标是利用先进技术极大地提高图书报刊出版发行各环节的交易效率，可以为专业图书情报机构和普通消费者提供数字图书馆服务，并利用书生之家的信息资源凝聚作者、出版商、批发商、零售商、采购商和读者，在新的平台上更好地整合中国出版业从而提高其效益。中华图书网提供图书作者及出版信息、内容摘要及书评等，可实现网上选购；目前有 10 万种中文图书，并以每年 6～7 万的产量递增，大部分可实现全文在线预览。阅读书生之家的在线电子图书必须，先下载并安装书生数字信息阅读器，用户注册之后，方可进行在线阅读。书生电子书采用全息技术，保留原印刷版的全部信息，如文字、图表、公式、脚注、字体字号、修饰符号、版式位置等，并在其基础上进行二次加工，增加了各种检索信息以及导读、超文本链接等信息。

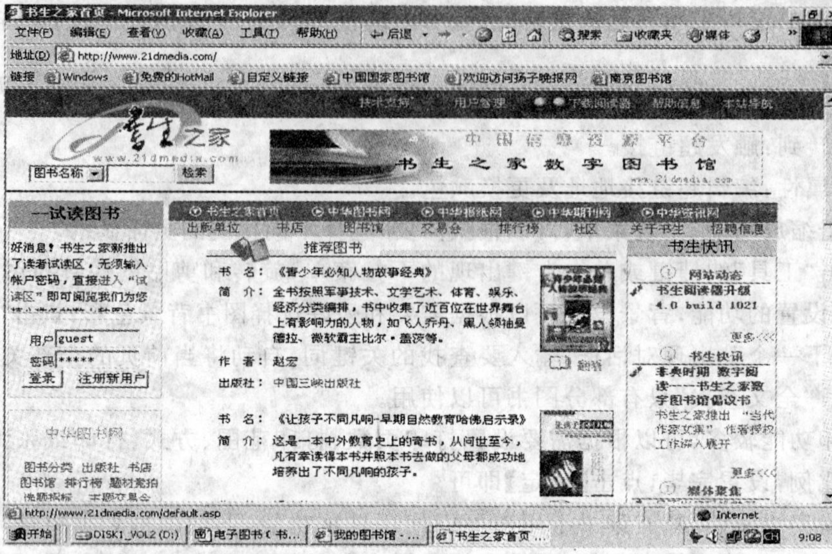

图 3 - 46　书生之家数字图书馆主页

(2) 书生之家数字图书馆——中华图书网检索方法

① 中华图书网——图书检索方法　进入“书生之家数字图书馆”,进入中华图书网,先下载阅读器。在中华图书网首页右栏有下载阅读器的说明,安装后,在下载阅读器的说明下方有要求读者登录的入口,可用默认的账号,密码登录,非授权用户可用 guest 登录,会有登录成功的页面提示,然后用户再回到中华图书网首页,这时候用户就可根据自己的需求检索图书。

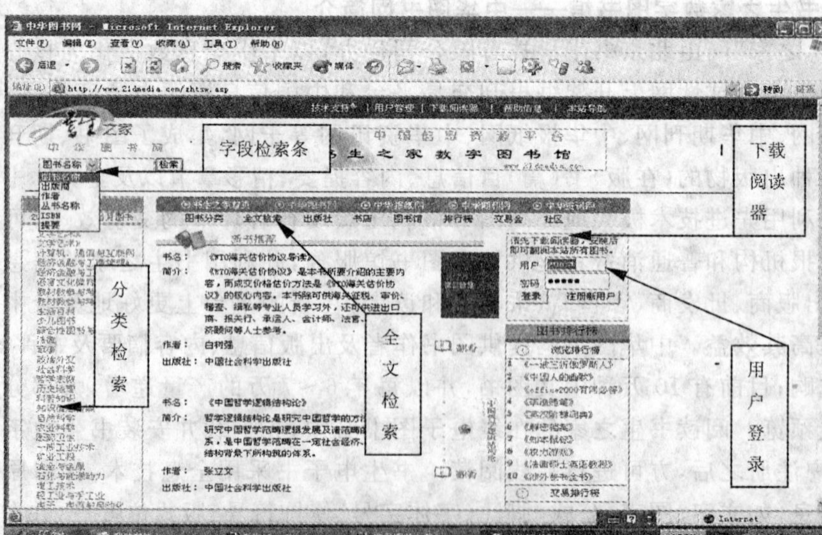

图 3 - 47　书生之家——中华图书网

A. 字段检索图书

点选检索条的下拉框，选择检索点，中华图书网提供图书名称、图书 ISBN 号、图书出版单位、图书作者、图书提要、丛书名称 6 种检索途径。

例如：通过图书名称检索途径，输入“蔬菜”，点击【检索】(此检索为模糊检索)，即所有书名中含有该字符的图书都将被检索出来，图书列表显示出有 417 种书名包含了“蔬菜”字段，点击某本书名，即进入有关这本书的简要介绍；点击对应于某本书的“全文”，阅读器(reader)启动，就可实现在线看书；点击“推荐”，出现电子邮件对话框，可将图书发送给他人阅读。点击“订置”，出现书名、出版日期、价格列表，下方有电子书店的名称、地址列表显示，点击“购买”，可实现网上购买电子版。

选择图书出版单位，将把该出版社的所有图书罗列出来。

选择图书作者，显示中华图书网拥有该作者的所有图书。

选择图书提要，输入关键词，以“图书馆”为例，共检出 94 本图书简介中有“图书馆”字段的图书，列表显示(图 3－48)检索结果。

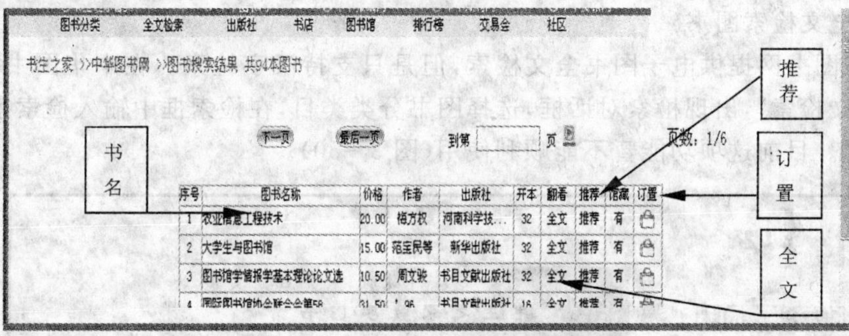

图 3－48　检索结果列表显示

B. 分类检索图书

分类检索位于中华图书网首页的左侧、检索工具条的下方，中华图书网对全部电子图书均按中图法分类，共分成 31 个大类，每个大类下又划分子类，子类下继续细分，共有 4 级类目。用户可逐级进行检索。点击“农业科学”，所有属于“农业科学”的图书列表显示在新页面的右边，页面左边则将农业科学的所有子类显示出来。农业科学的下位类有：总论，农业基础科学，农业工程农学(农艺学)，植物保护，农作物，园艺，林业，畜牧、动物医学、狩猎，蚕、蜂，水产、渔业。

农业科学的下位类共 10 类 6 191 种农业类图书，再点选“总论”，显示总论的子类：一般性理论，农业科学技术现状与发展，农业科学研究、试验，农业经济，共有 70 种图书，页面显示与上位类相同。用户可依次逐级检索，共 4 级。检索出的图书列表显示，显示的内容与结果输出方式与使用字段检索的结果一致(图 3－49)。

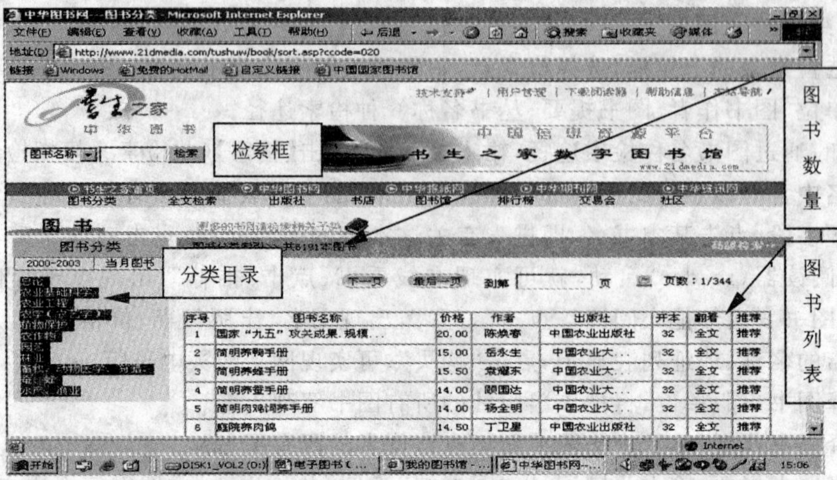

图 3-49　全文检索图书及检索结果列表

C. 全文检索图书

中华图书网提供电子图书全文检索，但是只支持汉字检索。在中华图书网首页点击“全文检索”，出现检索对话框，选择图书分类类目，在检索框中输入检索字段，点击【检索】。目前这项功能暂不能顺利使用（图 3-50）。

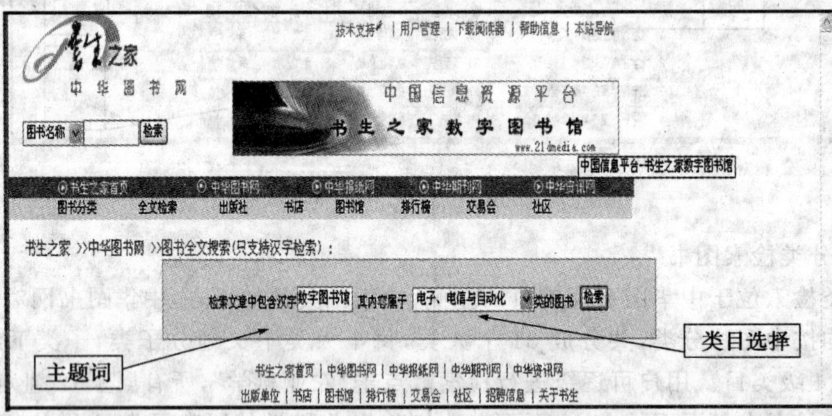

图 3-50　书生之家——全文检索

② 书生阅读器使用方法　目前书生阅读器推出升级 4.0 a3 build940 完整版，能够显示、放大、缩小、拖动版面、提供栏目导航，顺序阅读，热区跳转等高级功能，可以打印出黑白和彩色复印件。点击检索结果列表中对应书名的“全文”，或者在中华图书网首页浏览“新书推荐”等栏目时，点击【翻看】，书生阅读器自动打开。阅读器界面从上到下可分 5 层（图 3-51）。

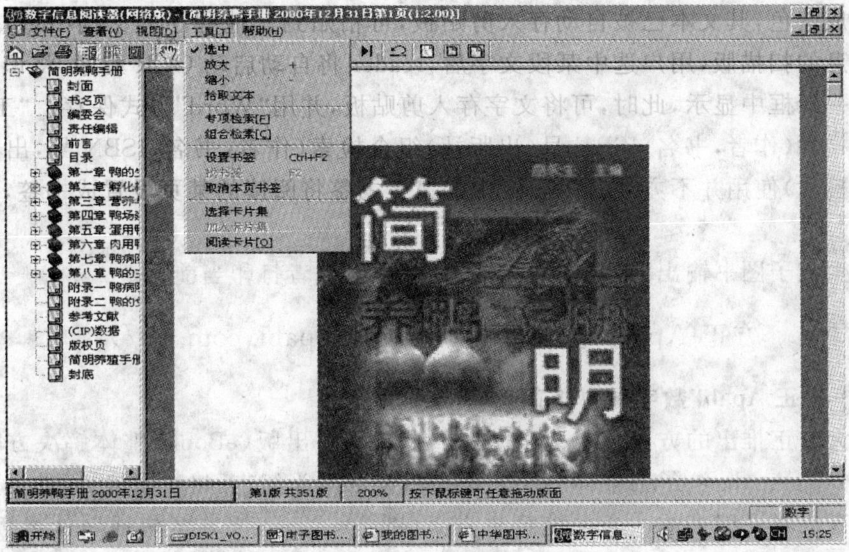

图 3-51　书生浏览器界面

第 1 行:标题行,书生阅读器标志,名称,当前阅读的书名,页数,显示比例。

第 2 行:菜单行,书生阅读器可操作的 5 个菜单项(文件、查看、视图、工具、帮助),不同的菜单项有不同的功能。

第 3 行:快捷工具行,共 19 个按钮从左至右分别为:书生之家网站、打开读物、打印、数型目录、微缩版面、全屏显示、用手拖动、放大、缩小、拾取文本、返回、第一页、上一页、下一页、最后一页、专项检索、原文大小、显示整页、显示整宽,直接点击就可进行某些操作。

第 4 行:读书界面,左侧是书籍的目录,最多可分 4 级,点击相应目录,则在右侧显示该目录内容的起始页。

第 5 行:是读书状态行,显示当前图书书名,当前页码,总页数,显示比例。

快捷工具行的作用很大,具有菜单行的各功能键的大部分常用阅读功能。下面以举例方式说明书生阅读器的具体使用方法:

先选择图书《简明养鸭手册》全文阅读,书生阅读器即自动打开,显示图书封面,点击左侧目录,浏览图书目录,或点击"查看"下的"自动滚屏",浏览图书大概内容;点击工具栏的"全屏显示"或菜单栏的"视图"下的"全屏显示",取消"树型目录",调整阅读界面大小,利用"视图"菜单,或"快捷工具栏"的原文大小、显示整页、显示整宽;阅读正文,利用"视图"或"快捷工具栏"的第一页、上一页、下一页、最后一页,点击"视图"下"转到第页",点击"工具",选择放大、缩小,缩放功能("快捷工具栏"也具有此功能),选中这个功能后,每单击版面一次,版面就会放大或缩小一次,可利用此功能,调节打印页面;"工具"或"快捷工具栏"中的"拾取文本"是一个很重要的功能,当用户需要对某段文字进行摘录时,可选取"拾取文本"拖动光标选中相应的文字,被选中的文字显示成蓝色，其文本已被自动存入剪贴板，可粘贴到其他程序的文档中；如果图书为非全息的扫描版，用户选中某段文字后，reader 将自动启动 OCR 程序，将识别后的文字在一新框中显示，此时，可将文字存入剪贴板，并用“Word”方式保存。“工具”中的专项检索(作者，书名，ISBN 号，出版社)组合检索(作者，书名，ISBN 号，出版社逻辑组合检索)使用并不方便。“工具”中的设置书签将阅读的某页设置成书签，便于以后阅读。

书生电子图书输出方式简单，只能在线阅读，或者打印当前页。

3.3.4.4 方正 Apabi 电子图书(//www.apabi.com.cn/)

(1) 方正 Apabi 数字图书馆简介

北大方正推出的方正 Apabi(阿帕比)中文网络出版(eBook)整体解决方案系统软件和方正 Apabi 电子书整体解决方案是以互联网为纽带，将作者、出版社、分销商、购买者有机联系起来的一个系统解决方案(图 3-52)。该方案包括制作出版软件、安全发行软件、交易处理软件、数字图书馆支持软件和电子图书阅读软件。北大方正目前已与全国 100 多家出版社合作，向市场推出 2 万余种电子书。

注：Apabi 是 Author、Publisher、Artery、Buyer、Internet 的首字母缩写。

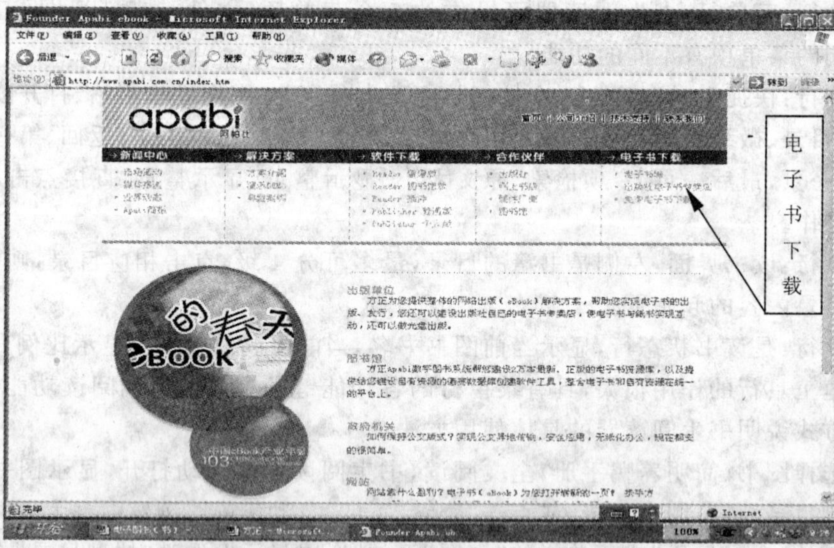

图 3-52 方正 Apabi 网站首页

方正数字图书馆模拟传统图书馆的工作流程，在功能上设置传统图书馆管理系统的几个部分：

① 后台管理系统

A. 管理电子书刊：自动上架新书、推荐图书、按“中图法”自动分类、按特色需求设置常用分类等。

B. 管理读者注册：IP范围用户注册、“阅览室用户”注册（该类用户借阅书籍不受复本数限制，也不占用复本数）。

C. 统计信息：自动形成下载排行榜、自动对借阅信息进行统计。

D. 系统设置：设置一周内读者能下载的电子书的数量（一台计算机每周可下载50本图书，阅览室的机器不受下载数量限制），设置读者借阅电子书的期限（每本图书借期2周）到期电子书自动归还，想继续阅读需办理重新借阅手续，与已有纸书自动化系统对接实现双向查询。

② 读者借阅前台

A. 检索查询：根据书名、作者、出版社、ISBN、出版时间的单向检索和组合检索，全文检索。

B. 借阅下载电子书：提供阅读软件、电子书刊简介、是否可借、借阅下载等功能。

C. 其他：动态显示最新推荐的图书、自动显示下载排行榜和新书推荐等。

③ 读者阅读端

A. 借阅、购买电子图书。

B. 人性化的阅读功能：放大缩小、划线、批注、加亮、圈注、书签、部分摘录、全文查找、自动朗读、自动翻译、动画多媒体显示、半页翻（此项功能是Apabi专利技术）。

C. 管理个人藏书：根据个人需求和图书显示的借阅信息（包括借阅时间、到期时间、来自图书馆等）对电子书进行分类，可以删除所有到期电子书。

方正数字图书馆提供的是一种本地在线阅读，图书馆先购买方正电子图书及阅读图书的计算机IP地址数目，同时决定购买该种图书的副本数，副本及IP地址数越多，价钱越贵，买来的图书放在图书馆自动化系统中，在方正提供的IP地址数内，读者通过注册借阅方正电子图书。这种方法在电子图书版权日益重视的今天，提出了解决电子图书版权问题的具体方法。方正还提供给图书馆建设自有资源的德赛数据库创建软件工具，整合电子书和自有资源在统一的平台上，这为图书馆的原有纸质资源的电子化、自动化、网络化提供了技术支持。

(2) 方正数字图书馆图书检索方法

① 图书检索方法　方正Apabi网站首页的“电子书下载”提供网上书店，出版社，免费电子书下载，点击与方正建立关系的网上书店或出版社的名称，链接到相应的网上书店或出版社，在它们的首页上都有Apabi Reader下载，根据书名、作者、出版社、ISBN号检索，分类检索，提供图书简介，网上购买。

另一种方法就是通过本地局域网下载浏览，这种方法适用于图书馆等部门的读者借阅图书，在图书馆网上注册后，就可以下载阅读。图书馆系统中的Apabi网页提供中图法分类检索，书名、责任者、出版社、书号、关键词、全面检索（前面提及的所有字段内检索）、全文检索，及以上字段的高级组合检索。Apabi的分类中目前尚没有农业科学类目。

书名、责任者、出版社、书号、关键词的检索方法与超星、书生图书的检索方法相同，检索结果显示书名、作者、出版社、出版时间，可借状态，下载。

全面检索是指输入一个检索词如“计算机”，在责任者、出版社、书号、关键词、书名所有检索字段中进行检索，检索结果全面。“计算机”在书名检索中，检索结果有137 条书目，在全面检索中，检索结果有 194 条书目。

全文检索，只有部分图书具有此功能。

高级检索，是以上检索条件逻辑组配检索，提供 2 种逻辑关系“与”和“非”，可以选定出版时间、中图类目、全文内容的检索范围(图 3 - 53)。

(3) 方正 Apabi 阅读器使用方法

方正 Apabi Reader 是用于阅读电子书、电子公文等各式电子文档的浏览阅读工具，支持 CEB、XEB、PDF、HTML、TXT 多种文件格式。方正 Apabi Reader 主要功能有翻页、加批注、加划线、加书签、查找等等。常用的中英文电子词典软件可以通过屏幕取词，对方正 Apabi Reader 中的词进行翻译，提供语音插件下载，自动朗读图书。

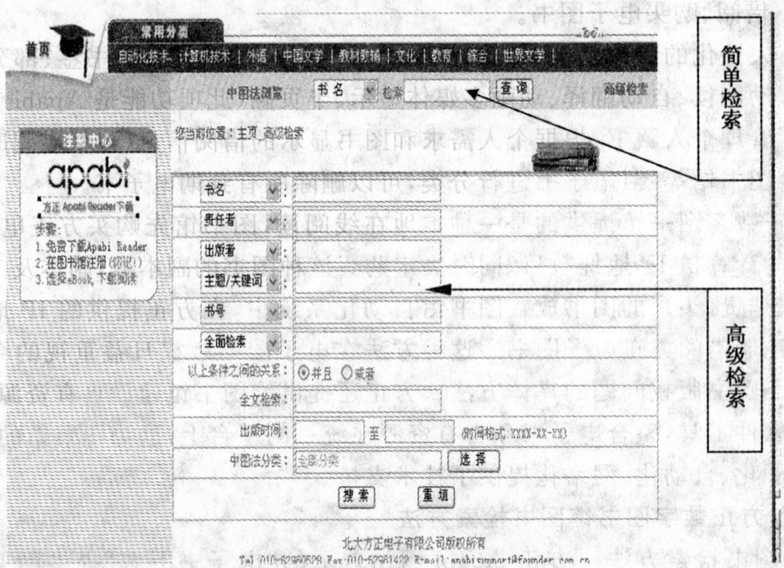

图 3 - 53 方正 Apabi 本地局域网图书检索界面

进入 Apabi 数字图书馆，在首次使用时应点击“在图书馆注册”进行注册，下载图书，方正 Apabi Reader 打开，显示下载状态，自动将图书放入藏书阁，在藏书阁中，双击要阅读的书籍，即可打开此书(图 3 - 54)，Apabi Reader 分为两部分：左侧为功能条，右侧为读书界面，右侧底是页面选择区，显示页数、书名。点击键盘“C”键，或者把鼠标移到没有工具栏一侧的上端时，可弹出图书的目录窗口，根据需要，选择浏览图书内容。方正 Apabi 阅读器的 6 个功能如下：

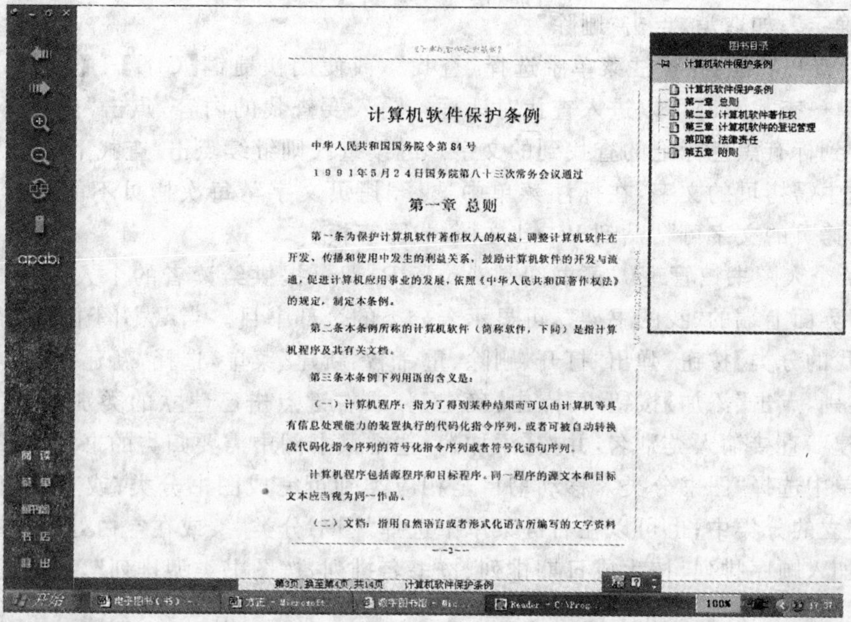

图 3－54　方正 Apabi Reader 界面

① 版面操作　在左边的工具条中有翻页、放缩、全页翻/半页翻、显示隐藏书签，点击“菜单”中界面“旋转”阅读界面旋转 90°、点击“菜单”中“撤消”回到藏书阁，点击“恢复”又回到上次阅读界面。

在阅读中，点击工具条左上角的图钉标志，可隐藏此工具条；并可根据个人习惯，在页面左右边界挪动。

“翻页”功能除工具条中的快捷按钮，还可将鼠标放在界面最下端页面选择区，左右移动鼠标，“换至第几页”位置上的页码将随之变化。到达适当位置，单击即可跳入。或者按“J”键，在弹出的跳转对话框中，输入页码号，点击“翻到”。单击藏书阁中的书，在右键菜单中选择“最近打开、首/末页打开”。也可以用 Home/EnD. 键来实现翻到首/末页。

在阅读中按住鼠标右键随意拖动，可实现页面的移动。

注：以上介绍的版面操作功能，阅读中按 F1 键可弹出快速帮助，介绍版面操作功能的快捷键。

② 页面笔记功能　页面笔记功能是 Apabi Reader 拟人化阅读功能，按下鼠标左键选中文字，松开后，在弹出的菜单中选择，可实现划线、批注、查找、书签、加亮、圈注、拷贝文字等功能。取消标注的步骤是按下鼠标左键选中标注文字，即可弹出取消项的菜单。

• 添加批注：在标注菜单中选择“批注”，打开“批注信息”框添加内容，点击“保存”确定，完成后文中会有黄色批注标记出现。

• 修改、取消批注：双击所做的黄色标记，弹出“批注信息”框。如修改，改动后点击“确定”；如取消，点击“删除”。

• 查找功能：在标注菜单中选择“查找”，或使用快捷键【Ctrl】+【F】键，或者点击“菜单→查找”，都可以进入查找对话框。输入要查找的内容，点击“查找下一个”，即可看到标有黑色标记的查找到的文字。继续查找则继续点击“查找下一个”。

选中需拷贝的文字，在标注菜单中选择“拷贝文字”，每次拷贝不能超过200个汉字。拷贝的文字可粘贴到Word文档，或写字板。

③ 个人图书馆管理　藏书阁是Apabi Reader提供给读者的个人图书馆，点击藏书阁界面上端的“我的书架”，可显示未分类的全部书目。当藏书阁中图书很多时，右击【我的分类】按钮，弹出“打开、删除、重命名、新建”菜单，选择“新建”，在“名称”处填入类别，点击【添加】按钮，再点击【确定】。或右键点击已建立的类别，在菜单中选择“新建”，直接输入类别名，并按【添加】。选中藏书阁中需要归类的书目，在“图书分类”菜单中选择“图书分类”，移动书目至相应类别可完成图书分类；或直接把书拖动到已建立的分类中；也可以在右键菜单中选择“图书分类”。或在空白处右键单击，弹出“按加入顺序排列、按生成日期排列、按书名排列、按图书类型排列”，根据提示完成图书排列。

可使用搜索功能查找书目。按全部图书、显示名、作者、出版社、书名或书号进行搜索，并输入关键字，点击【搜索】按钮。

在藏书阁中选中该书，在右键菜单中选择“图书信息”，可以查看书目的相关信息。“借阅信息”查看书目的借阅信息，并续借。

④ 环境设置与帮助　点击“菜单→设置环境”，“选项列表”分为基本设置、字体设置、图书馆和阅读页面背景。

⑤ 备份与恢复备份　点击“菜单→备份”，弹出“备份证书文件”对话框，选择保存路径、填写文件名后，点击“保存”，生成的.bak文件将保存到此路径下。如果下载图书不能正常阅读，请选择菜单中的“恢复备份”，打开“恢复备份的证书文件”对话框，选择自己所备份的.bak文件名，点击“打开”后即可将证书文件自动恢复。

⑥ 打印功能　在阅读中，单击“菜单→打印”，进入打印对话框。可以打印未加密的CEB、PDF格式的文件。如果是已加密的文件，“打印”命令会变灰，表明该文件无法打印。

3.3.5 国务院发展研究中心信息网

国务院发展研究中心信息网（简称“国研网”），以国务院发展研究中心丰富的信息资源和强大的专家阵容为依托，并与海内外众多知名研究机构和经济资讯机构紧密合作，全面汇集、整合了国内外经济金融领域的研究成果和经济信息。国研网以政府、企业、金融机构、高校等为服务对象，借助先进的网络技术平台和独到的专业视角，及时提供全面、系统、权威和高质量的经济信息。目前，国研网拥有12个频道、近

10 个专题栏目、11 个专项数据文库，提供从宏观面到行业基本面、从运行数据到评测分析的分布式信息和权威决策资讯。

3.3.5.1　如何获取国研网信息

进入国研网网站 http://www.drcnet.com.cn(图 3-55)，在国研网界面有 3 个区：高级会员区、普通会员区、非普通会员区。右边高级会员区为有偿提供信息区，主要收录国务院发展研究中心专家及国内外其他著名经济研究机构的深度研究报告和研究数据，是整个网站的精华区域所在。左边普通会员区为注册用户信息享用区，用户只需注册为国研网普通会员即可享用这部分信息。非普通会员区是浏览用户的信息享用区，用户不需注册，直接点击文章标题即可浏览全文。

(1) 免费获取国研网信息

免费获取国研网信息有 2 种方法。一种方法是注册为国研网普通会员，直接点击所需浏览的文章题目，如页面显示：文章能直接打开，即为非普通会员区信息，可免费享用；如跳出对话框，提示用户注册为普通会员，即普通会员区信息，用户只需输入免费注册的普通会员用户名及密码，点击登录，即可享用普通会员区信息。另一种方法为邮件订阅，即用户可点击网站左上角普通会员区内的邮件订阅，输入自己接收邮件的邮箱地址，按网站提示，订阅国研网免费邮件。但目前此项服务需付费，即用户需缴纳一定的费用后才能订阅这些信息。邮件内容目前包括：宏观经济、企业财经、货币金融。

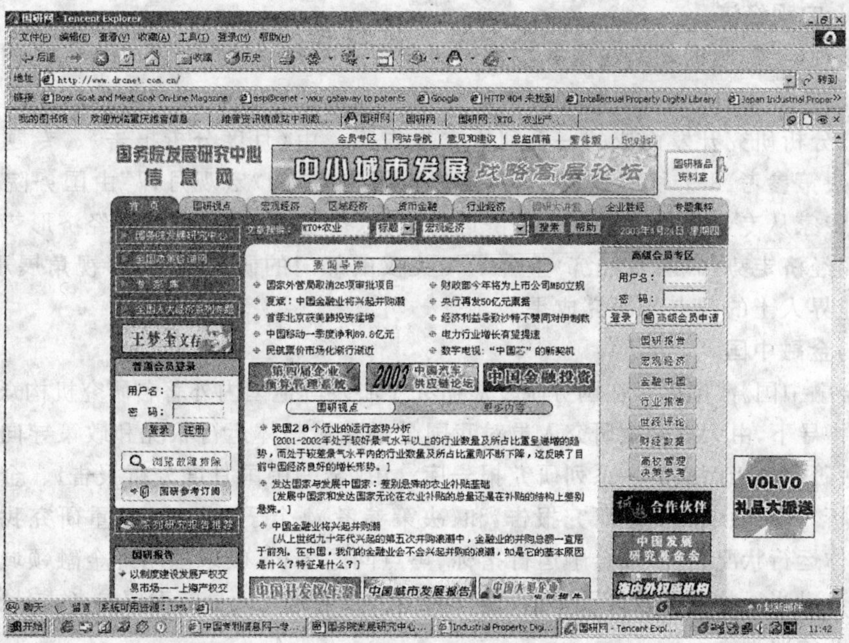

图 3-55　国研网界面

(2) 获取国研网深度研究报告或数据

进入国研网站点(图 3-55),在图右边高级用户注册栏下方,用户可以看到有《国研报告》《宏观经济》等深度研究报告或数据库,要想获得这些信息,用户必须是已经购买或获得国研网高级会员账号的用户,可直接在网站右上角"高级会员专区"内输入高级会员用户名及密码,点击登录,成为国研网授权的高级会员,即可浏览国研网高级会员专区信息。

国研网高级会员区包含:7 个报告类数据库、4 大基础数据库,15 个行业数据子库。7 个报告类数据库为:《国研报告》、《宏观经济》、《金融中国》、《行业报告》、《财经数据》、《高校管理决策参考》和《世经评论》;4 大基础数据库为:宏观数据、金融数据、进出口商品数据和工业统计数据;15 个行业数据子库为:信息产业、医药工业、交通运输、汽车工业、中国科技统计数据、能源工业、纺织工业、地产、石油和化工、冶金工业、机械工业、轻工行业、旅游行业、农业和建材工业。

3.3.5.2 国研网各数据库介绍

(1) 国研报告

《国研报告》全名《国务院发展研究中心调查研究报告》,该数据库收录了研究中心百余位国家级专家自 1985 年以来发布的有关中国经济和社会发展诸多领域的所有调查研究报告,积累共 1 600 余期,广泛覆盖我国经济改革中的各个经济领域,是国内著名的全文检索数据库。平均每年 240 篇,160 万字左右。提供中、英文 2 个版本。

(2) 宏观经济

《宏观经济》数据库是在国务院发展研究中心及其他国内外著名研究机构众多权威专家的指导下,由大批宏观经济人员对中国经济的转型氛围和内外部环境进行深入跟踪、分析研究开发而成的一系列研究报告库。由《月度分析报告》、《专题研究报告》和《决策参考》3 个子库组成。《月度分析报告》中的"宏观月评"由国务院发展研究中心专家从专业视角分析评述经济运行数据、揭示经济规律、提供经济形势调研报告、预测经济走势。《宏观经济》整合了相关权威部门的研究报告,多视角展示专家、学者、业界人士的观点与研究成果。

(3)金融中国

《金融中国》数据库是在国务院发展研究中心及其他国内外著名研究机构众多权威专家的指导下,由大批金融研究人员对我国金融领域整体运行状况和政策导向进行深入跟踪、研究分析而成的一系列研究报告库。由《金融中国月度分析报告》、《金融中国季度分析》、《金融中国专题研究报告》和《决策参考》4 个子库组成,侧重研究我国金融领域整体运行状况、各阶段金融运行指标、焦点问题分析,收录国内外金融领域的重大事件及金融当局的重要政策及举措,是广大经济金融研究人员的重要参考文献。

(4) 行业报告

《行业报告》数据库是在国务院发展研究中心及其他国内外著名研究机构众多权

威专家的指导下，由大批产业研究人员对我国各行业整体运作状况和政策导向进行深入跟踪、情报收集和研究分析而成的一系列研究报告库。行业经济报告的栏目设置有：行业经济要闻、行业深度分析报告、参考文献和案例研究 4 个部分。其内容涉及 10 个行业：信息产业、交通运输、能源石化、环保产业、医药工业、商业服务、地产建设、冶金制造、轻工纺织、文化产业。每月 2 期，连续出版。

(5) 世经评论

《世经评论》数据库收录了国研网独家编译的国际知名经济研究机构和媒体（如 IMF、高盛公司、摩根斯坦利、野村证券、法国 CDCLXIS、德意志银行、《经济学家》杂志等）的最新研究报告。栏目包含：中国聚焦、全球瞭望、热点追踪、理论探讨。其中全球瞭望向读者展示了美洲、欧洲、亚洲三个视角，内容包括国际知名研究机构对全球经济、金融形势的分析判断、各国经济发展热点问题的研究评论以及最新的经济理论研究。

(6) 财经数据

《财经数据》数据库是国研网在全面整合我国各级统计职能部门所提供的各种有关中国经济运行的数据指标的基础上，历经数年开发设计、优化整合后推出的统计数据库，是目前中国经济量化信息最为权威、科学和丰富的数据库之一。财经数据库由 4 大基础数据库和 15 个行业子库组成，其中 4 大基础数据库是进出口商品数据、工业统计数据、金融数据和宏观数据，同时还免费提供了企业排行榜和财经词典，数据主要来源于国家统计局、中国海关总署、各行业主管部门等。《宏观数据》数据库全面及时地展示了宏观经济形势月度变动情况，以时序图、分布图、数据表格和数据分析相结合的形式对宏观指标进行逐月追踪；为用户提供宏观经济月度、季度和年度数据。《金融数据》数据库提供了保险业、银行业和证券业等金融业运行态势的一系列数据。时效性强，用户可在最短时间内获得最新、最全的月度、季度和年度的金融数据。《进出口商品数据库》汇集了我国近万种商品的进出口情况，有各种商品的进出口数量、金额、产销国别、贸易方式等数据，是展示我国商品进出口发展、捕捉我国外贸商机的重要决策依据。《行业数据库》以时序图、数据表和数据分析相结合的形式对各行业运行态势进行分析和预测，包括 15 个大行业数据，用户可以通过企业、地区、产品等不同检索形式快捷地获得 600 余种小行业的产品产量、销量、库存、产品销售收入等数据以及行业的主要综合性经济指标。同时含有近万种进出口商品的数量和金额，并且还有一些地区的行业数据。

(7) 高校管理决策参考

《高校管理决策参考》数据库是在国研网联合教育界管理与研究机构，全方位、多视角、深层次地全面整合高等教育领域专家资源与信息资源的基础上开发的专业数据库。它提供了有关高校教育改革、教育产业化模式研究、教育产业政策与市场分析、海外办学模式探讨、E 化教育等方面的研究报告及数据。经典栏目有：《参考资料》，它收录了教育事业统计公报、全国教育经费执行情况公告、全国各级普通学校基本状况、中国教育发展报告等；《外国教育》提供有关国外尤其是欧美发达国家的教育动态、举措、先进经验等，包括国家和高校两个层面；《教育与市场》则结合国研网宏观经济研究优势，深度分析宏观层面教育市场化的一般问题；《网络教育》提供有关网络发展在高校改革中所起作用的宏观态势分析，就普遍、重点问题进行理论探索。

3.3.5.3 国研网信息检索

国研网提供的信息检索方式主要为关键词检索，有 2 种检索途径供用户选择。第一种途径是用户直接进入国研网网站 http://www.drcnet.com.cn(如图 3－58)，在主页的上方提供了一个检索入口，用户可以在此处输入关键词进行检索，检索到的文献以题名、文摘的形式排列在页面上，可点击所需的某篇文章进行浏览。但是，由于文章可能来源于高级会员区、普通会员区及非普通会员区 3 个地方，当点击到高级会员区的文章信息时，页面会自动弹出高级会员登录的对话框(如图 3－56 所示)，输入用户名及密码登录，就可顺利地浏览所需的文章。例如，用户要查找宏观经济数据库里有关 WTO 与农业的文献，可在检索入口输入关键词“WTO＋农业”，字段限定在标题，数据库选择“宏观经济”(如图 3－55 所示)，然后点击右边【搜索】按钮进行检索，检索结果为 4 条纪录(如图 3－57)，点击其中的一条纪录，由于该文章来源于普通会员区，所以直接显示全文。另一种途径是用户在国研网首页的右边直接以高级会员的身份登录，然后选择相应的数据库或子库进行检索。

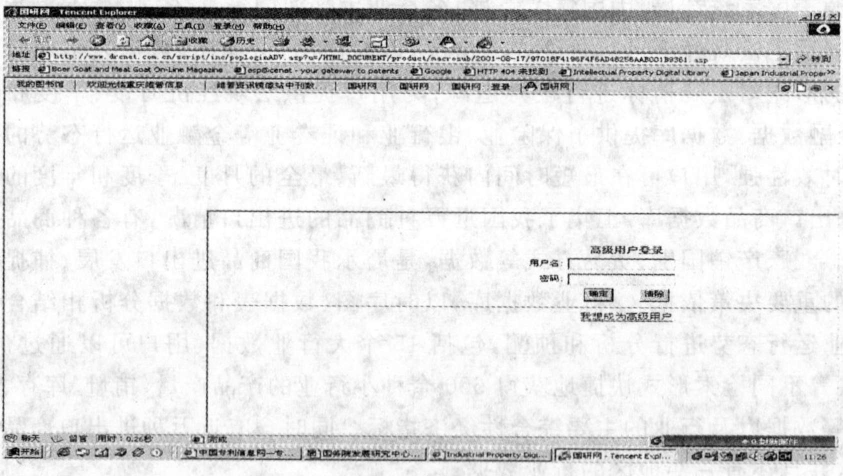

图 3－56　高级会员登录对话框

进行关键词检索时，在关键词输入口，可以输入单个关键词，也可输入 2 个或多个关键词，关键词间用空格、“＋”或“&”表示“且”的逻辑组配关系。例如，想查询关于江苏省金融的文章，则输入关键词：“江苏 金融”或“江苏＋金融”或“江苏 & 金融”；用“|”表示“或”逻辑组配关系，例如，想查询关于金融或股票方面的文章，则输入关键词：“金融|股票”；用“－”表示“非”的逻辑组配关系，例如，想查找有关经济但非

股票方面的文章，则输入关键词："经济－股票"，如果想查找有关经济但非股票和期货方面的文章，则输入关键词："经济－(股票|期货)"，这里用"()"表示一个整体单元。国研网还提供了多级检索功能，用户可以在关键词输入框输入单个关键词，然后根据检索结果在下一级关键词输入框里再输入关键词进行检索。

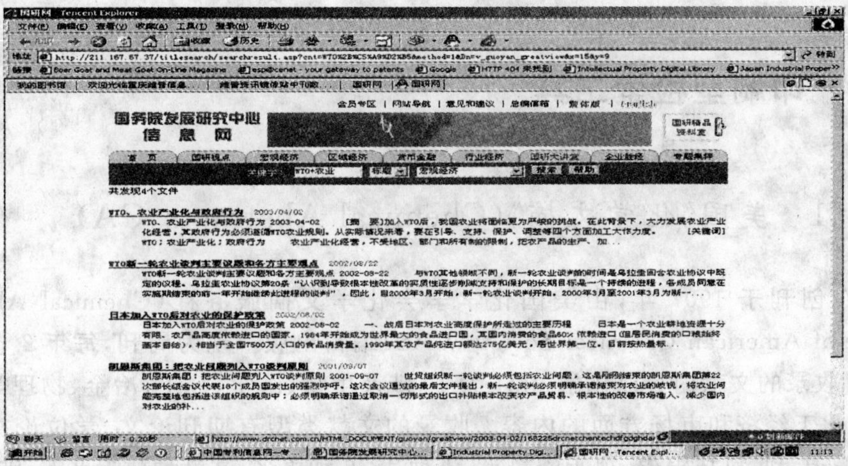

图 3－57　检索结果

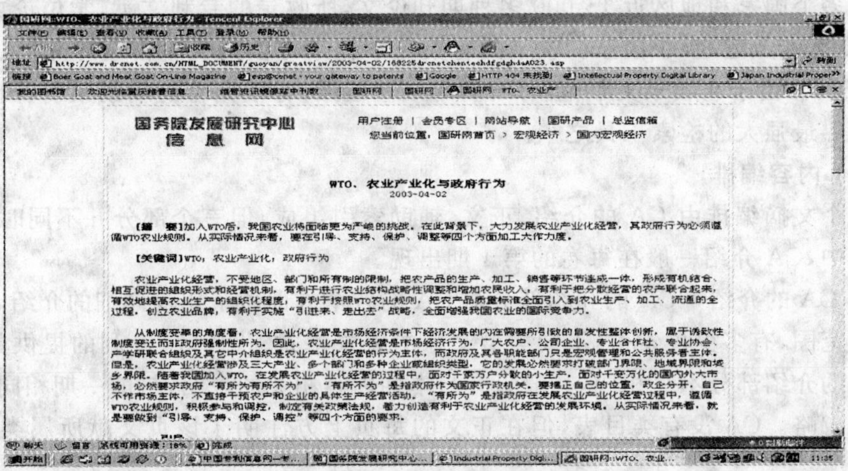

图 3－58　国研网全文显示格式

3.3.5.4　检索结果输出

国研网对于所检索到的结果及文献全文显示(如图 3－57 和图 3－58)，没有提供结果输出项，用户只能利用浏览器的输出功能进行保存或打印，或利用剪贴板进行剪贴、保存或打印。

(吴贤奇，郭锁英，唐惠燕，陈国秀，乔　颖，张　彬，毛莉菊)

4 国外农业文献检索

4.1 印刷型检索工具

4.1.1 美国《化学文摘》(Chemical Abstracts,CA)

CA 创刊于 1907 年,由美国化学学会化学文摘服务社(Chemical Abstracts Service of American Chemical Society,CAS)编辑出版。现为周刊,每年 2 卷,每卷 26 期。收录的文献内容以化学、化工为主,涉及生物、医学、轻工、冶金、物理等学科,不收录化工经济和市场方面的内容。收录的文献类型有期刊论文、学位论文、会议录、专著、专利、科技报告、视听资料等,语种达 56 种之多,文献种数近 2 万,涉及全世界 150 多个国家和地区近 15 000 多种期刊论文,所收录的专利文献、学位论文、会议论文、专著涉及近 30 个国家。收录的有关化学化工方面的文献占全球化学、化工文献的 98%。由于它收录文献范围广泛,时效性很强,有很完善的辅助索引,因而成为当今世界最强大的检索工具之一。

(1) 内容编排

整个文摘编排由 CA 的介绍、正文、辅助索引组成,但三个部分并不同时出现在每一期中,CA 介绍一般在每卷的第 1 期出现。

① CA 的介绍　CA 的介绍部分对 CA 的各个方面做了比较详细的介绍,如专利的收录范围,有多少种索引,不同类型文献的著录格式、代码表、专利的提供单位等,每一期的介绍部分不尽相同,一般只有与本期内容相关的说明,与前一期相同的说明也承上省略。CA 没有类目表,但在正文的每页上方注明了该页文献所属类目的名称。

② CA 的正文　CA 的正文按学科分类编排。每一类目下又有一定的编排顺序和格式,正文中的每一个条目都遵循一定的格式,相同类型文献的条目格式相同。

CA 正文按分类编排,共分 80 个类目,划分成五个部分:

第 1 部分是生物化学类目(1～20 类);

第 2 部分是有机化学类目(21～34 类);

第 3 部分是高分子化学类目(35～46 类);

第 4 部分是应用化学与化学工程类目(47～64 类);

第 5 部分是物理化学、无机化学与分析化学类目(65～80 类)。

每一类目下，条目的编排顺序为期刊论文、专著、视听资料、参见类目。参见类目是指当文摘条目涉及2种或2种以上的类目时，将条目归属到内容最相关的类目之下，参见类目分为论文参见和专利参见，每一条参见都列出参见的类号、文摘号和文摘标题。

③ CA的著录格式　条目的著录格式因文献类型不同稍有区别，一是著录的内容不同，二是格式不同，一般在每卷的第1期说明。下面举例介绍不同类型文献的条目著录格式。

例1：期刊论文的著录格式

135：**345666z① Ion pairing as a strategy for extraction by modigied supercritical carbon dioxide：extraction of radioactive metal ions.** ② Gawenis，James A.；Kauffman，John F.；Jurisson，Silvia ③（Department of Chemistry，University of Missouri－Columbia，Columbia，MO65201usa）. ④ *Anal. Chem.* ⑤ **2001**. 73(9)，2022－202⑥（Eng）⑦，American Chemical Society. ⑧

注：著录的内容依次为① 卷号及文摘号；② 篇名；③ 作者名；④ 第一作者联系地址；⑤ 刊名；⑥ 年、卷、期及页码；⑦ 原文语种；⑧ 文摘编目机构。篇名和年份用黑体字标识。

例2：科技报告的著录格式

135：**331195h ① Studies on groundwater flow and radionuclide migration at underground environments. Final report of collaboration research between JAERI and AECL.** ② Ogawa，Hiromichi；Nagao，Seiya；Yamaguchi，Tetsuji；Mukai，Masayuki；Munakata，Masahiro；Sakamot，Yoshiaki；Nakayama，Shinichi；Takeda，Seiji；Kimura，Hideo；Kumada，Masahiro；Muraoka，Susumu ③（Department of Fuel Cycle Safety Research Tokai Research Establishment，Japan Atomic Energy Research Institute，Naka－gun，Ibaraki－ken，Japan），④JAERI－Res⑤. **2001**，(2000－052)，I－viii，1－101⑥（Japan）⑦

注：著录的内容依次为①卷号及文摘号；②题名；③作者；④第一作者联系地址；⑤科技报告刊物的名称；⑥该报告发表在刊物上的年、卷、期及页码；⑦原文语种。

例3：会议论文的著录格式

135：**343928n ① Use of ion exchange resin for the treatment of cyanide and thiocyanate during the processing of gold ores.** ②Tran，Tam；Fernando，Kapila；Lee，Ken；Lucien，Frank ③（School of Chemical Engineering & Industrial Chemistry，The University of New South Wales，Sydney，2052 Australia）. ④ Cyanide；Soc.，Ind，Econ . Aspects，Proc. Symp. Annu. Meet . TMS. ⑤ **2001**，289－ 302 ⑥（Eng）. ⑦ Edited by Young，Courtney A.；Twidwell，Larry G.；Anderson，Corby G. Minerals，Minerals，⑧ METALS & Materials Society：Warrendale，Pa. ⑨

注：著录的内容依次为① 卷号及文摘号；② 论文篇名；③ 作者；④ 第一作者联系地址；⑤ 会议录名称；⑥ 年、卷、期及页码；⑦ 原文语种；⑧ 编者；⑨ 出版者。

例 4：专著、音像资料的著录格式

135：**232639z** ① **A genomic perspective on 21st century life sciences.** [**In：Saibo Kogaku**，2001；20（10）]. ②（SaiboKogakuVol. 20（1））Oishi，Michio；Sekiguchi，Mutsuo；

Takechi，Masatoshi，Taniguchi，Katsumi；Nakamura，Yusuke；Editors ③（Shujunsha，Tokyo23，Japan）. ④ **2001**. 116pp⑤.（Japan）. ⑥

注：著录的内容依次① 文摘号；② 英文题名；③ 作者，编者；④ 出版者，出版地；⑤ 出版年，总页数；⑥ 原文语种。

例 5：学位论文的著录格式

135：**234918p** ① **The fornation of cortical memory representations and the involvement of the hippocampus.** ② Lipton，Paul A. ③（BostonUnive，Boston，MA USA）. ④2001. 190 pp. ⑤（Eng）. ⑥ Avail. UMI，Order No. DA9967157. ⑦ From *Diss Abstr. int.*，B**2000**，61(4)，1806. ⑧

注：著录的内容依次为① 文摘号；② 论文篇名；③ 作者；④ 作者联系地址；⑤ 发表时间，总页数；⑥ 原文语种；⑦ 学位论文订购号；⑧ 文摘条目来源。

例 6：专利文献的著录格式

135：**347330j** ① **Plasma etching of silicon using fluorinated gas mixtures.** ② Deshmukh，Shashank；Chinn，Jeffrey ③（Applied Materials，Inc.，USA）④ **U. S. US6，235，214**⑤（CL. 216－67；C03C15/00），⑥ 22May 2001，⑦ US Appl. 206，201，3 Dec 1998；9 pp.，⑧ Cont.－in－part of U. S. Ser. NO. 206，201⑨（Eng）. ⑩

注：著录内容依次为① 文摘号；② 专利题目；③ 发明人或专利权人；④ 发明人所在单位；⑤ 专利号；⑥ 专利分类号（美国专利分类号，国际专利分类号）；⑦ 专利正式公布日期；⑧ 专利的申请号及申请日期；专利说明书总页数；⑨ 相关专利；⑩ 原文语种；有的后面还有文摘。

(2) 辅助索引

CA 有非常完善的索引体系，为用户提供了较多的检索途径，可从不同角度满足不同的检索要求。因此从检索功能上说，CA 是最好的手工检索工具之一。

CA 的索引按标目分为：关键词索引、化学物质索引、普通主题索引、分子式索引、环系索引、杂原子索引、登记号索引、著者索引、专利号索引、专利对照索引、资料来源索引以及索引指南。

① 关键词索引（Keyword Index） 关键词索引附于每期文摘之后，按关键词字顺进行排列。由于一个关键词下面相关的文献越来越多，从 89 卷起，关键词带有其他关键词作说明语，即对关键词所表达的内容再用其他关键词细分，便于用户准确检索。有的关键词带有参见项目，可扩大用户的检索范围，提高查全率。关键词索引只

有期索引，没有卷索引和累积索引。文摘号揭示了文献类型信息，如 P 表示是专利文献，B 表示图书，R 表示综述或评论性文章。

② 普通主题索引（General Subject Index） 普通主题索引由原主题索引演变而来，它通常包含以下主题概念：化学物质大类的名称，化学成分不完全确定的物质，矿物岩石，概念性主题，生物化学和生物学方面的主题，化学工程与化工装置，动植物名称等。条目的编排由主标题词、副标题词、说明语和文摘号组成。副标题词是对主标题词的细分，说明语是对标题词的内容说明。

③ 化学物质索引（Chemical Substance Index） 化学物质索引也是从原主题索引中分离出来的，与普通主题索引的区别是收录的化学物质是否有登记号，有登记号的收录在化学物质索引中，没有登记号的收录在普通主题索引中。有登记号的化学物质一般具有明确的成分和化学结构，否则一般不给登记号。

④ 分子式索引（Formula Index） 分子式索引以化学物质的分子式为标目，列出相应化学物质的名称、登记号和文摘号。利用它可以先检索出某个分子式的化学物质名称，然后再利用化学物质索引找到相关的文献，因此分子式索引须与化学物质索引配合起来使用。

⑤ 环系索引（Index of Ring Systems） 环系索引将环状有机化合物集中起来，按环的数量进行排序，相同环数情况下，再按环体上的原子数目以及主要元素的成分排列，后附相应的母体化合物的名称。分子式索引同样须与化学物质索引一起使用，利用它先检索出具有某个环系特征的化学物质的名称，再利用化学物质索引找到相关的文献。

⑥ 登记号索引（Registry Number Index） 登记号是指对化学成分、结构及化学键都确定的化学物质给的一个数字号码。将登记号与相应的化学物质名称、分子式组成登记号索引，按登记号的字顺排列。登记号由三部分组成，第一部分是 1～6 位数，第二部分有 2 位数，第三部分为计算机检验码。登记号与其代表的化学物质是对应的。

⑦ 著者索引（Author Index） 著者索引将著者名与篇名、文摘号相应列出。著者包括个人作者和团体作者，个人作者只标引姓与名的首字母，团体作者标引全名。整个索引按著者名的字顺排列，若是个人著者则姓在前、名在后。

⑧ 专利索引（Patent Index） 专利索引先按专利所属国家排列，再按专利号的大小排列，标引出文摘号及其同族专利。原来 CA 还有专利对照索引，后并于专利索引。

⑨ 资料来源索引（CAS Source Index，CASSI） 为了让用户方便索取原文，CA 设立了资料来源索引，著录资料名称的缩写、资料的历史、编辑和出版地点及收藏单位。以原文出版物作标目，按字顺排列。

⑩ 索引指南（Index Guide） 由于 CA 的索引很多，变化较大，为了让用户能很好地利用不同类型的索引进行检索，CA 编辑出版了索引指南，用来说明和指导检索过程中出现的问题。

按出版情况可分为：期索引、卷索引、年度索引和累积索引。每一种索引分别有各自的期索引、卷索引、年索引，有的还有累积索引。

① 期索引(Issue Index) 期索引是指在出版一期文摘的同时，跟着出版一期索引用于检索该期文摘的内容。在上述索引中有期索引的是：关键词索引、专利号索引和著者索引3种。

② 卷索引(Volume Index) 卷索引是指在文摘出版一卷之后，随着出版的用于检索该卷的索引。有卷索引的索引共有7种：普通主题索引、化学物质索引、著者索引、专利索引、分子式索引、环系索引和杂原子索引。

③ 年度索引(Annual Index) 年度索引是在当年文摘出版结束时，用于检索当年文摘内容的索引，一般出版2卷。因此，年索引可同时检索2卷的全部内容。

④ 累积索引(Collective Index) 累积索引是指文摘出版10卷时，用于检索10卷内容的索引，因此累积索引收录的是10卷的内容。拥有各自累积索引的有8种：化学物质索引、普通主题索引、分子式索引、环系索引、杂原子索引、著者索引、专利号索引、专利对照索引。整个索引体系如表4-1所示。

表4-1 CA索引一览表

索引名称	出版情况			
	期索引	卷索引	年度索引	累积索引
关键词索引	有	无	无	无
化学物质索引	无	有	无	有
普通主题索引	无	有	无	有
登记号索引	无	无	有	无
环系索引	无	有	无	有
杂原子索引	无	有	无	有
分子式索引	无	有	无	有
专利号索引	有	有	无	有
专利对照索引	有	有	无	有
著者索引	有	有	无	有
索引指南	无	无	有	无
资料来源索引	无	无	有	无

(3) 检索途径

CA的检索途径有：分类途径、关键词途径、化学物质途径、普通主题途径、分子式途径、环系途径、杂原子途径、登记号途径、著者途径、专利号途径、专利对照途径、资料来源途径。用户在掌握所需文献的某些特征时，就可以通过相应的检索途径进行检索。如知道所需检索内容所在的类目，可通过分类检索途径，找到所属类目的正文，直接利用正文进行检索。如知道专利号，通过专利号途径，利用专利号索引进行检索。如知道所需文献的普通主题，则通过普通主题检索途径，利用普通主题索引进行检索。

4.1.2 美国《生物学文摘》(Biological Abstract,BA)

《生物学文摘》(Biological Abstract,BA)1926年由美国的《细菌学文摘》(1917～1926)和《植物学文摘》(1918～1926)合并而成，现为半月刊，由美国生物科学信息服务社编辑出版，全年出版1卷，共24期。《生物学文摘》是目前世界上最大型的生物学文献检索工具之一。BA的出版情况：1950年以前每年出版9期，1950年起每年出版12期，按月出版，最后一期是年度索引。1960年每月出版2期，改为半月刊。1962～1963年每年出版2卷，每卷6期。1964～1971年，每年出版1卷24期。1972年至今每年出版2卷24期。其收录的学科范围涉及：生物科学、生物医学、农业科学方面的最新科研成果和学术成果；收录的地区范围有：100多个国家和地区的近万种连续性出版物上的文献，语种达20多种；收录的文献类型主要有：期刊论文、会议论文、科技报告、学位论文、专利、汇编论文等。1980年，与BA一起出版的配套检索刊物《生物研究索引》改名为《生物学文摘/报告. 述评. 会议文献》(Biological Abstracts/Reports. Reviews. Meetings，BA/RRM)。

(1) 内容编排

BA文摘主要由类目表、正文、辅助索引组成。

① 类目表　BA的类目表随学科的发展，发生了较大的变化。1953年以前，类目表按分类编排，每类标出类目名称和正文的相应页码；之后按类目名称的字顺编排；1964年第45卷～1976年第61卷，每卷的首期类目表后附有“分类简表”(Subject Classification Outline)，后根据“分类简表”组织成“主要类目表”(Section Headings)；1985年“主要类目表”改为“主要概念类目表”(Major Concept Headings for Abstracts)；1998年，BA又将所收录的文献分为171个类目，其中大类79个，二级类目64个，三级类目27个，并将171个类目按类目等级关系和类目名称的字顺进行排序，形成“主要概念标题等级表”和“主要概念标题字顺表”，2个表均给出了类目的起始页码，以利于辅助检索。文摘正文按“主要概念标题等级表”所列的类目顺序排列。

② 正文　正文的条目按“主要概念标题等级表”编排。

正文的著录内容和格式一般如下：

一级类目 一级类目参见项 二级类目 二级类目参见项 文摘号 第一作者 第二作者(第一作者联系地址)刊名、卷(期)起止页码 篇名 文摘

注：篇名用黑体字作醒目标识。

③ 索引 BA 的索引变化也较大，从 1998 年第 105 卷起，BA 的辅助索引有 3 种，即著者索引、主题索引和生物体索引。3 种索引均有期索引、卷索引和年度累积索引。

A. 著者索引（Author Index）：将文献的作者名（包括个人作者和团体作者）和文摘号摘出，并将两者对应连接在一起，然后按作者名的字顺排列，形成著者索引。读者在需要检索某个作者的论文时，通过作者索引即可进行检索。

B. 生物体索引（Organism Index）：生物体索引原名"生物系统索引"或"生物分类索引"，1998 年改为现名。该索引按"主要生物分类表"的顺序，由上位类目至下位类目依等级排列。

C. 主题索引（Subject Index）：主题索引按主题词的字顺编排。主题词一般是从文献的题目、文摘或正文中直接抽取，关键词具有检索意义，能揭示文献内容主题概念。例如，属种名称、普通名词、地理名词等。如果是属种名称，则在属种名称后的括号内注明其相应的上一级的类目名称。从 1998 年起，在主题索引款目中，主题词单独一行，下一行为其说明语。有的索引款目在文摘号后面还加上一些符号，用以说明文献类型，如用"R"表示综述性文献，"N"表示是新物种，"T"表示化石物种，"?"表示尚未确定的物种。

(2) 检索途径

BA 的检索途径有：分类途径、著者途径、生物体途径、主题途径。由于正文按分类编排，因此用户可直接通过分类途径，利用"主要概念等级表"和正文进行检索。

4.1.3 《BA/RRM》（生物学文摘/报告、评论、会议）

《BA/RRM》（全称 Biological Abstracts / Reports . Reviews . Meetings）原名《BioResearch Title》（《生物研究题录》），1967 年改为《Bioresearch Index》（《生物研究索引》），1980 年改为现名。它专门收录 BA 没有收录的有关生物学方面的会议论文、科技报告、评论等文献，还收录部分政府出版物、专利、书目、商业性资料等。

内容编排

它的内容由四部分组成，分别是：内容提要、图书、会议资料和索引。内容提要主要收录评论、科技报告、专利方面的文献。图书收录有关生物学方面的图书和软件，是题录型检索工具，分图书一览表和正文两个部分。会议资料收录各种会议论文或论文摘要，分会议一览表和会议论文两部分。索引与 BA 完全相同。

4.1.4 国际农业和生物科学中心文摘（CABI）

国际农业和生物科学中心（Centre for Agriculture and Bioscience International，CABI）是一个政府间国际组织，中国于 1995 年加入该组织。CABI 从 1973 年开始编

辑出版文摘。出版类型有印刷型和光盘型。印刷型文摘收录了世界上 130 多个国家和地区的 14 000 多种文献。内容涉及农、林、牧、渔、农业经济、自然资源、人类健康与营养等领域。文献类型包括期刊、报纸、专著、会议论文、科技报告等。CABI 印刷型出版物有很多种，其中有 46 种专业性文摘。CABI 的文摘收录的文献质量高，数量多，范围广，是当今世界比较权威的大型农业类文摘型检索工具。

(1) 内容编排

CABI 所有的文摘型检索工具的结构、著录规则和格式基本相同，与其他检索工具一样包含说明、目次表、正文、辅助索引和附录各个部分。

① 目次表(Contents)　目次表按文献内容所属的学科性质或作物类名，分成一个类目表。类目划分达到三级，类目名称以字体大小和黑体、浅体加以区别。类目后标明其所在的页码。

② 正文　正文条目的编排按照目次表的分类排列。类目在正文中均以单行编排，并以黑体大写字母标识。有的类目有说明语，指出类目的内容和范围或提供参见的条目号，有的以副标题作说明语。

③ 条目的著录　条目的著录内容有文献题名、作者名、作者单位、出处等。著录格式一般将作者名放在前面，题名紧跟其后，各著录项之间用空格连接起来。

例 1：期刊论文的著录格式

文摘号 著者姓名 [题名]拉丁语系原文题材名 文献出处 [原文文种，文摘文种，参考文献数] 第一著者工作单位、地址和国别 文摘

注：文摘号是整卷中的编号，不是一年或一期中的编号；著者姓名姓在前(全称)，名在后(缩写)，姓与名之间用“，”隔开，多个著者名之间用“；”隔开；文献题名全部用英文表示，原文为非英文语种，则翻译成英文，用[ ]括起来，并且用黑体字印刷；原文是拉丁语系，有拉丁语系原文题名著项录，若原文是中文、日文、法文则无此项著录；文献出处包括发表文章的期刊刊名和文章所在卷期页，刊名用斜体字标识；原文文种以大小 2 个缩写字母表示；文摘文种，以 2 个小写字母标识；文摘另起一行。

例 2：会议论文的著录格式

文摘号 著者姓名 会议录名称 会议主办机构所在的地点、国别和机构名称 会议录出版时间 会议录总页数 国际标准书号 [原文文种] 参考文献 著者所在的单位、地址和国别 文摘

注：各著录项用空格隔开，文摘号和会议录名称用黑体字标识，会议录名称包括会议名称、会议举办的地点以及国别和时间。

A. 辅助索引：辅助索引有著者索引和主题索引。两种辅助索引都有各自的期索引和年索引。

B. 著者索引：著者包括个人著者和团体著者，按字顺混合编排，后列出相应的文摘号。个人著者姓在前名在后，中间用“，”隔开。非拉丁语系的作者姓名按“国际标准 ISO/R9 1968”音译成拉丁字母后再排序。团体作者则先列所属国家名称，再列机构名称，两者用“，”隔开。

C. 主题索引：主题索引中的标引用词均采用 CABI 叙词表中的用词。在 CABI 的各专业检索工具中，标引用词不尽相同，有关育种、分类、生物鉴定方面的专业检索工具采用拉丁学名来标引生物体名称，在其他专业性检索工具中，则以英文名作标引。主题索引的条目分级编排内容，一级主题词单独成行，作索引标目，用黑体字标识，二级主题词及以下各级作为对一级主题词的说明。各级分别按字顺排列，文摘号按从小到大的顺序排列。有的主题词下还附有参照项，起辅助检索作用。

④ 附录　附录包括文摘所引用的缩略语表、语种代码表、CABI 新出版物介绍、会议信息等，一般附在目次页后。

(2) 检索途径

CABI 检索工具提供的检索途径主要有 3 种：分类途径、著者途径和主题途径。

4.1.5 《食品科学与技术文摘》(Food Science and Technology Abstracts, FSTA)

FSTA 创刊于 1969 年，月刊，1 年 1 卷，由英国国际食品情报服务社(International Food Information Service, IFIS)编辑出版。其收录文献范围涉及基础食品科学、食品化学、生物化学、食品微生物学、食品卫生学、食品工程、食品成分和营养、食品经济、食品加工和包装、食品标准和法规等食品文献。收录的地区范围涉及 90 多个国家。收录的文种达 50 种，以英文、德文、俄文、法文、日文为主。收录的文献类型有期刊论文、专利、标准、科技报告、会议论文、专著等。FSTA 的出版形式有印刷版、光盘版、磁带版等。

(1) 内容编排

FSTA 主要由文摘附表、主题索引介绍、正文、辅助索引所组成。

① 文摘附表　文摘附表位于正文前面，内容较多，有缩写词表(Abbreviations)、文种缩写表(Abbreviations for Languages)、摘引期刊表(Serial Publications)、FSTA 文摘员表(Abstractors Contributing to FSTA)等。

② 正文　正文按专业分类进行编排，共分 18 个大类，130 个小类。正文条目的著录内容和格式如下：

文摘号
文献英文题名
著者姓名
原文出处［原文所引用的参考文献数、原文文种、摘要文种］
第一著者或主要著者单位
内容摘要 文摘号代码

注：文摘号由期号、类目代号、流水号组成，中间用空格隔开。

文献英文题名：如原文是非英文，则在英文题名后附上原文题名。英文题名用黑体字标识。

③ 辅助索引　辅助索引有著者索引和主题索引。每种辅助索引均有各自的期索引和卷索引。著者索引包括个人著者索引和团体作者索引，按字顺进行排列。主题索引由主题词、主题词的说明语、条目号组成，按主题词的字顺进行编排。

(2) 检索途径

由于文摘的正文按分类编排，因此向读者提供了一个分类途径，加上辅助索引所提供的主题途径和著者途径，FSTA 提供的检索途径总共有 3 种：分类途径、主题途径和著者途径。

4.1.6　美国《农业文献题录》

《农业文献题录》(Bibliography of Agriculture，B of A)。1942 年创刊，按月出版，是美国农业部国家农业图书馆编辑出版的题录型检索工具，是美国国家农业图书馆"农业联机检索"数据库(Agricola)的印刷本。其收录的文献类型范围有：期刊论文、会议文献、学位论文、专利、计算机、视听资料等8 000多种。收录的学科范围涉及：植物学、林学、动物科学、昆虫学、农药、农业工程、农业经济、土壤等领域。收录的地区范围有：美国以及其他 30 多个国家。收录的语言有：40 多种，其中以英语文献为主。

(1) 内容编排

《农业文献题录》内容包括导言、目次表、正文、辅助索引和附录 5 个部分。

① 导言　导言简单介绍了《农业文献题录》的性质、编排体系、款目著录格式、原文语种代码及其全称对照表，引用文献的获取途径等。

② 目次表　目次表将收录的内容按学科分类体系分成 20 个大类和若干个小类，各个类目分别给出各自的条目起止号。为读者提供分类检索途径。

③ 题录正文(Main Entry Section)　正文的条目按目次表所定的类目及顺序进行排列，同一类目下各文献按字顺排列，其中期刊用缩写名称，其他类型文献按全名字顺编排，以数字开头的文献名称则先按数字大小编排后再按字顺编排。

条目的著录内容和格式如下：

文摘号(Agricola 数据库的引文存取号) NAL 索取号
文献题名 著者
刊名 起止页码 出版年月及卷期数

注:文献题名用黑体字标识,并另起一行;刊名采用斜体字标识,另起一行。

④ 辅助索引(Index) 辅助索引有著者索引和主题索引,著者索引分个人著者索引和团体著者索引。1973～1985 年有地理索引,1985 年后地理索引并入主题索引。

• 个人著者索引(Personal Author Index):是将题录中涉及的所有个人著者和题录号在索引中相应列出,按著者名字字顺排列,组成个人著者索引。通过此索引,用户可以检索出某作者在某段时期或出版的全部文献。

• 团体著者索引(Corporate Author Index):凡题录中涉及以机构或团体名称为著者的条目,将机构或团体名和题录号(流水号)一起摘出,并在索引中相应列出,再按机构或团体名称的字顺进行排列。

• 主题索引(Subject Index):由主题词、文献题名和题录条目号组成,并按主题词的字顺排列。同一主题词下的文献题名按第 1 个实词的字顺排列。

⑤ 附录 附录包含了引用缩写与全称刊名对照表。

(2) 检索途径

《农业文献题录》提供了分类、著者、主题和出版物 4 种检索途径。

4.1.7 联合国粮农组织《农业索引》

《农业索引》(Agrindex)是由联合国粮农组织(Food and Agriculture Organization, FAO)和国际农业科技信息系统(AGRIS)联合出版的一种报道世界农业文献题录型检索工具,1975 年出版,月刊。《农业索引》收录 FAO 编辑出版的全部出版物和 153 个参加国和地区提供的农业文献信息。收录的学科范围包括:农业、林业、畜牧、渔业及相关学科。收录内容包括食品科学、生物科学、地理科学、环境科学、农业工程及与农业有关的社会科学等。收录的文献类型主要有:期刊论文、科技报告、会议论文、图书、专利、标准文献、计算机软件和部分缩微胶版等。年报道量约 13 万条,占世界农业文献的 50%左右。《农业索引》从 1987 年起分英、法、西班牙文 3 种语言单独出版。

(1) 内容编排

《农业索引》的内容主要由目次表、正文、索引、附录等组成。

① 目次表(Table of Contents) 目次表将所有索引收录的文献分为 17 个大类,113 个小类,类目都有类目代码和类目名称,类目按类目代码字顺排序。每个类目列出所在的页码,以供读者检索。目次表在每期中均有出现,位于正文之前。为了对目

次表中的二、三级主题类目进行细分，该索引组织了《主题类目细分表》，相当于四级类目。该细分表以文献所涉及的各种动植物以及与农、林、牧、渔有关的物品、产品、地理名称和机构缩写名等作为类目名称，对上级类目进行细分。细分表的类目按品名、地理及机构缩写名称的英文字母顺序混合排列，并列出各名称的代码。名称代码有一定的取号规律：品名代码规定由 4 个阿拉伯数字组成；地理名称代码规定由字母 G 加上 3 个阿拉伯数字组成；地理名称中的地域名称规定由字母 GC 加上 2 个阿拉伯数字组成；机构名称代码规定以 2 个字母 CO 加上 2 个阿拉伯数字组成。

② 正文　索引的正文条目按目次表所定的类目顺序排列。类目先排不涉及具体商品或地理名称的条目，再按“主题类目细分表”的品名或地理名称的代码大小由小到大排序，用黑体字作醒目标识。

③ 辅助索引　Agrindex 的辅助索引有个人著者索引、团体款目索引、报告号与专利号索引和主题索引。

• 个人著者索引（Personal Author Index）：按著者姓名字顺排列，后附相应条目的条目号。

• 团体款目索引（Corporate Entry Index）：按团体款目名称字顺排列，后附相应条目的条目号。

• 报告号和专利号索引（Report and Patent Number Index）：按发行机构指定的报告号或专利号的代码字顺排列。相同代码下如有多篇报告，则先按报告名称字顺排，再按报告号的顺序排。专利文献在条目中标识出“PATENT”字样，并单列一行。

• 主题索引（Subject Index）：按主题词的字顺排列，在每一个主题词下又按目次表中的主题类目代码顺序排列。

(2) 检索途径

Agrindex 的正文是按分类编排的，因此读者可通过分类途径进行检索。《农业索引》提供的检索途径有 4 种：分类途径、主题途径、著者途径和号码途径。

① 分类途径满足读者已知所需文献所在类目的情况，利用目次表和正文进行检索。

② 主题途径满足读者在标引出所需文献的主题词情况下，利用主题索引和正文进行检索。

③ 著者途径满足读者在已知所需文献的作者名时，利用著者途径进行检索。

④ 号码途径满足读者已知报告号或专利号等号码时，利用报告号和专利号索引以及正文进行检索。

4.1.8　美国《环境文摘》(Environment Abstracts, EA)

《环境文摘》(EA)由美国国会情报服务社(CIS)编辑出版(原美国环境情报中心(EIC)编辑出版)，创刊于 1971 年，月刊。EA 收录了世界上主要国家和组织出版的有关环境科学和技术方面的文献。收录的文献类型有:期刊、会议论文、专著、科技报告、学位论文、政府出版物等。

(1) 内容编排

EA 内容主要由用户指南、正文和索引三部分组成。

① 用户指南　EA 文摘的用户指南包括了文摘的说明部分和附录部分,内容有 EA 简介、收录的论文和出版物、如何使用索引和文摘、EA 出版上的变化、略语与缩写、期刊一览表以及类目介绍等。

② EA 正文　EA 正文按分类编排,正文分 21 个类目,如表 4-2。

表 4-2　EA 正文类目

类目编号	类目名称
01	Air Pollution
02	Toxicology & Environmental Safety
03	Energy
04	Environmental Education
05	Environmental Design & Urban Ecology
06	Food & Drugs
07	General
08	International
09	Land Use & Pollution
10	Noise Pollution
11	Non-Renewable Resources
12	Oceans & Estuaries
13	Population Planning & Control
14	Radiological Contamination
15	Renewable Resources-Terrestrial
16	Renewable Resources-Water
17	Waste Management
18	Transportation
19	Water Pollution
20	Weather Modification & Geophysical
21	Wildlife

EA 的著录格式:

文摘号码 题名 著者 著者单位 原文出处 文献类型 文摘内容 (补充说明)

注：各项著录内容之间以空格隔开。文摘号由类号、年代、顺序号组成。原文出处包括文章发表的期刊刊名及发表在何年、何卷，哪期及页码等内容。文摘内容则另起一行。后附补充说明，用括号括起来。补充说明注明文章中图、表、参考文献等内容。题名采用黑体字，刊名采用斜体字。

例：

> 06－95－05900 **Crop Area Monitoring Within An Advanced Agricultural Information** System, Danicle Ehrlich et al. University of California, santa Barbara. Geocarto Int. 1994, v9, n4, p31(12) *journal article*
>
> An image prccessing(3 chagrams, 2 maps, 22 references, 1 table)

③ 辅助索引　EA 的辅助索引单独出版，共有主题索引、著者索引、来源索引和题名索引 4 种。索引内容分用户指南和索引两部分，用户指南内容与文摘基本相同，只是没有期刊一览表和类目介绍。主题索引按主题词字顺编排。著者索引按著者姓名的字顺排列。来源索引按出版物名称的字顺排列（出版物名称多用缩写）。题名索引按所有文献的题名字顺排列（但题名前的冠词等虚词不参与排列）。索引条目由主题词、著者名、出版物名、题名分别与相应的文摘号组成。同一主题词、著者名、出版物名下有多个文摘号时，文摘号由小到大排列。

(2) 检索途径

检索途径有 5 种：分类途径、主题途径、著者途径、题名途径和出版物名途径。用户在已知所需文献的分类、主题词、著者、题名或出版物的情况下，可分别通过上述 5 种途径进行检索。

4.1.9　美国《EI》

《工程索引》(the Engineering Index, EI)创刊于 1884 年，由美国工程情报公司编辑出版。出版形式有印刷版及电子版等。其印刷版有月刊和年刊 2 种。EI 是工程技术领域的综合性检索工具，收录以美国为主的英语国家的工程技术文献，包括全部工程学科和工程活动，对纯理论性的基础科学文献一般不予收录。文献范围涉及 50 多个国家 20 多种语言的工程类文献约 4 600 多种，其中英语文献占 60%。EI 对各个学科的不同领域均有报道，内容涉及各学科的有关研制、发展、设计、试验、生产、维护、市场、企业管理、教育、安全、职业病等方面。收录的文献类型主要有期刊论文、政府出版物、学位论文、会议论文、科技专著等（不收录专利文献）。EI 的年报道量很大，且逐年增加。自创刊迄今，已报道了 400 多万篇文献。

(1) 内容编排

EI 的内容主要由正文、辅助索引、附录三部分组成。

① 正文 正文按主题法编排。1993 年以前主题词主要来自《工程标题词表》(Subject Heading for Engineering, SHE),即按 SHE 的主标题词和副标题词的字顺编排正文的条目,主标题词与副标题词之间是按“事物—事物方面”的原则组成的,即表示事物的为主标题词,表示事物方面的为副标题词。SHE 表中的标题词是规范化的标引用词。但是 SHE 中的标题词不灵活,固定的等级划分和先组式的方式也不适应学科的发展和检索的要求。因此,1993 年后 EI 采用了新词表——叙词表。叙词语言是一种后组式语言,比较灵活,能相互组配表达复杂的概念。1993 年后正文就按叙词的英文字顺排列,即以叙词作为标目,正文条目按其内容再按条目号顺序排列在相关叙词下。

条目的著录格式

- 期刊论文的著录格式

篇名① 作者② 第一作者联系地址③ 论文所在期刊的刊名④ 卷期月年⑤ 出版者⑥ 论文所在页码⑦ 期刊 ISSN 号⑧ 语种⑨

例:

Optimum design for energy absorption of square aluminum columns with aluminum foam filler ① *Hanssen, A. G.* ; *Langseth, M.* ; *Hopperstad, O. S.* ② **Author Affiliation**: Norwegian Uni of Science and, Technology ③ **Source**: International Journal of Mechanical Sciences ④ v 43 n 1 Jan 1 2001⑤ Elsevier Science Ltd ⑥ p 153—176⑦ 0020—7403⑧ In English⑨

- 会议论文的著录格式:

篇名① 作者② 第一作者联系地址③ 论文所在期刊的刊名④ 卷期月年⑤ 出版者⑥ 论文所在页码⑦ 期刊 ISSN 号⑧ 语种⑨

例:

Source: IEEE Transactions on Very Large Scale Integration (VLSI) Systems v 8 n 5 Oct 2000 Sponsored by: IEEE CS Technical Commitee on Design Automation; ACM SIGDA Institute of Electrical and Electronics Engineers Inc. p Var pagings 1063—8210 **In English**

② 辅助索引 辅助索引包含著者索引、主题索引 2 种。1998 年以前还有著者单位索引和条目号对照索引,后来两者被取消。

- 著者索引:著者索引的条目由著者名和相应的条目号连接组成,条目按著者的姓名字顺排序,姓在前、名在后。EI 月刊和年刊的著者索引编排方式相同。

• 主题索引:由于索引的正文是按主题词编排的,因此以前没有专门的主题索引,后编制了由标题词组成的主题索引,现改为由叙词组成的主题索引,均按字顺排列。EI 年刊和月刊的主题索引的著录不尽相同。年刊以篇名作为对主题词的说明,同时还注明相应的月刊中的条目号。

③ 附录　附录包括出版物一览表(Publication List)、会议一览表(Conference List)、机构名称缩写一览表(Acronyms, Initials and Abbreviation of Organization Names)。附录表附于年刊之后。出版物一览表收录了 EI 在该年度所收录出版物的所有名称,按出版物名称的字顺排列。会议一览表收录了该年度所报道的全部会议,包括会议名称、地点、主办单位、时间以及 EI 的会议代码等信息,按会议名称排列。机构名称缩写一览表在年刊和月刊中均有出现,在年刊中还设有缩略字、单位和略语一览表(Abbreviations , Unites and Acronyms)等。

(2) 检索途径

EI 检索途径有 2 种:主题途径和著者途径。

4.2　农业及生物学数据库

4.2.1　国际三大农业综合数据库

目前国际上最著名的农业综合数据库分别是 CAB、AGRIS、AGRICOLA,除 AGRICOLA 有 100 余种全文电子期刊以外,其他均为书目、文摘型数据库。与数据库相对应的印刷型出版物在前面已经介绍。如果要全面了解国际农业科技的发展动态,应检索三大数据库。但是,三大数据库的数据有重复,经逐步协调分工后,目前重复率在有所下降。这三大农业数据库是农业科技人员必查的数据资源。

4.2.1.1　CAB(国际农业生物科学中心数据库)

CAB 的全称为"Commonwealth Agricultural Bureaus International",1993 年 6 月该机构改名为国际农业及生物科学中心(International Center for Agriculture and Biosciences),该机构是世界上最大的、最重要的农业情报机构。它是一个国际性的非营利组织,现由 36 个成员国共同管理。该组织设有总部,下设 10 个分局和 4 个研究所。其主要任务是提供世界范围的农业、林业以及应用生物学、社会学、经济学、工程学和医学等相关领域的情报服务。CAB 的出版物类型有 6 种,包括文摘杂志、注释书目、评论、书籍、参考工具以及病虫害防治的图表说明,其中最重要的是文摘杂志。CAB 文摘创刊于 1928 年,是从 14 000 多种期刊和其他科学出版物中挑选出的有关农业科学各学科的重要进展情报。这些出版物选自 100 多个国家 40 多种语言。1973 年,CAB 的机读磁带问世,1975 年,CAB 的磁带被收入 DIALOG,ESA/IRS,

CAN/OLE,DIMDI 等系统,用户与 DIALOG 系统联机,即可查到 CAB 数据库中存储的农业文献。1980 年,中国农科院情报所引进了 CAB 文摘磁带。CAB 文摘是目前世界上规模最大、收录最齐全的农业及相关学科的文摘性检索工具,年报道量为 15 万条,现有记录 300 多万条。报道时差一般为 8～9 个月。

美国银盘公司生产的 CAB 光盘提供了 1973 年至今的数据,并配有源自 75 种语言出版的原始论文的英文文摘,按季更新。

CAB 提供的 OVID 系统的检索界面和检索功能与 BP(生物学评论)光盘数据库(OVID-BIOSIS-Previews)类似。CAB 也可使用美国银盘信息公司(Silver Platter Information Inc.)研制的情报检索系统(Silver Platter Information Retrieval System,SPIRS),它可以在 Windows 环境的 WinSPIRS、WebSPIRS 下运行(CAB 的 WebSPIRS 只提供 1990 年至今的数据)。该系统操作简便,即使不具备任何电脑操作技术的检索者,也能通过屏幕的指引顺利检索。而且检索功能很强,可以根据需要通过适当的检索词、检索运算符以及必要的检索指令或功能键完成检索过程。下面分别介绍 WebSPIRS 和 WinSPIRS 的基本功能及其检索方法。

4.2.1.1.1　WebSPIRS 检索系统

(1) WebSPIRS 的检索界面

进入 WebSPIRS 系统,首先选择检索的数据库(如 2002/08～2003/07),出现检索主屏幕(图 4-1)。主屏幕可分为检索词输入及检索限制区、检索历史及结果显示区、检索指令工具栏区。下面分区结合实例对 WebSPRIS 的主要检索功能逐一作介绍。

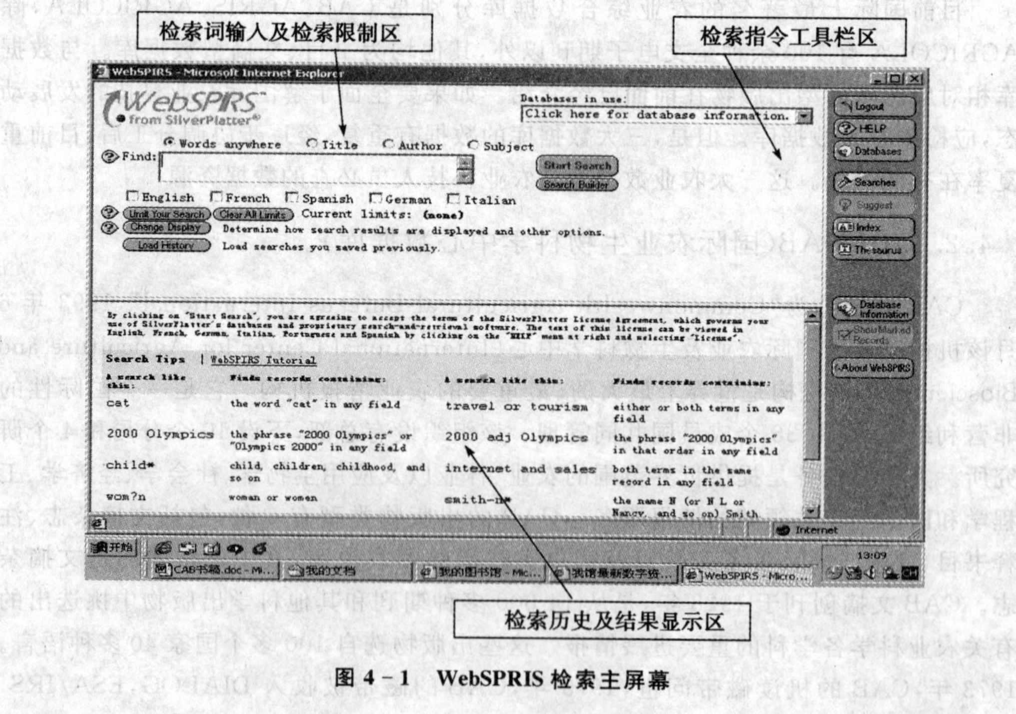

图 4-1　WebSPRIS 检索主屏幕

① 检索词输入和检索限制区

A. 各按钮的主要功能

• 【Data base in use】:显示正在使用的数据库信息。

• 【Word anywhere】、【Title】、【Author】、【Subject】:用于限定检索词在文献中出现的位置,包括任何地方、题名、作者、主题词4个,只能单选。

• 【Find】:其后的方框用于输入检索词或检索式。其前的黄色问号为说明。

• 【English】、【French】、【Spanish】、【German】、【Italian】:用于限定文献的语种,在英语、法语、西班牙语、德语、意大利语中可多选。

• 【Limit Your Search】:用于限定文献的出版年、文献语种、文摘语种、出版物类型和更新日期等项。

• 【Clear All Limits】:用于取消所有限制选项。

• 【Chang Display】:改变显示格式。决定怎样显示检索结果和显示项目等。包括一页显示的记录数、每条记录显示的字段、显示方式是升序还是降序,结果的显示方式是检索指令发出后立即看到结果,还是先显示检索结果历史界面等。

• 【Start Search】:点击该按钮,开始检索。

• 【Search Builder】:对于不熟悉该系统的检索者,可以按【Search Builder】按钮,进入检索式建立页面(如图4-2),在此可在2个检索框中分别输入检索词(组),并选择其后的检索字段以及2个检索框之间的逻辑算符来建立检索式。

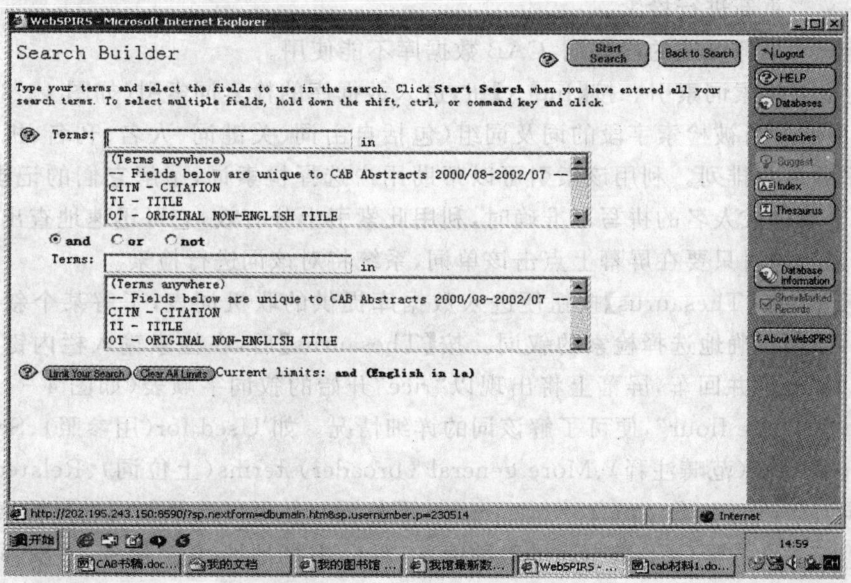

图4-2 检索式建立页面

B. 使用举例:检索在文献题名中含"rice seedling",原文语种为中文,摘要为英文的期刊论文。

操作:在"Find"框内输入检索词"rice seedling",在检索框上方选择"Title",点击【Limit Your Search】按钮,在出现的页面中选择"any year",文献语种为中文,文摘语种为英文,出版物类型为 journal,更新日期为 any update,然后点击右上角【Set Limit】按钮,再点击【Search Start】,出现 4 篇相关的文献。其检索式和检索结果如下:

Search	Results
#1 ((rice seedling) in TI) and (LA=CHINESE) and (LS=ENGLISH) and (PT=JOURNAL)	4 Display

点击带下划线的【Display】即可看到 4 篇文献的简明记录。

② 检索指令工具栏区　各按钮的主要功能

Logout:退出 WebSPIRS 检索系统。这里要特别强调,退出时如果不点击此按钮,系统将保留 30 分钟在线,其他用户将不能进入。

HELP:指导用户怎样使用 WebSPIRS,内容主要包括以下三个方面:

WebSPIRS 基础:登录、使用工具条、选择数据库、得到帮助;

查找:递交检索需求,检索样例,使用数据库索引和词表;

检索结果处理:使用查找历史、显示、打印、保存和电子邮件发送记录。改变显示项,获取馆藏信息,链接电子期刊,订阅传送的文献,定期定题服务和提示。

Databases:提供馆藏 CAB 数据库信息供选择。

Searches:重新进行检索。

Suggest:推荐可选的检索词,CAB 数据库不能使用。

Index:检索词索引。按【Index】钮,进入数据库的检索词索引(如图 4-3),它将数据库中所有可被检索字段的词及词组(包括自由词、关键词、人名、刊名、机构名称等)按字顺混合排列。利用该索引可以帮助用户选择检索词,了解它们的记录数量;当对某个单词或人名的拼写不准确时,利用此索引十分有效,它可迅速地查出所需要的检索词。这时只要在屏幕上点击该单词,系统将对该词进行检索。

Thesaurus:按【Thesaurus】按钮便进入数据库提供的联机词表,了解某个叙词的详细情况,以便正确地选择检索的叙词。按【Thesaurus】后,在检索输入栏内键入要查询的词如"rice"并回车,屏幕上将出现以"rice"开始的叙词字顺表(如图 4-4),点击某个叙词如"rice flour",便可了解该词的详细情况。如 Used for(用参照)、See(见参照)、Scode note(范畴注释)、More general (broader) terms(上位词)、Related terms(相关词)More specific (narrower) terms(下位词),并可以选择叙词进行检索。

Database Information:可了解 CAB 数据库的各种信息,如 CAB 的地址、信息服务、字段、词表等。

Show Marked Records:可显示检索结果中已标记的记录。

About WebSPIRS:连接到 WebSPIRS 主页。

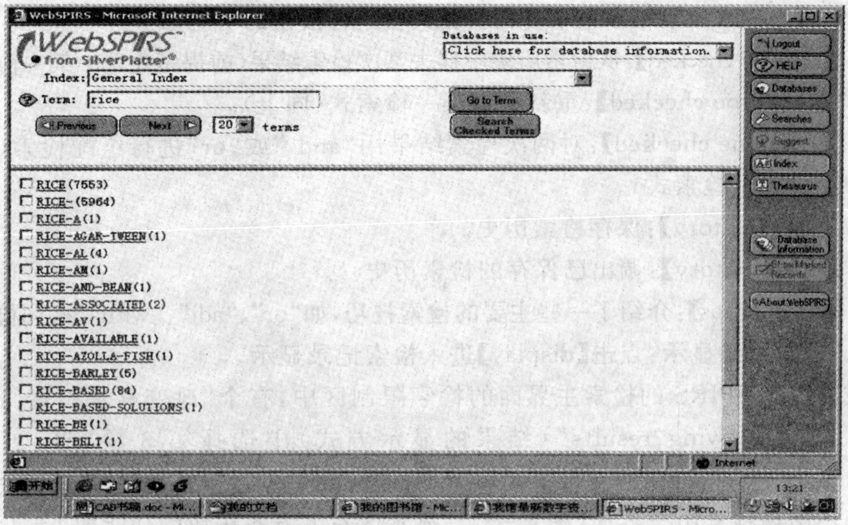

图 4－3　CAB 数据库检索词索引

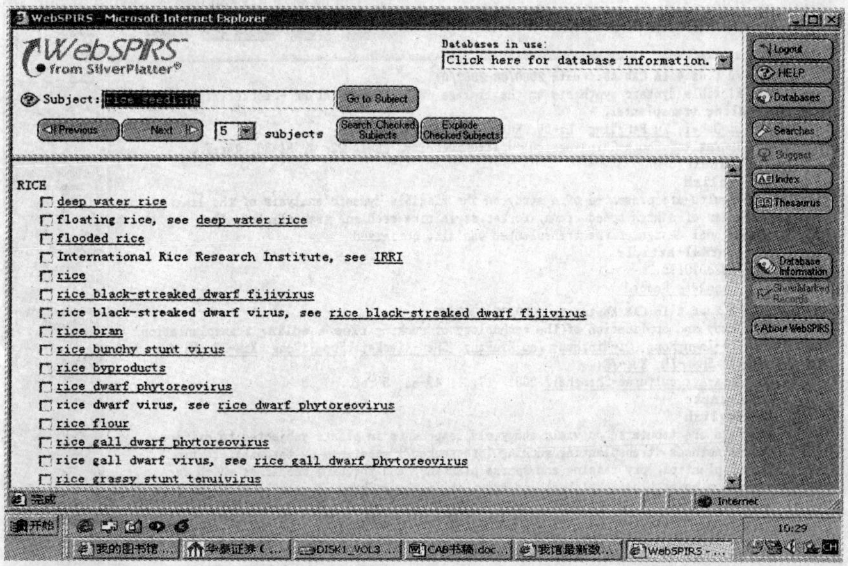

图 4－4　RICE 的叙词字顺表

③ 检索历史和结果显示区

A. 检索历史显示：如前 A 中所述，在 WebSPIRS 的检索主界面的检索限制区中，有“change display”(改变显示格式)选项，点击进入，在结果的显示方式“showing results”中选择第 2 项，即“先显示检索结果历史界面”(去掉默认的第 3 项)，这样在点击开始检索“start search”后，在 WebSPIRS 的检索主界面的左下栏，会先显示检索的历史记录，包括检索结果号、检索式和命中记录数和一个带下划线的蓝色“display”标志，点击【display】便进入检索结果记录界面。在其左边各按钮的功能如下：

- 【remove checked】:从检索历史中移去某次检索结果(前提是先选中某一检索式)。
- 【re—type checked】:重新调用某一检索式(同上)。
- 【combine checked】:对两次检索结果用“and ”或“or”进行组配检索(前提是先选中至少二个检索式)。
- 【save history】:保存检索历史。
- 【load history】:调出已保存的检索历史。
- 【search tips】:介绍了一些主要的检索技巧,如“or”、“adj”、“with”、截词检索等。

B. 检索结果显示:点击【display】进入检索记录显示。

或在 WebSPIRS 的检索主界面的检索限制区中,有个“改变显示格式”选项,点击进入,在“Showing results”(结果的显示方式)中选择第 3 项“Show records immediately after searching (main search page only)”,直接在检索后出现检索记录显示而不出现检索历史界面(图 4-5)。显示区左上方各按钮的功能如下：

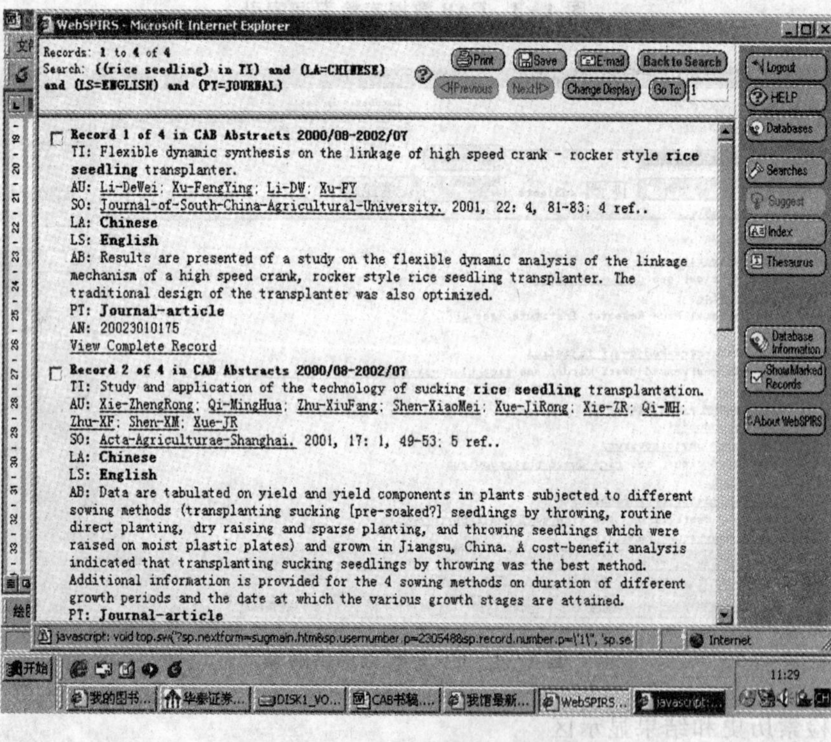

图 4-5 CAB 检索简明结果样例

(Print):点击【Print】按钮,进入打印界面。有 3 个项目可供选择：

- “which records do you want to print?”可选择打印查找到的全部记录(all records)或从某条记录到某几条记录或打印被标记的记录(marked records)。

• “which fields?”可选择打印的字段(fields)或检索历史(search history)、记录数和数据库名(record number and database name)、记录标记(field label)。

• “Which field?”包括被显示字段(displayed fields)、所有字段(all fields)、引文(citation)、引文和摘要(citation and abstract),也可用选择字段(Selected fields)按钮再选择需要的字段打印。

[Save]:保存全部或选定的记录、字段或检索历史、记录数或数据库名等。界面的各项功能同打印页面。

[E-mail]:用电子邮件方式保存全部或选定的记录、字段或检索历史、记录数或数据库名等。

[Back to Search]:返回检索区。

[<Previous]:显示前一个记录。

[Next>]:显示后一个记录。

[Change Display]:改变显示方式。

[Go To:]:显示某一个记录。

检索结果以题录的形式显示,若要查看某一记录的详细情况,可点击该记录的“View Complete Record”,显示其详细信息。在显示检索结果的页面上,可以选择打印、保存或用 E－mail 发送命中记录。

题录形式主要显示:TI、AU、SO、LA、LS、AB、PT、AN 等字段,样例见 CAB 检索简明结果样例图(图 4－5)。

详细信息显示:TI、AU、AD、SO、PY、LA、LS、AB、DE、RN、CC、CD、PT、IS、UD、AN 等字段。详细信息显示结果见图 4－6。

TI：Flexible dynamic synthesis on the linkage of high speed crank － rocker style rice seedling transplanter.

AU：Li-DeWei；Xu-FengYing；Li-DW；Xu-FY

AD：College of Polytechnic，South China Agric. Univ.，Guangzhou 510642，China.

SO：Journal-of-South-China-Agricultural-University. 2001，22：4，81－83；4 ref..

PY：2001

LA：Chinese

LS：English

AB：Results are presented of a study on the flexible dynamic analysis of the linkage mechanism of a high speed crank，rocker style rice seedling transplanter. The traditional design of the transplanter was also optimized.

DE：Ldesign-；high-speed-operation；linkages-；optimization-；rice-；seedlings-；transplanters-；transplanting-

OD：Oryza－；Oryza－sativa

BT：Oryza；Poaceae；Cyperales；monocotyledons；angiosperms；Spermatophyta；plants
CC：FF005；FF100；NN400
CD：Field－Crops；Plant－Production；
Agricultural－and－Forestry－Equipment－General
PT：Journal－article
IS：1001－411X
UD：20020708
AN：20023010175

图 4-6　CAB 检索详细结果样例

C. 中间结果的显示：在“Change display”（改变显示格式）选项，点击进入，在结果显示方式中选中第 1 项“Display intermediate results in search history”（先显示中间结果界面），这样在执行开始检索后，如果检索词输入的是词组即超过 2 个单词，或检索式为逻辑组合，例如：((rice and nitrogen) in TI) and (English in LA)，那么先出现检索结果历史界面，并且会出现每一个单词或每一组合的检索结果，即所谓中间结果（图 4-7）。

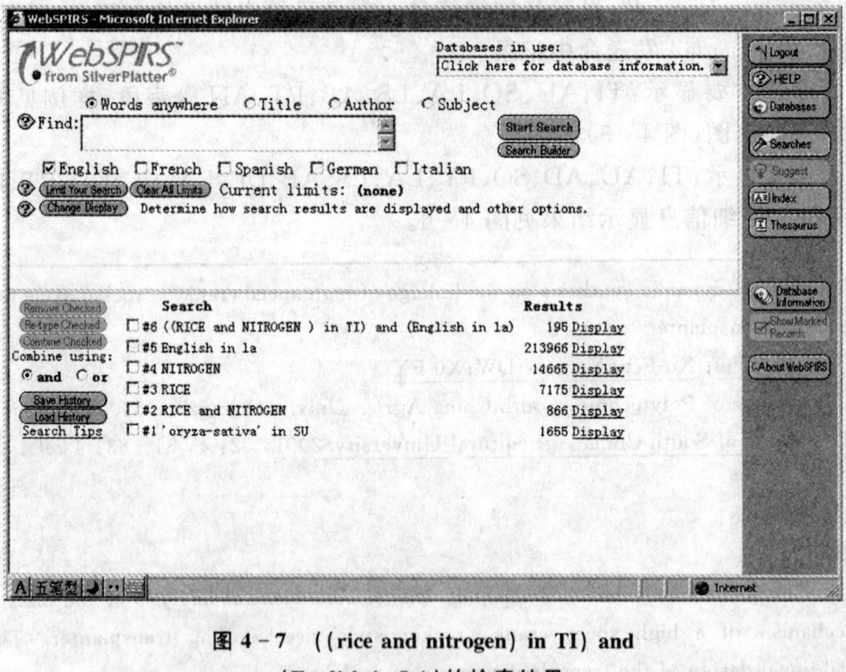

图 4-7　((rice and nitrogen) in TI) and (English in LA)的检索结果

(2) WebSPIRS 支持的检索技术

① 布尔逻辑检索　and、or、not。

② 截词检索　中间截断和右截断，“＊”为无限截词符；“?”为有限截词符，只截

一个字符。

③ 位置检索　位置算符有 adj、with、near。

- adj 要求连接的 2 个检索词相邻，词序不变；
- with 要求连接的 2 个检索词出现在同一字段中，词序不限；
- near 要求连接的 2 个检索词出现在同一句子中，nearN 表示 2 个检索词之间最多少于 N 个单词（N 为 0,1,2,3...），词序不限。

④ 限制检索　限制检索可以使用 in 或 ＝将检索词限定于某个特定的字段，或限制检索的年代、文献类型、语种、出版国等。

表 4－3　WebSPIRS 支持的检索技术举例

检索式	意　义
pollution and air	2 个检索词在同一记录中
pollution with air	2 个检索词在同一字段中，词序不限
pollution near air	2 个检索词在同一句子中，词序不限
pollution near3 air	2 个检索词在同一句子中，其间相隔最多 2 个单词，词序不限
pollution near1 air	2 个检索词在同一句子中，其间可有符号但不能夹有单词，词序不限
pollution near0 air	2 个检索词在同一句子中，且紧密相连其间不得夹符号，词序不限
Smith in AU	在作者字段检索"Smith"
Teen????	可检索出 teen、teens、teenage、teenager 等词的记录
expert-systems in DE and English in LA and DT＝serial	在叙词字段查找与检索词相关的英文期刊论文
Data processing in DE,TI and PY＞＝2000	在叙词和篇名字段查找与检索词相关的 2000 年以来的文献

(3) CAB 数据库的检索字段及含义

CAB 的数据库记录由 28 个字段组成。内容见表 4－4。

表 4－4　CAB on WebSPIRS 数据库字段一览表

字段符	字段全称	字段中文	使用样例	注　释
AB	Abstract	文摘	pig in AB	简易的英文摘要，且用英国拼法
AD	Address of author	作者地址	london in AD	列出第一作者的原来地址
AN	Accession Number	记录顺序号	19990930123 in AN 880512345 in AN AN＝880512345	

续表 4-4

字段符	字段全称	字段中文	使用样例	注 释
AU	Author	著者姓名	keane－* in AU keane-mg in AU kennedy-je jr in AU	列出文章的所有个人著者
AV	Availability	文献可获性		显示字段
BT	Broad terms	上位概念词	plants in BT	
CA	Corporate Author	合著者	who in CA world health organization in CA	
CC	CABICODES	CAB 码	nn400 in ccnn4 * in CC	用于直接指示文章所涉及的宽泛主题概念，共用 270 个
CD	CABICODES headings	CAB 码标题	animal-husbandry-general in cdanimal-* in CD	限制字段
CI	Secondary journal citation	第二来源期刊		显示字段，在没有第一来源时使用
DE	Descriptor index	叙词索引	pigs in DE	包括地理位置、有机体叙词和主标题
GE	Geographic heading	地理标题	zimbabwe in geaustralasia in GE	
IB	ISBN	国际标准书号	92－5－00236－0 in IB IB＝92－5－00236－0	限制字段
ID	Identifiers	标识符	caulerpa in ID	
IS	ISSN	国际标准刊号	0016－6766 in IS＝0016－6766	限制字段
LA	Language of text	语种	german in LA ＝ german	限制字段
LS	Language of summary	摘要语种	russian in LS ＝ russian	限制字段
OD	Organism Descriptors	有机体叙词	calluna in OD	
OT	Original title	原文题名	lait in OT	
PB	Publisher	出版者	reduit in pbmauritius in PB	
PT	Publication type	出版物类型	book in PT＝bookpt ＝journal－*	限制字段
PY	Publication year	出版年	1993 in PY PY＝1993 PY＞1993 PY＞＝1993 PY＝1990－1993	限制字段

续表 4-4

字段符	字段全称	字段中文	使用样例	注　释
RN	CAS Registry Numbers	美国化学文摘登记号	15299－99－7 in RN	
SO	Source	来源	phytochemistry in SO	
SU	Subject heading	主标题	(fodder and cattle and australia) in SU	
TI	Title	题名	poultry in TI	
UD	Update Code	更新码	19990901 in UD 940801 in UD UD＝940801	限制字段
CITN	Citation	引文		

(4) 检索要点

① CAB 叙词表有 4 个叙词字段:BT,DE,GE,OD,其中 DE 一般用于标识家畜和最常见作物等,一般用英文名称;OD 用于标识生物体学名或除 DE 字段外的某些生物体名称;GE 用于标识地理名称;BT 则是上位词,如 DE 字段中的 rice,wheat,sugarcane 等作物,其上位词(BT)是 plant。利用 DE、GE、OD 字段检索文献,可以提高查准率,利用 BT 字段检索文献,可以检中同类文献,提高查全率。

② 生物名称的选词不仅要注意普通名(单复数)的用法,还要注意选择学名,如:tobacco? 和 *nicotana*(学名),防止漏检,但家畜和最普通的作物除外。

③ 如果检索词是复合词,可以用连字符(－)将每个字连接起来进行检索,提高查准率,如 agricultural－policy in DE,去掉连字符,则可扩大检索范围。如检索式:agricultural policy in DE,则 agricultural-policy; agricultural-financial-policy; regional-agricultural-policy 等复合词均被检中。

④ 检索地理地域文献必须使用 GE 字段,如:TURKEY IN GE,除了 USA、UK、USSR 可用缩写外,其他地理名称都只能用全称。

⑤ SU (主题词)字段是一种复合主题字段,该字段被称作伪字段,不能直接显示,但利用 SU 字段检索文献,可以自动地在 DE、GE 和 OD 字段中检索。例如:USA IN SU,可提高查全率。

⑥ 有些符号和标点,如:逗号、冒号、问号、"／"等是不可检索的符号,检索时可视其不存在,不必标出或视为空格,但句号在数字中出现时必须标出,如:0.7,否则变成 07 含意了。

⑦ 使用截词符"?"和"＊",可以避免由于英美不同拼法以及漏写部分具有相同词根的单词而造成漏检,但对于高频词则容易出现假命中。

⑧ 利用 Index 或 Thesaurus 检索,可以获得一系列相关检索词,扩大检索范围,

提高查全率,也可以选择更为确切的检索词,缩小检索范围,提高查准率。

⑨ 充分利用位置算符“with”和“near”、字段检索符“in”及只用于限制字段检索的符号,如:“=”、“<=”等。可以提高查准率。

⑩ 布尔逻辑算符的使用遵循布尔逻辑原则,增加 and 连接的概念组面,可以提高查准率,增加 or 连接的概念组面,可以提高查全率。

4.2.1.1.2 WinSPRIS 系统介绍

(1) WinSPIRS 的检索系统的进入

进入 WinSPIRS 系统,计算机在搜索可读到的光盘,搜索完成后,用鼠标单击【Start】,出现 CAB 光盘库介绍屏,单击【OK】键,进入 WinSPIRS 系统主检索屏(如图 4-8)。

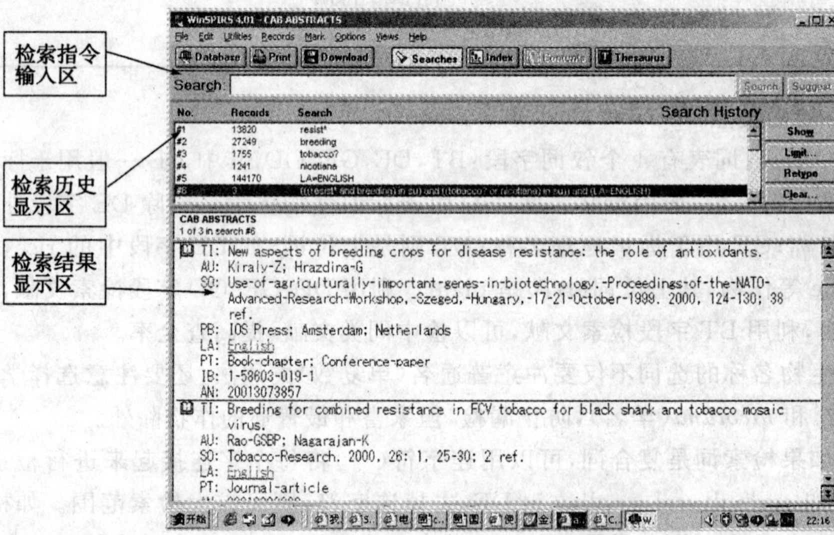

图 4-8 CAB WinSPRIS 系统主检索屏

(2) 检索屏的组成及各功能键说明

如图 4-8 所示,检索屏由三个部分组成:检索指令输入区、检索历史及显示区、检索结果显示区。

① 检索指令输入区

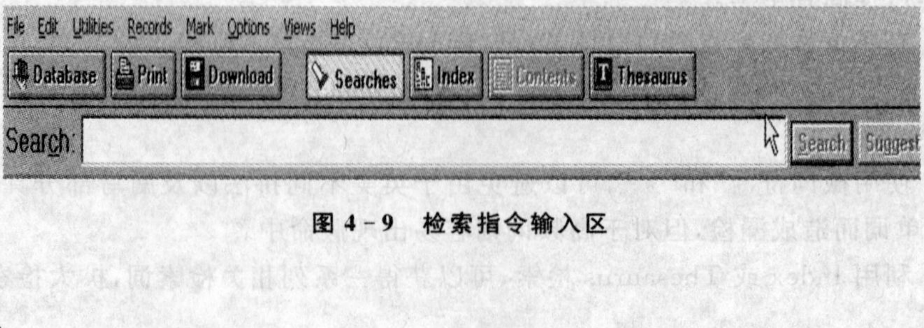

图 4-9 检索指令输入区

- “File”文档，包括下列功能。

  “Save Search History”保存检索历史

  “Load and run searches”下载检索历史

  “delete save searches”删除检索历史

  “Download records”下传记录

  “Print records”打印记录

  “Print setup”打印检索历史

  “Select database”选择数据库

  “Restart”重新检索

  “Exit”退出

- “Edit”编辑，包含以下 2 项功能。

  “Clear Search History”清除历史记录

  “Clear Search Area”清空检索区

- “Utilities”效用，包含以下 2 个功能。

  “View Loaded Databases”察看使用数据库

  “Fields to Search”字段检索。CAB winSPRIS 有 25 个检索字段，其中有默认字段 16 个。

- “Records”记录，包含以下功能。

  “Start of Record”记录开始

  “End of Record”记录结束

  “Previous Record”前一记录

  “Next Hit”下一命中检索词

  “Previous Hit”前一命中检索词

  “Sort Records”对记录进行排序

- “Mark”标记，包含以下二个功能。

  “Mark records”标记记录

  “Unmark all”取消所有标记

- “Options”选项，共有下列几项功能。

  “Pint Options”打印选项

  “Show Options”显示选项

  “Download Options”下载选项

  “Show Intermediate Results”显示中间结果

  “Show Hits Per Database”显示每一数据库的结果

  “Automatic Records Display”自动记录显示

  “Colours”改变显示颜色

  “Language Options”语种选择

• “Views”察看。有以下几项功能。

“Index”索引

“Thesaurus”叙词

“Split Screen”分画面

“Search History Full Screen”全屏显示检索历史

“Records Full Screen”全屏显示检索记录。

此外，在检索指令输入区还有其他功能键。如，“Help”帮助、“Database”数据库、“Print”打印、“Download”下载、“Searches”查找、“Index”索引、“Thesaurus”叙词表。

② 检索历史区

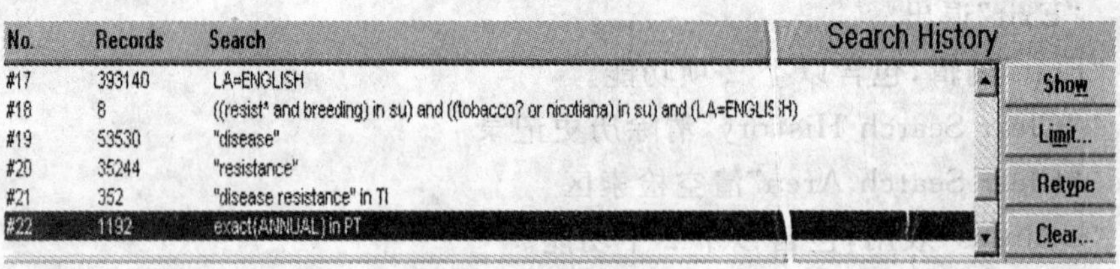

图 4-10 检索历史区

• “No”显示检索步骤数(检索式序号)。

• “Records”显示命中记录数。

• “Search”显示检索策略。

• 【Show】显示按钮。

• 【Limit】限制检索。

• 【Retype】重新检索(重置检索式)。

• 【Clear】清除检索历史。

③ 检索结果显示区 WinSPRIS 有两种显示方式，简单结果显示，只显示 5 个主要字段(TI、AU、SO、LA、PT)的内容。样例如下：

> TI：CRISP (crayfish and rice integrated system of production)：
> 2. Modelling crayfish (Procambarus clarkii) population dynamics.
> AU：Anastacio－PM；Nielsen－SN；Marques－JC
> SO：Special issue：Crayfish and rice integrated system of production. Ecological－Modelling. 1999，123：1，5－16；50 ref.
> LA：English
> PT：Journal－article
> AN：20000105779

如果要了解记录的详细情况，则可点击屏幕下方的【All Fields】按钮，就可看到包含 10 多个字段(TI、AU、AD、SO、PY、LA、AB、DE、OD、GE、BT、CC、CD、PT、IS、UD、AN)的详细记录。

(3) 检索操作

① Search 检索　在主检索屏的检索输入框中输入检索词或经过组配的检索表达式。用鼠标单击后面的【Search】键。例如：用"CAB Abstracts 2000/08－2001/10"光盘查找用英文撰写的有关烟草抗性育种方面的文献。经分析，在输入框中一次性输入检索式(((resist * and breeding) in SU) and ((tobacco? or nicotiana) in SU)) and (LA＝Englisb))，单击【Search】键后，系统会先在数据库中依次搜寻每一个检索词，然后再根据检索式中各检索词之间的逻辑组配关系查找命中文献，并将检索过程中每个步骤检出的命中文献数(Records)、检索词或检索式(Search)连同自动生成的步骤号(No.)显示在屏幕的检索记载区(Search History Area)，并在检索记录区(Retrieved Records Area)同时显示前两篇命中文献的简明记录字段(如图 4－11)。

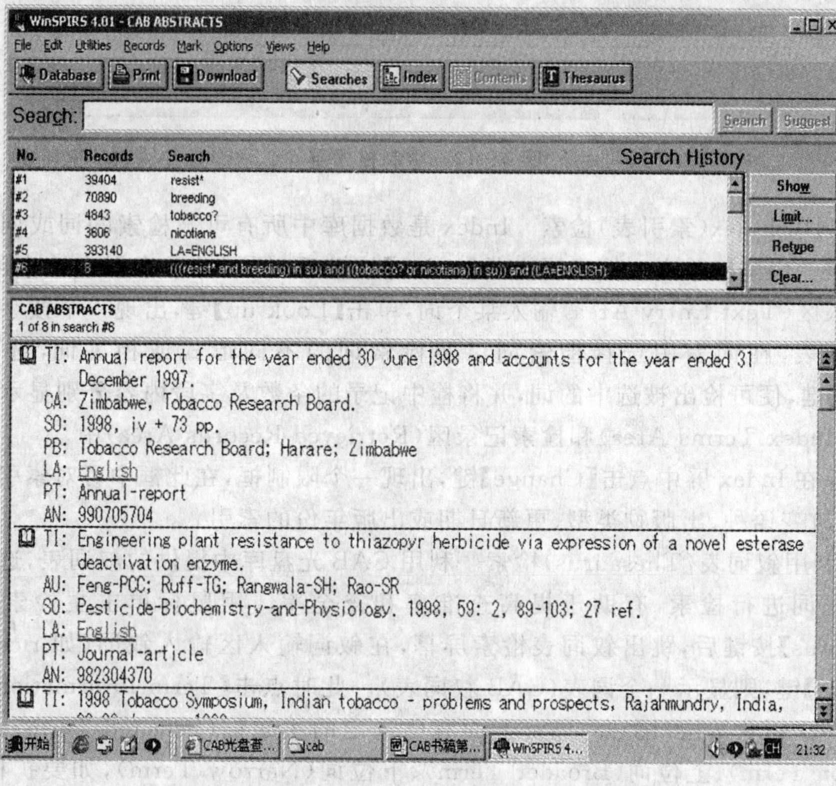

图 4－11　烟草抗性育种检索步骤及检索结果

② 添加检索或重新检索　检出检索结果后，可在显示的检索结果中再选定一些词，然后点屏幕下部的【Add to Search】键检索这些词，也可点屏幕右边的【Retype】键，重新将某个词或检索式选上输入框检索或修改后检索。

③ 限制检索　点击屏幕右边的【Limit】键，出现限制检索屏(图 4－12)，可用来

限制检索条件，即在左框中选择所要限定的字段，在右框中选择限定的条件。例如：在左边选择 PY(出版年份)，在右边选择年份，而中间的部分为对该年份的限制。选定好后点击【OK】键就可进行限制检索。

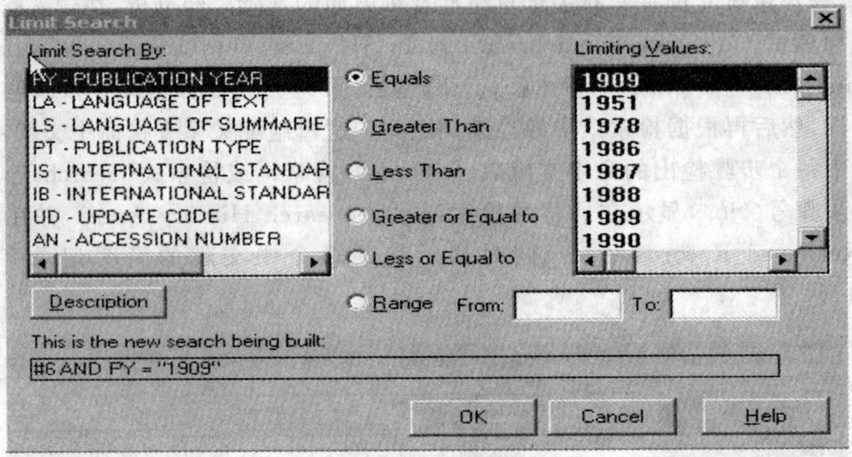

图 4－12　限制检索屏

④ 利用 Index(索引表)检索　Index 是数据库中所有可被检索的词或词组的一个字顺表。用鼠标单击主检索屏上的【index】按键后，便可显示索引表检索屏幕，在文本输入区(Text Entry Area)输入某个词，单击【Look up】键，出现一个按字母顺序排列的词表，在词表中选择检索词以及检索词的不同形式或相关词，选中后点【Search】键，便可检出被选中的词，并将检中记录的条数及字段内容分别显示在索引检索区(Index Terms Area)和检索记录区(Retrieved Records Area)中。

如果在 Index 屏中点击【Change】键，出现一个限制框，在此框中可对索引表进行限制，如改变语种、出版物类型、更新日期或出版年份的索引。

⑤ 利用叙词表(Thesaurus)检索　利用 CAB 光盘库中提供的叙词表，选择规范化的主题词进行检索，有助于提高查准率和查全率。用鼠标单击主检索屏上的【Thesaurus】按键后，跳出叙词表检索屏幕，在叙词输入区输入叙词(如 rice)后，点【Look up】键，则显示一个词表(CAB 叙词表)。此时点击【Term Information】键，就可看到一个树状结构(图 4－13)，上面有已选定的主题词(Selected Term)、相关词(Relation Term)、上位词(Broader Term)、下位词(Narrow Term)，如要扩检，则选择 Explode，选定词后，点【Search Now】键就可检索。

(4) 检索结果的输出

当检索出结果后，CAB 光盘库提供了多种输出方式，可以自由地选择命中文献中的任意篇数、任意字段进行显示、打印、套录。

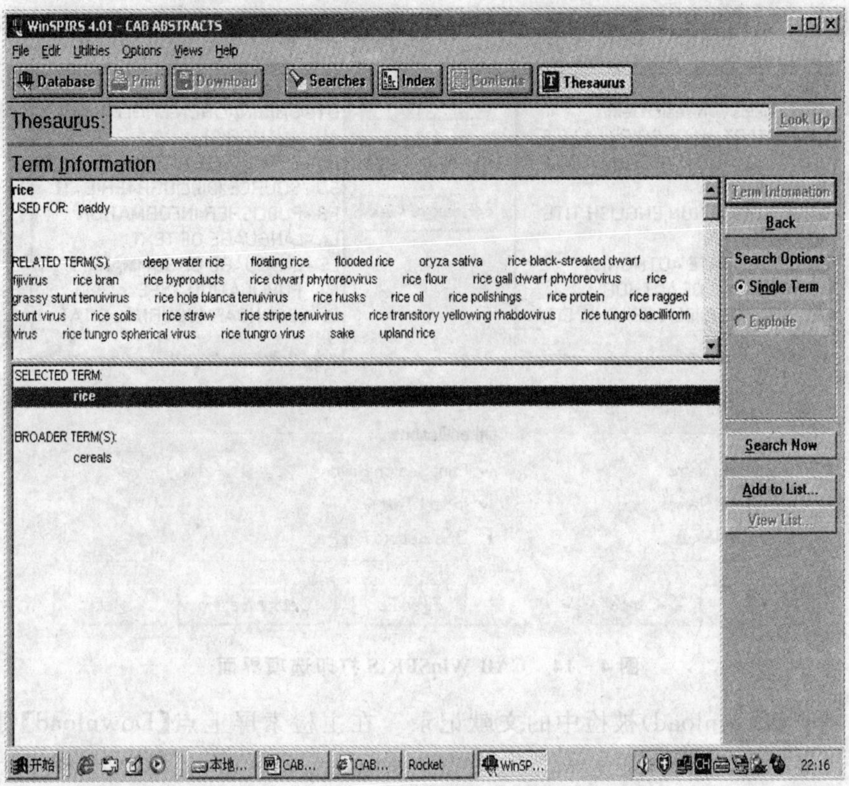

图 4－13　rice 叙词表树状结构图

① 显示(Show)被检中的文献记录　当主检索屏的检索记载区有命中文献时，单击【Show】按键，屏幕的检索记录区首先显示记录的简明字段。需要阅读记录的详细内容时，点【All Field】键可显示该条记录的全部字段。如果需要作标记，只需将鼠标移至该条记录左上方的一个书形标志上，鼠标变成笔形时点一下，即可作上标记，这样可以选择性地打印或拷贝。

② 打印(Print)被检中的文献记录　在主检索屏单击【Print】键，出现打印记录框，在 Print Fields(选择字段打印)和 Print Range(选择打印范围)下做好必要的选择，便可以按要求打印检索结果。如果需要选择字段打印，则要先点【Options】(选择)按键，进入字段选择屏幕，将需要打印的字段从左框加到(Add)右框，确认后回到打印屏幕，选择打印。具体操作如下：

点击【Print Options】，进入如图 4－14 打印选项界面。

从左框中可选择打印字段，右框中为已选定的打印字段，中间的 3 个按钮为控制键。下面两块分别为字段标记(Field Labels)和其他的选择项(Other Options)。最下一行有确定(OK)、取消(Cancel)、字体选择(Fixed Font)、设置默认值(Default Settings)等功能。在实际使用中经常会出现乱码的情况，可从字体中选择相应的字体以解决乱码问题。

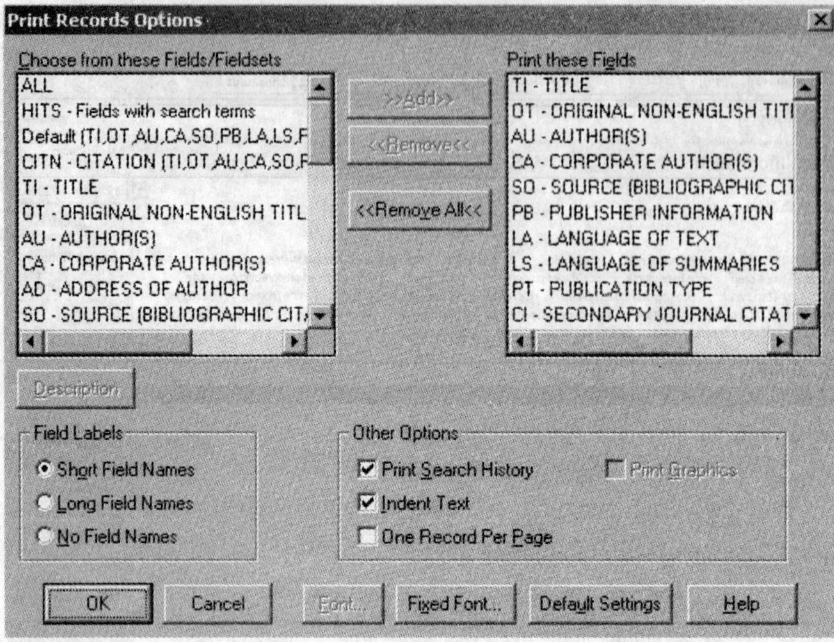

图 4－14　CAB WinSPRIS 打印选项界面

③ 拷贝(Download)被检中的文献记录　在主检索屏上点【Download】键，出现文件下载显示屏幕(如图 4－15)，其中，Options，Download Range 和 Download Fields 与打印中的 Options，Print Field，Print Range 内容相同，只要做好必要的选择，注意输入目标路径和文件名，便可拷贝检索结果。

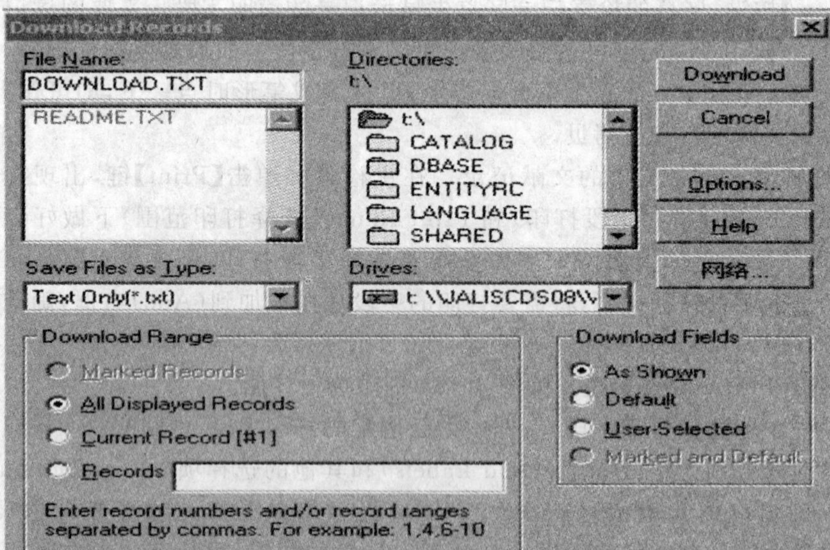

图 4－15　CAB 文件下载显示屏

④ 更换数据库(Database) 如果检索过程中需要更换数据库,可点主检索屏上的【Database】键,跳出数据库选择屏,用鼠标在左框内选择数据库后,点【Add】键,数据库被选至右框,如果要移去某个数据库,则用鼠标选择后点【Remove】键。选好数据库后,再点【OK】键即可打开所选的数据库,进入主检索屏检索。

⑤ 退出检索系统 用鼠标单击主检索屏 File 下的 Exit 或双击屏幕左上角的方形按钮,便可退出系统。

4.2.1.2 AGRIS(国际农业科技信息系统)

AGRIS 数据库是联合国粮农组织根据各国农业科研和生产发展的需要,于 1975 年建立的国际情报交流系统,全称为 International Information System for the Agricultural Science and Technology,简称 AGRIS,生产世界上农业领域的文献目录。该数据库数据由 135 个国家和地区的 146 个 AGRIS 中心和 22 个国际组织提供,每一个中心负责提供本范围之内的符合 AGRIS 主题范畴的目录索引。自 1979 年以后部分数据提供了文摘。数据库收录的主题包括农业总论、地理和历史、教育推广与情报、行政与方法、农业经济、发展与农村社会学、植物科学与生产、植物保护、收获技术、林业、动物科学、渔业与水产养殖、农业机械与工程、自然科学与环境、农业产品加工、人类营养、污染等。收录的文献类型有期刊和连续出版物、专著、学位论文、地图、胶卷、计算机等,其中连续出版物占 70%左右,报告、学位论文占 20%左右。AGRIS 光盘数据库的起始年限为 1975 年,至今已有 300 多万条数据,每年更新递增量约 13 万条左右。与该数据库对应的纸质出版物为《AGRINDEX》。

AGRIS 数据库也有 OVID 和 WebSPRIS、WinSPRIS 等几种检索系统。检索方法与 CAB 数据库的基本相同。但两者的检索字段和叙词表有所不同。

AGRIS 数据库的检索字段及含义

AGRIS 数据库的检索字段共有 23 个,按记录中出现的先后次序分别有 AB、AD、AN、AU、C1、CA、CC、CD、CI、DE、ID、IS、LA、NT、OT、PT、PY、RE、RN、SO、ST、TI、UD。其中 C1、CI、IS、LA、PT、PY6 个为限制字段。

简明记录包含 TI、OT、AU、CA、SO、RN、LA、RE、AN9 个字段。

现将 AGRIS 与 CAB 不同的检索字段列在表 4-5 中,以供参考使用。

表 4-5 AGRIS 与 CAB 不同的检索字段表

检索字段	字段名称	含 义
ST	Series Title	丛书题目
NT	Notes	注释(出版物的信息描述)
RN	Report/Potent Number	报告/专利号
CI	Country of Input	输入国家,一般被看作出版国家

续表 4-5

检索字段	字段名称	含　义
PT	Publication Type	出版物类型(1)
DE	Descriptors	叙词(2)
AB	Abstracts	文摘(3)
C1	Primary Subject Category Codes	最初主题类号
CC	All Subject Category Codes	主题类号
CD	Translations of Category Codes	翻译类号
RE	Related Record	相关记录
AO	Abstract(Other Languages)	除英、法、西班牙以外的文种文摘

① 出版物类型　出版物类型可以用英文单词，也可以用出版物代码(详见表 4-6)，如：查找会议文献，可以用“Conference IN PT”，也可以用“K IN PT”。

表 4-6　AGRIS 出版物代码一览表

出版物名称	代码	全　称	出版物名称	代码	全　称
专题文章	B	Monograph	杂志文章	J	Journal—Article
计算机媒介	T	Computer-Medium	标准	C	Standard
会议录	K	Conference	论文或学位论文	U	Thesis-or-Dissertation
绘图	D	Drawing	字典	L	Dictionary
非常规出版物	V	Non-Conventional	提要	E	Summary
数字数据	N	Numerical-Data	法规	W	Legislation
胶片	F	Film	专利	P	Patent
被包括在内的图	Y	Maps-Included	地图或图集	G	Map-or-Atlas
报告	R	Report	书目	Z	Bibliography
唱片	H	Phonorecord	评论文章	R	Review-Article

② 叙词(DE)　AGRIS 所用的叙词选自《AGROVOC》，它是 AGRIS 编制的规范化的农业术语多文种叙词表，每条均用英、法、西班牙 3 种文字，在主要词上还标有“*”。因此，用叙词检索时有 3 个文种可供选择，可以自定文种，亦可用下列代码：

ENDE：标引者和计算机均采用的文种(只限英语)；

ENC:仅供计算机用(只限英语);

ESDE:标引者和计算机均采用的文种(只限西班牙语);

ESC:仅供计算机用(只限西班牙语);

FRDE:标引者和计算机均采用的文种(只限法语);

FRC:仅供计算机用(只限法语);

③ 文摘字段(AB) 文摘字段(包括文摘和内容简介)由输入国提供,大概 10% 有英文摘要。查找与显示时,在字段检索符"in"后面用 AB,则将全部语种显示出来,如只需英语用 ENAB,只需法语用 FRAB,只需西班牙语用 ESAB,则系统将 3 种不同文种的命中篇数分别显示在屏幕上,供用户选择阅读。字段使用举例如下:

ENAB Abstract (English)	infant mortality in enab
ESAB Abstract (Espanol)	tabaco in esab
FRAB Abstract (Francais)	hivernale in frab

4.2.1.3 AGRICOLA(美国国家农业图书馆书目数据库)

AGRICOLA(Agricultural Online Access)数据库是由美国国家农业图书馆编辑的书目型数据库,数据库文献的资料主要由美国国家农业图书馆(NAL)、食品和营养情报中心(FNIC)、美国农业经济中心(AAEDC)、加拿大农业部(AG-Canada)等机构提供。早期以题录为主,近年有部分文摘。年报道量约 13 万条。该库建立于 1973 年,其前身是 1970 年开始的 CAJN 机读检索系统,最初引用刊物约 6 000 种。近年来美国农业图书馆同联合国粮农组织进行分工,决定 AGRICOLA 数据库选用刊物约 2 000 种,引用文献类型除期刊、连续出版物外,还包括专著、学位论文、计算机软件、技术报告、专利、声像资料等。其主题范围包括农、林、牧、水产、兽医、园艺、土壤等整个农业科学领域及动物、植物、微生物、昆虫、生态等生命基础科学及环境科学、食品科学。AGRICOLA 数据库目前有两个公司生产光盘数据库,一个是 OCLC(美国联机计算机图书馆中心)生产 AGRICOLA CD 450 光盘,数据记录从 1979 开始;另一个是由 Silver Platter International(银盘公司)生产的,数据起始年限为 1970 年。到目前为止文献量超过 3 400 000 条,年增加文献量约 12 万条。与 AGRICOLA 数据库对应的纸质出版物为《BIBLIOGRAPHY OF AGRICULTURE》,季度更新。

AGRICOLA 数据库同样有 OVID、WebSPRIS、WinSPRIS 等检索系统。

AGIRCOLA 数据库的检索字段及含义

AGRICOLA 数据库的检索字段与 CAB 也有所不同,现将两库不同的字段列在表 4-7 中,以供查对。

表 4-7 AGRICOLA 与 CAB 不同的检索字段表

检索字段	字段名称	含 义
AN	Accession Number	存取号
CT	Contents Note	内容注释(列出某书或刊中的有关章节)
CC	Categary Codes	分类号(NAL 分类表)
CP	Country of Publication	出版国家
PA	Publication Agency	出版机构
SF	Sub Files	子文件(1)
ST	Series Title	系列题目
IL	Intellectual Level	智力水平(2)
CN	Call Number	索书号(美国农业部图书馆)
CO	Code	期刊代码
HD	Hardware Information	硬件信息
UA	Author Affiliation	作者单位

① 子文件(SF) AGRICOLA 数据库中含有专题子文件,它由合作的学院和信息中心提供,子文件由 3 个字母组成。例如:

- AGC 代表 Agriculture Canada;
- AGE 代表 American Agricultural Economics Documentation Center;
- BRU 代表 Brucellosis;
- FNC 代表 Food and Nutrition Information Center。

查找上述子文件的检索式为:代码 IN SF。例如输入:AGC IN SF,可查到加拿大农业方面的文献。

② 智力水平(IL) 它根据不同层次、不同年龄的读者,按对文献的接受能力分为:学龄前 (Preschool),小学(Primary),初中 (Elementary),高中(Secondary),成人(Adult)。青少年(Juvenile),普通人员(General),专业人员(Specialized)。

如检索专业人员的读物,则检索式为:Specialized in IL。

4.2.2 生物学及食品科学数据库

4.2.2.1 BIOSIS Previews

BIOSIS Preview 数据库由美国“生物学文摘生物科学信息服务社”(Biosciences Information Service of Biological Abstracts,BIOSIS)编辑出版。是美国生物学文摘

(Biological Abstracts, BA)和生物学文摘/报告、述评、会议资料(Biological Abstracts/Reports、Reviews、Meetings, BA/RRM)基于 Internet 的网络版,是世界上有关生命科学领域最大的综合性文摘数据库。其内容主要包括 1969 年至今的印刷版 BA、1980 年至今的印刷版 BA/RRM、1969～1979 年的印刷版生物研究索引(Bioresearch Index)、1986～1989 年美国专利的相关内容、1980 年以来的会议文献、传记、命名规则以及动植物分类表等。收录文献的主题几乎覆盖了生命科学的所有领域,主要包括传统的生物学(如植物学、动物学和微生物学)、生物医学、农业、药理学和生态学、医学、生物化学、生物物理学、生物工程学和生物工艺学等学科。数据库每周更新,年增约 28 万条记录,其中 95%以上含有文摘。

目前由 Silver Platter 公司和 OVID 公司(OVID Technologies Inc.)提供该数据库。这里主要介绍在 OVID 公司检索平台上 BIOSIS Preview 数据库的检索方法。

4.2.2.1.1 *检索方法*

输入网址(http://gateway-di.ovid.com/)、用户名和密码,选择检索模式(Basic 或者 Advanced),系统默认的是高级(Advanced)检索模式,点击【Start Ovid】按钮。

在 OVID 默认的高级检索界面上(图 4-16),从上到下分以下几个区域:工具列、检索历史栏(Search History)、检索表达式输入框、条件限制列(Limit to)。

点击工具列上的各种图标,即进入相应的检索状态,系统默认的是关键词检索。现将各种检索状态介绍如下:

(1) Keyword(关键词检索)

关键词检索是 OVID 高级检索默认的检索途径,且默认为主题词检索,如图 4-16所示。若无需主题词检索,点击"Map Term to Subject Heading"前复选框取消"√"即可。具体操作:在检索表达式输入框内输入检索式,点击【Perform Search】按钮执行检索。用这种途径进行检索,其关键一步是编制检索式。

编制检索式常用的几种算符:

① 布尔逻辑运算符　系统支持布尔逻辑运算,运算符两边可以是检索词,也可以是系统对每一步检索给出的检索项号。例如:lysosomal and sequence analysis 或 1 and 2。

② 字段限制符　限制检索词在某字段中检索,常用的字段标识符及其说明见表 4-7。格式为:x. yy. 或 x. yy,zz.,其中 x 为检索词(式);yy、zz 为字段标识符。如,lysosomal. ti. 表示检索题名字段中含有 lysosomal 的记录;lysosomal. ti,ab. 表示检索在题名或文摘字段中含有 lysosomal 的记录;smith a. au. 表示检索作者 Smith A 发表的文献记录。

③ 截词符　OVID 系统可以使用截词符增加检索的灵活性,提高查全率。

A. 无限截词符:用"$"或":"表示。常用于检索相同字根,不同后缀的检索词,例如:disease$,可检索到 disease,diseases,diseased 等。

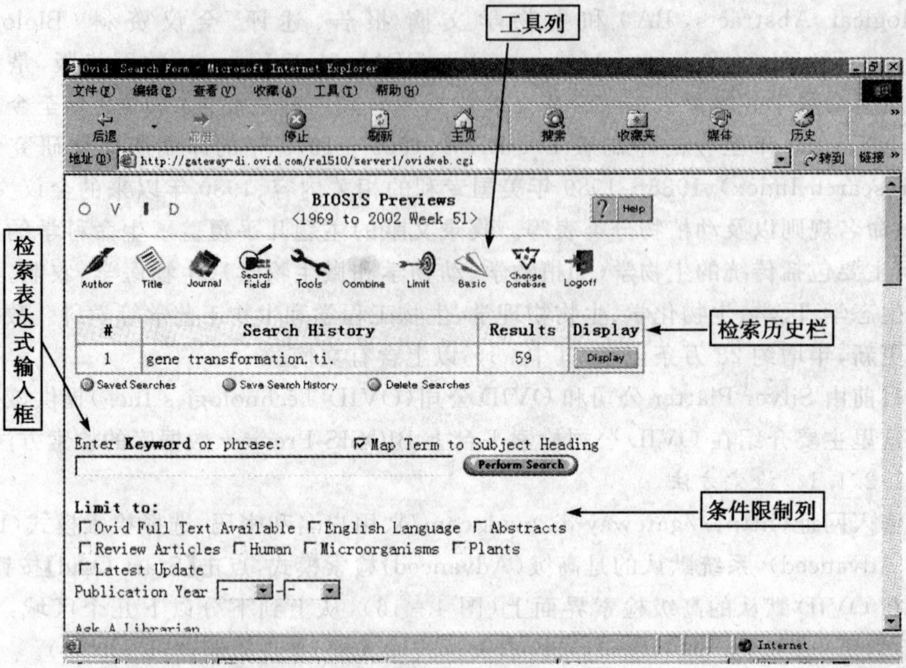

图 4-16 OVID 高级检索界面(关键词检索)

B. 有限截词符:常在截词符"＄"后加上指定的最大数字,用"＄1"、"＄2"等表示。例如:dog＄1 可检索到 dog 和 dogs 的记录,但检不到 dogma 的文献。

④ 通配符:用"＃"或"?"表示。

"＃"代表 1 个字母。常使用在检索词的内部或末尾以代替一个字符,一个检索词中可以使用多个。常用在一些复数形式的检索词中。如:wom＃n 可检索到 woman and women。

"?"代表 1 个或零个字母。常使用在检索词的内部或末尾以代替 1 个或零个字符,常用于检索英式、美式不同拼写的检索词,可以在单个检索词中使用多个。例如:colo? r 可检索到 color and colour。

⑤ 位置算符:用"ADJ"表示。表示 2 个检索词之间的位置邻近关系。

A. ADJ:表示其两侧的检索词中间不可插入其他词(系统禁用词除外),且词序不变。使用时可用空格代替,即只需在 2 个检索词间加一空格,OVID 系统在执行检索时自动在两词间插入该算符。例如输入:blood pressure 与 blood adj pressure 是等同的。如输入 gene transformation,可检到 gene transformation 或 gene of transformation。

B. ADJn:表示其两侧的检索词之间可以插入的词量少于或等于 n 个,且词序可变。n 可以是 1～99 的数字。例如输入:physician ADJ5 relationship,可检到 physician patient relationship; patient physician relationship; relationship of the physician to the patient 等。

(2) Author(著者检索)

检索某作者的文献。点击“Author”图标,在检索表达式输入框内输入著者姓名(姓在前,名首字母在后,姓与名之间,名首字母之间均空一格),再点击【Perform Search】按钮。

(3) Title(篇名检索)

以文献篇名作为检索入口,检索篇名中出现检索词的记录。点击“Title”图标,在检索输入框内输入检索表达式,点击【Perform Search】按钮即可;也可在关键词检索中输入带有篇名字段的检索式,如 gene. ti. 。

(4) Journal(刊名检索)

以刊名作为检索入口,检索某刊物上的文献。点击“Journal”图标。在检索表达式输入框内输入期刊名称(全部或前半部分),注意不要使用缩写形式。点击【Perform Search】按钮,在显示期刊名一览表中选择一种或多种期刊,进而检索这些期刊上的文献记录。

表 4-8 字段标识符及其说明

字段标识符	字段含义
AB	文摘(Abstract)
AF	所有可检字段(All Field)
AN	存取号(Accession Number)
AU	作者(Author)
CC	概念代码(Concept Codes)
IN	机构名(Institution)
IS	连续出版物国际标准号(ISSN)
IB	国际标准书号(ISBN)
JN	期刊名称(Journal Name)
CL	专利分类号(Patent Class)
PC	专利国(Patent Country)
PN	专利号(Patent Number)
KW,DE	关键词字段(KeyWord),大多是非受控词
LG	原文的语种(Language),语种可以是完整的拼写,也可以是前 3 个字母的语种代码
PI	出版者(Publisher Information)
PT	出版物类型(Publication Type)

续表 4-7

字段标识符	字段含义
SH,CT,SW	在 CC 和 BC 字段检索
SO	出版物来源(Source)
TI	文献篇名(Title),指英文篇名
OT	原始文献篇名(Original Title)指非英文篇名
BC	据生物系统分类代码或属的上位分类组名称(Biosystematic Codes)
TW	文中词语字段(文中词语字段指文献题名字段、文摘字段和关键词字段)
YR	出版年代(Year of Publication)
MI	会议信息(Meeting Information)
SP	会议主办者(Meeting Sponsor)
GN	基因名称(Gene Name)

(5) Search Fields(字段检索)

点击"Search Fields"图标,在"Enter Keyword or Phrase"框内输入检索词后,选其下面的检索字段,常用字段标识符及含义见表 4-8。点击【Perform Search】按钮,系统将在所选字段中对输入的检索词进行检索。输入检索词并选择字段后,若点击【Display Index(es)】按钮,屏幕显示输入检索词所在的索引片段,供在指定索引中选词检索。

(6) Tools(工具)

① Tree(树形结构) 显示输入检索词的下位词及记录数,可进行下位词检索。

② Permuted Index(轮排索引) 显示轮排索引中与输入检索词有关的主题词。

③ Scope Note(范围注释) 查询输入检索词的定义、注释、历史变更、适用范围等。

④ Explode(下位词扩检) 对输入的检索词直接进行下位词扩检。

(7) Combine(组合检索)

组合检索便于用户随时调整检索策略,以提高查准率。点击"Combine"图标,系统在检索历史栏的最左边增加 Select 栏,点击所需组合的检索式前复选框(打"√"),选择逻辑运算关系 and 或 or;点击【Combine Search】键,开始组合检索。注意使用这种方式检索时,检索历史栏中至少应有 2 个检索式。

(8) Limit(限制检索)

用于对检索历史栏内选定的检索式进行各种限制检索。限制选项有含有 OVID 全文的记录、英文文献、含有文摘的记录、评论性文献,研究对象为人类、微生物、植物,最近更新的文献以及文献出版年代等。

(9) Basic(简单检索)

点击"Basic"图标,即进入简单检索界面,如图 4-17 所示。简单检索提供关键词和著者两个检索途径，可结合其下面的“Limit to”作相应的限定检索。检索方法与高级检索的关键词检索及著者途径检索基本相同，在此不再赘述。

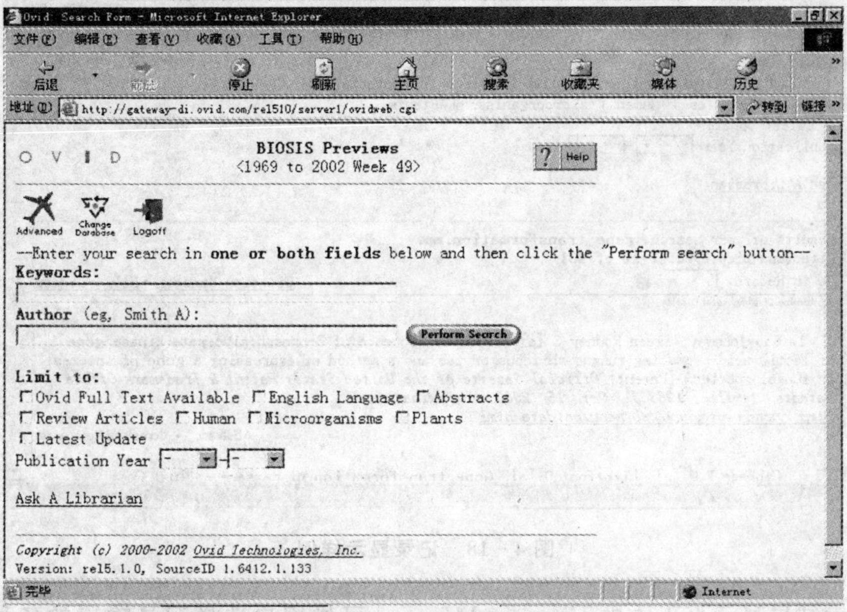

图 4-17 简单检索界面

(10) Change Database(更换数据库)

点击此图标，系统又回到数据库选择界面，可选择其他年代的数据库进行检索。

(11) Logoff(退出 OVID 检索系统)

点击【Logoff】图标，退出 OVID 检索系统。

4.2.2.1.2 检索结果显示与输出

(1) 检索结果的显示

OVID 系统自动显示最后检索式的记录，记录默认的显示格式为：著者、题名和文献来源，如图 4-18 所示。在高级检索方式下，检索历史栏仅显示最新的 4 个检索策略，若需显示前面的检索策略，先点击【Expand】按钮，再点击相应检索式后的【display】即可。点击题录后的 Abstract，显示记录的题录和文摘；点击 Complete Reference，显示记录的全部字段，并可对带有下划线的作者或检索词进行再检索；有相关网址链接的，可直接点击，了解有关信息；有 Full Text 链接，可直接链向全文。全文的多少取决于检索机构向 OVID 公司订购全文库的数量。浏览记录时，可在记录前的小方框内做上标记，以便选择性地输出。

(2) 检索结果的输出

OVID 检索结果的输出形式有打印、E-mail 和存盘。

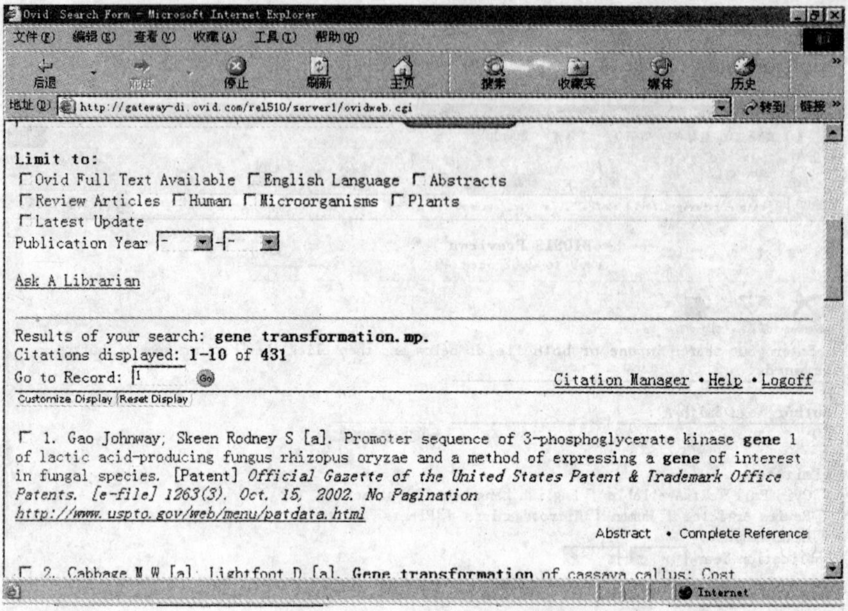

图 4-18　记录显示样例

检索结果显示页下方的 Citation Manager 可供用户选择记录输出的各种参数，如图 4-19 所示。

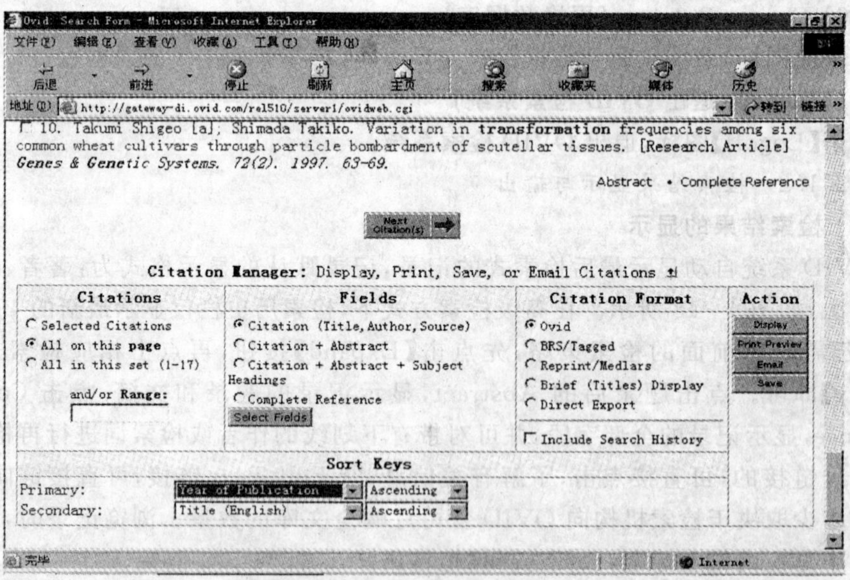

图 4-19　记录输出参数选择窗口

① Citations(选择输出记录的数量)

Selected Citations:标记的记录;

All on this page:本页显示的记录;

All in this set:该检索式所有的文献记录;

② Fields(选择输出记录的字段内容)

Citation:系统默认该选项,显示文献的题录字段(包括篇名、作者及文献出处);

Citation+Abstract:显示文献的题录和文摘字段;

Citation+Abstract+Subject Headings:显示文献的题录、文摘及主题词字段;

Complete Reference:显示文献的全部字段。

③ Citation Format(选择记录的输出格式) 一般情况下采用 Ovid 系统默认的显示格式。

④ Action(输出记录的方式) 点击该栏目下的【Display】,【Print preview】,【Email】和【Save】4 个键,记录以各参数设置后的内容、格式显示、打印浏览、E-mail 发送或保存。

⑤ Sort Keys(记录的排序) 该栏目下的 Primary 供选择输出记录的主要排序依据;Secondary 供选择输出记录的次要排序依据,并可选择它们排序的方式:升序(Ascending)或降序(Descending)。如在 Primary 中选“Author”,在 Secondary 中选“Year of Publication”,记录排列方式选“Ascending”,则输出记录以升序的方式按作者字母顺序排序,作者相同的记录再按文献发表日期排序。

4.2.2.2 Biotechnology & Bioengineering

Biotechnology&Bioengineering 是关于生物技术和生物工程的文摘题录型数据库,由美国 Dialog 公司出版,它收录了 2 000 多种原始文献,包括期刊、科技报告以及近 10 年出版的图书等。收录内容包括:生物材料、生物化学、生物医学设备、生物医学工程、遗传工程、农业生物技术、环境生物技术、海洋生物技术、医学生物技术、应用微生物、工业微生物等方面,是目前检索生物技术和生物工程学科权威性的数据库。

4.2.2.2.2 检索方式及技术

打开 Dialog 信息检索系统光盘数据库,系统将出现 Dialog 光盘数据库检索软件首页,鼠标点击【OK】按钮,出现数据库选择窗口,打开所选的数据库后,系统展示一个方便、友好的检索界面,主要包括标题栏、检索菜单栏、工具栏、检索结果显示框、检索历史框。用户可根据需要重新设定结果显示框和检索历史框的排列,只要点击菜单 Window 下的 Tile Vertically 或 Cascade,可使它们呈垂直或层叠方式出现。该光盘数据库提供 2 种检索方式:命令检索和菜单检索。

(1) Command Search(命令检索)

命令检索就是使用 Dialog 系统的一些特定的操作命令(包括指令和检索式)来实施检索。命令检索适用于有经验的专业检索人员。选中检索界面主屏幕下面的

"Show/Use Dialog Commands",检索历史框下方出现 Dialog 提示符"?"和命令式输入行,选中"Include Postings",系统将在检索历史框中标明检索词在全部命中记录中出现的频率(如图 4-20 所示)。用户输入指令和检索式后,按【Enter】键,系统自动显示该检索式的集合号(Step)(如 S1、S2、S3 等)、命中文献的记录数(Items)、检索词出现的频率(Postings)以及检索表达式(Description)。

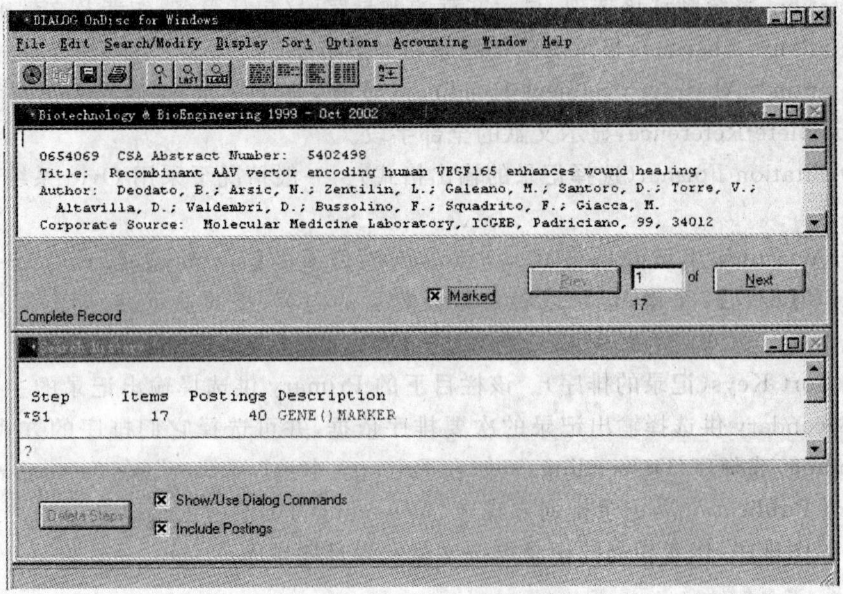

图 4-20 命令检索界面

命令检索中常用的指令及算符主要有:

① 基本指令

A. Select(或 S):查找指令。其后空一格再输入检索式,按【Enter】键执行命令,系统就会从数据库中查出结果反馈给用户,并赋予一个集合号。如:? S gene() marker 的文献记录。

B. Select Step(或 SS):分步骤查找指令。其功能与 Select(或 S)相同,主要用于集合号之间,供用户在检索过程中不断修改检索策略重新进行组配时用。如:? SS S1 and S2 或? S S1 and S2 的文献记录。

C. Sort:检索结果排序指令。主要用于记录的排序。如 S2/All/AU,TI 表示在第 2 集合的所有检索结果先按作者字段排序,同名作者记录再按标题字顺排序。

② 逻辑运算符　检索词之间的组配可根据需要选用布尔逻辑算符和位置算符。常用的布尔逻辑算符的含义、表示法及使用方法如下:

A. 布尔逻辑算符:3 种布尔逻辑算符(AND,*;OR,+;NOT,-)在检索词之间或集合号之间均可使用。

• AND(或 *):用于交叉概念或限定关系的组配,可缩小检索范围,提高查准率。如：? S gene and vaccine 或? SS S1 * S2，表示被检文献记录中必须同时含有 gene 和 vaccine 或同时含有 S1 和 S2 才算命中文献。

• OR（或＋）：用于并列或平行关系的组配，可扩大检索范围，提高查全率。如：? S marker or location 或? SS S1＋S2 表示被检文献记录中只要含有 marker、location 任何一项，即为命中文献。

• NOT（或－）：用于排斥关系的组配，即从某一主题概念去掉一部分相关主题的组配，也就是从原来的检索范围排除不需要的概念或影响检索结果的概念，提高查准率。如：? SS S2－S3，表示从 S2 文献记录中去掉含有 S3 的文献记录，才算命中文献。

B. 位置算符：布尔逻辑算符是一种最基本、最常用的检索组配方式，它基本上满足了用户对检索词之间的组配要求。但无法表达检索词之间特定的位置关系。Dialog 信息检索系统开发了一套非常实用的位置算符。常用的位置算符的含义和使用方法详见表 4－9。

表 4－9　位置算符的表示法、含义及使用方法

位置算符	表示法	含　义	使用方法（实例说明）
(W)或()	A(W)B A()B	表示 A、B 两词间词序不变，且中间不可插词，但两词间可有一个标点、连字符或空格	S gene(W)marker 或 S gene( ) marker 可以检出： gene marker；gene-marker
(nW)	A(nW)B (n 为 0，1，2…，整数)	表示 AB 两词之间最多可插入 n 个单词，但词序不能变	S gene(1W)marker 可检出： gene marker gene in marker
(N)	A(N)B	A、B 两词之间词序不限，但两词间不能插入单词，可以是标点、空格	S gene(N)locatio 可检出： gene location gene：location location gene
(nN)	A(nN)B (n 为 0，1，2…，整数)	A、B 两词之间最多可插入 n 个单词，两个词的词序不限	S gene(1N)locatio 可检出： gene location gene：chromosome location location gene
(F)	A(F)B	A、B 两词必须同时出现在文献记录中同一字段内，其词序与词量不限，该文献记录可以是标题词、叙词或文摘字段	S gene(F)clone 可检出： clone containing the medaka tyrosinase gene
(S)	A(S)B	A、B 两词同时出现在文献记录的同一子字段内，其词序与词量不限。一个子字段可被定义为一个句子中，同一段落中（如文摘中的某一个句子，某一个段落或文章的题名）等	S gene(S)clone 可检出： abstracts： Based on its chromosomal location，GRLF1 has been excluded as a candidate gene for prod.

在 Dialog 光盘检索系统中，布尔逻辑算符和位置算符可以一起使用，各位置算符之间具有相同的运算优先等级，系统按照从左到右的顺序依次运算。在同一个检索式中位置算符的运算等级优先于布尔运算符。逻辑运算的优先级为：括号>位置算符>布尔运算符。

C. 截词符：截词符在不同的系统中采用不同的符号，该数据库使用的截词符用“?”表示。截词的方式有多种，按截断的字符数可分为无限截断和有限截断；按截断的位置可分为后截断、前截断和中间截断。其使用说明如下：

• 无限截断：在检索词词干后直接加上一个“?”，可查找含有该词干的所有文献记录。如：? S gene? 可检出 gene，genes，general，genetic 等。

• 有限截断：在检索词词干后或中间连续加上若干个截词符。如：? S gene??，可检出 gene，genes，genera。若 2 个截词符之间空一格，表示词干后可能变化一个字符。如：? S gene? ?，可检出 gene 或 genes。

D. 字段限制：Dialog 系统常用基本索引字段限制和辅助索引字段限制。

• 基本索引字段限制：包括 TI(篇名)、AB(文摘)、DE(叙词)、TEXT(全文)、CO(公司名)5 种，通常是通过后缀限制来实现，用“/”隔开。如果需要同时使用多个后缀，必须将它们用逗号分开。如：? S information/TI，AB 表示在文献篇名或文摘中检索 information。

• 辅助索引字段限制：包括 AU(作者)、LA(语种)、PY(出版年)、JN(期刊名)、CS(作者单位)、CO(公司名称)、DT(文献类型)、RN(CAS 登记号)8 种，通常用前缀限制来实现，用“=”隔开。如：? S PY=1995 表示查找 1995 年出版的文献。

(2) Menu Search(菜单检索)

菜单检索是一种方便、易掌握的检索方式。用户只要根据菜单的指引，通过确定适当的选项和功能键便能一步一步地完成检索。Dialog 系统的指令几乎全部通过检索菜单的形式提供给用户，使得用户可在不了解任何指令的情况下顺利完成检索。点击菜单“Search/Modify”，出现一下拉菜单，菜单中不同的选项提供了不同的检索入口。

值得注意的是，无论用户开始从何种途径检索，完成一个检索式后再行检索时，选中任一检索选项(若使用先前选择的途径，点击“”)，将弹出“Modify Search”对话框，如图 4-21 所示。该对话框分上下两部分：

上半部分是用于开始新检索或增加一个检索，点击【New Search】按钮，执行新的检索，检索历史框中先前所有的检索历史清除；点击【Add Set】按钮，系统在执行新检索式的同时保留先前的检索历史。

下半部分是用于修改原先的检索策略，其中【Modify Search】按钮表示修改原有的检索式；“Modify Search Options”下面的三个选项表示：一是与原检索词做逻辑“与”运算，二是与原检索词做逻辑“非”运算，三是与原检索词做逻辑“或”运算；“Limit to same”表示限制检索范围，其中“document”表示检索词在同一记录中出现，

“field”表示检索词在同一字段中出现，“subfield”表示检索词在同一子字段中出现。

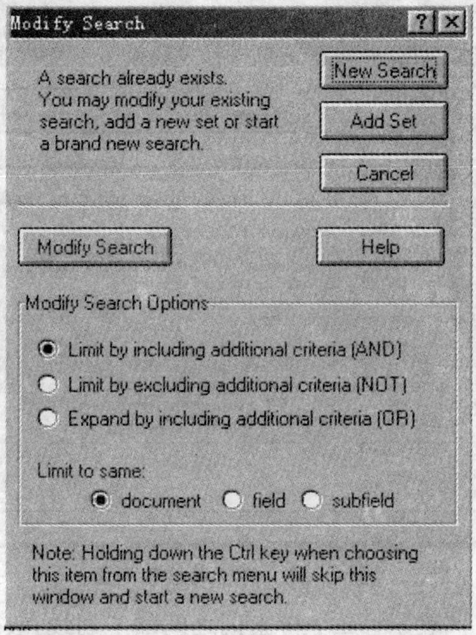

图 4－21　Modify Search 对话框

① Enter Word(s) to Search(关键词检索)　关键词检索是在数据库标引的所有字段中检索。Search/Modify 菜单 Word Search Options 选项有两个检索入口，一是 Select Word(s) from a List 选项，二是 Enter Word(s) to Search 选项。点击 Select Word(s) from a List 或点击工具栏快捷按钮  进入检索词浏览选择检索框(相当于银盘检索软件中“Index”)，用户可以对检索词进行浏览、选择，选中后点击【OK】按钮，所选的检索词及所做的运算将在检索历史框和检索结果显示框中显示；点击 Enter Word(s) to Search 选项，弹出检索式输入框，此时进入关键词检索界面，如图 4－22 所示。输入检索式后，点击【OK】按钮，系统自动给出该次检索的集合号、命中文献记录数、检索词在记录中出现的频率以及检索表达式。

检索式输入框，可以输入 1～3 个检索词或检索词组。检索词之间系统做逻辑“或”运算。该输入框支持截词检索和位置算符运算，但不支持布尔算符。值得注意的是，关键词检索框中使用的位置算符与命令检索中使用的位置算符不同，主要区别有如下几种：

• 空格：2 个检索词之间空一格，表示 2 个检索词紧邻，不可插入其他单词，忽略标点符号及禁用词(a、an、are、and、as、by、for、from、in、of、on、that、the、to、with 等)，且词序不变。

• 句点：用“.”表示。2 个检索词之间可以用若干个句点以代替 2 个词之间最多可插入的单词数，忽略标点符号和禁用词，且词序不变。

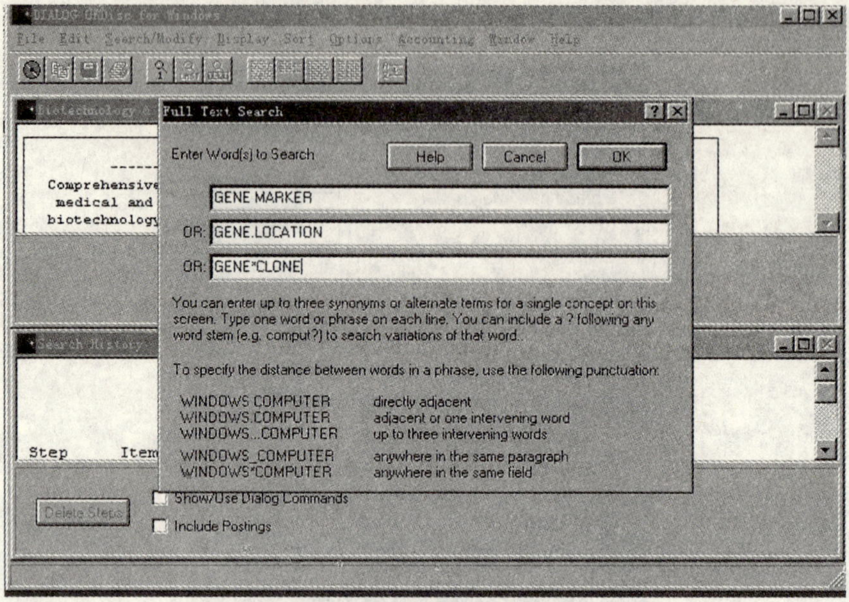

图 4－22　关键词检索界面

• 下划线：用“____”表示。2 个检索词之间加下划线，表示 2 个词出现在同一段落。且词序可变。

• 星号：用“*”表示。2 个检索词之间以星号相连，表示 2 个词出现在同一字段，且词序可变。

② Subject Description（主题词检索）　在主题词字段中检索文献。点击 Search/Modify 菜单栏下 Subject Description 选项，弹出主题词索引浏览框，在主题词输入栏中输入主题词，系统自动打开主题索引。选中后点击【OK】按钮即可进行检索。通过主题词检索能提高文献的查准率。

③ Title Words（篇名检索）　选择此途径检索，表示所输入的检索词限制在文献篇名字段中。点击 Search/Modify 菜单下 Title Words 选项，弹出检索词输入框，其他操作与关键词检索基本相同。

④ Author Name（著者检索）　选择此途径主要用于检索特定作者的文献。点击 Search/Modify 菜单下 Author Name 选项，弹出著者索引浏览框，操作方法类似于主题词检索。

⑤ Corporate Source（机构来源检索）　主要用于检索特定机构的文献。点击 Search/Modify 菜单下 Corporate Source 选项，弹出机构来源索引浏览框，操作方法同关键词检索。

⑥ Journal Name（刊名检索）　主要用于检索特定期刊刊出的文献。点击 Search/Modify 菜单下 Journal Name 选项，弹出刊名索引浏览框，操作方法同主题词检索。

⑦ Publisher（出版者检索）　主要用于检索某一出版者出版的文献。点击

Search/Modify 菜单下 Publisher 选项，弹出出版者索引浏览框，操作方法与主题词检索基本相似。

⑧ Year of Publication(出版年检索)　主要用于检索特定出版年代的文献。点击 Search/Modify 菜单下 Year of Publication 选项，弹出文献出版年代索引浏览框，操作方法与主题词检索基本相似。

⑨ Additional Search Options(辅助选项检索)　Book Number、Serial Number、Language、Report Number 和 CSA Abstract Number，分别表示国际标准书号、国际标准刊号、语种、报告号、化学文摘号。用户可根据课题要求灵活选择。

⑩ Limit Options(限制检索)　Limit Options 包括：English Records、Abstract 和 Latest OnDisc Records 3 个选项，分别表示：英语记录、含有文摘的记录和最近的记录。点击 Search/Modify 菜单下 Limit Options 选项的任一子选项，系统会自动地对最后的检索词(式)进行限制检索。

4.2.2.2.3　检索结果的显示与输出

(1) 检索结果的显示

系统自动显示最后一个检索词(式)的记录，单击检索历史框中欲显示的检索式，集合号前出现“*”，该检索式的记录即刻显示。

系统显示的格式较多，用户若想改变记录的显示格式，点击菜单栏 Display 下拉菜单不同的选项，记录的显示格式不同，各种显示格式的含义为：

- Complete Record：表示记录以全记录格式显示。
- List of Title：表示记录以题名列表形式显示。
- Bibliographic Information：表示以题录形式显示。
- Key Word in Context：表示以题名和 CSA 文摘号形式显示。
- User-Defined Format：表示以用户自定格式显示。

改变记录显示的字体，点击菜单 Option 下拉菜单 Font 选项，弹出字体选择对话窗口，设置好记录显示的字体、字体样式及大小后，点击【确定】即可。

改变记录显示的次序，点击菜单 Sort 下拉菜单 By Information in Records 选项，弹出排序对话窗口，选择完毕，点击【Sort】按钮，即可重新显示记录的次序；点击菜单 Sort 下拉菜单 By Frequency of Qualifying Terms 选项，则以检索词出现的频率高低显示；点击菜单 Sort 下拉菜单 Undo Sort 选项，先前设置的显示次序取消。

浏览记录时，可在 Marked 前复选框内对感兴趣的记录打“√”标记。以便用户选择性地输出记录。

(2) 检索结果的输出

检索结果的输出，包括存盘和打印 2 种主要形式。点击“File”下拉菜单中 Seve Document 或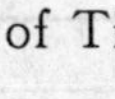按钮，屏幕将显示存储方式对话框，通过该对话框的选定即可保存检索结果；点击“File”下拉菜单中 Print Document 或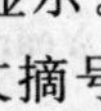按钮，屏幕将显示打印方式

对话框，设置完该对话框后，所需的检索结果就能通过事先连接好的打印机打印出来；点击“File”下拉菜单 Save Search Strategy，屏幕弹出一对话框，设置后即可保存检索策略。

4.2.2.3 DBA(德温特生物技术文摘数据库)

德温特生物技术文摘(Derwent biotechnology abstracts，DBA)光盘数据库由英国德温特信息出版有限公司出版，收录了1 300余种国际期刊、40多家权威专利机构提供的资料和国际会议的文摘，内容涉及生物技术的各个方面。主题范围：微生物、动物或植物的遗传工程，生物化学工程，发酵、酶工业应用技术，细胞培养和污物分解等。数据量达20万条，每年新增数据16 000条，季度更新。

德温特生物技术文摘数据库查找方法参见CAB，但DBA数据库无随机词表供用户进行主题词的选择。

DBA 数据库的检索字段及含义

DBA共有23个字段：AB、AN、AU、AY、CA、CD、CL、CO、GE、IM、IS、IW、JL、LA、LO、PN、PR、PT、PY、ST、TI、XR、XT。

其中AN、AY、CO、GE、IS、LA、PT、PY为限制字段。

简易记录显示AN、AU、CA、JL、PN、PR、TI、XR 8个字段。

表4-10中列出了DBA与CAB不同的字段。

表4-10 DBA与CAB不同的检索字段表

检索字段	字段名称	含义
AY	Accession Year	检索年(1999年9月前用末2位数字如98，后用4位数字如2000)
CD	Conference Details	显示文献提交的会议
CL	Classes	分类
GE	Graphics Exist	地理存在
IM	Image Link	相象链接(非检索字段)
IW	Index Words	索引词
JL	Journal Reference	期刊名
CO	CODEN/Derwent Number	CODEN/Derwent 号
LO	Location of Work	工作地点
PN	Patent Number	专利号
PR	Patent Priority	专利优先权
ST	Subsidiary Title	辅助题名
XR	Cross Reference (WPI No.)	对照(德温特世界专利索引号)
XT	Combined Titles (TI and ST fields) *	组合题名(主题名和副题名)

分类字段(CL) 分类字段包括了分类代码和分段名,可以用代码或分段名进行检索,1993 年 1 月起有些代码和分段名有变化。1993 年前以及 1992 年后的代码和名称见表 4-11,括号中列出的是 1992 年后名称。

表 4-11 DBA 的分类代码及分段名表

分类代码	分段名
A	Microbiology (Genetic Engineering and Fermentation)
A1	Genetics (Nucleic Acid Technology)
A2	Fermentation
B	Engineering
B1	Biochemical Engineering
C	Chemistry (Analysis)
C1	Analysis and Structure (Sensors and Analysis)
D	Pharmaceuticals
D1	Antibiotics
D2	Hormones
D3	Interferon (Peptides and Proteins)
D4	Vaccines
D5	Other Pharmaceuticals
D6	(Antibodies)
D7	(Clinical Genetic Techniques)
E	Agriculture
E1	Biological Control Agents
E2	E2 Nitrogen Fixation (Plant Genetic Engineering)
E3	Pesticides
E4	Cultivation in-vitro (In-Vitro Propagation)
E5	Agriculture, Other
G	G Energy (Fuels, Mining and Metal Recovery)
G1	Fuels (Biofuels and Solvents)
G2	(Mining and Metal Recovery)
H	Other Chemicals
H1	Polymers
H2	Polyunsaturates (Chiral Compounda)
H3	Solvents (Miscellaneous Compounds)
H4	Miscellaneous Compounds (no H4 post—1992)
J	Cell Culture
J1	Animal Cell Culture
J2	Plant Cell Culture

续表 4-11

分类代码	分 段 名
K	Biocatalysis
K1	Isolation and Characterization
K2	Application
L	Purification
L1	Downstream Processing
M	Waste Disposal (Waste Disposal and the Environment)
M1	Industrial Waste Disposal
M2	(Environmental Biotechnology)

4.2.2.4 FSTA(食品科学技术文摘数据库)

食品科学技术文摘(Food Science and Technology Abstracts- FSTA,1969～)数据库是国际食品信息服务公司产品。FSTA 光盘数据库含有50万条文献记录,每年新增约1.8 万条文献记录。FSTA 内容涉及:食品科学、食品技术、人类营养学,包括食品化学、食品微生物学、食品卫生与毒理学、食品工程、食谱、酒精与非酒精饮料、水果蔬菜、糖和谷物、禽畜类食品、添加剂等方面。FSTA 收集了 40 多种语言的期刊 1 800 种,包括杂志、评论、标准、法规、专利、图书和会议论文等。

FSTA 的检索方法可参见 CAB,但两者的检索字段和随机词表不同,下面分别介绍。

(1) FSTA 数据库的检索字段及含义

FSTA 共有 26 个字段(AB、AD、AIA、AN、AU、CA、CN、DE、DT、ID、LA、LS、NU、PA、PB、PC、PN、PPA、PPD、PPR、PY、SC、O、TA、TI、UD),其中 AN、DT、LA、LS、NU、PC、PPD、PY、SC、UD 为限制字段。表 4-12 中列出了 FSTA 与 CAB 不同的检索字段。

表 4-12 FSTA 与 CAB 不同的检索字段

字段	字段全称	说 明
AIA	Author(s) in Abstract	文摘中作者
CN	Commercial Names	商业名
DT	Document Type	文献类型
NU	ISSN or ISBN	国际标准刊号或书号

续表 4－12

字段	字段全称	说 明
PA	Patent Assignee	专利代理人
PC	Patent Country	专利国
PN	Patent Number	专利号
PPA	Priority Assignee	优先权代理人
PPD	Priority Date	优先权日期
PPR	Priority Patent	优先权专利
SC	Subject Code	主题码
TA	Total Authors	所有作者

(2) 随机词表(FSTA thesaurus)

FSTA 叙词表列出了叙词的历史注释、范围注释以及与其他叙词间的关系。每一个叙词是国际食品信息服务社(IFIS)文摘员标引 FSTA 记录的关键词。叙词可以是单个词,也可以是词组。图 4－22 表明了 CREAM 叙词相关的叙词。

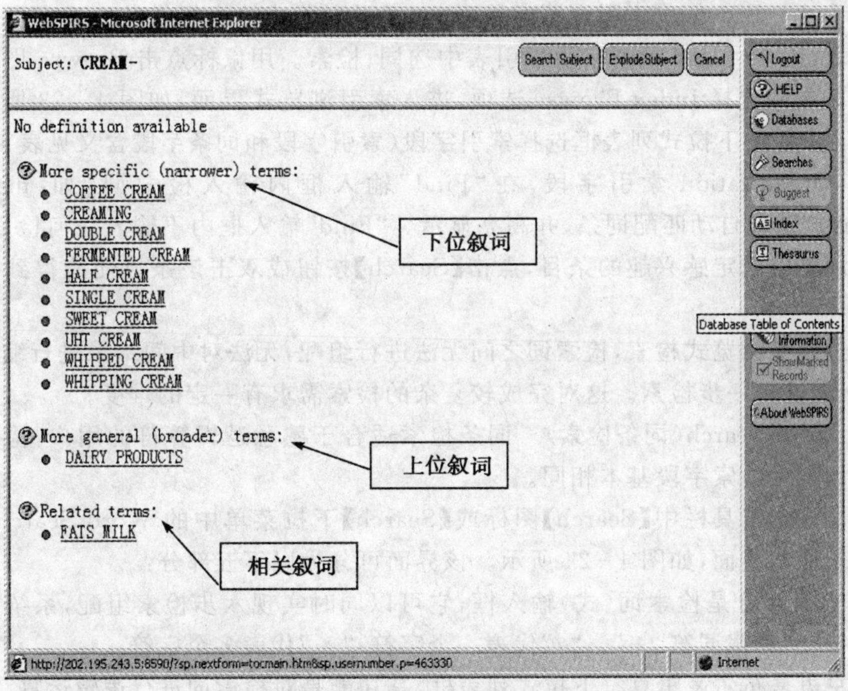

图 4－22 CREAM 相关的叙词

4.3 综合及相关数据库

4.3.1 化学与工程数据库

4.3.1.1 Chemical Abstracts

Chemical Abstracts 光盘数据库(CA on CD)由美国化学学会化学文摘服务社制作,与当年出版的印刷版 CA 相对应,它收录了全世界 1 200 多万条化学及应用化学方面的文献,涉及生物化学、物理化学、无机化学、有机化学、分析化学、高分子化学、应用化学及化学工程等学科领域。收录的文献类型有期刊论文、专利、技术报告、学位论文、会议文献及新书等。CA on CD 每月更新,每年新增近 15 万件专利及 70 万条其他类型的文献。该数据库包括题录数据库和来自 CA 的索引。

(1) 检索途径及方法

CA on CD 提供多个检索途径:索引浏览检索、词条检索、化学物质等级名称检索、分子式检索、文献记录跟踪检索、CAS 登记号检索等。

① Index Browse (索引浏览式检索)　索引浏览式检索提供各检索字段下的索引条目表,用户可从各检索字段索引表中选词、检索。用鼠标点击 Browse 图标或在 Search 菜单中选择 Index Browse 选项,进入索引浏览式界面,如图 4-23 所示。利用 Index 框后的下拉式列表框选择索引字段(索引字段和词条字段含义见表 4-13),如选择 Organization 索引字段,在“Find”输入框内输入检索词(如:monsanto company),系统自动匹配词条,并高亮显示。“Find”输入框内不输入任何检索词时,只要在浏览中选定感兴趣的条目,点击【Search】按钮或双击该条目便能得到有关检索结果。

通过索引浏览式检索,检索词之间无法进行组配,无法对中间结果进行缩检和扩检,即只能进行一步检索。这对完成较复杂的检索需求有一定的难度。

② Word Search(词条检索)　词条检索适合于熟悉逻辑算符的用户,检索字段与索引浏览式检索字段基本相同。

点击检索工具栏中【Search】图标或【Search】下拉菜单中的 Word Search 选项,进入词条检索界面,如图 4-24 所示。该界面可分为以下五部分:

A 中间部分是检索词(式)输入框,它可以同时实现六步检索组配,系统允许使用通配符“?”和截词符“*”。“?”代表一个字符;“*”代表多个字符。

B 左边是布尔逻辑算符下拉式列表框,其功能是对检索词进行逻辑运算。

C 右边是下拉式检索字段列表框,其功能是对检索词限制在某一字段。

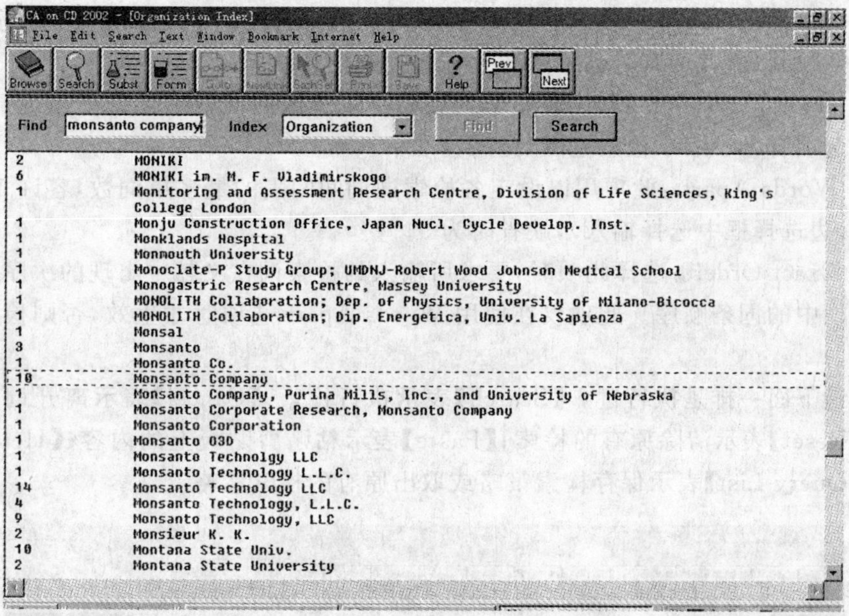

图 4-23 索引浏览式检索界面

表 4-13 索引浏览检索和词条检索字段含义及说明

索 引	说 明
Word	文献题名、文摘、关键词、机构地址、普通主题词等
Author	著者及发明者姓名
Organization	组织机构、发明者、团体著者
Gen. Subj.	普通主题词
Journal	刊物名称(缩写)
Language	原始文献语种
Patent No.	专利国别代码与专利号(及专利申请号)
Doc. Type.	文献类型
CA Section	CA 节号及章节说明
Update	文献更新时间或书本式《化学文摘》的卷、期号
Year	文献出版年份
CAS RN	CAS 登记号
Compound	合成物名称
Formula	分子式
CAN	CA 文摘号

D 下半部可根据需要设定各检索词在文献记录中的位置关系,各位置选项的含义如下:

• Same Document：限定各检索词在同一记录的任何字段中出现，词序不限。这种关系限制最松散，有时也可能导致不相关的检索结果。

• Same Paragraph：限定各检索词在同一段落或同一索引字段中出现，词序不限。该选项有助于缩小检索范围，提高查准率。

• Words Apart：此项用以设定各检索词词间间隔的最多单词数，容许1～9个词(在右边选择框中选择输入)，缺省时为9。

• Exact Order：选择此项时，要求所输入的检索词在文献中出现的次序严格按照输入框中的词条顺序。此项仅在使用Words Apart选项时才生效，否则检索词顺序不限。

E 最下面一排是执行键。【Search】表示执行检索；【Cancel】表示离开词条检索界面；【Reset】表示清除原有的检索；【Paste】表示粘贴剪贴板上的内容；【Help】表示帮助；【Query List】表示保存检索策略或取出原有的检索策略。

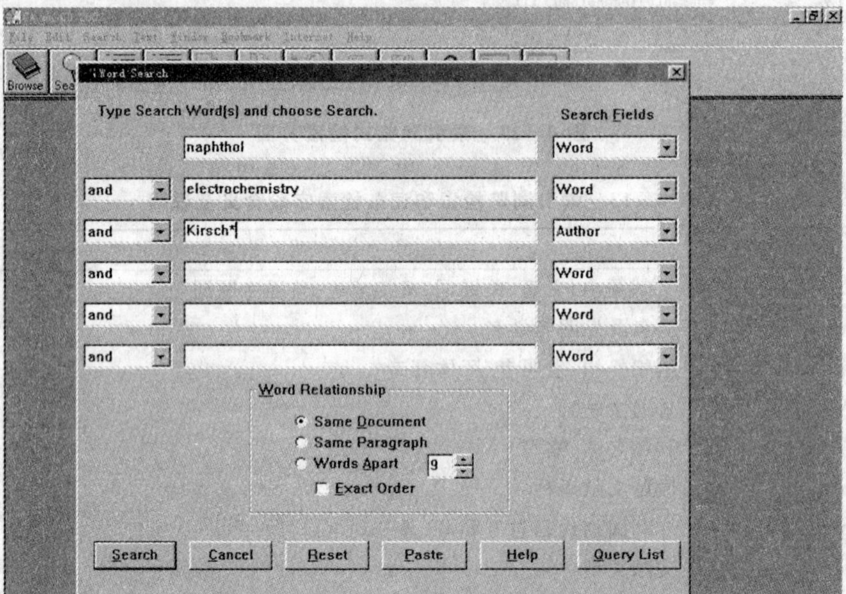

图4-24　词条检索界面

③ Substance Hierarchy(化学物质等级名称检索)　CA on CD的化学物质等级名称索引与书本式的化学物质索引基本相同，是按化学物质的母体名称进行检索的，有各种副标题及取代基。凡是化学成分确定、结构明确、价键清楚的化学物质均可作为化学物质等级名称索引的主题词，例如：已知的元素、化合物及衍生物、特种金属的合金、矿物(不同于岩石)、特殊化合物的混合物和聚合物、各种抗菌素、酶、激素、蛋白质、多糖及基本粒子等。

点击检索工具栏中“Subst”图标或“Search”下拉菜单中的Substance Hierarchy

选项，屏幕显示物质第一层次名，即母体化合物名称索引正文。以数字开头的名称排列在最前面，其余按字顺排列。无下层等级名的化合物条目中直接给出相关文献记录数；有下层名称的物质前则出现符号"＋"。带有符号"＋"的条目，双击选中的索引条目可进入其第二层名称索引表，依次向下，可进入第三层、第四层……最多可提供6层名称索引。在"Find"条框中输入某化学物质，屏幕自动滚动到与键入字符相匹配的条目，呈高亮显示，若条目前面有"＋"，单击【Expand】按钮或双击该条目左侧的"＋"，展开第二层次物质名称索引，以同样的方法，直到出现所需检索的物质名称，双击即可浏览检索结果。如在"Find"条框中输入"vitamin B"后，将其扩展后能看到"vitamin B"、"vitamin B6"、"vitamin B12"等信息，双击有关条目就能得到检索结果。

化学物质等级名称检索与索引浏览式检索中"Compound"检索途径有类同之处，但也有不同之处，主要表现在以下两方面：一是"Compound"浏览检索是用于检索化学物质中的化合物；而化学物质等级名称检索是检索包括化合物在内的所有化学物质。二是"Compound"浏览检索直接获得有关化合物文献信息，不表达该化合物的族性情况；化学物质等级名称检索可拓展有关化学物质名的多层次结构，特别有利于衍生物的族性检索。

④ Formula Hierarchy(分子式等级检索)　分子式等级检索是以化学物质分子式为检索点，根据物质结构，在分子式中嵌套排列物质名称。当化合物有几种命名方法时，使用化学物质等级名称进行检索就会有一定困难。而化合物分子式是一定的，用分子式等级检索则能准确查出物质名称及有关文献。尤其对于一些结构复杂、异构体少的化合物，运用分子式等级检索则更方便。

分子式等级索引按分子式符号的英文字顺排列，相同分子式下又按化学物质名称的字顺编排。分子式内的元素符号按 HILL 系统排列。HILL 系统的编排原则如下：

A 元素按其首字母的英文字母顺序排序，在一个分子式内，含碳化合物碳在前、氢在后，其他元素按字顺排列；

B 不含碳化合物按分子式元素符号的字母顺序排列；

C 对酸、醇、有机胺的金属盐类的排列另有规定，均按母体名称排列，金属离子不计入分子式。

具体操作：点击工具栏中"Form"图标或选择主菜单栏"Search"下的"Formula Hierarchy"选项进入分子式等级检索界面，在"Find"条框中按照分子式字母(包括数字)顺序输入，屏幕自动滚动到与键入字符相匹配的分子式条目，如前面有"＋"，双击打开它。

分子式等级检索与索引浏览检索中分子式途径检索有部分相似之处，但也有不同之处。主要表现在：用索引浏览检索中分子式途径进行检索的结果是与输入分子式相同的所有文献，而分子式等级检索通过分子式的逐级扩展，使用户能很方便地了解该分子式的同分异构体。

⑤ 文献记录跟踪检索　CA on CD 提供了一种很好地查询相关记录的检索方法

即文献记录跟踪检索。当用户在浏览记录时,需要了解记录中某一术语的更多信息,使用文献记录跟踪检索功能十分方便快捷。具体操作是在浏览显示结果时,将光标定位在所有字段中需要的任何词上,然后双击,或点击【SrchSel】按钮,系统会对所选词在所属的字段中重新检索,检索完毕后,显示命中结果,点击某题名可了解该记录的文摘内容。

⑥ CAS登记号超链接,CA on CD中,通过检索记录中的CAS登记号可链接到对应的物质记录。点击【Next Link】按钮,将光标定位在记录的第1个CAS登记号链接点,再点击【Next Link】,光标将移至下一个CAS登记号,直至移到感兴趣的登记号。双击选定的CAS登记号链接或点击【GotoLink】,就可看到相应于该登记号的物质记录,点击该物质记录中《化学文摘》索引名称(CA Index Name),系统将列出数据库中所有提到该物质的文献。

(2)检索结果显示与输出

① 检索结果显示　如果检索结果为1条记录,系统直接显示该记录的所有字段。如果检索结果超过1条,一般按标题格式显示有关记录。值得注意的是,在索引浏览式检索中,通过专利号浏览检索所得的结果不是专利的标题,而是报道有关专利的化学文摘号和等同专利的情况。

浏览后对感兴趣的记录,双击文献题目,可浏览全记录内容,点击【Next】和【Prev】可翻看前后文献。同时在浏览过程中,对感兴趣的文献可进行标记(Mark),用【Unmark】键则取消标记。

② 检索结果的输出　在工具栏中,点击【SaveMk】键,表示保存标记记录;点击【PrintMk】键,表示打印标记记录;点击【Print】键,表示打印当前屏幕显示内容;点击【Query List】可添加、删除和拷贝检索策略。

记录保存或打印格式有三种:

- ALL 指打印标记记录中所有内容。
- Bibliographic 表示仅打印标记记录的目录部分。
- Bibliographic+Abstract 表示打印标记记录的目录及文摘部分。

4.3.1.2 Ei CompendexWeb 网络数据库

Ei CompendexWeb 是美国《工程索引》(The Engineering Index, Ei)基于Internet环境下的网络版数据库。Ei是世界著名的综合性检索工具之一,创刊于1884年,现由美国工程信息公司(The Engineering Information Incorporation)编辑出版。其出版类型有印刷型、缩微型和机读型。90年代以后,随着网络信息技术的发展,Ei公司开始提供网络版数据库 Ei CompendexWeb;同时开始研究基于Internet环境下的信息集成服务模式,1997年左右推出的 Ei Village 是以 Ei CompendexWeb为核心数据库,将世界范围内的工程信息资源组织、筛选、集成在一起,向用户提供"一步到位"的便捷式服务。

Ei CompendexWeb 由原来的光盘版《Ei Compendex》和后来的扩展部分《Ei PageOne》合并而成。Ei CompendexWeb 数据库除了收录 1970 年以来的 Ei Compendex 数据(每年收录 2 600 余种工程期刊、会议录和科技报告)以外，还包括 1990 年以来的 Ei PageOne 数据，即在 Ei Compendex 的 2 600 种期刊基础上扩大收录范围，每年共收录 5 400 种工程期刊、会议论文和科技报告等(1992 年开始收录中国期刊)。目前，该数据库中化工和工艺的期刊文献最多，约占 15%；计算机和数据处理占 12%；应用物理占 11%；电子和通信占 12%；另外还有土木工程占 6%和机械工程占 6%。收录的文献涵盖了所有的工程领域，其中大约 22%为会议文献，90%的文献语种是英文。数据库每年新增 50 万条工程类文献，每周更新。

CALIS 全国工程文献信息中心组织 31 家 CALIS 成员馆，于 1998 年 11 月 1 日以集团购买的方式购买 Ei CompendexWeb 和 Ei Village 数据库，并在清华大学图书馆设立了镜像服务器。下面介绍 Ei CompendexWeb 的检索方法与技巧。

4.3.1.2.1　*检索方法*

点击 http://www.lib.tsinghua.edu.cn/chinese/EI－village/switch.htm，登录 Ei CompendexWeb 的清华镜像服务器，在出现的界面选择数据库检索年限：Ei Compendex Current(90 年代以来数据)、Ei Compendex 80's(80 年代数据)、Ei Compendex 70's(70 年代数据)，进入如图 4-25 所示的数据库检索主页。在该界面系统提供了 Basic(基本)检索和 Advanced(高级)检索两种选择，系统默认为基本检索。通过点击界面上的工具条可在两种检索方式之间进行切换。

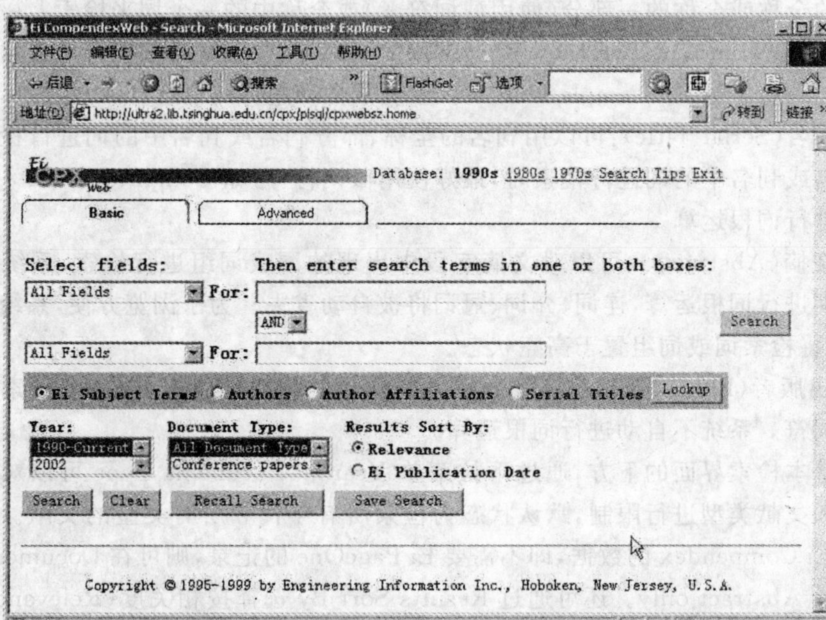

图 4-25　Basic 检索界面

(1) Basic 检索

① 字段检索　在基本检索界面，系统提供了2个检索框，可以输入某个检索词或词组。两框间的逻辑关系（AND、OR、NOT）可以通过下拉菜单进行设定。每个检索框前均有一个字段下拉菜单，提供8个字段选项。具体内容如下：

A 所有字段（All Fields）：包括 Ei 主题词、题目、作者、自由词、作者单位、刊名、文摘、出版者中出现的单词和词组。词组检索时，不能使用位置算符，系统自动将词组间的空格视为用位置算符"NEAR"连接的检索词。用 All Fields 字段检索时，系统自动对输入的词进行词根运算，例如，输入"manager"，将检索到"managers"、"management"和"managerial"等。对于连词、介词、冠词将被自动省去。

B Ei 主题词（Ei Subject Terms）：Ei 主题词是标引员用来描述文献主题的词。所有 Ei 主题词均出自 Ei 主题词表。与此相对应的自由词也是标引员用来描述文献主题的词，但自由词不是 Ei 主题词表中的词。系统把主题词作为一个词组来检索，并对输入的检索词不作词根运算。

C 题目（Title Words）：可以对整个题目或题目的一部分或题目中的一个词来检索。系统自动对输入的词进行词根运算，连词、介词、冠词将被自动省去。

D 作者（Author）：可以对作者的全名或作者名的一部分进行检索，也可使用截词符（*）扩大检索范围，如 Chen, Kuan 可输入 Chen * 来检索。作者检索时系统不自动进行词根运算，并要注意同一作者名其书写格式可能不同。

E 作者单位（Author Affiliation）：Ei 每篇文献只提供第一作者的单位，可以使用单位的全称或全称的一部分（使用截词符 *）或全称中的一个词来检索。一些常用的词（如 University, Laboratory 等）通常用简写，建议检索时用截词符取代这些常用词后面的一些字母，如 Temple Univ *。系统不自动进行词根运算。

F 刊名（Serial Title）：可以用刊名的全称、部分刊名或刊名中的词进行检索。用部分刊名或刊名中的词进行检索时，最好使用截词符 *，如 Computer Inter *。系统不自动进行词根运算。

G 文摘（Abstracts）：可以对文摘字段中出现的词或词组进行检索，系统自动对输入的词进行词根运算，连词、介词、冠词将被自动省去。为了浏览方便，系统在检出文献中，将检索词或词组置于高亮状态。

H 出版者（Publisher）：对出版者字段中出现的词或词组进行检索，检索时最好使用截词符。系统不自动进行词根运算。

在基本检索界面的下方，通过下拉菜单 Year 和 Document Type 可以对文献的出版年和文献类型进行限制，默认状态为检索所有年代和所有类型的文献。如果只想检索 Ei Compendex 的数据，即不需要 Ei PageOne 的记录，则可在 Document Type 栏中选择 Abstract only。还可通过 Results Sort By 选择按相关度（Relevance）排序和按出版日期（Publication Date）排序。

② 索引词典的使用　对于"Ei Subject Terms"、"Authors"、"Author

Affiliations"和"Serial Titles"4 个字段，系统在基本检索界面的中部提供了相应的索引词典。从索引词典中选择检索词进行检索。其步骤如下：

A. 在 Lookup 栏中选定索引字段，如"Authors"字段，点击【Lookup】，打开著者索引词典。

B. 在著者索引词典输入框中输入检索词的前几个字符，点击【Lookup】，即可将词典定位到所需词的附近。例如，要查找"潘云鹤"所发表的文献，可以仅输入 PAN，Y，然后点击【Lookup】按钮，结果如图 4-26 所示。

C. 选定检索词，点击【Paste To Search】，将检索词调入检索输入框中。本例中共找到潘云鹤的 6 种表达方式。姓在前名在后的表达方式：{PAN，Y. －H.}、{PAN，Y. H.}、{PAN，YUN－HE}、{PAN，YUNHE}；名在前姓在后的表达方式：{YUNHE,P.}、{YUNHE,PAN}（图 4-26）。检索时在其各种表达方式前的复选框中打上勾，点击【Paste to Search】按钮，即回到基本检索界面，再点击【Search】按钮即可检中"潘云鹤"所发表的文献记录。

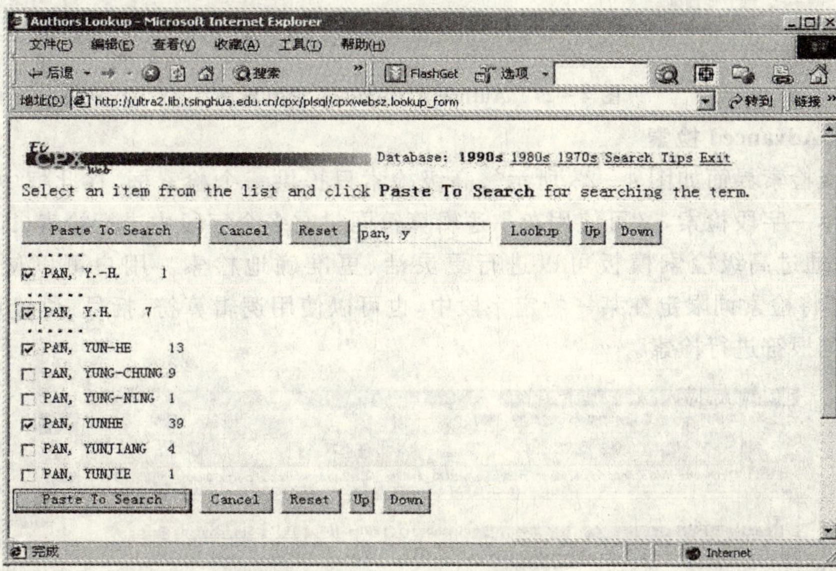

图 4-26 作者索引界面

作者单位的检索最好也使用索引项查找，例如查找单位为"浙江大学"(Zhejiang University)的文献发表情况，通过对"Author Affiliations"索引项的检索，结果如图 4-27所示。由图 4-27 可知，数据库中含有 5 种以上的"浙江大学"标引方式。

说明：在 Ei "Subject Terms"、"Authors"、"Author Affiliations"和"Serial Titles"4 种索引词典中，一次可以选择多个检索词，系统会自动将词与词之间的关系默认为逻辑"或"，也可视需要将其改为逻辑"与"或"非"。在用【Lookup】第 2 次查找检索词之前，必须对第 1 次选定的检索词作【Paste To Search】操作。

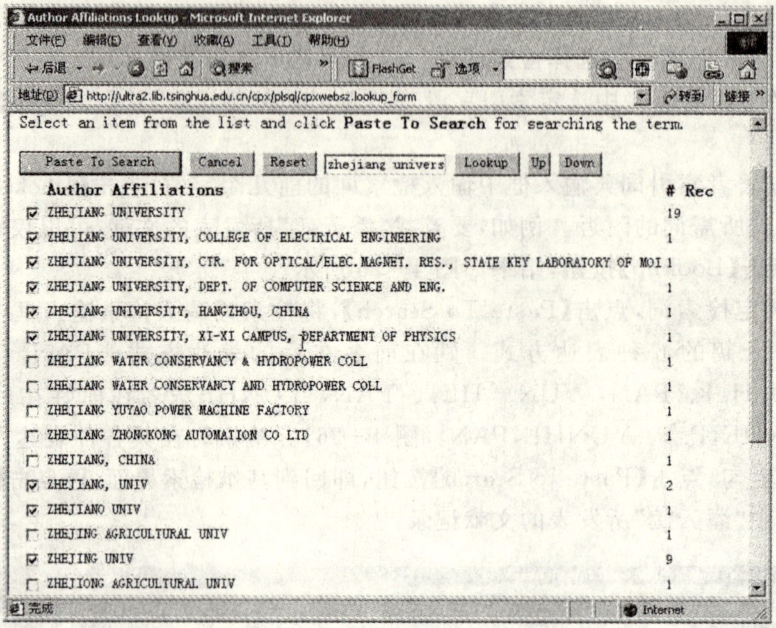

图 4－27 Author Affiliations 索引界面

（2）Advanced 检索

高级检索界面如图 4－28 所示。高级检索只提供一个检索框，在此框中用户既可进行单一字段检索，又可使用布尔逻辑算符同时在多个字段中进行检索（即跨字段检索）。通过高级检索模板可以进行更灵活、更准确地检索。用户可以使用算符“within”将检索词限定在某一特定字段中，也可以使用逻辑算符、括号、位置算符、截词符和词根符进行检索。

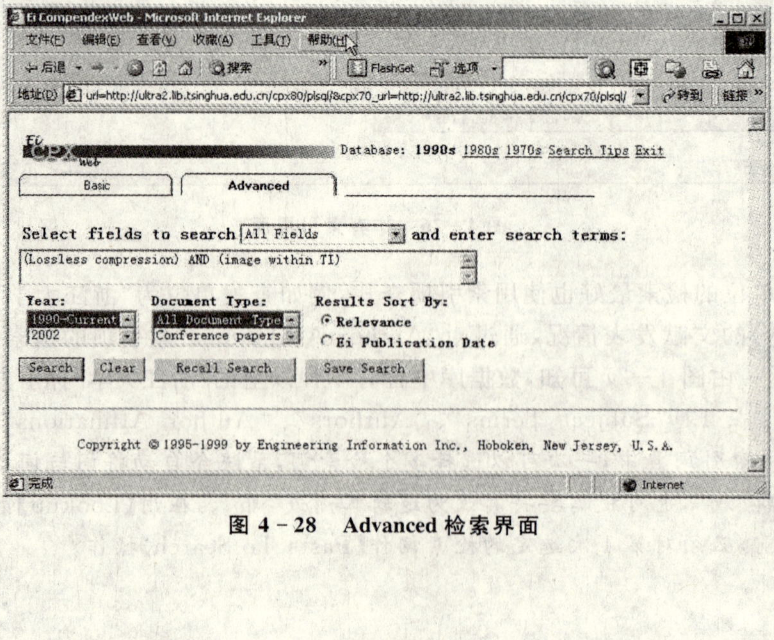

图 4－28 Advanced 检索界面

进行高级检索时，系统会严格地按输入的检索式进行检索，不自动进行词根运算。但可使用下列检索算符：

• 逻辑算符“AND”、“OR”、“NOT”；

• 位置算符“NEAR”，表示检出的文献要同时包含“NEAR”算符所连接的 2 个词，且两词之间不超过 100 个单词，词序不限；

• 通配符“ * ”，表示 0 到多个字符；

• 词根符“ $ ”，可检出与该词根具有同样语意的词。例如，“ $ manage”将检出“managers”、“managerial”和“management”等词。

• 用“within”规定检索字段时，应将检索界面上的字段选择菜单设置为默认状态“All Fields”。

其字段代码及检索实例见表 4 - 14。

表 4 - 14 高级检索字段代码及检索实例

可检索字段	代码	检索实例
All Fields	所有字段(默认)	(lossless compression) AND (image within TI)
Ei Subject Terms	Ei 主题词 CV	(lossless compression) AND ((pattern recognition) within CV)
Title Words	题目 TI	(electric power) AND ((distribution cost *) within TI)
Authors	作者 AU	relevance AND (aalbersberg within AU)
Author Affil	作者单位 AF	(intel within AF) OR pentium
Serial Titles	刊名 ST	(polymer * within ST) AND (guadagno within AU)
Abstracts	文摘 AB	((solar cycle) within AB) OR ((diurnal variation) within AB)
Publishers	出版商 PN	(IEEE within PN) AND ((image processing) within TI)

与基本检索一样，通过下拉菜单 Year 和 Document Type 可以对文献的出版年和文献类型进行限制。也可在 Document Type 栏中选择 Abstract only，仅检索 Ei Compendex 的数据。

注：同一个检索表达式在高级检索模式下和基本检索模式下得到的检索结果有可能不同，因为在基本检索模式下，系统会默认词根运算。

4.3.1.2.2 检索结果的显示与输出

(1) 检索结果显示

在检索结果显示界面，如图 4 - 29 所示。系统一页显示 10 条记录，显示方式有 3 种：题录型(默认)、文摘型(Abstract)和 Ei 标引型(Ei tagged)。检索结果可按相关度和出版日期排序，默认状态为按相关度排序。

命中记录默认以题录的形式显示，显示的内容包括：文献篇名、作者、作者单位、文献出处及语种。此外还包括以下链接：点击某一记录的“Abstract”，即可显示此条记录的文摘；点击“Ei tagged”可显示此条记录所有字段的内容信息；点击“Document availability and cost”可显示此条记录原文的获取费用。

通过界面上方的“Display format”下拉菜单，可以选择命中记录的显示格式，包括 Citation、Abstract 或 Ei Tagged 三种格式，使所有检出的文献按选择的格式显示。在右上角的“Record range”下拉菜单中选择显示结果范围。

在检索结果显示界面，通过点击记录前的方框，可对记录做选择标记。然后使用 Display format 下拉菜单选择显示格式，点击界面上部的【Selected】键即可显示选中的文献。

系统最多允许显示命中的 400 条文献，一般 20 条文献为一组。屏幕显示时，以组为单位。点击【NEXT】或【BACK】按钮，可显示每组的前 10 条或后 10 条。在页面的上下方设有【NEXT】和【BACK】按钮。

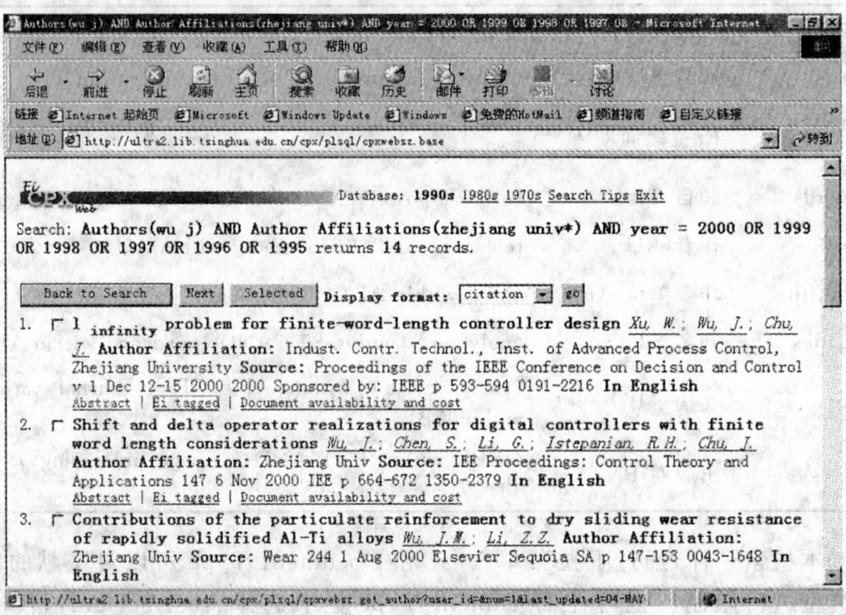

图 4-29　检索结果界面

(2) 检索结果输出

检索结果输出方式有 3 种：打印、存盘和 E-mail 发送。

• 打印：利用浏览器工具栏中的“Print”图标，可以打印检索结果。

• 存盘：选择浏览器上的“File”，点击【Save As】，以 txt 为扩展名的文本文件保存。

• E-mail 发送：先选中要发出的信息（使选中的信息置于高亮状态），再利用浏览器中的编辑功能，复制所选中的内容，然后利用浏览器中的邮件功能，建立新邮件，再在邮件地址栏输入 E-mail 地址；在邮件正文栏将所复制的内容粘贴在邮件正文中，最后点击【发送】即可。

4.3.1.2.3 *存储调用检索式*

利用检索界面上的【Save Search】和【Recall Search】按钮，可以保存和调用检索式。保存/调用检索式的步骤如下：点击【Save Search】，进入如图 4-30 所示的界面（第一次使用该功能，需点击【Signup】建立用户档案，要输入的项目包括 E-mail 地址、姓名、电话号码）；然后通过 E-mail 地址登录保存当前检索结果。调用保存的检索式时，点击【Recall Search】，再通过 E-mail 地址登录，调出检索式。

注：【Save Search】和【Recall Search】是用来存储和调用检索式，而不是用于存储和调用检索结果的。

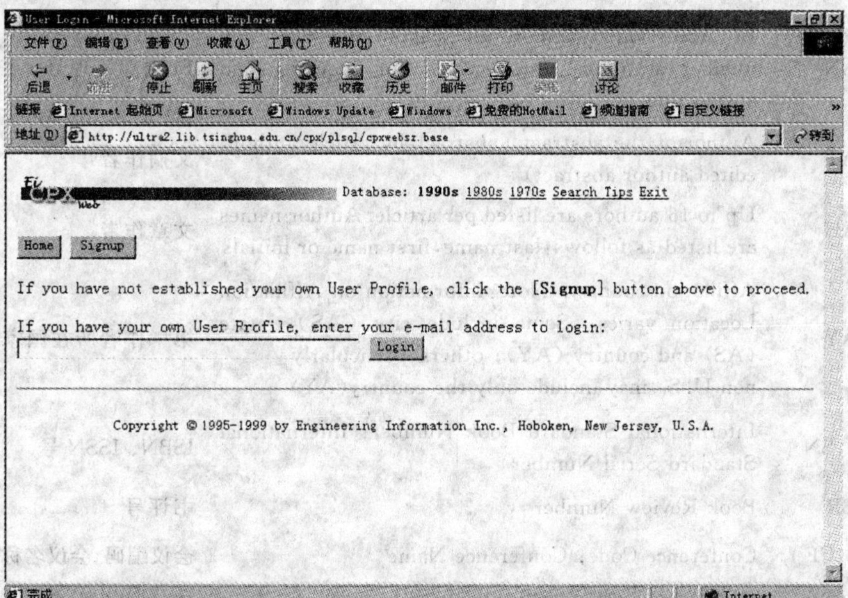

图 4-30 检索式的保存界面

4.3.1.2.4 *检索技巧*

(1) 用户在进行检索时，检索式应尽量简单；检索步骤应以最基本的概念为先，然后再检索第二主题，并对基本概念加以限制；检索范围应逐渐缩小，直到检索出满意的文献为止。一旦遇到检索某词出现问题时，可以返回到上一步进行重检。检索中，要避免使用一些范围较宽的词，如“electrical engineering”或“computers”，否则检出文献太多。同时，也要注意避免使用“of、the、or、from”等无意义的词。

(2) 利用主题、作者、作者单位、刊名等字段进行检索时，尽可能使用索引词典。

(3) 中文刊名在数据库中的存在方式为：中文刊名拼音/英文刊名。例如，《中国激光》刊名为“Zhongguo Jiguang/Chinese Journal of Lasers”。检索时，应优先使用刊名拼音。

(4) 完成一个检索后，须按下【Clear】键清除此检索式，然后才能进行新的检索，否则会造成检索干扰。

(5) 检索完毕，按"EXIT"退出。及时下线，以便其他用户使用。

表 4-15 Ei CompendexWeb 主要检索字段表

检索字段	字段名称	含　义
AB	Abstract	文摘
AF、AC、AS、AP	Corporate or institutional affiliation of the first author; Affiliation city; Affiliation state; Affiliation Providence	第一作者所在单位、城市、州、省
AN	Ei Accession Number. Ei asigns the accession number as items are received for indexing and abstracting	Ei 内部处理号
AT	Author of the abstract (abstract by article author, edited author abstract)	文摘作者
AU	Up to 16 authors are listed per article. Author names are listed as follows: last name, first name or initials	文章作者
AY	Affiliation country. Note: Information on Affiliation Location varies. Some include city (AS), state (AS) and country (AY); others, particularly non U. S. may include only the country(AY)	第一作者所在国家
BN、SN	International Standard Book Number; International Standard Serial Number	ISBN、ISSN 号
BR	Book Review Number	书评号
CC、CF	Conference Code; Conference Name	会议编码、会议名称
CL	Ei Classification Code	Ei 专业分类号
CV	Subject terms, controlled vocabulary term or descriptor form the Ei Thesaurus	Ei 主题词
DT	Document type. JA (Journal article); CA (Conference article)	文献类型
EF、EC、ES、EY	Editor Affiliation/Corporate Division/dept Editor Affiliation City; Editor Affiliation State; Editor Country	会议论文编辑单位、所在市、州、国
ED	Editor/Compiler	会议论文编辑
FL	Free language term or identifier selected from the text of the article and/or abstract. As many as 10 free language terms may be included in a record	自由词

续表 4－15

检索字段	字段名称	含　义
IS	Issue number	期刊期号
JC	Journal CAL Code	期刊专业分类号
LA	Language of the article	论文语种
M1、M2、MC、MS	Different version of Meeting Date ; Another version of Meeting Date; Meeting City ; Meeting State	会议日期、召开会议城市、州
MD	Meeting Date	会议举办日期
MH	Main Ei Subject Term selected from subject terms in the Ei Thesaurus	主标题词
MT	Monograph Title	专题论文题目
NR	Indicates the number of references included in the article	参考文献总数
SC	Sponsor City	会议主办者所在城市
SH	Subheading (used only in records before 1993)	副标题
SP、SS、SV、SY	Sponsor Name; Sponsor State; Sponsor Providence; Sponsor Country	会议主办者名称，所在州、省、国家
ST、VO、XP、YR	Serial title; Volume number; Total number of pages; Year of publication	期刊名、卷号、总页数、出版年
TT	Translated Title	翻译题目
TG	Tag used to identify conference, conferences in journals, journals	区分会议论文、刊物中的会议论文和期刊论文的标记

4.3.2 电子期刊

4.3.2.1 Elsevier

Elsevier Science 公司是一家历史悠久的跨国科学出版公司，该公司出版的学术期刊是世界上公认的高质量的学术期刊。SDOS(ScienceDirect OnSite)是 Elsevier Science 公司的电子全文学术期刊数据库。该数据库收录了 1995 年至今约 1 800 种 Elsevier 出版的期刊全文，所涉及的学科有农业和生物科学、化学和化工、临床医学、生命科学、计算机科学、地球科学、工程、能源和技术、环境科学、材料科学、航空航天、天文学、物理、数学、经济、商业、管理、社会科学、艺术和人文科学类等。

1999 年，Elsevier Science 公司在清华大学图书馆和上海交通大学图书馆分别设置 2 个镜像服务器，向国内订购单位提供查询浏览服务。网上浏览或保存论文全文(PDF 格式)需使用 Adobe Acrobat Reader 软件，用户要事先安装。另外，国内有部分单位采用了国际直通的方式，其区别在于，国际直通数据更新快(日更新)、检索更个性化，但要支付国际流量费。本书只介绍国内镜像的检索平台的检索方法。

点击网址 http://elsevier.lib.tsinghua.edu.cn 进入清华大学 Elsevier 镜像站主页，主页的右上侧有 5 个超链接：home、browse、simple search、expanded search、help，可任选进入。在主页中间有一检索框，可以直接输入检索词进行检索(如图 4-31)。例如：要查找有关牛血清蛋白方面的期刊论文，可直接输入检索词或检索式“bovine and serum and albumin”，点击【go】按钮即可进行检索。

(1) 浏览检索

点击 SDOS 主页屏幕右上侧的【browse】超链接，可以直接进入“浏览检索界面”(图 4-32)，该检索界面提供了 4 部分内容：按字母排序的期刊名索引字母表、学科分类列表、检索框、检索字段选择项。

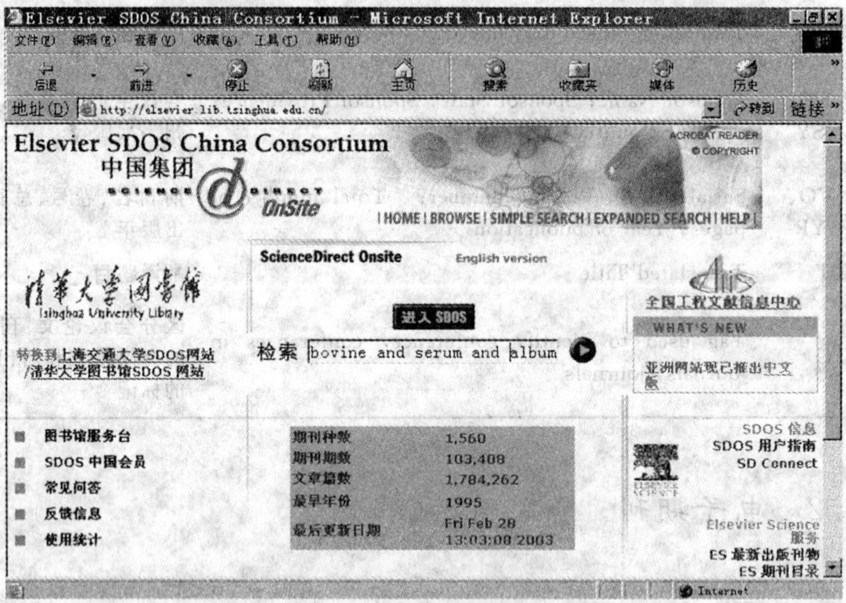

图 4-31　清华大学 Elsevier 镜像站主页

① 浏览检索　在浏览检索界面所列出的期刊名字母表中，点击需要检索期刊名的首字母，系统将以该字母开头的所有期刊刊名列出。

或者点击相应的学科，得到该学科的所有相关期刊名列表。

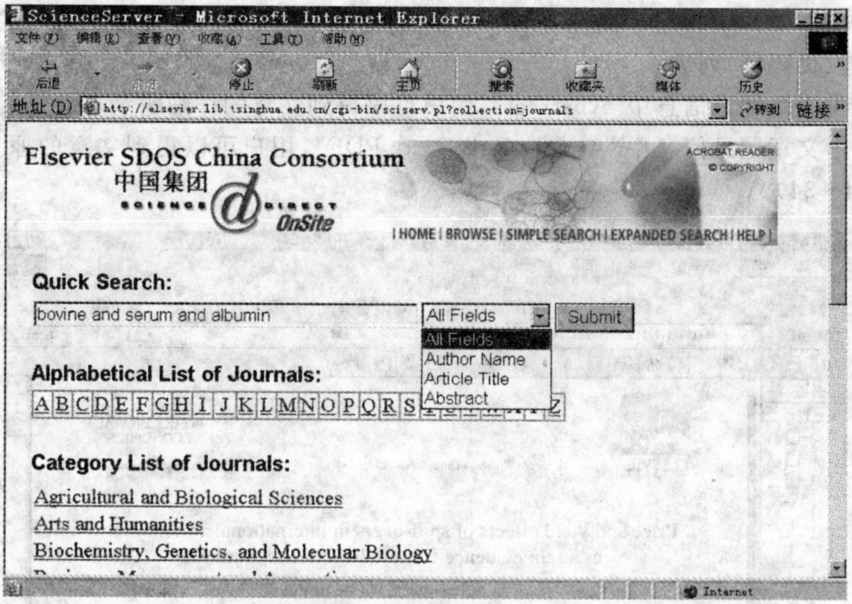

图 4-32　浏览检索界面

浏览并选中所需要的期刊后，点击该期刊名的超链接，进入该期刊的主页显示页面，如图 4-33。

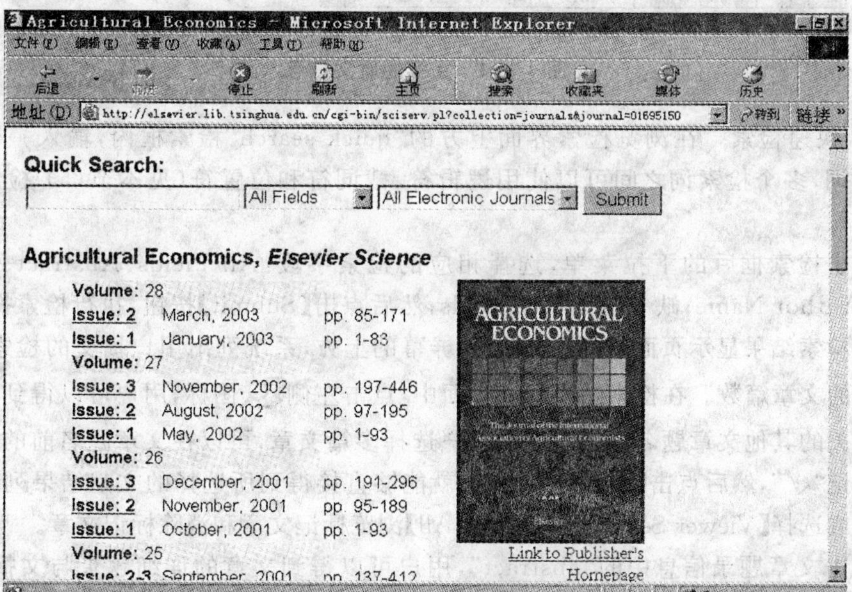

图 4-33　期刊主页显示页面

点击需要的期刊卷、期链接，用户将得到该期内的所有文章题录信息(即文章题名、作者、页码等)列表。

点击文章题录信息中“Abstract”，用户可以得到文章的详细题录与摘要信息。

点击文章题录信息中“Article Full Text PDF”，用户可以得到文章的原文信息(如图 4-34)。

图 4-34 文章的原文信息

② 快速检索　在浏览检索界面上方的“quick search”检索框内，输入一个或多个检索词，多个检索词之间可以使用逻辑符、截词符和位置符(见本节(5) 检索算符的使用)。

点击检索框后的下拉菜单，选择相应的检索字段：All Fields、Abstract、Article Title、Author Name；缺省值为 All Fields；然后点击【Submit】按钮，执行检索操作。

在检索结果显示页面中(图 4-35)，屏幕的上方，系统列出用户提交的检索式、检索结果的文章篇数。在检索结果列表界面中，点击左侧图标，用户可以得到与文章内容相关的其他文章题名列表。如果用户选择多篇文章，可以在文章题名前的方框中加上标记“√”，然后点击【Save Selected】，就能够直接得到所选择的文献结果列表显示界面。或选择【Viewer Selected】和【Clear All】浏览标记文章和消除标记文章。

点击文章题录信息中的“abstract”，用户可以得到文章的详细题录与文摘信息。点击文章题录信息中的“article full text pdf”，可以得到文章的全文信息，并可以直接打印输出或存储在用户指定的磁盘或硬盘。

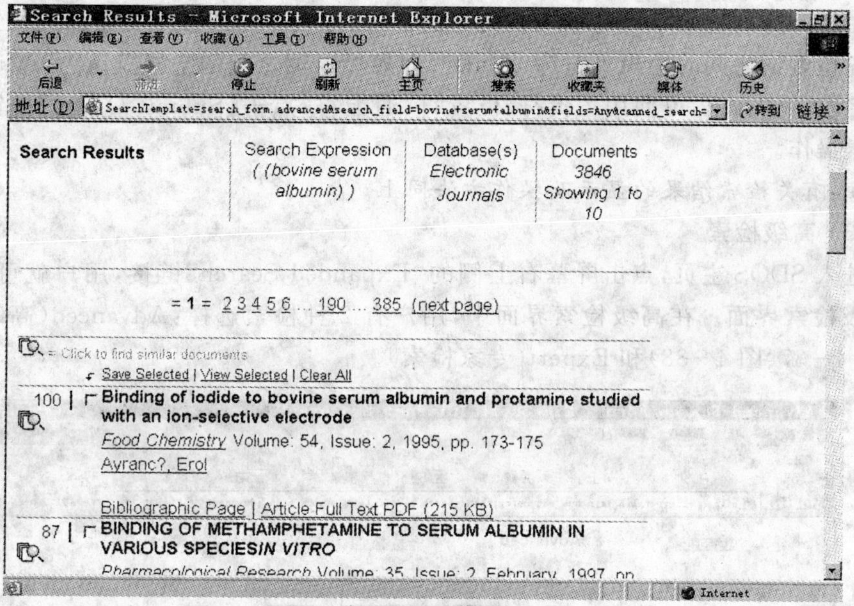

图 4-35 检索结果显示

(2) 简单检索

进入 SDOS 主页,点击屏幕右上侧的"Simple Search"超链接,用户就可以进入到简单检索界面。在简单检索界面中(图 4-36),首先选择检索字段。系统可提供 8 种检索字段:"Any Field"、"Article Title"、"Author Key Words"、"Journal Title"、"Author Name"、"Abstract"、"ISSN"、"PII"。

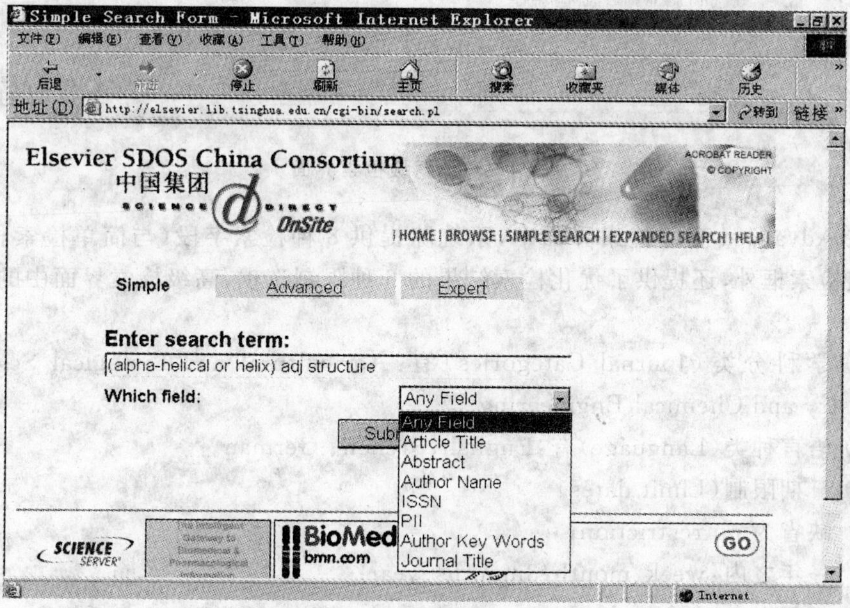

图 4-36 简单检索界面

在所选择的检索字段的输入框内，用户可以输入一个或多个检索词或词组；系统默认各检索词之间的逻辑算符为“AND”(即各检索词之间的空格默认为“AND”)；在检索字段的输入框，可使用逻辑符、位置符、通配符；点击【Submit Query】按钮，即执行检索操作。

注：有关检索结果的显示及操作方法同上。

(3) 高级检索

进入 SDOS 主页，点击屏幕右上侧的“Expanded Search”链接，用户就可以进入到高级检索界面。在高级检索界面中，用户有 2 种检索选择：Advanced(高级检索)(如图 4－37、图 4－38)和 Expert(专家检索)。

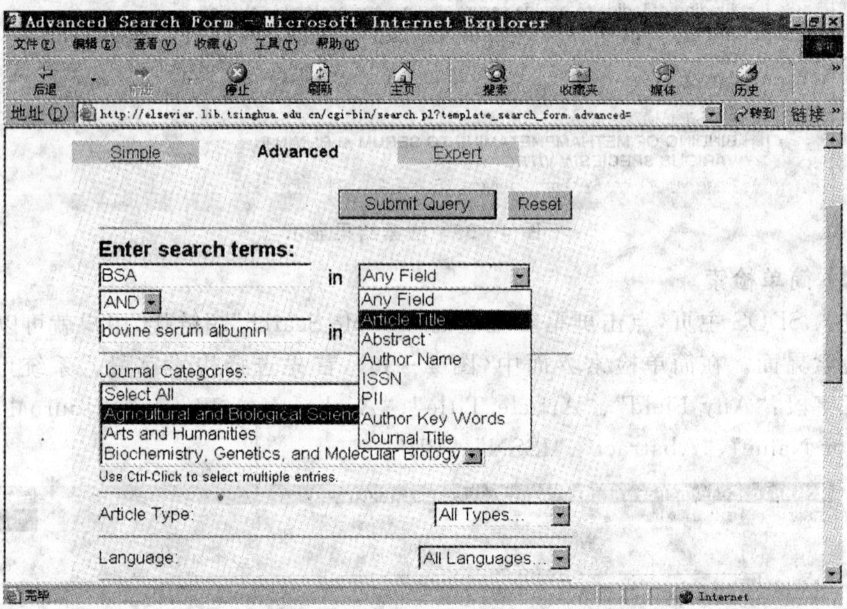

图 4－37　高级检索界面

在 Advanced 高级检索界面中，系统除提供 8 种检索字段(与简单检索相同)及其相应检索框外，还提供了优化检索结果的 6 种限制选项，高级检索界面中的限制选项有：

① 学科分类(Journal Categories)有：Agricultural and Biological Sciences 、Chemistry and Chemical Engineering 等。

② 语言种类(Language)有：English、French、German。

③ 日期限制(Limit dates)

- 缺省为 no restriction；
- 一年之内：week、month、3months、year；
- 一年以上：1990～2001。

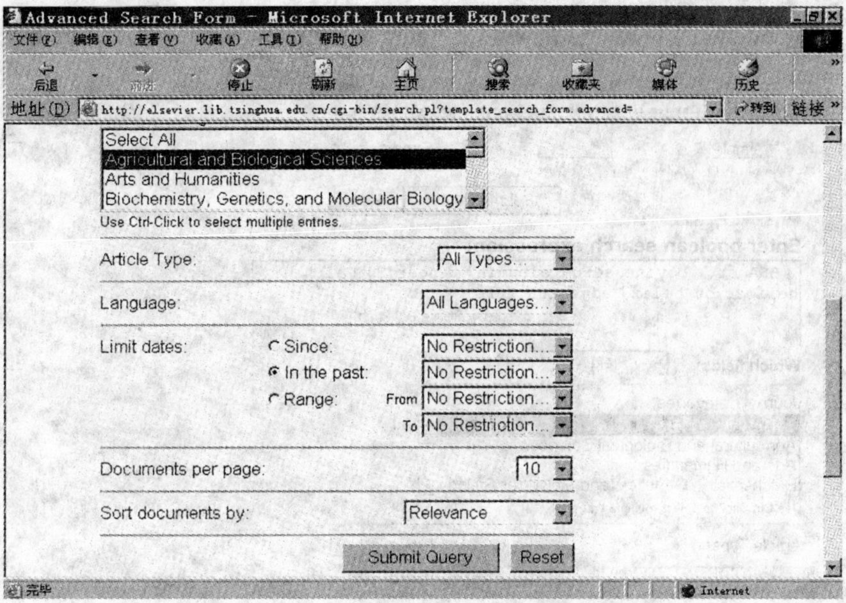

图 4-38 高级检索界面

④ 检索结果排序选项(Sort documents by) 相关度(Relevance)、最新日期排序、最早日期排序。

⑤ 每页最大显示结果数(Doucuments per page) 10、25、50、100、250、500、750。

⑥ 文献类型(Article Type)

检索操作如下：

• 进入 Advanced 高级检索界面后，用户可以在所选择的检索字段的输入框内，输入一个或多个检索词或词组；

• 多个检索字段之间的逻辑关系是“与”(AND)关系；

• 检索输入框内，可以使用逻辑符、位置符、通配符；

• 选择优化检索结果的限制选择项；

• 点击【Submit Query】按钮，执行检索操作；

注：有关检索结果的显示及操作方法同上。

(4) 专家检索

专家检索(Expert)界面的执行方式类似于高级检索，不同的是其检索界面只有一个检索输入框(如图 4-39)，用户需根据检索要求自己建一个完整的检索表达式。这就要求用户必须熟悉该数据库的逻辑算符、位置算符、通配符等检索算符的运用。

(5) 检索算符的使用

① 布尔逻辑算符 AND(与)、OR(或)、NOT(非)，均须大写。系统默认各检索词之间的逻辑算符为“AND”(即各检索词之间的空格默认为“AND”)。

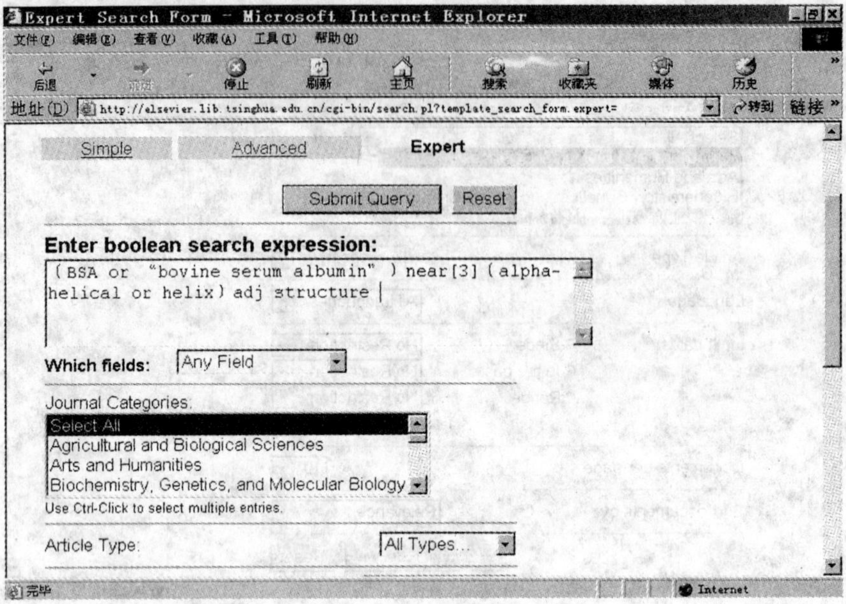

图 4-39　专家检索界面

② 位置算符

• adj(邻接符):则类似短语检索,2 个词前后顺序不变。它相当于执行短语检索。例如:serum adj albumin 将返回那些含有此指定顺序的 2 个检索词的匹配结果。

• near 或 near [n]:表示运算符两侧的检索词之间允许插入不超过 n 个(系统默认值为 10 个)其他词,前后词序可变。可以根据需要修改间隔词的字数。使用 near 运算符时,检索结果按 2 个关键词在返回的匹配结果中的接近程度来排序。例如:serum near[5] albumin 将返回那些含有 serum 和 albumin 检索词,且两者位于 5 个词以内的匹配结果。

③ 截词符 "*":在检索词末尾使用截词符"*",表示同时检索与输入词起始部分一致的词,即实行前方一致检索。例如:micro * 可以检索到 microscope、microcomputer 等词。

4.3.2.2 SPRINGER LINK

Springer 出版社是目前世界上最大的私营科学出版社之一。Springer LINK 是 Springer 公司提供的电子期刊数据库,包括 490 种期刊,其中 390 种英文期刊(镜像在国内的总共为 384 种)。它的期刊学术价值较高,是教学科研人员的重要信息源。Springer LINK 包括的学科有:化学、计算机科学、经济学、工程学、环境科学、地理学、法学、生命科学、数学、医学、物理学和天文学,也被称为 11 个"在线图书馆"。其中国镜像站的网址为:http://springer. lib. tsinghua. edu. cn/。

- Chemical Sciences(化学):31 种
- Computer Science(计算机科学):40 种
- Economics(经济学):28 种
- Engineering(工程):49 种
- Environmental(环境科学):33 种
- Law(法律):5 种
- Life Science(生命科学):97 种
- Mathematics(数学):68 种
- Medicine(医学):161 种
- Physics and Astronomy(物理与天文学):54 种
- Geoscience(地球科学):47 种

(1) 检索方法

按照镜像站网址登录主页后,可以选择检索方式(search)、浏览方式(browse)或按学科分类直接查找期刊 3 种方式查找文献。在主页右侧可显示出登录信息,主页下部可显示系统检测出的用户的 IP 地址。如图 4-40。

点击主页上部的"Search",即进入 Search 检索方式(见图 4-41)。在此检索方式下,有 2 种检索方法:文章检索和期刊检索。

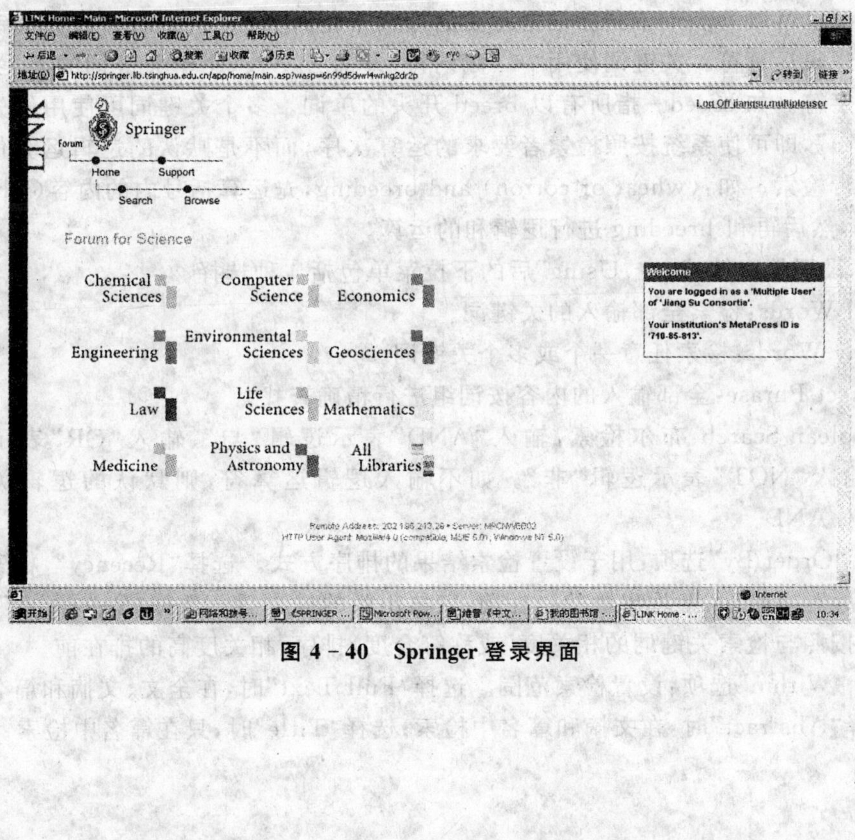

图 4-40 Springer 登录界面

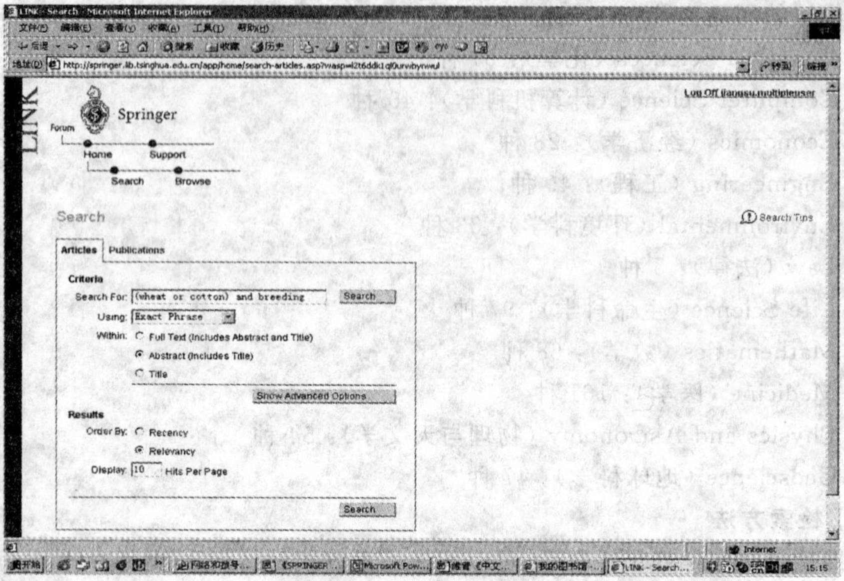

图 4－41　search 检索方式

① 文章检索

A 关键词检索

• 输入关键词：在“Search For”后的文字输入框内输入关键词。关键词可以是一个单词也可以是多个单词。根据设置的检索策略，用户在检索时可以在关键词之间输入逻辑运算符。关键词使用“＊”截词符，即前方一致，用于关键词的末尾，以代替多个字符。如 breed＊指所有以 breed 开头的单词。多个关键词可使用优先级运算符“( )”，即可使系统按照检索者要求的运算次序，而不是默认的逻辑运算优先级次序进行检索。如：(wheat or cotton) and breeding，先运算括号内的内容(wheat or cotton)，然后再和 breeding 进行逻辑和的运算。

• 设置检索策略：在“Using”后的下拉菜单包括 4 种选择。

All Words：检索全部输入的关键词。

Any Words：检索任意一个或多个关键词。

Exact Phrase：全部输入的内容按词组进行精确查找。

Boolean Search：布尔检索，输入“AND”表示逻辑“与”、输入“OR”表示逻辑“或”、输入“NOT”表示逻辑“非”。如不输入逻辑运算符，则默认的逻辑关系为“与”——AND。

• “Order By”选项：用于设置检索结果的排序方式。选择“Recency”，检索结果将按出版时间排序，新近出版的排在前，较早出版的排在后。选择“Relevancy”，检索结果将按照与检索关键词的相关度(或称符合度)排序，相关度高的排在前。

• “Within”选项：设置检索范围。选择“Full Text”时，在全文、文摘和篇名中检索；选择“Abstract”时，在文摘和篇名中检索；选择“Title”时，只在篇名中检索。

B 高级检索：点击基本检索页面中的【Show Advanced Options】按钮，可显示高级检索选项。

限定文章的出版时间：最早出版时间和最晚出版时间都必须填写。格式为：月/日/年。如："12/01/2001"或"6/1/02"等。可以选择"Entire Range of Publication Dates"选项以取消出版时间限定。

将检索范围限定在选定的期刊内：要选择期刊，用鼠标在期刊列表中（按刊名的字母顺序排列）点击要检索的期刊名，再点击【Include Selected】按钮，即可将期刊添加到已选中的期刊列表中。要取消选择，点击已选中期刊列表中的期刊名，然后点击【Exclude Selected】按钮，即可取消选择。点击"All Publications"选项可以取消期刊范围限定。

C 检索结果的显示与输出：检索结果显示符合检索条件的文章清单，可用翻页键浏览检索结果，可在文章名之前的小方框内打勾，以示选中此篇文章。点击【Filter Selected Items】可以只显示选中的文章。可以对检索结果进行二次检索，在"For："之后的文字输入框中输入检索关键词，再点击【Search】按钮即可（图 4－42）。

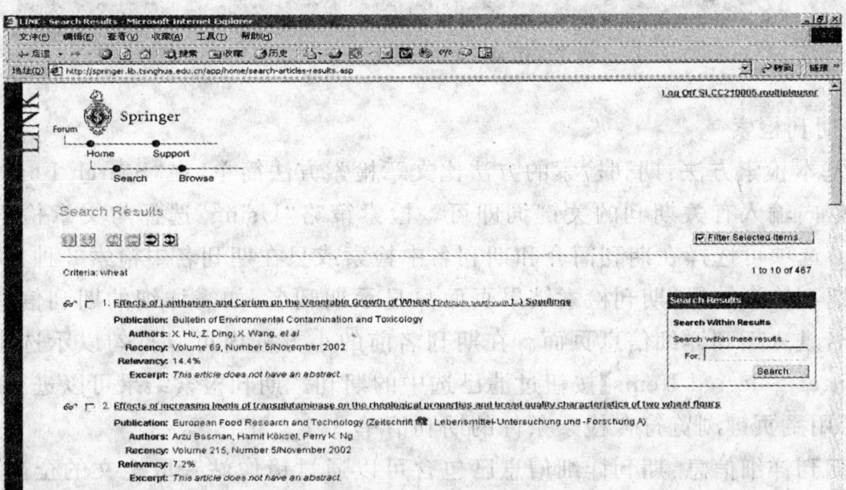

图 4－42　检索结果

检索结果中只显示文章的简要信息。点击文章名可查看文章的详细介绍。用文章详细信息画面中的翻页键可以翻看上一篇或下一篇文章。如果已经选择了【Filter Selected Items】则使用翻页键时只能翻看已选中的文章。

在文章详细信息画面中有全文下载提示，用以说明全文收录情况。对于有全文的文章可以看到下载按钮——【Open Fulltext】按钮。所有全文以 PDF 文件格式提供。要浏览全文必须先安装 Adobe 公司的 Acrobat Reader 软件。安装 Acrobat Reader 浏览器后，点击【Open Fulltext】按钮可以打开 PDF 格式的全文（见图 4－43）。

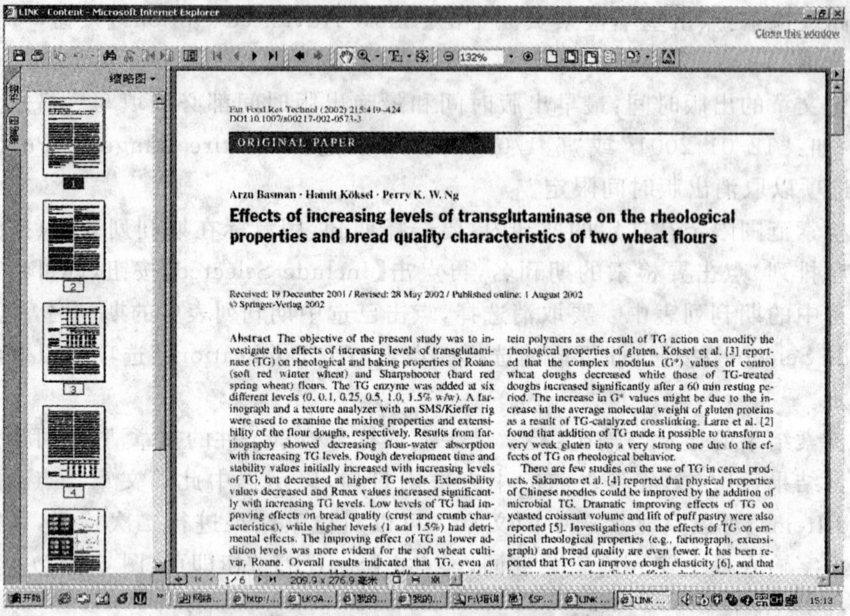

图 4-43　全文显示

② 期刊检索

A 基本检索方法：期刊检索的方法比文章检索方法简单，在“Search For”后的文字输入框内输入有关期刊的关键词即可。检索策略“Using”选择与文章检索类似，“Within”选项可选择在期刊简介和期刊名中检索或只在期刊名中检索 2 种方式。

B 期刊检索结果：期刊检索结果页面只显示期刊名，如需详细的期刊信息，需点击期刊名进入期刊详细信息页面。在期刊名前的小方框内可以打勾以示选中此刊。并用【Filter Selected Items】按钮过滤已选中的期刊。期刊检索结果可以进行二次检索，还可用翻页键浏览符合检索条件的期刊清单。

C 期刊详细信息：期刊详细信息已包含可以通过镜像站获取全文的全部卷次信息。点击卷次前的图标或卷次下的“(More…)”，即可查看该卷中已经出版的所有期次；点击期次，可以查看该期中所有文章的目次；在期刊详细信息页面，可检索此种期刊所刊发的文章。

D 期刊检索的二次检索：对期刊检索的结果可以进行二次检索，也可以对检索到的某种期刊中的文章进行检索。检索方法：在“For:”之后的输入栏，输入要检索的关键词，并按【Search】键进行检索。

(3) 浏览

浏览包括期刊浏览和主题浏览 2 种方式。期刊浏览通过浏览期刊名称来查找某种期刊中发表的文献。主题浏览则通过浏览学科分类目录查找所需的期刊，进而查找所需的文献。

4.3.2.3 AGRICOLA PlusTest(农业全文数据库)

AGRICOLA PlusText 是以美国国家农业图书馆的 Agricola 文摘索引为基础的数据库，收录全文期刊 140 种。由 ProQuest 公司提供系统支持。

ProQuest 是美国 ProQuest Information and Learning 公司(原名 UMI 公司)通过 ProQuest 系统提供的网上全文检索系统，检索范围涉及商业管理、社会与人文科学、科学与技术、金融与税务、医药学等领域。数据库将二次文献与一次文献“捆绑”在一起，可为最终用户提供文献获取一体化服务。用户在检索文摘索引时就可以实时获取 Image 全文信息。

该公司收录的信息源遍及全世界，其出版物包括 2 万多种外文期刊，7 000 多种外文报纸，150 多万篇博士、硕士论文，20 多万种绝版书及研究专集，内容覆盖 1 000 多个学科和专业。ProQuest 根据文献的性质和使用范围将其收藏的文献分别研制成 20 多个数据库，在 Web 界面，同时提供多文档检索以及随时获取文献全文(HTML 和 PDF 格式)服务。除 AGRICOLA PlusText 外，比较著名的数据库还有以下几种：商业信息数据库(ABI/INFORM)、应用科学与技术数据库(Applied Science & Technology Plus, ASTP)、博硕士论文数据库(Digital Dissertations, PQDD)、学术研究图书馆(Academic Research Library, ARL)。其中博硕士论文数据库在本书 5.3 章节详细介绍。

(1) 检索方法

① 进入系统　在地址栏键入网址：http://global.umi.com/pqdweb，进入 ProQuest 系统，初次进入的用户需键入用户名和密码。在“select language”栏中选择“简体中文”，即可进入检索界面，如图 4-44 所示。

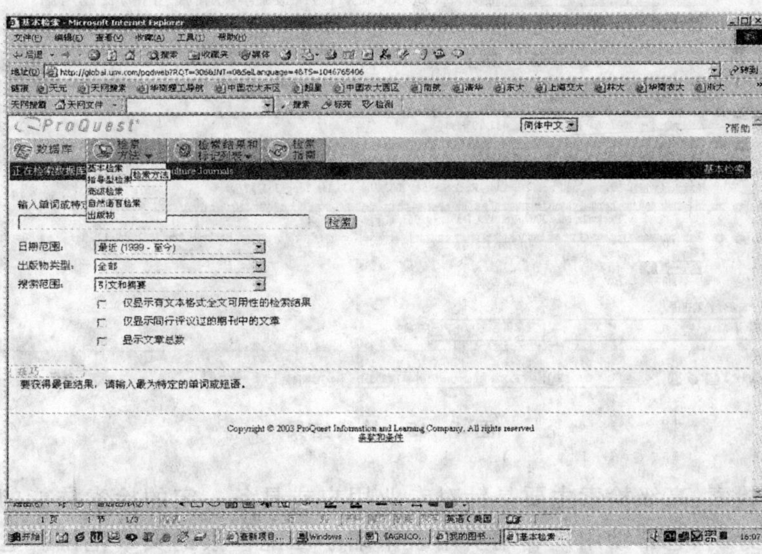

图 4-44　ProQuest 系统界面

② 检索方法　点击“检索方法”菜单，系统提供了 5 种检索方法：基本检索、指导型检索、高级检索、自然语言检索和出版物检索。

A 基本检索：只需输入需要检索的单词或单语，然后限定日期、出版物和搜索范围，即可进行检索。限定日期包括：“1986～1998”和“1999～至今”2 个时间段；出版物类型包括：全部期刊和报纸；搜索范围包括：引文和摘要、全文。

B 指导型检索：指导型检索可以将检索字段、布尔运算符和日期限制符 3 种强大的检索工具进行组合，以便帮助用户检索到目标更为明确的文献。

检索字段包括：摘要、文章篇名、作者、公司/组织、地理名称、主题、人名、产品名称、出版物名称、全文、图像题注、出版物类型及全部基本检索字段。

布尔运算符包括：AND、OR、AND NOT（排除包含第 2 个单词的文献）、WITHIN 3（2 个单词之间不少于 3 个单词）、PRE/1（单词之间紧邻）。

例如，需查找期刊“Plant Physiology”上有关研究小麦的论文，可以选择“指导型检索”，在第 1 行“检索对象”字段中，输入“wheat”，在“字段”中选择“篇名”；在第 2 行的运算符中，选择“AND”，在“检索对象”中输入“plant physiology”，在“字段”中选择“出版物名称”即可进行检索。如图 4 - 45 为检索结果。

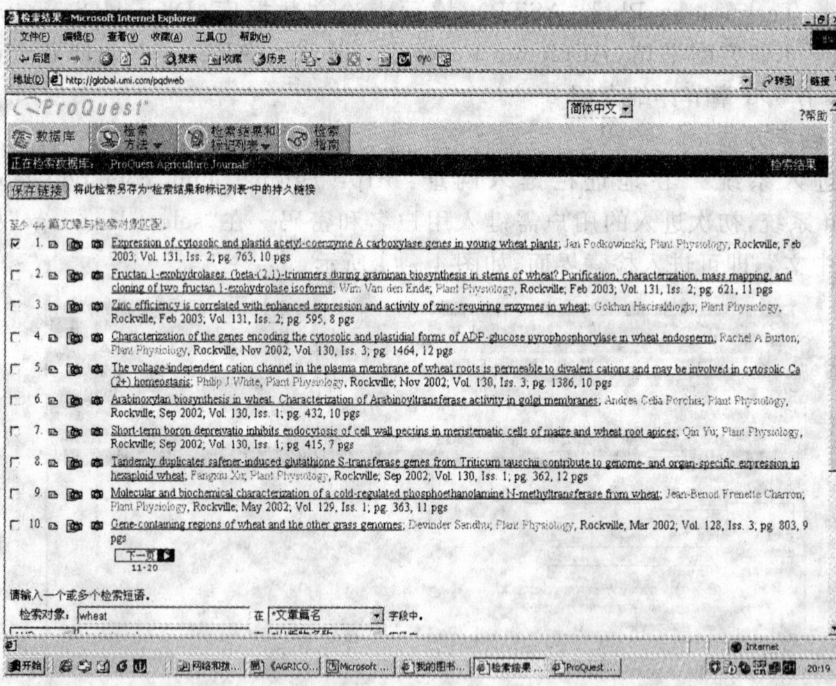

图 4 - 45　检索结果

C 高级检索：高级检索主要是针对专业用户或具备一定的检索技能的用户进行复杂检索设计的，它帮助用户利用引用表来缩小匹配检索的文章范围。这些引用表的链接显示在主要检索字段下方(图 4-46)。需要检索引用表时,可单击所需的链接,被选中的引用表就会显示在“高级检索”界面底部特定区域窗口中。

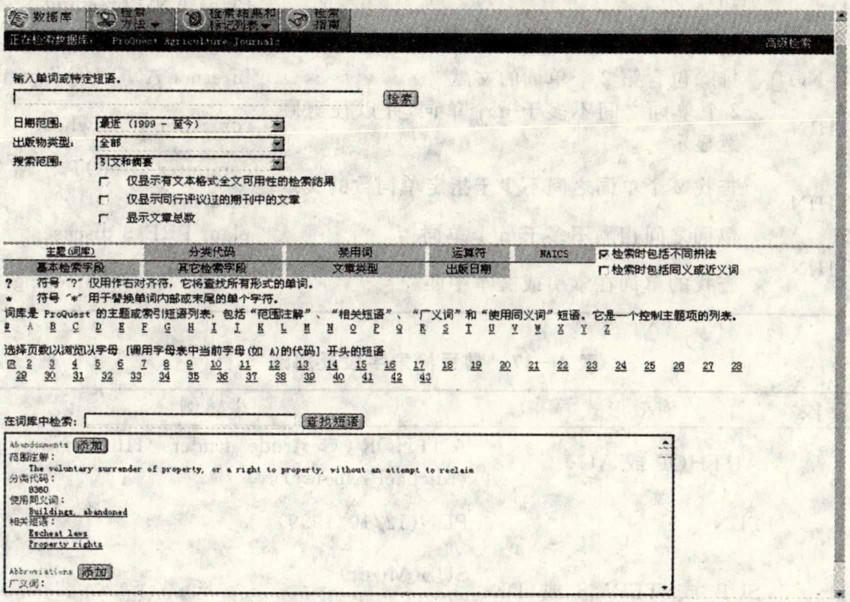

图 4-46 高级检索

8 类引用表如下:

• 主题(词库):ProQuest 词库(Thesaurus)是主题词表的控制性词汇,用于分类和组织 ProQuest 数据库中所包含的信息。使用时只需在“检索字段”中输入短语、设置首选项,然后进行检索,ProQuest 即在其词库中查找以该短语作为索引的所有文章。在进行高级检索时,可以将在 ProQuest 词库找到的短语与当前的检索结合起来。在找到要添加的短语后,单击短语旁的【添加】按钮,系统就会使用运算符 AND 将该短语自动加入检索中。

• 分类代码(仅用于 ABI/INFORM):仅用于商业信息数据库。

• 禁用词:ProQuest 会忽略 a、about、after 等一些常见的量词、虚词和动词。如要将它们用作检索短语的一部分,必须加上引号。例如:“the sound and the fury”。

• 运算符(表 4-16)

• NAICS(北美工业分类系统):出版物根据所属被配给 6 个数字的号码进行分类。系统可以按照分类号码进行检索。

• 检索字段 :分为基本检索字段和其他检索字段。表 4-17 为常用的检索字段及用法。

表 4-16　运算符及说明

运算符	说　明	举　例
AND	和	Plant AND breeding
OR	或	Wheat OR crop
AND NOT	排除包含第 2 个单词的文献	Internet AND NOT html
WITHIN	2 个单词之间不多于 n 个单词，并以任意顺意显示	computer W/3 wheat
NOT WITHIN	查找 2 个单词之间不少于指定单词数的文章	computer NOT W/2 careers
PRE	单词之间相隔不多于 n 个单词	plant PRE/3 disease
WITHIN DOC	查找的单词在索引或文本中匹配	Plant W/DOC breeding

表 4-17　常用检索字段及用法

检索字段	有效形式	举　例
作者	AUTHOR 或 AU	AUTHOR（Gertrude Enders Huntington） AU（Michael Kinsley）
日期	PDN	PDN(12/10/1999)
主题词表	SUB 或 TERMS 或 DE 或 SU	SUB(Music) SU(Venture Capital Companies) SU(Health Care)
文章篇名	TITLE 或 TI	TITLE(Future) TI(future AND career) TI("Peering into the Future of Careers")
摘要	ABS 或 AB 或 Abstract	ABS(customer delight)
地理名称	GEO 或 GN	GEO(Midwest) GN(UK)
出版物名称	SOURCE 或 SO 或 JR 或 JN 或 JO 或 SR 或 PTI	SO(Forbes) SO(New York Times 或 Washington Post) JO(computing)，检索标题中包含"computing"的所有期刊
作者单位	AUA 或 CS 或 AFF	AUA(Michigan State University) AUA(Writers Guild)

- 文章类型：使用此检索字段可以查找某类型文章中的单词或短语，如指南、新闻、评论等。
- 日期：通过选择出版日期可以限制检索范围。

D 自然语言检索：自然语言检索可使用户用问题和短语来查找文章，而且无需像高级检索那样需了解特殊的短语或符号。特别是，当用户不知道使用哪些关键字时，自然语言检索就具有独到之处。用户只需从简单的问题着手，或通过查看检索结果来确定这些结果中的主题词表和关键字，然后利用其他检索方法获得更好的检索结果。如以下为用户输入的问题，点击检索后，系统会查找回答最接近用户问题的那些文章，然后列出找到的所有文章。

- What is the difference between El Nino and La Nina?
- Central American or Latin American storms
- hurricanes in the Atlantic and Pacific

E 出版物检索：在检索方法中选择“出版物”后，在文本框中输入杂志、报纸或期刊标题的全部或部分，即可查找用户所需的出版物。如输入：Plant Disease，即可查找该期刊各期的列表，点击选中的期数，即可显示该期期刊的全部文章列表。

(2) 检索结果显示与输出

① 检索结果显示格式　根据不同的出版物，ProQuest 系统可提供多种不同的显示格式。在“检索结果列表”左边，有几个代表不同显示格式的图标，如果用户想以特定的格式阅读某篇文章，单击相应的格式图标即可。

A 摘要/引文：引文提供了文章的基本介绍，如作者和出版日期，摘要是文章的简介。

B 文本格式全文：包括文章的引文和摘要，以及全部正文。

C 全文＋图像：提供了文章的引文、摘要和文本格式全文，还包括随文章一起出版的所有重要的图形，如照片、插图或图表等。

图像型全文(PDF 格式)：按照文章最初印刷的格式扫描的页面，可以 PDF 格式发送。如图 4－47。

图 4－47　PDF 格式全文显示

② 标记列表和持久链接　“标记列表”有助于保留检索记录。用户首先通过选中“检索结果列表”中记录前的复写框作标记，再点击主菜单中的“检索结果和标记列表”中的“标记列表和持久链接”，即可把需要保存的文献保留在“标记列表”中(图

4－48)。对标记文献也可点击记录上方的“保存链接”来保存文章的超文本链接。

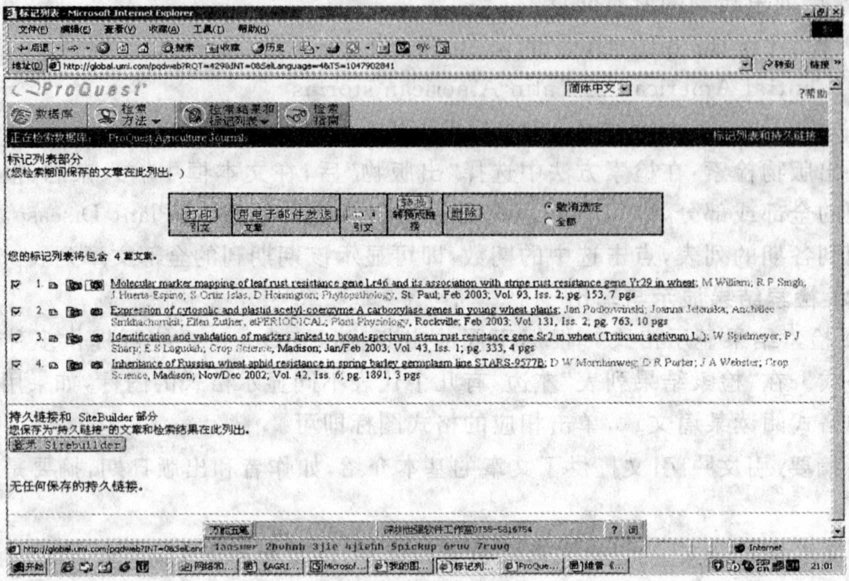

图 4－48　标记列表

③ 检索结果输出　对于保存在“标记列表”中的文献，系统可提供打印、电子邮件、导出、转换等多种获取方式。

A 电子邮件方式：在需要用电子邮件发送的文章旁的复选框内作标记，单击“用电子邮件发送”，填写电子邮件地址和电子邮件主题，再单击“发送电子邮件”即可。

B 导出方式：可以按纯文本（ASCII）格式或 Word 格式导出书目信息。

• 选择要用于导出引文的格式：

直接导出至 ProCite、EndNote 或 Reference Manager 或 RefWorks。

以与 ProCite、EndNote、Reference Manager 和 RefWorks 兼容的格式下载。

以纯文本格式下载。

• 如果以纯文本格式下载，或用与 ProCite、EndNote、Reference Manager 和 RefWorks 兼容的格式下载时，单击浏览器“文件”菜单中的“另存为”，可将其保存为文本文件。

• 如果保存成 Word 格式，选择 ProCite、EndNote、Reference Manager 和 RefWorks 格式，保存后用 Word 即可打开。

• 如果直接下载至 ProCite、EndNote、Reference Manager 或 RefWorks，按指示操作即可。

(3) 检索式中符号的使用方法

① 截词符“?”　仅用于词尾，可用于查找所有形式的单词。例如：“econom?”将查找出“economy”、“economics”、“economical” 等单词。

② 通配符“＊” 用于替换单词内部或末尾的单个字符。例如：“Wom＊n”可查找“woman”、“women”；检索“educat＊＊”，将查找包含“educated”和“educator”的文章。但它不会查找“education”，因为在“educat”后有2个以上的字符。而且“＊”不能用于单词的开头。

③ 引号“..” 检索的单词与所输入的单词完全匹配。检索“business process”将查找有关经营过程的文章，但不会查找开始经营的过程。

④ 圆括号（ ） 首先查找圆括号中的检索词，而不管其运算符，然后查找圆括号外的检索词。如检索“Federal Reserve OR(U. S. AND economic policy)”，会先查找与“U. S.”、“economic policy”有关的文章，再将与“Federal Reserve”有关的文章一起查找出来。

4.3.2.4 Wiley InterScience

Wiley InterScience是美国John Wiley & Sons公司通过Internet提供的电子资源检索系统。John Wiley & Sons创办于1807年，是全球最大的独立出版社，总部设在纽约，并在德国、英国、澳大利亚和亚洲设有编辑出版机构。专门出版自然科学、技术和商务等类图书、期刊和电子产品。从1997年开始，John Wiley通过Wiley InterScience提供网络平台服务，其内容包括期刊（Journals）、主要参考工具书（Major Reference Works）、线上电子图书（Online Books）以及实验室手册（Current Protocols），还可访问约100个Titles的书目记录，其中目录部分的PDF文件可免费使用。John Wiley通过Wiley InterScience向全世界用户提供资源的免费浏览，但其检索功能以及全文获取服务仅对会员和订购者开放，权限控制通常以账号限制或用户上网计算机的IP地址锁定。

目前，John Wiley提供的400余种电子期刊均为高品位的学术期刊（被SCI收录的核心期刊近200种，影响因子达到55%）。涵盖的学科范围有：生命科学与医学、医药、数学统计学、物理、化学、地球科学、计算机科学、工程学、商业管理金融学、教育学、法律、心理学等，其中以科学、技术与医学为主。下面介绍其系列电子期刊的检索方法。

点击http://www3.interscience.wiley.com/，即进入图4－49所示的主页。

(1) 检索方法

由Wiley InterScience主页可见，检索电子期刊有2种方法：期刊浏览（Journal Finder）和期刊检索（Search Wiley Interscience）。

① Journal Finder（期刊浏览） 点击主页的【Journal Finder】按钮，进入期刊浏览界面（图4－50）。系统提供刊名字顺浏览和刊名关键词检索功能，并可分别通过以下4种方式获得所需期刊。

A 所有期刊浏览：点击页面上方导航条中的【All Journals】按钮，出现按字母顺序排列的数据库所有期刊刊名的列表清单。再通过刊名清单上方的字母工具条，可快速定位查找所需期刊。

图 4－49　Wiley InterScience 主页

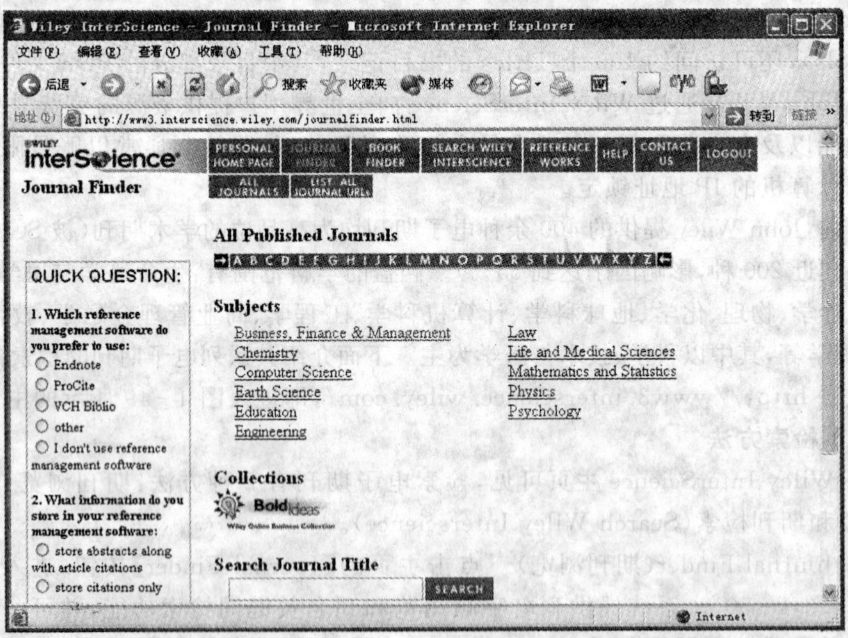

图 4－50　Journal Finder 界面

在导航条【All Journals】按钮旁，还列有【List All Journals URLs】按钮，点击它，

可通过 HTML 格式与 Plain Text(纯文本)格式获得每一本期刊的 Web 站点地址。如通过 HTML 格式,可获得有关期刊不同程度的内容信息,包括著者指南、编辑、订购等,还可获得相关期刊的链接以至全文文献。

B 按刊名字母顺序浏览:在 A～Z 的字母顺序表中,任选某一字母,即出现以该字母开头的所有期刊名的列表。

C 按主题分类查询期刊:检索系统将收录的文献划分为 11 个学科大类。点击"Subjects"下方任一学科大类的超链接,即显示该大类所包含的全部期刊名列表,并按字母顺序排列。同样可通过该页面上方的字母工具条,实现快速查找。

D 按关键词检索期刊:该方式提供一个检索输入框,允许用户在"Search Journal Title"检索框中输入已知期刊名某个关键词或词组,点击【Search】按钮,系统即列出含有该关键词的期刊列表。

注:刊名检索时,系统允许用户仅输入检索词的任意几个字母(字母在词中出现的位置不限)。如输入 diab,可检出刊名为 Practical Diabetes International 的期刊;输入 nometal,将检中 Applied Organometallic Chemistry。但对检索词不同词性的变化不予理会。如输入 diabetes,则 Diabetic Medicine Journal 不会被检中。

上述 4 种期刊浏览方式,无论采用哪种方式,均会进入如图 4-51 所示的刊名列表界面。在此界面,可进一步作如下操作:

• 直接点击刊名,系统列出该刊在数据库中收录的所有卷期清单,再点击相应的年限和卷期,系统显示该期目次。

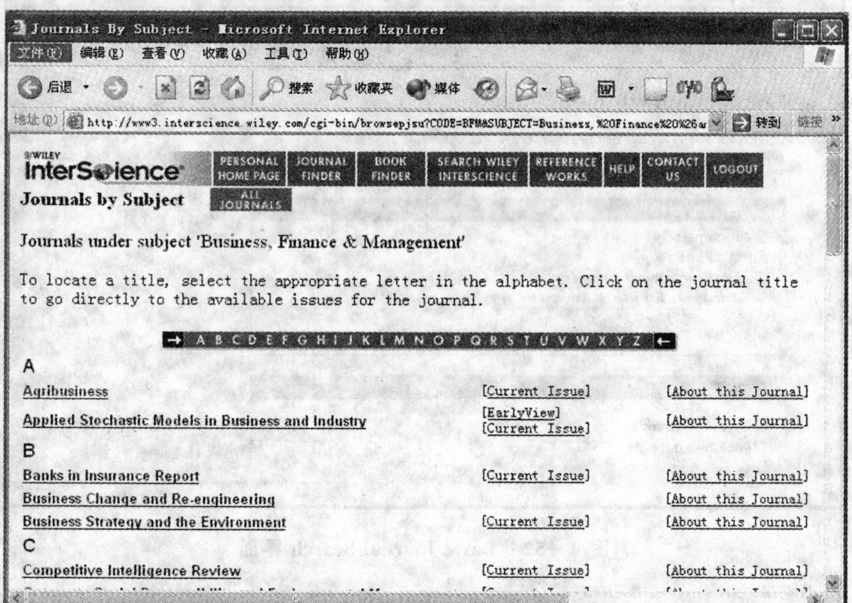

图 4-51 刊名浏览结果界面

在期刊所有卷期清单显示界面，可以点选上方工具条中的“ADD HOT JOURNALS”，将该期刊加入 Personal Home Page 中的 Hot Journals List。

也可以点选 “ADD ALERT”，一旦该期刊有新增的资料，系统即会自动通过 E-mail发送至设定的信箱中。

• 点击“Current Issue”，系统显示最新发表的一期期刊的目次和文献。

• 点击“EarlyView”(文献预览)，可预览即将出版的下一期期刊的内容。

注：大多数电子期刊与印刷本期刊同步发行，目前约有 57 种期刊具有此功能。

• 点击“About this journal”，可获得该种期刊的 Web 主页，Wiley 的每种期刊均有自己的主页，可提供与此期刊有关的相关信息。

② Journal Search（期刊检索） 点击图 4 - 49 导航条上的“Search Wiley InterScience”，即进入期刊检索界面。与前述的期刊浏览(Journal Finder)不同的是，期刊检索是通过输入关键词或选择特定字段输入关键词，配合期刊范围、出版年代等限制条件，检索特定主题的期刊文献，即检中的结果是文献，而不是期刊名。期刊检索有 2 种检索方式：Basic Journal Search 和 Advanced Journal Search。

A 简单检索(Basic Journal Search)

图 4 - 52 为系统提供的简单检索界面，其检索方法与步骤如下：

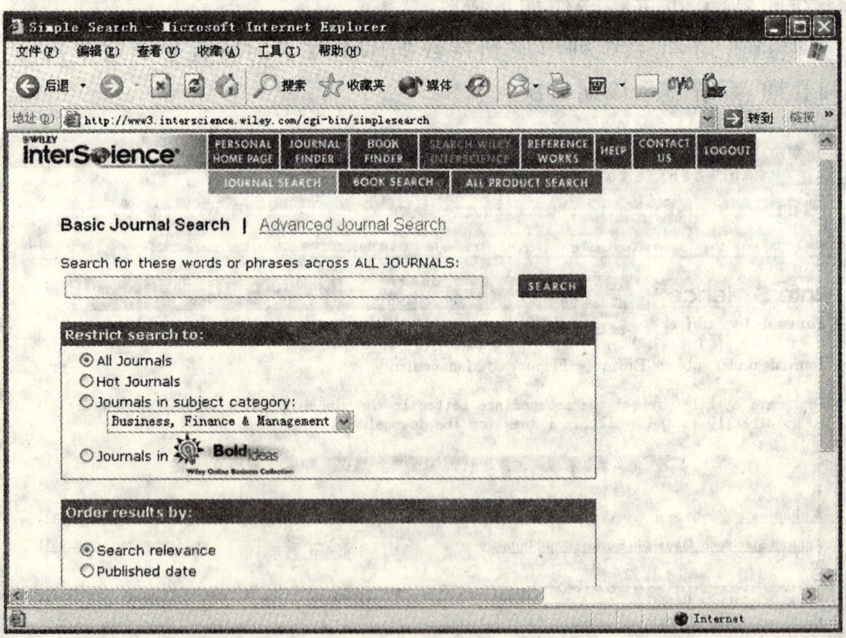

图 4 - 52 **Basic Journal Search 界面**

• 在检索输入框中输入一个或多个检索词，系统自动在所有期刊文献的 Titles、Abstracts、Authors、Affiliations 、Keywords 等所有字段中查询是否有符合检索需求的文献。

• 检索范围限制：在“Restrict search to”，可将检索范围限定在 All Journals、Hot Journals（热门期刊）、Journals in Subject Category（11 个学科主题中的任一个）或 Journals in Bold Ideas。

• 检索结果排序：在“Order results by”，检索到的文献可依相关性（Search Relevance）或出版日期（Published Date）进行排序。

• 点击【Search】按钮。

B 高级检索（Advanced Journal Search）

点击图 4－52 界面的“Advanced Journal Search”，即进入高级检索界面，如图 4－53。在该界面，系统可提供 3 个检索输入框。每个检索框的下拉菜单均提供 7 种可选字段：Authors、Article Title、Author Affiliation、Abstracts、Keywords、Funding Agencies、All Fields，通过各检索框之间的逻辑算符“AND”，实现不同字段间的组配检索。同时，在界面下方提供了更为复杂精确的检索条件限制。

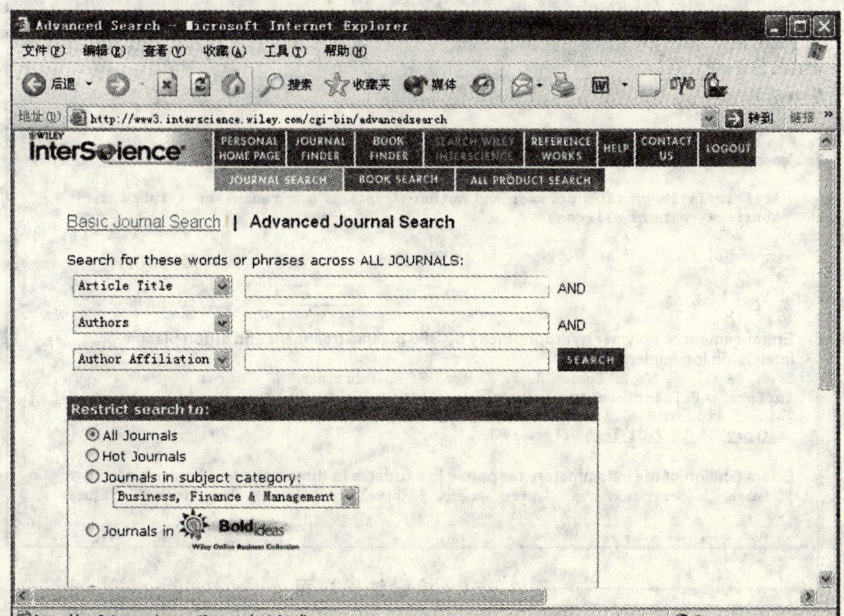

图 4－53 Advanced Journal Search 界面

例如，欲检索“作者 Rangel E. C. 和 Fabre T. 发表的题名中含有“polymer”及文摘中含有“silicon”的文献”，其具体检索方法和步骤如下：

• 在第 1 个输入框中输入检索词“polymer”，并选择其检索字段为“Article Title”；

• 在第 2 个输入框中输入检索词“E C Rangel or T Fabre”，选择检索字段为

"Authors";

注：著者姓名的输入格式为名缩写或全称在前，姓全称在后；名姓之间、名与名之间各空一格。

• 在第 3 个输入框中输入检索词"silicon"，选择检索字段为"Abstracts"；

注：选择"Abstracts"和"Keywords"字段时，检索词可使用截词符"＊"。

• 根据需要限制检索期刊的范围（与简单检索选项一致）；

• 选择检索的时间范围，有 3 种选项"All Issues"、"Issues dated within the previous"（数月之前）和"Issues dated"（起止年限）；

• 选择结果排序方式，按相关性（Search relevance）或出版日期（Published date）排序；

• 点击【Search】按钮，系统即显示符合上述检索条件的文献，如图 4－54 所示。

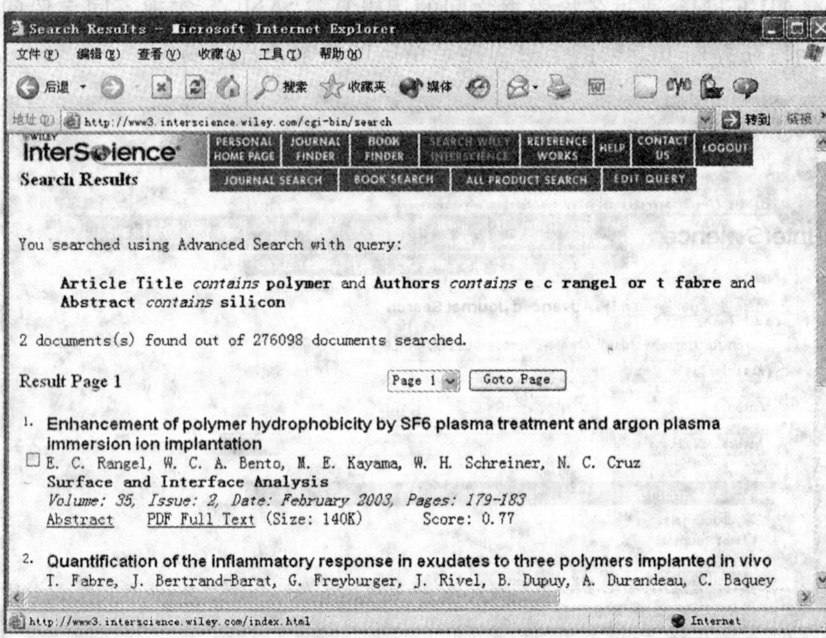

图 4－54 检索结果界面

结果显示页列出了符合上述检索条件的所有题录信息，包括文献篇名、著者、刊名、年卷期、页码及摘要、全文。点击每篇文献下方的"Abstact"或"PDF Full Text"或"HTML Full Text"链接，可获得该篇文献的详细摘要或不同显示格式的全文。

C 结果输出：题录、文摘及 HTML 格式全文的存盘和打印，可利用浏览器的存盘与打印功能；题录输出前可事先对所需文献作选择标记（题名前的复选框内打"√"）；PDF 格式原文的存盘和打印，利用 Acrobat Reader 的存盘与打印功能即可。

D 检索技术要点：在期刊检索的简单检索与高级检索方式中，系统提供如下检索技术：

• 逻辑算符：and(与)和 or(或)；亦可用逗号“,”替代“or”。

如检索“gene,therapy”和检索“gene or therapy”,检索结果等效。

• 截词符“ * ”：表示截断任意一个字符，如 carcino * ，可检出 carcinogen, carcinoma 等等。

E Wiley InterScience 的其他特殊功能

• Custom Alerting Services(期刊目次服务)：对于 Wiley InterScience 已注册的读者，系统依其个性化需求可提供 370 种以上的期刊的目次通告服务。读者可以将所自己设定的检索条件转存至 Personal Home Page 的 Alert Profile，由其系统将最新出版的目次以电子邮件的方式通知自己。

• Personal Home Page：所有在 Wiley InterScience 注册的读者皆可使用 Personal Home Page 功能。读者通过 http://www3. interscience. wiley. com/benefits. html 注册登记账号及填写相关资料，即可享受下列各项个性化服务：

Hot Journals and Articles：可将常用的期刊或文章加入 Personal Home Page 中，不需重新查询；Saved Queries：可将常用的检索策略储存下来，检索时再从 Personal Home Page 中直接调出，不用再重新输入；Alerts：可在此处修改 Alert 的设定，包括 E-mail 的设定及删除不再需要的期刊。

4.3.2.5 Kluwer Online

荷兰 Kluwer Acdemic Publisher 是具有国际性声誉的学术出版商，它出版的图书、期刊一向品质较高，备受专家和学者的信赖和赞誉。Kluwer Online 是 Kluwer 出版的 600 余种期刊的网络版，专门基于互联网提供 Kluwer 电子期刊的查询、阅览服务。涵盖学科有：材料科学、地球科学、电气电子工程、法学、工程、工商管理、化学、环境科学、计算机与信息科学、教育、经济学、考古学、人文科学、社会科学、生物学、数学、天文学、心理学、医学、艺术、语言学、哲学等 20 多个学科专题。

目前，由 CALIS 文理中心引进、CALIS 管理中心研制开发的 Kluwer Online Journals 系统，面向正式参加集团购买的院校提供服务的 Kluwer Online 本地服务已在北京大学图书馆建立并使用。通过该镜像站，服务器允许 IP 地址范围内的用户无需注册可以直接登录，可非常方便地检索、阅览和下载 Kluwer Acdemic Publisher 的 800 种电子期刊，并免付 Internet 网络费。

Kluwer Online 检索界面如图 4－55 所示。

由图 4－55 可知：Kluwer 数据库提供 3 种不同的检索方式：“期刊浏览”、“简单查询”和“复杂查询”。点击【重新登录】可使用户重新登录，在查询过程中如不知如何操作时，可点击【帮助】按钮获得在线帮助。

数据库首页还提供“刊名检索”、“刊名浏览”及数据库所收录的“学科列表”等内容。

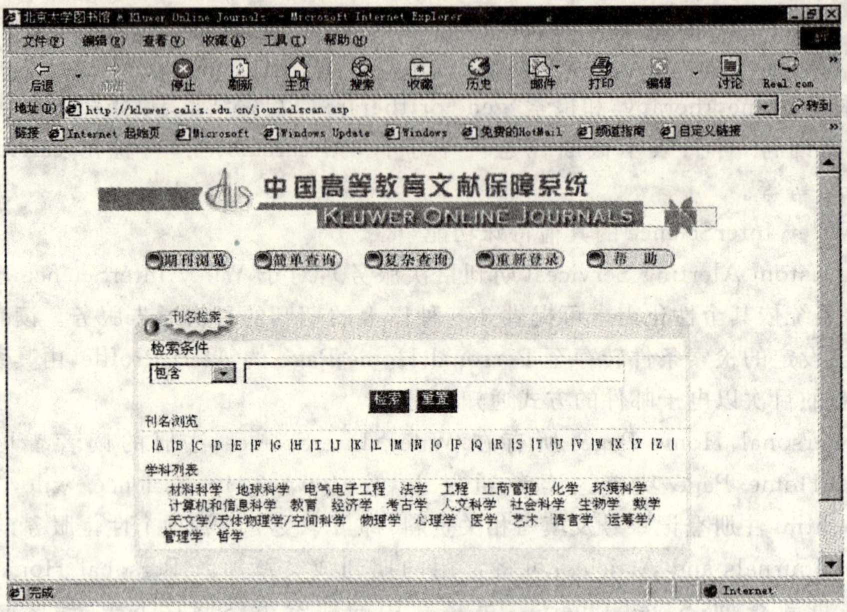

图 4-55 数据库首页

(1) 检索方法

① 期刊浏览 期刊浏览检索界面即为数据库首页，在此界面可提供 3 种检索方式进行期刊浏览。

A 刊名检索：在检索条件输入框中输入刊名的关键词，按刊名进行简单检索，即能找到符合条件的期刊。例如，要检索刊名中包含"Journal"的所有期刊，可在检索输入框中输入"Journal"(大小写不限)，并在检索条件下拉菜单中选择"包含"，即检中所有刊名中含有"Journal"的期刊，检索结果如图 4-56 所示。若在下拉菜单选择"前方一致"作为检索条件，则结果显示的是所有以"Journal"开头的刊名列表。此外，还可以利用界面上方的检索输入框，输入另一关键词，点击【二次检索】，即可快速地找到所需的特定期刊。

如在输入框中输入"Genetic"，前面的下拉菜单选"包含"(或"前方一致")，点击【二次检索】，则可以迅速查到刊名中包含"Genetic"的期刊。进一步点击刊名，可显示该期刊在数据库中所收录的所有卷期，若点击某一卷期，可获得该卷期上发表的所有文献的题录信息，见图 4-57。

在题录页上可进一步作以下操作：

• 点击某一记录中的"刊名"，可浏览该刊的卷期信息；

• 点击"篇名"能显示该文献的详细信息，包括篇名、刊名、ISSN、卷期、页码、著者和文摘等；

• 点击【ISSN】，可浏览该刊的卷期信息；

• 点击【卷期】，可获得同卷期的文献篇名信息；

• 点击【全文】，可下载全文；
• 点击【有文摘】，可获文献的详细信息（与点击“篇名”的作用相同）。

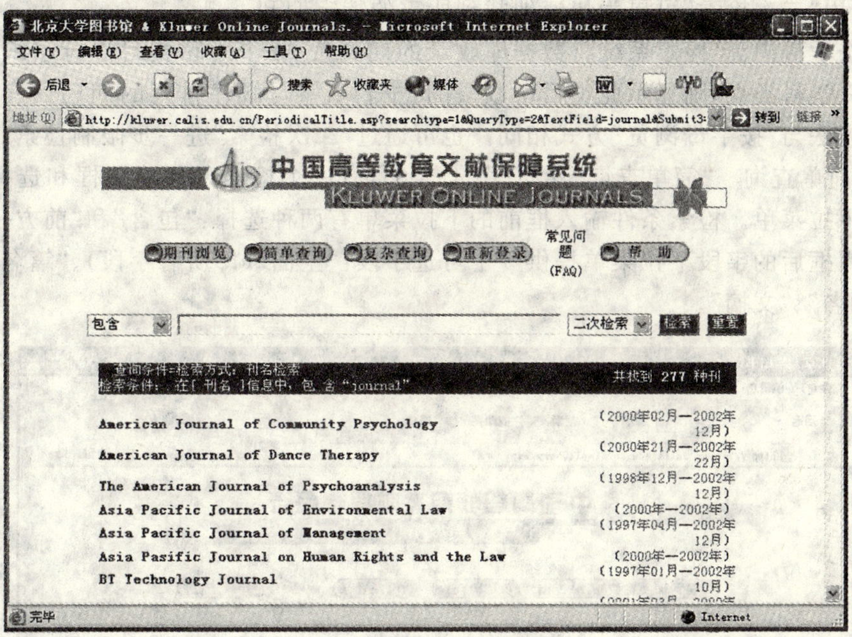

图 4－56 刊名检索结果

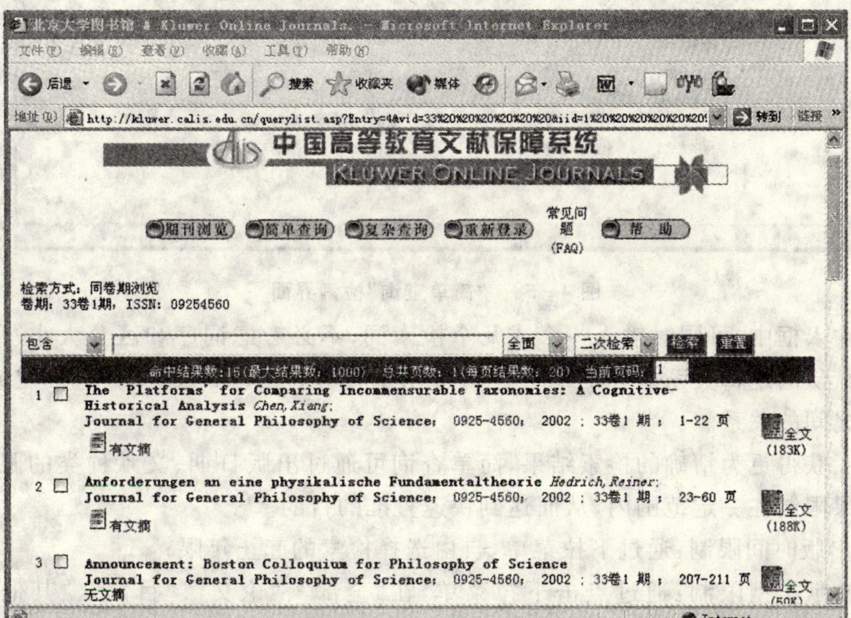

图 4－57 题录显示页

B 按字母浏览：检索系统将数据库收录的所有期刊均按刊名的字母顺序排列起来，用户可以按刊名逐卷逐期地直接查询。如点“J”，则显示以“J”开头的所有期刊。同样，利用“二次检索”可更为快速地找到所需的特定期刊。

C 按学科浏览：检索系统将数据库收录的期刊按 24 个学科类目进行组织分类，点击某一学科类目，则显示此类目所收录的、按刊名字母顺序排列的期刊列表，进一步查询方法与“按字母浏览”方式相同。也可通过“二次检索”进一步限制检索。

② 简单查询　“简单查询”界面(图 4－58)，有一个检索条件输入框和选择检索字段的下拉菜单。检索条件输入框前的下拉菜单有两种选择：“包含”和“前方一致”；检索输入框后的字段下拉菜单提供 5 个可选字段：“全面”(即所有字段)、“篇名”、“作者”、“刊名”、“文摘”。

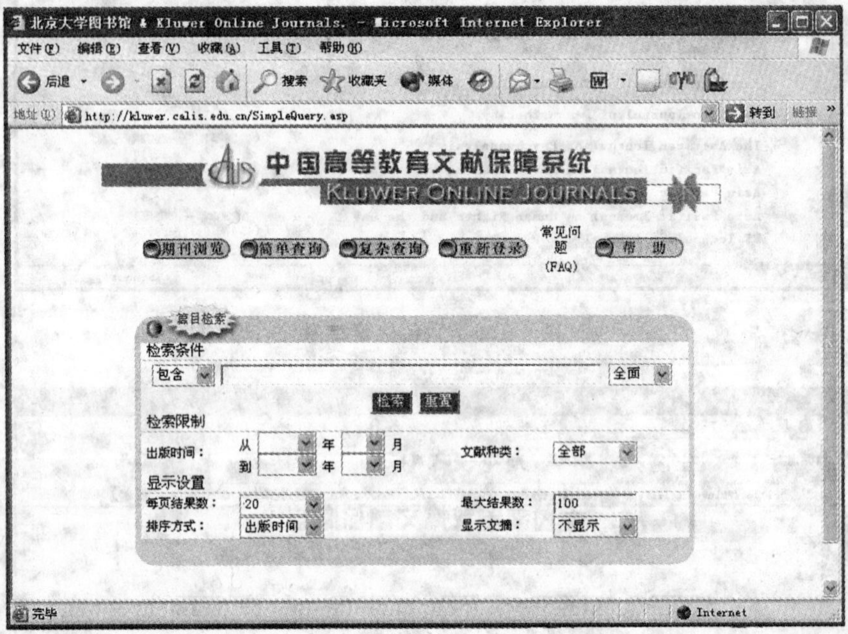

图 4－58　“简单查询”检索界面

在输入框中，可同时输入一个或几个检索词，不必考虑词序和区分大小写，词与词之间默认的逻辑关系是“AND”。也可以用逻辑算符“AND”、“OR”来确定或改变检索词之间的关系。

为了获得更为精确的检索结果，简单查询可通过出版日期、文献种类的限制，把检索结果限制在一定范围内，从而达到快速查准的目的。

A 出版时间限制：通过下拉菜单，自由选择检索的起止年限；

B 文献类型限制：通过点击下拉菜单，在“全部”、“论文”、“目次”、“其他”、“书评”、“索引”等文献类型中选择一种。系统默认的检索范围是全部文献。

例如：查找 1992 年 1 月～2002 年 12 月之间发表的有关基因克隆方面的文献。

在检索条件输入框中输入检索词 gene clon *（或 gene and clon *，效果等同）；检索条件选择“包含”；检索字段选择“篇名”；文献类型选择“全部”；出版时间分别选定“1992”年“01”月和“2002”年“12”月，点击【检索】按钮即可。

若检中文献过多，还可通过结果显示页面上方的检索条件输入框，进行二次检索（或选择重新检索），以进一步提高查准率。

对于检索结果，简单查询可从“每页结果数”、“排序方式”、“显示文摘”3 个方面进行显示设置。

③ 复杂查询　复杂查询有多个检索条件输入框（图 4－59），既可以在一个检索条件输入框中输入检索词或检索式进行简单查询，也可以同时进行多个检索字段的组配检索。不同检索字段之间的默认关系为“AND”，表示检索必须同时满足多个检索条件。也可根据需要，点击相应下拉菜单改变为“OR”或“NOT”。

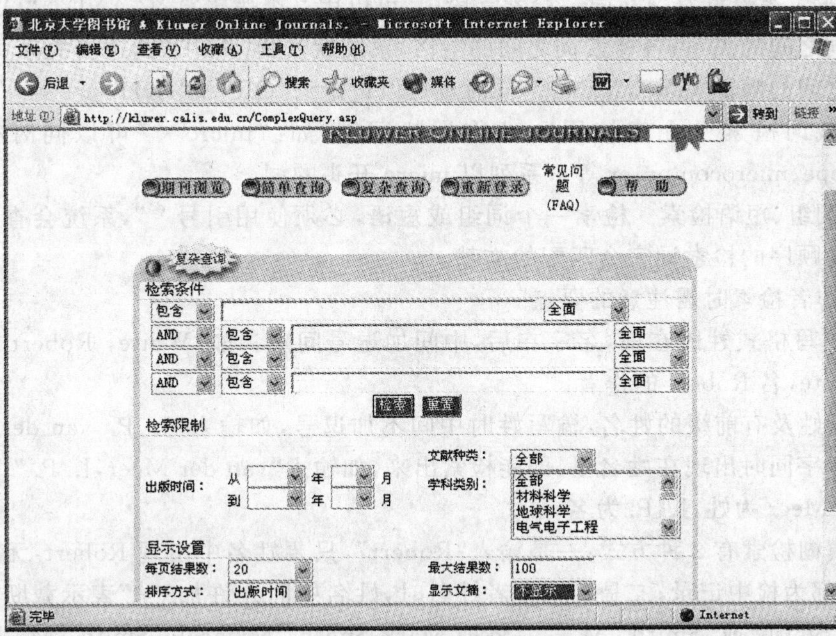

图 4－59　“复杂查询”检索页面

可检索字段和简单查询基本相同，增加了 3 个检索入口：ISSN（国际标准刊号）、作者关键词（指作者给出的关键词，即文中的关键词部分“Keywords”）、作者单位。

检索限制除了提供“起止年限”、“文献种类”方式外，还增加了“学科类别”，以便能快速查找某个学科类目中的文献。

（2）检索结果输出

不同的检索方法可获得不同的检索结果，如卷期页、刊名页、题录页等。检索后，首先显示的是检索结果的数量和篇名目录页，每一条记录均含篇名、作者、刊名、ISSN 号、出版年月、卷期、起止页码以及全文链接等内容。鼠标点击“篇名”，将显示该篇目的详细内容,包括作者单位和文摘。点“作者”,系统自动检索数据库中同一作者的所有相关文章。点“刊名”,将显示该期刊同一卷期的篇名目录。

在每篇文章篇名的前面,可对记录作标记,以便选择性地进行打印和下载。若检索结果有多个页面,可逐页标记,标记结束后,点页尾的“浏览”,则只显示标记过的记录。

Kluwer 电子期刊的文件全部采用 PDF 文件格式,可以存盘、打印,但使用前必须下载 Adobe Acrobat Reader 软件。浏览格式可以选择简单格式(只包括篇目的基本信息)和详细格式(显示文摘)。但是,标记多条记录而一次性显示、保存、打印的功能只适用于文章篇目,文章的全文只能逐篇显示、保存和打印。

(3) 检索技术要点

在简单查询与复杂查询界面,系统提供如下检索技术:

① 布尔逻辑算符　在同一检索字段中,可以用 2 个逻辑算符“AND”、“OR”来确定检索词之间的关系;各检索词之间的空格,系统默认为“AND”的逻辑关系;不同检索字段之间的默认关系为“AND”,同时也可以设定为“OR”和“NOT”。

② 截词检索　允许使用“ * ”作为截词符,如:“micro * ”可以同时检索出 microscope、microcomputer 等一系列以 micro 开头的词。

③ 词组、短语检索　检索一个词组或短语,必须使用引号“ ”,系统会查找与引号内指定顺序的检索词完全匹配的文献。

④ 作者检索时需注意的要点

A 输写格式姓氏在前,名字在后,中间加逗号间隔。如:White, Robert 表示检索姓 White,名 Robert 的作者。

B 复姓及有前缀的姓名,输写姓时中间不加逗号,如输入“J. P. van der Meer”只要每个字同时出现在姓名里,即能检索出来,如输入“van der Meer,J. P.”,则表示 Van der Meer 为姓,J. P. 为名。

C 模糊检索有 2 种方式:一是输入“Robert”,只要姓名中出现 Robert,无论是姓还是名,都为检中记录;二是输入作者姓名时,姓名中间允许加“ * ”表示截断,如:输入“M * Smith”或“Smith, M * ”,将把 Mark Smith, Michcale、Smith, M. L. 都检索出来。

4.3.3 其他数据库

4.3.3.1 EBSCO

(1) EBSCO 简介

EBSCOhost 是美国 EBSCO Publishing 公司推出的全文检索系统。EBSCO Publishing 公司是一家较大的从事信息存储和开发的商业性服务机构,成立于 1984

年。该公司是全球最早推出全文光盘数据库的公司,其自行研发的 EBSCOhost 全文检索软件,从 1994 年开始提供 Web 版,实现了网上数据库检索。目前 EBSCO 提供的数据库达 60 多个,每个数据库收录的内容各有偏重。CALIS 全国文理文献信息中心组织 22 家 CALIS 成员馆,以集团购买的方式订购了其中部分数据库,具体内容如下:

① Academic Search Premier(学术期刊全文数据库,ASP) ASP 是当今规模最大的为学术机构而设计的多学科全文数据库。ASP 数据库具有经专家精选的、众多极具价值的全文期刊,收录范围涉及生物科学、工商经济、资讯科技、人文科学、社会科学、通讯传播、教育、艺术、文学、医药、通用科学等领域,收录全文期刊 3 600 多种,其中同行评审刊(peer-reviewed)2 700 多种。除全文期刊外,数据库还提供 4 500 多种期刊的索引/摘要。最早收录时间为 1975 年,有图像,数据每天更新。

② Business Source Elite(商业资源全文数据库,BSE) BSE 收录 1 100 多种全文期刊及 1 600 种以上商业、贸易及学术性刊物的索引/摘要,涵盖学科有国际商务、经济管理、商业管理、经济学、金融、会计、国际贸易、业务行销、商业理论与实务、劳动人事、银行、房地产、产业报道及评论等。期刊全文回溯到 1985 年。数据每天更新。

③ EBSCO Online Citations(EBSCO 联机索引) 该数据库主要提供 EBSCO 公司 2 700 多种科技和医学方面的联机出版物的书目、文摘和全文。在检索结果中,能提供已购买了使用权的其他 EBSCO 数据库中的全文链接。

④ Newspaper Source(报纸来源库) 报纸来源库提供了以美国为主的全球 240 份报纸的全文信息,其中包括美国 180 种地方性报纸和 18 种国际性报纸的全文。

⑤ World Magazine Bank(世界杂志库) 世界杂志库提供来自澳大利亚、新西兰、亚洲、英国、南非、美国和其他国家的近 270 种国际性英文期刊的全文。除提供期刊全文外,还提供 410 种杂志的索引和文摘。

下面以 Academic Search Premier 为例,介绍 EBSCOhost 6.0 简易版的检索方法。

(2) 检索界面介绍

点击 http://search.china.epnet.com(用专线)或 http://search.epnet.com(不用专线)或 http://search.global.epnet.com(不用专线),首先在出现的界面选择数据库(有上述介绍的 5 个数据库可供选择,点击数据库简介下面“Title List”可显示每个数据库收录的期刊清单),可以全选也可以单选,然后点击【Continue】即进入如图 4-60 所示的界面。

该界面由转换工具栏、检索输入框和辅助选项 3 个部分组成。其中工具栏位于检索界面的最上面,包括通用工具列区域和检索标签区域。

通用工具列区域包括:①New Search:点击此链接,系统自动回到数据库初始检索界面;②View Folder:显示所有检索历史记录;③Preferences:提供读者设计出符合自己需求的检索结果界面,如一页显示的记录数、显示文摘索引或更详细信息等;

④Help：在线帮助。

检索标签区域包括：①Basic Search（基本检索）；②Advanced Search（高级检索）；③Subject（主题检索）；④Publications（出版物检索）；⑤Images（图像检索）；⑥Choose Databases（重新选择新数据库检索）。

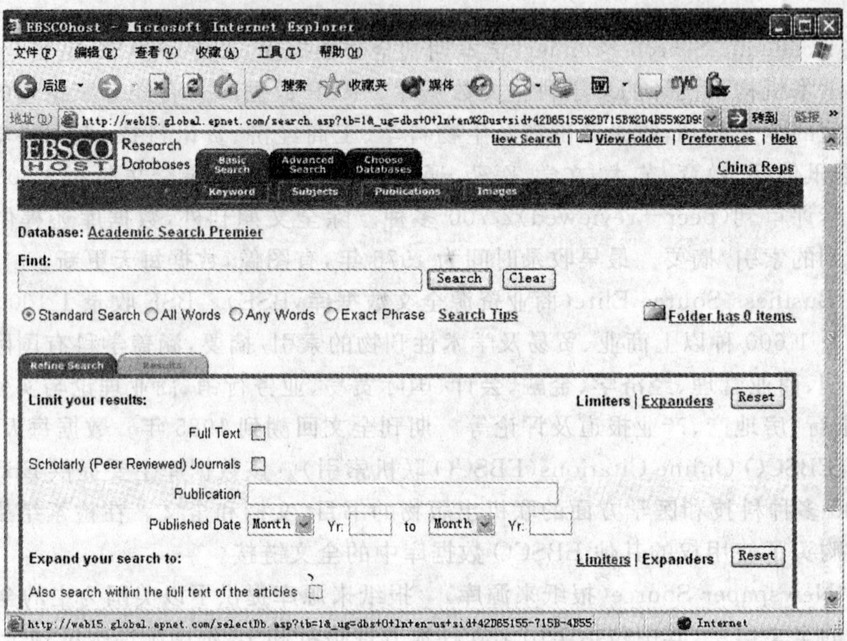

图 4－60　数据库首页

(3) 检索方法

数据库可提供 5 种检索途径。下面分别加以介绍。

① 基本检索　检索界面为系统初始默认的界面（图 4－60），检索方法与步骤如下：

A 在 Find 输入框中输入检索词，选择输入框下方的检索模式：

• Standard Search：选此标准模式，系统允许用布尔逻辑算符（AND、OR、NOT）及通配符“＊”和“?”来组配检索表达式。

• Match All Words：系统对输入的各个检索词自动加入“AND”进行逻辑与检索。

• Match Any Words：系统对输入的各个检索词自动加入“OR”进行逻辑或检索。选用此检索模式，还可用自然语言进行检索，即可输入词、词组或整个句子，如“What is the name of prime minister in Spain?”（西班牙首相的姓名?）。在用自然语言检索时，命中的结果不一定包含所有输入的检索词，检索结果只是根据命中词在文献中的词频高低排序，词频高的、最相关的排在最前面。

• Match Exact Phrase：完全匹配，相当于给检索词加上双引号“”。

B 在 Limit your results(检索结果限定区),可将结果限定在以下几个选择中并选择检索时间:

• Full Text:全文。

• Scholarly(Peer Reviewed)Journals:学术性期刊;

• Publication:某出版物名称中,由用户自行输入。

C 在 Expand your search to(扩展检索)中,可选项有:

• Also search within the full text of the articles:将检索词限在全文中检索,只要某文献中含有所输入的检索词,即为命中文献。

• Also search for related words:自动将检索词的同义词及单复数一起检索。

D 点击【Search】,执行检索。

② 高级检索(Advanced Search) 高级检索界面如图 4-61 所示,在检索输入框中输入检索词或检索表达式,系统默认在所有字段中检索;若需将检索词限定于某些字段中进行检索,则可采用输入框下方的"Field Codes"进行字段限定检索(各字段代码可参照"Field Codes")。

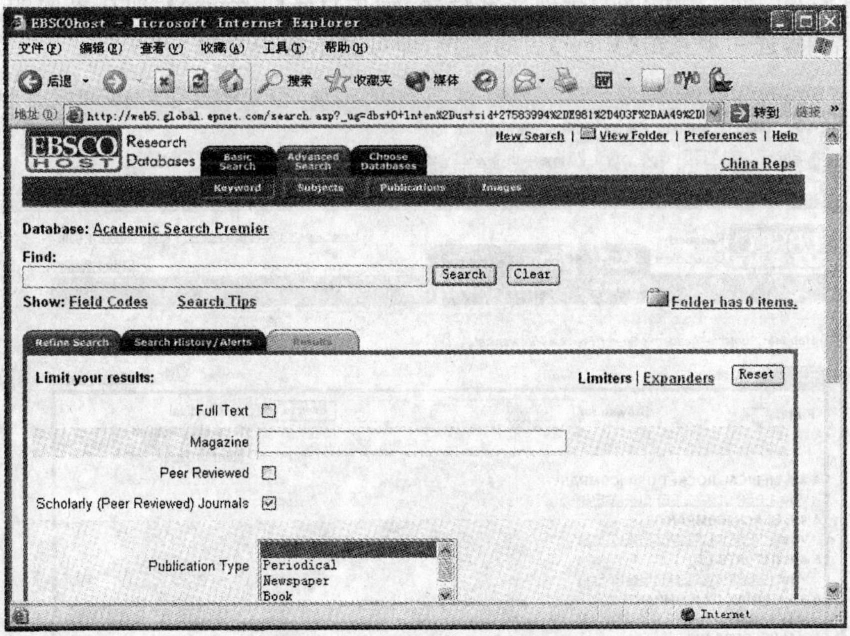

图 4-61 Advanced Search 检索界面

高级检索中可以使用 8 种字段代码进行限制检索。8 种字段代码分别为:作者 AU,文章题名 TI,文摘 AB,主题 SU,数据库存取号 AN,国际标准刊号 IS,图像 FM,作者提供文摘 AS。

使用方法:先键入字段代码,然后输入检索式,如"TI information W2 management";

"IS 00289000"(检索 ISSN 编号为 00289000 的期刊文章)。

作者的输入方式为:姓在前、名在后,如"AU Wiley, Ralph"(检索作者为 Ralph, Wiley 的文章)。

检索范围的限定与扩展:除基本检索界面的内容外,增设了检索栏"magazine",可以直接输入刊名进行检索。还增设了出版物类型栏"Publication Type"(包括期刊(Periodical)、报纸(Newspaper)、书籍(Books)和原始来源文献(Primary source document)的选择以及针对个别数据库设计的个别特殊设限值,如在 Number of Pages 键入 10,表示限定检出文献的页数为 10 页;如勾选 Cover Story,表示仅检索具有深度报道的封面故事的文献;而 Articles with Image 则可要求检出的文献附图表[PDF 格式或文本加图片(Text with Graphics)格式]。

在高级检索界面,系统自动将所检索过的历史加以存储,并可通过【Search History】标签按钮,调出或再次利用已检索过的检索词或检索策略,使检索更精确具体。

③ 主题检索(Subjects) 采用该种检索方式时(图 4-62),可先选择检索主题,再于"Browse for"后输入关键词,并在其右侧选择:依其字母顺序(Alphabetical)或相关性(Relevancy Rankeed)排列检索结果,最后点击【Browse】,即在界面的下部列出检索结果,进一步点击【View】后的链接,即可显示检中文献。

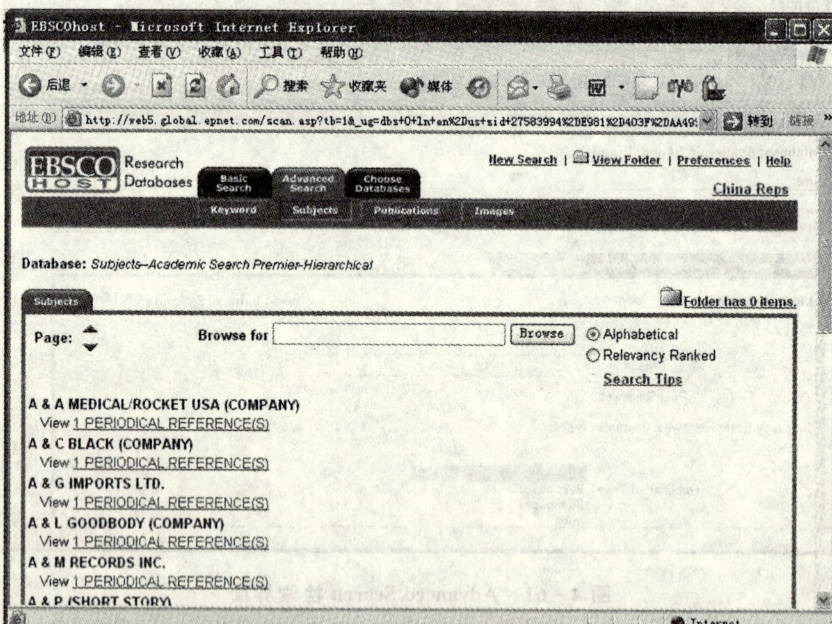

图 4-62 Subjects 检索界面

④ 出版物检索(Publications) 在此界面(图 4-63),用户可针对自己较常用的一些出版物作高效检索。检索方法有 2 种:

A 关键词检索：关键词检索可提供 3 种模式选择："Publication Beginning With"(以检索词开头的期刊)、"Match Any Words"(刊名中包含检索词)和"Match Exact Phrase"(与检索词完全匹配)。

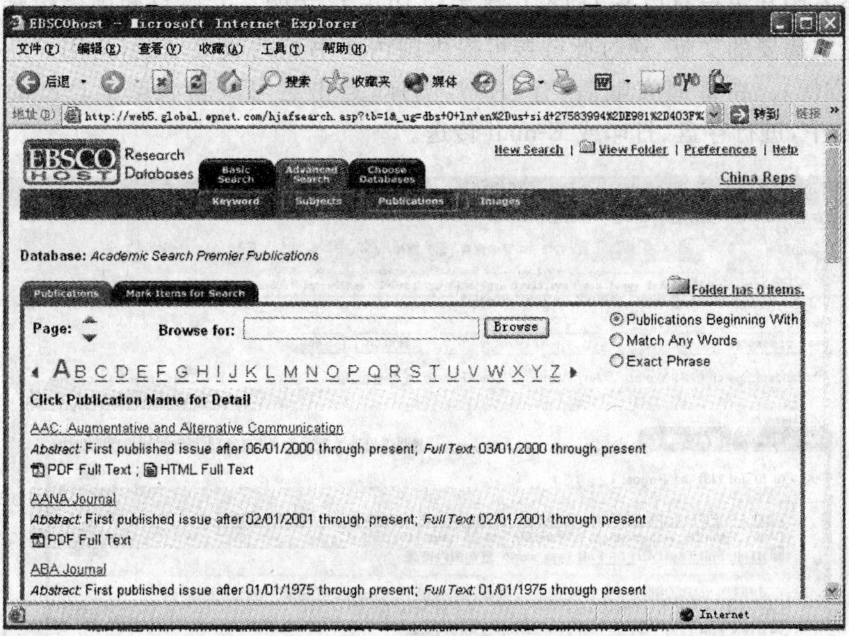

图 4－63 Publications 检索界面

B 刊名浏览：直接按期刊名首字母进行浏览检索。

检索结果列在同一界面的下部，此时若点击检中的出版物名称会进入另一个界面，在出现的界面上，点击【Publication Details】，可获得该出版物的详细介绍，如是期刊，还可挑选该刊的其他卷期并链接至全文。

此时若点选检索结果界面的【Mark Items for Search】标签，则在进入的另一界面中，所有检中的刊名前出现了一个复选框，可在此界面进行选择标记，并点击【Add】，将会跳转到基本检索界面(Basic Search)，并自动将用户检索出来的期刊定为设限值，检索出这些期刊上所刊登的文献。

⑤ 图像检索(Images)　图像检索即检索彩色照片数据库，该库由 Archive Photos 及 MapQuest 两家公司提供的 1 万余张彩色照片组成，供用户下载使用。

可在"Find"输入框中用关键词或自然语言进行检索，并可在"Select Specific Categories for Search"下选择图片的类型，可依人物(Photos of People)、自然科学(Natural Science Photos)、地点风景(Photos of Places)、历史资料(Historical Photos)、地图集(Maps)或国旗(Flags)进行检索。如果不作选择，则在全部图片库中检索。

(4) 检索结果显示与输出

① 检索结果显示　无论是基本检索、高级检索，还是主题、刊名检索，均会进入如图 4-64 所示的检索结果界面。检索结果显示文献篇名、著者、刊名，年卷期、页码、是否有图片等信息以及 HTML 格式和 PDF 格式的全文链接和国内馆藏的链接（仅有论文摘要的文献，通过此链接可提供国内图书馆的收藏情况，为用户获取全文提供了方便）。在每篇文献后，有“Add”图标，点击它可将其收藏至自己的文件夹（Folder）中，进行存盘、打印或 E-mail 传送。

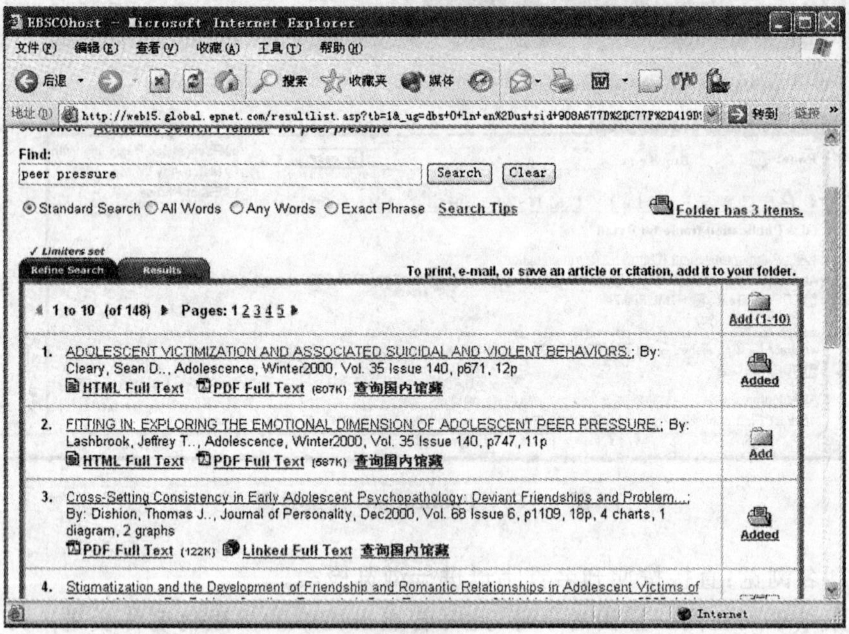

图 4-64　检索结果界面

点击“篇名”或“HTML Full Text”或“PDF Full Text”，均可打开全文（PDF 格式需用 Adobe Acrobat Reader 软件打开）。

依据不同的检索模式，其检索结果显示的排序方式不一。若以 Standard Search，All Words 及 Exact Phrase 模式进行检索，则所呈现的结果以最近发表的文献排在最前面，读者通常可以见到最新一期的文章；若以 Any Words 进行检索，则结果以与检索词的相关性大小顺序排序，并在检索结果中出现匹配程度的百分比。

② 检索结果输出　无论是题录信息的输出还是全文输出，输出方式均有 3 种：存盘、打印及邮件发送。只是题录输出时，需先将所要输出的题录添加到文件夹中，再进行输出。

(5) 检索要点

① 布尔逻辑算符为：AND、OR、NOT。

② 截词检索

• "*"代表后截断，表示 0 至多个字符；

• "?"代表中截断（也称通配符），表示 0～1 个字符。

③ 位置检索

• "N"表示两词相邻，顺序可以颠倒，例如"information N retrieval"的检索结果同时包括 information retrieval 和 retrieval information；

• "W"表示两词相邻，但顺序不能改变。

N 和 W 均可以用数字表示两词中间相隔的词的数量，如"information W2 management"的检索结果可以包括 information management，information technologies and management 等。

4.3.3.2 Web of Science

Web of Science 是 SCI（《科学引文索引》）、SSCI（《社会科学引文索引》）和 A&HCI（《艺术和人文科学引文索引》）的网络版，是美国 ISI（科学情报研究所）基于 Internet 环境下的数据库新产品，其中 SCI Expanded 收录了 5 600 多种科技期刊中的论文。与 SCI 光盘版相比，增加了文献收录范围（光盘版 SCI 收录科技期刊 3 300 种），扩展了系统的检索功能，并整合了各种学术信息资源（包括与全文期刊电子版的链接、与图书馆馆藏系统的链接等），数据每周更新。

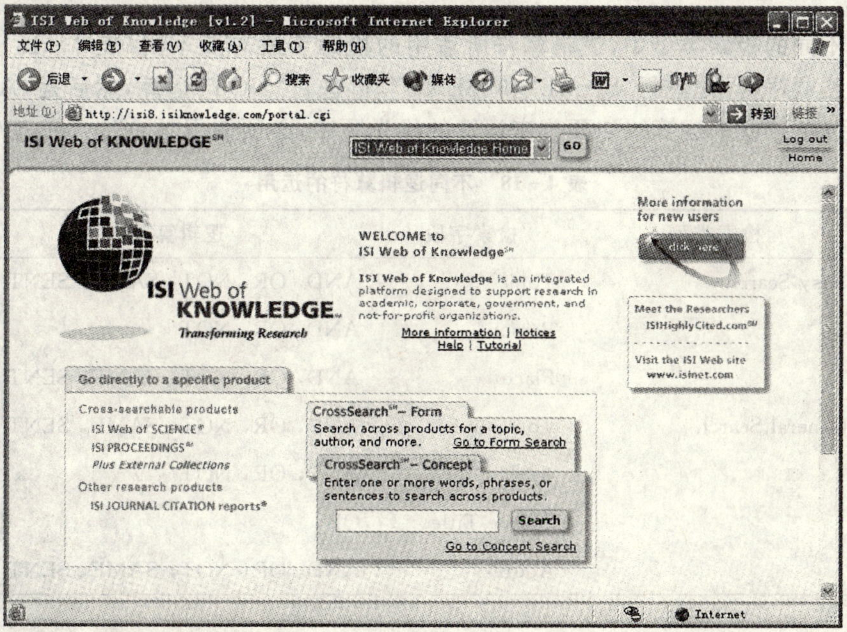

图 4-65　ISI Web of Knowledge 主页

Web of Science 是通过著者途径查找文献的数据库，它的最大特点是揭示了著者之间、文献之间的引用和被引用关系。这种关系可衡量一篇文献的学术价值，即一篇文献的被引用率越高，其学术价值就越大；同时也可以分析出学科之间的交叉渗透关系和发展动向，产生“科学发展的生长点”和“知识创新”；并可将过去、现在以至将来的相关文献信息连接起来，可以“越查越新”（通过“Times Cited”）或“越查越旧”（通过“Cited References”）等。

目前 Web of Science 已通过由美国科学情报研究所新近提供的数据库平台 ISI Web of Knowledge 提供检索（图 4－65）。ISI Web of Knowledge 依照与用户的数字图书馆环境协同工作的原则而设计，将 ISI Web of Science、ISI Proceedings、ISI Citation Reports 等数据库整合为一个统一的数字化检索平台，为读者提供更为方便、有价值的功能。

4.3.3.2.1 Web of Science 检索算符

(1) 逻辑算符

Web of science 逻辑算符分别为 AND、OR、NOT、SAME 和 SENT。

其中 SAME 和 SENT 两者作用相同，表示连接的两个概念必须出现在同一个句子中。例如：输入“IBM SAME NY”可查得“IBM's New York”。

如果检索字符串包含上述词时，为避免与逻辑算符互相混淆，需要用双引号“”将它引起来。例如，想检索著者为 Willian Or 撰写的文章，需要在著者字段输入“'or'w.”。

在不同的检索类型中，逻辑算符所适用的检索字段有所不同（表 4－18）。检索算符优先顺序为：先进行“SAME”和“SENT”，再进行“NOT”运算，然后是“AND”运算，最后进行“OR”运算。如要改变运算的优先顺序，必须使用“( )”。

表 4－18 不同逻辑算符的运用

检索类型	检索字段	逻辑算符
Easy Search	Topic	AND, OR, NOT, SAME, SENT
	Person	AND, OR, NOT
	Place	AND, OR, NOT, SAME, SENT
General Search	Topic	AND, OR, NOT, SAME, SENT
	Author	AND, OR, NOT
	Source Title	OR
	Address	AND, OR, NOT, SAME, SENT

续表 4-18

检索类型	检索字段	逻辑算符
Cited Reference Search	Cited Author	OR
	Cited Work	OR
	Cited Year	OR

(2) 截词符

Web of science 有 2 个截词符,分别为"?"和"＊",前者表示该位置有单个字符,后者则表示该位置有 0 到多个字符。这 2 个通配符可进行中截或后截检索,如"teach＊"、"colo? r"等。

(3) 禁用词(stop word)

禁用词是指在 Web of Science 中出现频率特别多的某些词。尽管不同镜像点的数据库所包含的禁用词可能有所不同,但都需要注意不能在检索字段中单独输入禁用词进行查找,否则将返回零结果。禁用词可以是名词(如在"address field"单独输入 LAB、MED、PHYS、RES、SCH、SCI、ST、UNIV 等)、冠词(如 a、an、the 等)、介词(如 of、in、for、through 等)、代词(如 it、their、his 等)和某些动词(如 do、put 等)。

4.3.3.2.2 *检索方法*

在图 4-65 界面上方的下拉菜单中选择 ISI Web of Science,点击【GO】按钮,即进入如图 4-66 所示的 Web of Science 检索主页。由图 4-66 可知,Web of Science 提供了 2 种检索类型:完全检索(Full Search)和简单检索(Easy Search)

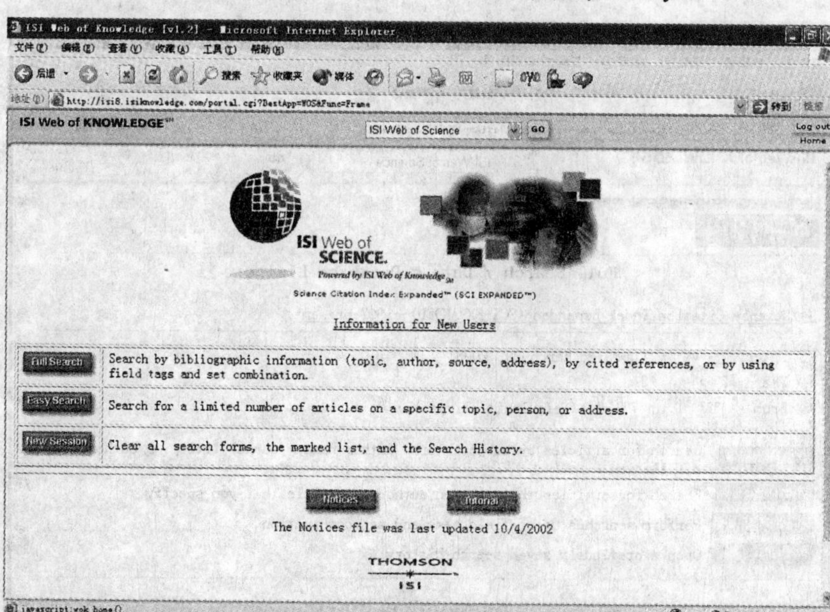

图 4-66 Web of Science 检索主页

(1) **Full Search(完全检索)**

点击图 4－66 中的【Full Search】按钮，即进入完全检索界面，如图 4－67 所示。在此界面，需先对数据库检索时间范围作出选择。时间范围选择包括：

Latest (1 Week;2 Weeks;4 Weeks)：选择检索最近 1 周、2 周、3 周内更新的数据；

Year(1997、1998、1999、2000、2001、2002、2003)：选择检索 1997～2003 年任何一年的数据；

From 1997 to 2003：检索 1997～2003 年的所有数据库(此为系统默认状态)。

注：数据的年代信息是指进入 ISI 数据库的时间，而非论文发表的时间。

由图 4－67 可知，Full Search 包括 General Search(一般检索)、Cited Ref Search (被引文献检索)和 Advanced Search(高级检索)3 种方式。通过 Full Search(完全检索)方式，可以了解论文被收录、被引用情况，并据此了解某个观点或某项科研是如何被证实、应用、改进、扩展等等。下面以检索"浙江大学(包括浙江农业大学)何祖华老师的论文被 SCI 收录、引用情况"为例。

① General Search(一般检索)　点击图 4－67 左下方的【General Search】按钮，即进入一般检索界面，如图 4－68。

A 一般检索提供主题(Topic)、著者(Author)、期刊名(Source Title)、著者地址(Address)4 个检索输入框，可选择一个检索框进行检索，也可选择多个检索框同时组配检索，系统默认各检索框之间为"AND"关系。

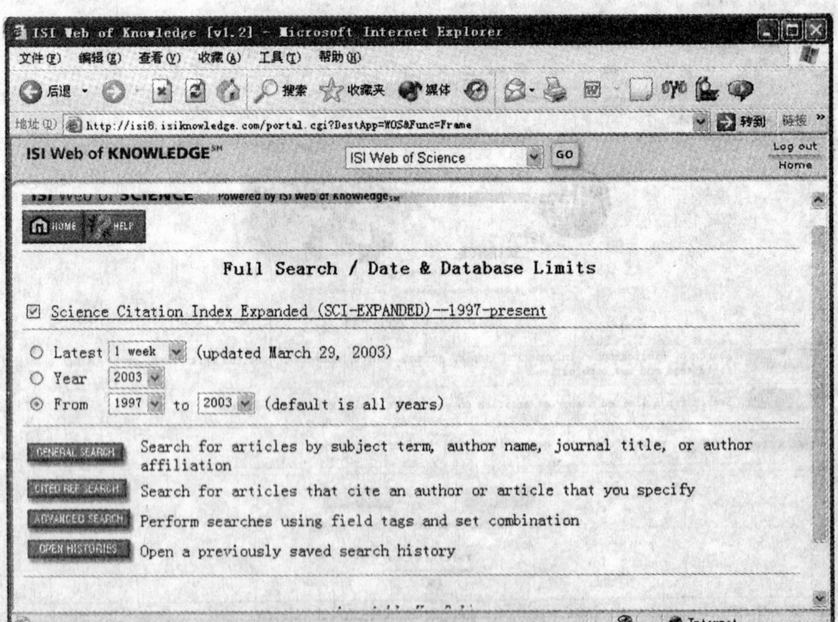

图 4－67　Full Search 检索界面

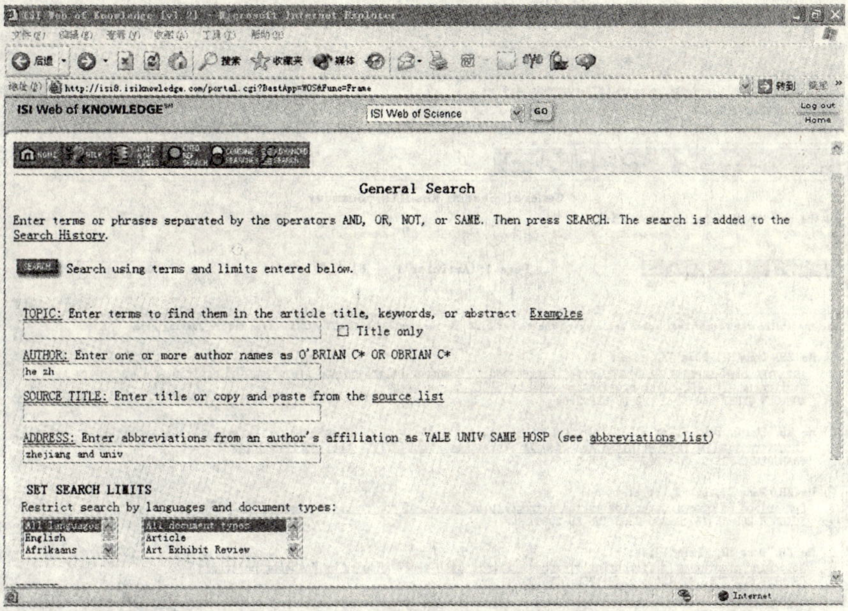

图 4-68　General Search 检索界面

• Topic（主题）检索：在输入框中键入主题词，可在题名（Title）、文摘（Abstract）或关键词（Keywords）字段中检索，也可仅选择题名（Title）检索。

• Author（著者）检索：从论文著者、引文著者以及文献中涉及的人物进行检索。输入一个或多个著者姓名。姓全称在前，名首字母缩写在后，姓和名之间空一格。如输入"he zh"（何祖华）。

• Source Title（刊名）检索：输入来源期刊名的全称或缩写，或点击【Source List】，从期刊列表中粘贴准确的期刊名。刊名检索可使用截词符"＊"。

• Address（著者地址）检索：利用著者所在机构或地理位置进行检索。通过著者机构检索时，可输入机构名称中的单词或短语（可采用缩写形式），例如"Zhejiang Univ"（浙江大学）。检索某一机构中的某个系或部门时，可用 SAME 连接机构、系或部门名称；通过地理位置检索时，可输入邮政编码。例如检索地址为"耶鲁大学医学院"，输入"Yale univ same hosp"。此例输入"zhejiang and unvi"。

注：在 Address 检索栏，如单独输入"Univ"检索是无效的，此为禁用词，必须与某个具体的大学名连用，如"Zhejiang"。

• 通过 General Search 界面下方的下拉菜单，对语种和文献类型进行限定。

B Geneal Search（一般检索）检索结果的显示与输出：

• 检索结果显示：点击【Search】，即执行"浙江大学何祖华老师的论文被 SCI 收录情况"的检索。结果共检中 5 篇，其中 1 篇为《Science》上发表的文献，如图 4-69 所示。由图可知检索结果以简要格式显示。每条记录显示内容包括：前三位著者，文

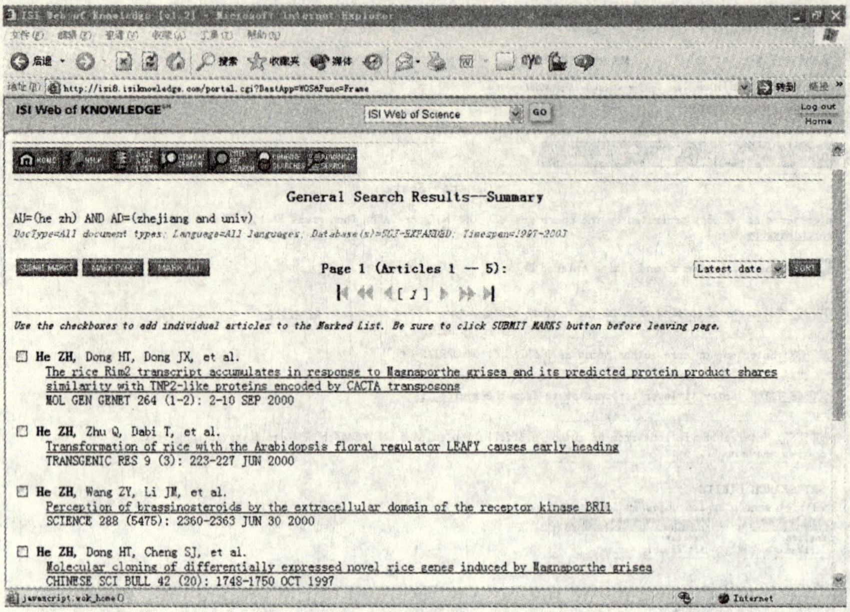

图 4-69　General Search 检索结果

献题名及来源期刊名称、卷期、页码等信息。

通过点击界面右上方的【SORT】下拉按钮，可对检索结果的排序方式进行选择：

Latest Date：默认选项，根据收录日期排序，最新的排在前面；

Times Cited：根据文献被引用的次数排序；

Relevance：相关性排序，根据每篇记录中检索词出现的频率以及它们之间的靠近程度降序排序；

First Author：根据第一著者的字母顺序排序；

Source Title：根据来源出版物名称的字母顺序排序。

进一步点击简要格式中的论文题名，如点击第 3 篇《Science》上发表的论文，可以显示该篇论文在 ISI 数据库中的全记录。包括文献类型、语种、引用参考文献数(Cited References)、被引次数(Times Cited)、摘要、著者标引关键词、增补关键词、地址、出版单位、IDS 号码、ISSN 号等字段内容。

在全记录显示界面，点击【Cited References】、【Times Cited】及【Find Related Records】可分别获得引用参考文献数、此文被其他著者引用的次数及相关参考文献等信息。点击【GO TO JCR】按钮，可直接链接至 JCR 数据库，获得《Science》期刊的影响因子、半衰期和引用次数等信息。如果单位已订购电子期刊，还可通过点击【Holdings】按钮直接获取全文。

• 检索结果输出：检索结果输出有打印、拷贝或电子邮件 3 种方式。

在所需的记录方框前先做标记(如想获全部记录按"Mark All"、获取显示页记录按“Mark Page”)；然后点击【Submit Mark】按钮提交；接着点击【Marked List】按钮(该按钮只在做了标记并点击 Submit 或 Mark All 后才出现)，在出现的界面上方作输出内容选项的选择，包括对文献类型(DT)、著者(AU)、原文出处(SO)、语种(LA)、文摘(AB)等选择，还可以对日期、相关性、被引次数、第一著者字顺、刊名等排序选择；最后从界面中部的“Format for Print、Save to File、Export to Reference Software、E－mail”4 种输出格式中选择，用浏览器中的打印或保存命令即可实现输出。如点击“E－mail”，在“E－mail the records to:”框中输入收件人地址，点击“Send E－mail”。

② Cited Ref Search(引文检索)　点击图 4－67 左下方的【Cited Ref Search】按钮即进入被引文献检索界面，如图 4－70。由图可知被引文献检索提供 3 个检索输入框：被引著者(Cited Author)、被引著作(Cited Work)和被引时间(Cited Year)。根据需要，可在一个或多个检索输入框进行检索。系统默认各检索框之间为“AND”关系。

例：检索上例中“何祖华老师在 2000 年发表的论文被其他著者引用情况”。

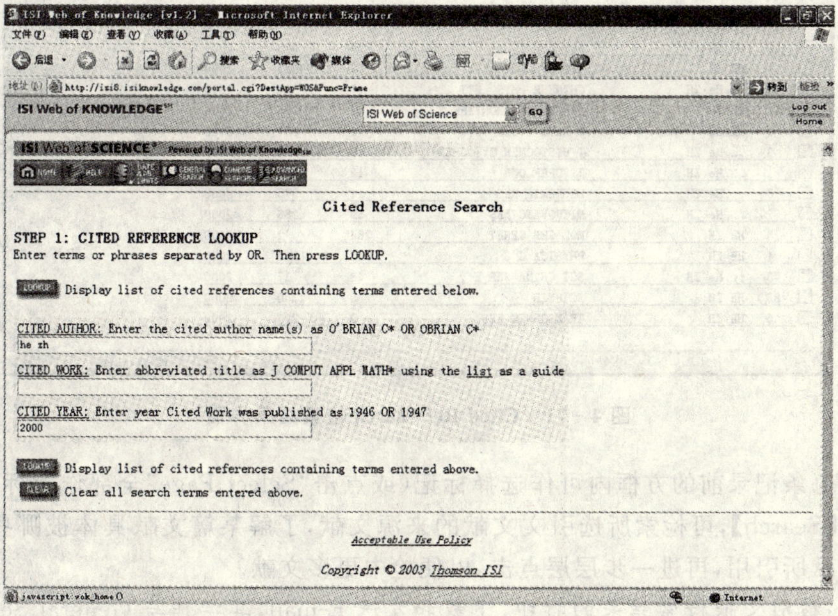

图 4－70　Cited Ref Search 界面

• Cited Author(被引著者)：输入一个或多个被引著者姓名(不限第一著者，可检索所有著者)，姓名输入格式与 General Search(一般检索)同。例：输入“he zh”。

• Cited Work(被引著作)：检索词为刊载被引文献的出版物名称，如期刊名、书名或专利号。如被引著作为期刊论文，则输入被引文献所在期刊名的缩写，或点击 List，从刊名列表中粘贴准确的刊名缩写形式。

• Cited Year（被引时间）：被引文献发表年代。输入 4 位数字的年代。例如，输入“2000”。

• Cited Ref Search（被引文献检索的结果显示与输出）：点击【LOOKUP】，即执行“何祖华老师在 2000 年发表的论文被其他著者引用情况”的检索结果（共 14 篇，但不一定全是何祖华老师的文献），如图 4－71 所示。每篇被引文献的左侧的 Hits 列显示该文献被引用的次数（如《Science》上发表的论文已被其他著者引用了 83 次）。

被引著者前如有省略符号，表示该著者不是来源文献的第一著者；没有下划线的记录表示该期刊不是 SCI 收录的期刊源。

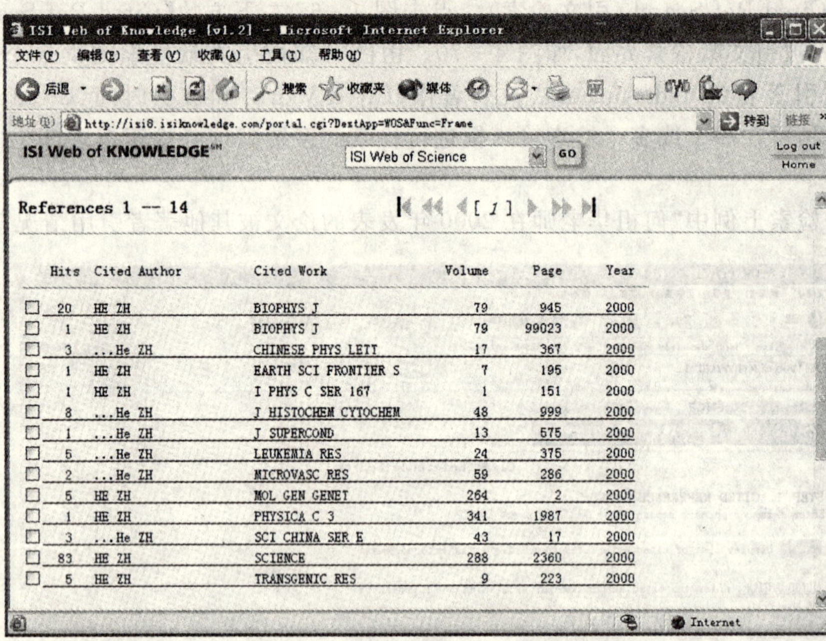

图 4－71　Cited Ref Search 检索结果界面

在每条记录前的方框内可作选择标记（或点击“Select Page”全部作上标记），然后点击【Search】，可检索所选引文文献的来源文献，了解某篇文献具体被哪些著者、哪些文献所引用，再进一步层层点击，以便检中更多文献。

注：被引文献检索结果的打印、下载和发送 E-mail，其操作与 General Search 基本相同。

③ Advanced Search（高级检索）　高级检索界面仅提供一个检索输入框，可利用字段标识符及其检索算符以实现复杂的组配检索（图 4－72）。通过此检索途径可从非引证角度来迅速查找文献。

例如：检索除 Cooper，JI 以外的著者发表的有关烟草病害防治方面的文献。

根据检索要求，在检索输入框中输入检索表达式：TS＝（tobacco or nicotiana）

and TS＝disease? same TS＝control＊ not AU＝cooper ji.

点击【Search】后，在界面下部自动生成如图 4－72 所示的检索结果区，包括记录号(＃1)、检中记录数(Results)、检索历史区(Search History)。进一步点击有下划线的记录数，则显示检索结果。

在高级检索界面，系统允许使用的字段有：TS＝Topic；TI＝Title；AU＝Author；SO＝Source；AD＝Address。

允许使用的检索算符有：AND、OR、NOT、SAME；同时支持截词符"?"和"＊"的使用。

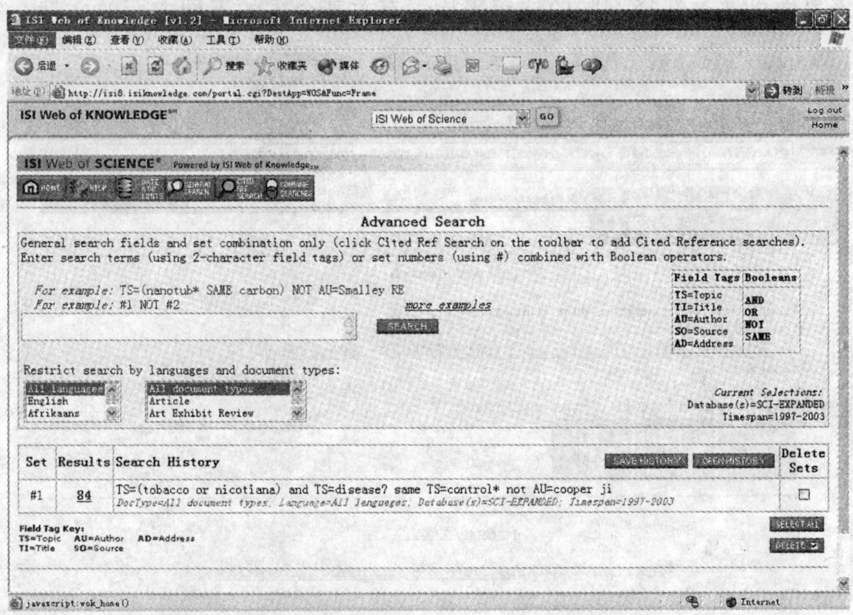

图 4－72 Advanced Search 界面

注：高级检索时，需注意字段标识、检索算符等的正确运用，否则系统会显示出错误信息。

• SAME 算符只能用于连接 2 个检索词，不能用于连接 2 个不同字段或 2 个检索项，如 TS＝cell SAME AU＝Smith 或＃1 SAME ＃2；

• 使用 Source 字段时，如果刊名中包含有"and"等与逻辑算符一致的字符，则必须在这些字符标上加双引号，如：SO＝(Earth "AND" Planetary Science Letters)。

• 在检索项和检索字段之间不允许用逻辑算符连接。如＃1 AND TS＝neuron。

(2) 简单检索(Easy Search)

简单检索检索界面如图 4－73 所示。由图可知，Easy Search 下又分 Topic(主题检索)、Person(人名检索)和 Place(地址检索)。简单检索只可进行单个字段的检索，无法进行多个字段间的逻辑组配检索。

① 主题检索(Topic)　检索关于某个主题的所有文献。在检索框内输入检索词或用逻辑算符组配的检索表达式,然后选择命中结果排序方式:

• “Relevance”:按相关度排序,检索词出现频率高的排在前面;

• “Reverse Chronological Order”:按 ISI 收录期刊的时间逆序排列,最新记录排在前面。

• 点击【Search】,执行检索。

② 人名检索(Person)　点击图 4 - 73 中的【PERSON】按钮即进入人名检索界面。在该界面可通过选择不同的按钮来检索有关某个人的不同方面的文献。

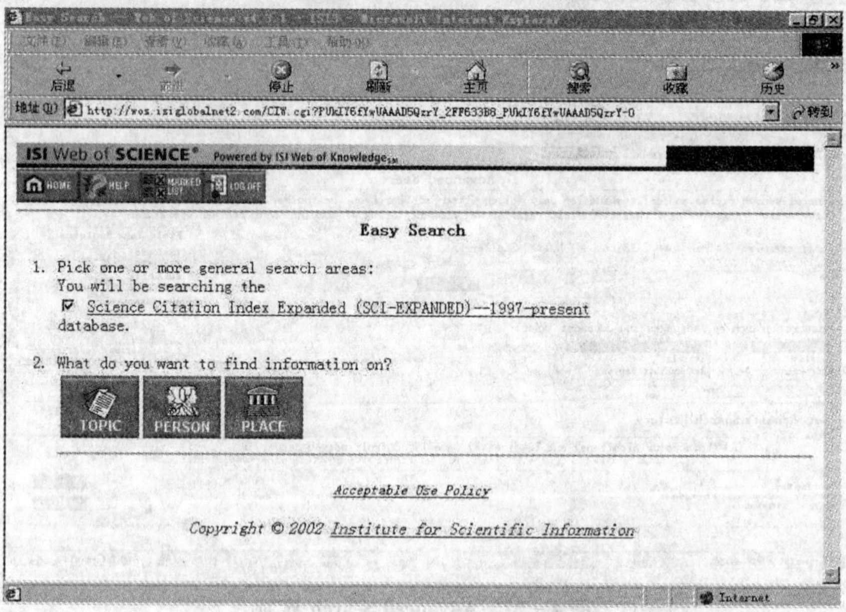

图 4 - 73　Easy Search 检索界面

• 选择“Show me all of the articles in the database that this person has authored.”,进入“Author Search”(论文著者检索),可检索某个著者发表的所有文献。

• 选择“Show me all of the articles in the database that cite this person’s work.”,进入“Cited Author Search”(被引文著者检索),可检索所有引用某个著者所写文章的文献。

• 选择“Show me articles that are about this person.”,进入“Person as Subject Search”(主题人物检索),可检索提及某个人的所有文献。

③ Place(地址检索)　检索有关某个机构或地理位置的著者所发表的文献情况。检索方法与 Full Search 中的“Address”(著者地址)检索相同。

4.3.3.3 ISI Proceedings

ISI Proceedings 是美国科学情报研究所(ISI)将《科学技术会议录索引》(Index to Scientific and Technical Proceedings,ISTP)和《社会科学及人文科学会议录索引》(Index to Social Science & Humanities Proceedings,ISSHP)两大会议录索引集成为基于 ISI Web of Knowledge 的一个检索平台,是检索国际科技会议文献的主要数据库,数据每周更新。

ISI Proceedings 汇集了世界上最新出版的会议录资料,包括专著、丛书、预印本以及来源于期刊的会议论文,提供了综合全面、多学科的会议论文资料。其中 ISTP 收录自 1990 年以来每年近 1 万个国际科技学术会议所出版的共计 190 多万篇会议论文;每年约增加 22 万个记录;提供自 1997 年以来的会议录论文的摘要;ISSHP 收录自 1990 年以来每年近 2 800 个国际学术会议所出版的共计 20 万篇会议论文;每年约增加 2 万个记录;提供自 1997 年以来的会议录论文的摘要。

该数据库的检索界面、检索方法与 Web of Science 基本相似。下面简要介绍其检索方法与步骤。

(1) 检索方法

ISI Proceedings 数据库检索主页与 Web of Science 相似,也提供完全检索(Full Search)与简单检索(Easy Search)2 种检索类型。Full Search 提供较全面的检索功能。可通过主题词、作者名、期刊名、会议或作者单位等途径进行检索,可限定检索结果的语种、文献类型、排序方式,可存储或运行检索策略。Easy Search 的检索功能相对简单,可以对感兴趣的特定主题、人物、地点进行检索。

① Full Search(完全检索) 进入 Full Search 检索界面,首先选择数据库:科学技术会议录索引(Science & Technology—Proceeding)或社会科学及人文科学会议录索引(Social Sciences & Humanities—Proceeding),系统默认为两库都选;再选择年代范围:可以选择某年或最近几周上载的数据,系统默认为 All year(1996～2003)。

Full Search 有 2 种检索方式:General Search(一般检索)和 Advanced Search(高级检索)。这 2 种检索方式均支持布尔逻辑算符、位置算符及截词符的运用,使用方法同 Web of Science。

A General Search(一般检索):点击【General Search】按钮进入如图 4-74 所示界面。一般检索可提供 5 种检索途径:Topic—从主题检索;Author—从论文著者检索;Source—从来源出版物检索;Conference—从会议名称、地点、日期、主办者检索;Address—从著者单位或地址检索。

用户可以单独使用一种检索途径,也可以使用多个检索途径进行逻辑与组配检索。检索词间可用逻辑算符(AND、OR、NOT、SAME)连接。

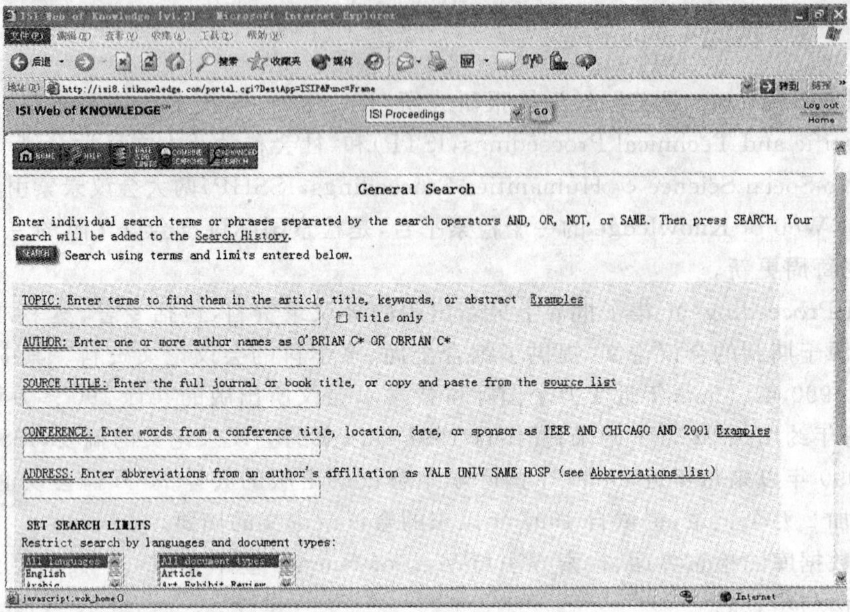

图 4－74　General Search 界面

- 主题检索(Topic Search):在输入框内输入描述文献主题的检索词,该主题词可以是在文献篇名、文摘及关键词字段出现的词汇,也可以是只在文献篇名中出现的词汇(Title only),词与词之间可以用逻辑算符(NOT or AND)。
- 著者检索(Author Search):在输入框内输入著者姓氏的全称、空格、名首字母的缩写。如检索“张小东”,则输入 zhang xd。
- 来源出版物名称检索(Source Title Search):输入来源期刊名的全称,或点击“Source List”,从期刊列表中粘贴准确的期刊名。刊名检索可使用截词符“*”。
- 会议信息检索(Conference):通过会议名称、地点、主办者、日期来检索文献,会议名称、地点、日期之间用“AND”连接。如 AMA and CHICAGO and 1994。
- 地址检索(Address):通过作者的单位或地址来检索文献,例如:输入 IBM SAME NY,检索作者地址为 IBM's New York facilities 的会议文献。机构名称和地名的缩写形式可参考:“Corporate & Institution Abbreviations”、“Address Abbreviations”、“State/Country Abbreviations”。

同样在 General Search 界面,也可通过下方的下拉菜单,对检索的语种和文献类型进行限定。

B Advanced Search(高级检索):在高级检索界面仅提供一个检索输入框,可利用字段标识符及其检索算符以实现复杂的组配检索(图 4－75)。

根据检索要求,在检索输入框中输入检索表达式后,点击【Search】按钮,即可在界面下方生成包括记录项(Set)、检中记录数(Results)、检索历史区(Search History)在内的检索结果。进一步点击有下划线的记录数,则显示简洁格式的检索结果。

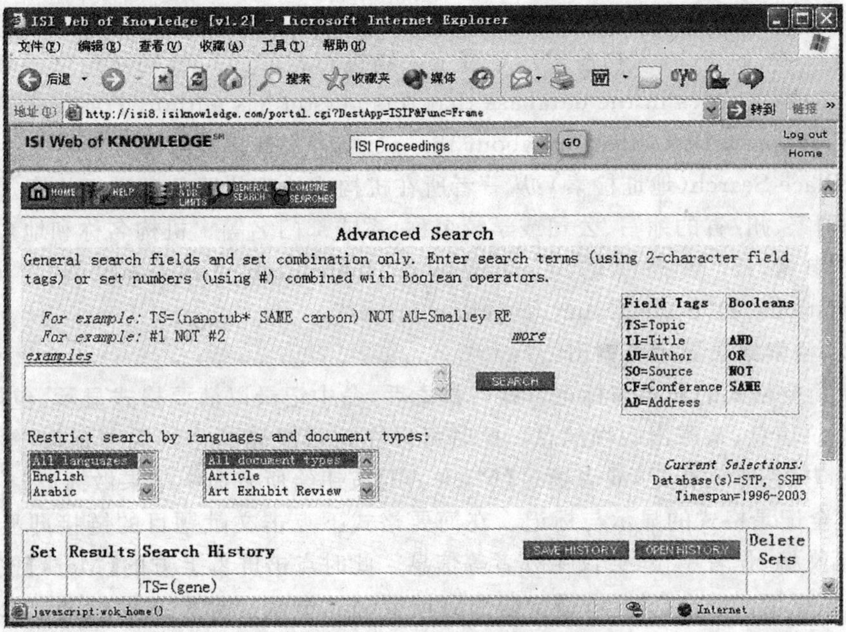

图 4-75 Advanced Search 界面

在高级检索界面，系统允许使用的字段有：TS＝Topic；TI＝Title；AU＝Author；SO＝Source；CF＝Conference；AD＝Address。允许使用的检索算符有：AND、OR、NOT、SAME。同时支持截词符“?”和“*”的使用。

注：进行高级检索时，需注意字段标识、检索算符等的正确运用，否则系统会显示出错信息。

• SAME 算符只能用于连接 2 个检索词，不能用于连接 2 个不同字段或 2 个检索项，如 TS＝cell SAME AU＝Smith 或 #1 SAME #2；

• 使用 Source 字段时，如果刊名中包含有“and”等与逻辑算符一致的字符，则必须在这些字符标上加双引号，如：SO＝(Earth "AND" Planetary Science Letters)

• 在检索项和检索字段之间，不允许用逻辑算符连接。如 #1 AND TS＝neuron。

② 简单检索(Easy Search)　简单检索与 Full Search 类似，先选择数据库范围，然后选择需要查找的信息类型——主题(Topic)、人物(Person)，地点(Place)，再进入各自的检索界面。

A Topic Search(主题检索)：在篇名、文摘及关键词字段通过主题检索文献。步骤如下：

• 输入描述文献主题的检索词，用逻辑算符(AND、OR、NOT)连接。

• 选择结果排序方式：Relevance(相关度)或 Reverse chronological order(年代倒序)。

• 点击【Search】按钮,开始检索。

B Person Search(人物检索):对特定人物进行检索。可分别从论文著者(Show me all of the articles in the database that this person has authored)或论文中提及的人物(Show me articles that are about this person)来查找文献。

C Place Search(地址检索):从著者所在机构或地理位置角度进行检索。检索词可以是国家、州/省的缩写、公司或学校名称、系或部门名等。机构名称和地名的缩写形式可参考 ISI 数据库的"Corporate & Institution Abbreviations"、"Address Abbreviations"和"State/Country Abbreviations"。

(2) 检索结果显示与输出

① 简要格式的显示与标记　执行检索后,命中记录以简要格式显示,包括题目、作者、会议信息、来源出版物信息。此时可以在记录左侧的小方块中划勾,然后点击【Submit】按钮来做标记,或者通过【Mark All】按钮给所有命中结果做标记。

② 全记录格式的显示与标记　在简要格式下点击文献题目的链接即显示全记录,包括文摘、作者单位、会议主办者等信息。此时点击屏幕上方的【Mark】按钮可对该记录做标记。点击【Sumary】按钮回到简要格式显示。部分文献的全记录显示中有【GO TO WEB OF SCIENCE】按钮,表示该会议文献由于同时刊登在期刊上而被 SCI 收录,点击该按钮可以直接联到 Web of Science 数据库界面,从而可获得其被引情况。

③ 检索结果输出　将需要的记录做标记后,屏幕上方就会出现【Marked List】按钮,点击后显示所有标记记录的简要列表,在屏幕下方可以根据需要选择增加文摘、作者单位或地址、ISSN/ISBN 号、语种、出版者信息、会议地点、文献类型、关键词、会议主办者等字段进行输出。输出多记录时还可选择按时间、第一著者、来源出版物名称或会议名称字顺排序。选择输出字段和排序方式后,再选择"FORMAT FOR PRINT"进行显示,然后利用浏览器的存盘和打印功能下载。也可以选择 E-mail 方式,将检索结果发至电子邮箱。"SAVE TO FILE"和"EXPORT"方式仅用于输出到专门接口软件,一般用户不能使用。

4.4 文献传递服务

通过检索手工检索工具、二次文献数据库和一些电子期刊网站,有时用户只能检索到文献的线索,如题目、著者、出处和文摘等。但用户最终需要的还是原始文献,因而也就出现了文献传递这种服务形式。所谓文献传递(亦称原文传递)是指把用户需求的原始文献从文献源中提取出来,通过一定的途径提供给用户的一种服务。

4.4.1 文献传递服务的概述

早在19世纪，西方一些国家的图书馆就出现了馆际互借服务。到20世纪60年代，这种以馆际互借为主要形式的文献传递服务在欧美国家已十分普及，服务项目包括图书借阅、资料复印等，一般采用邮寄方式开展服务。当时的馆际互借并不直接为读者服务，仅限于图书馆之间彼此利用各自馆藏，作为弥补和延伸本馆藏书的一种手段。建于20世纪60年代的英国国家图书馆文献提供中心就是当时比较典型的代表。

20世纪以后，由于文献价格的上涨，出版物尤其是科技文献数量与日俱增，从而给用户索取文献造成了困难，同时也给图书情报部门收集文献带来了极大的困难。为此，文献资源共享这一巨大的工程摆到了图书情报部门的面前，文献传递服务越来越受到人们的重视，于是开始出现商业性的文献传递服务。但当时的Dialog、OCLC与RLIN主要以提供书目索引信息为主，很少提供全文信息。可以说，此阶段的商业性文献传递服务与馆际互借范畴的文献传递服务都是在传统的资源共享框架中运作的，计算机数据库检索系统与传递系统呈分立状态，商业文献传递服务的规模和影响都十分有限。

进入20世纪90年代，计算机技术、网络技术及数据库技术迅猛发展，文献传递服务也随之兴盛。文献提供商开始致力于设计面向用户的图形界面和自然语言检索提问方式，从而取代了原有的繁杂的检索方式，为用户检索提供了极大的方便。全文数据库、电子邮件与电子书刊的大量涌现也扩大了文献传递可用资源的范围。

时至今天，馆际互借和商业性文献传递服务在全球的文献传递服务中正发挥着十分重要的作用。

4.4.2 我国的文献传递

(1) CALIS馆际互借及文献传递

中国高等教育文献保障系统(China Academic Library & Information System, CALIS)是国家支持的中国高校图书馆联盟，于1999年1月正式启动。其宗旨是把高校丰富的文献资源和人力资源整合起来，建设以中国高等教育数字图书馆为核心的教育文献联合保障体系，实现信息资源共建、共知、共享，为中国的高等教育、科学研究服务。

根据CALIS统一的制度、协议和办法，在CALIS成员馆之间开展馆际互借和文献传递服务。充分利用各分中心和成员馆的文献资源，实现资源共享。

CALIS的4个全国中心(图4-76)订购中文现期科技期刊近4 000种、西文现期科技期刊13 000多种、西文会议文献3 000多种，资源十分丰富。由于有国家经费资助，所以对需求单位的全文服务只收取少量的成本费。例如以电子邮件、普通邮件、平信挂号等方式提供的全文服务，每页仅收 0.20 元。同时，CALIS 还协助其成员馆和国外的著名文献传递中心（如 OCLC 和美国 CARL 公司等）建立联系，为成员馆的教育科研提供有力的文献保障。

图 4－76 CALIS 工科文献中心网站

（2）国家科技图书文献中心（NSTL）网络信息服务系统

该系统是 2000 年 6 月 12 日组建的一个虚拟的科技文献信息服务机构，由中国科学院图书馆、工程技术图书馆（中国科学技术信息研究所、机械工业信息研究院、冶金工业信息标准研究院、中国化工信息中心）、中国农业科学院图书馆、中国医学科学院图书馆组成。同年 12 月 26 日开通了网络信息服务系统（http://www.nstl.gov.cn），以一种全新的方式为广大用户提供科技文献检索与全文提供服务。该系统可为用户提供多种类型的文献信息服务，其中包括：文献检索和原文提供、网络版全文数据库、期刊分类目次浏览、联机公共目录查询、文献题录数据库检索、网络信息导航、专家咨询服务和专题信息服务等。

文献检索和原文提供服务项目可提供文献检索和原文请求两种服务，非注册用户可以免费进行文献检索，注册用户可以在文献检索的基础上请求文献原文服务。而文献题录数据库可提供多种中外文文献文摘或题录的检索服务，用户可免费检索。如需获取文献原文，可与相应的文献收藏单位联系。

专题信息服务项目收集了自 1998 年以来，NSTL 各成员单位的部分专题学术文献报导和科学技术进展分析。用户可按成果类型浏览或通过检索入口进行查询，如需要全文可与成果提供单位直接联系。

(3) 国家图书馆文献提供中心

国家图书馆文献提供中心(图 4-77)成立于 1997 年,作为国家图书馆的信息服务窗口,担负着收藏、检索、咨询、传播知识信息等职能。该中心将传统的咨询手段与先进的信息网络技术相结合,为社会提供多层次、全方位的有偿服务。

中心提供的文献服务方式主要有:

图 4-77 国家图书馆文献提供中心

① 提供原文 充分利用馆藏,根据所提供的文献出处,为读者复制原文。

② 各类图片 在中外文书刊中查找所需的各个时期的各类图片。

③ 专利原文 专利局收藏的各种中外专利原文。

④ 馆际互借 为北大、清华、中科院文献情报中心等国内多家图书情报机构提供所需文献。图书情报机构以及各大专院校图书馆均可申请馆际互借关系,以借阅图书或办理查询。

⑤ 国际互借 与国外图书情报机构最早建立起联系,现已经与 67 个国家 500 多家图书馆建立了业务关系。凡国内缺藏的文献,均可申请办理国际互借。可以提供借阅图书、原文影印、专利查询等各项业务。

⑥ 电子邮件传输 中心的系统(即文献快速传递系统)可利用互联网将资料传输到对方的 IP 地址,将扫描、传输、复印整合于一体,省去了邮费、传真费。可快速、方便地提供高质量的文献。

如果用户需要的文献量不多,该中心会在接到申请后直接查询,然后通过寄汇款通知单的方式告之用户所需付的费用;如果用户需要的文献量较多,或是要查找专题，用户就必须先付预付款，按照多退少补的原则办理，待文献查完之后结帐。

4.4.3 国外文献传递服务机构

(1) 美国 CARL 公司的 UnCover 系统

UnCover 是 CARL 公司（Colorado Alliance of Research Libraries）的一个主要产品，是当前世界上规模最大、内容更新最快的期刊数据库之一。UnCover 数据库建于 1988 年，到目前为止，该库收录的期刊已超过 2 万种（主要是英文期刊），内容涉及自然科学和社会科学的多个领域。期刊文献进入数据库的时间与期刊递送到当地图书馆或期刊发售点的时间只迟 2 天，基本保持同步。

目前，CALIS 全国文理文献信息中心组织 71 家 CALIS 成员馆，以集团购买的方式订购了 UnCover 数据库，用户可以通过 UnCover 为 CALIS 特别设计的网关界面，免费检索 UnCover 数据库。用户如果需要原文，可通过图书馆馆际互借获取，或者以优惠价格向 UnCover 订购。CALIS 引进的 UnCover 的主要服务内容有以下几种。

① 网关数据库（UnCover Customized Gateway） 网关数据库是 UnCover 最高等级的检索服务。用户可以进行屏幕格式化设计，可以输入本馆的馆藏信息，获得同时检索功能。CALIS 引进 UnCover 的服务后，UnCover 按照 CALIS 的要求特别设计出"CALIS UnCover"的用户界面，并输入 CALIS 的 71 个成员馆的西文期刊馆藏目录及所在院校校园网的 IP 地址范围。凡 CALIS 成员馆的用户均可在校园网上通过"CALIS UnCover"网关直接检索其数据库（UnCover 网址为：http://www.gateway.ingenta.com/calispku），并通过图书馆向 UnCover 订购文章。如所需文章收录在 CALIS 成员馆的馆藏期刊中，则该系统的 SUMO（Subsidized UnMediated Ordering）无中介补遗订购功能会自动取消读者的订购，然后通过 CALIS 馆际互借方式解决。所谓 SUMO 无中介补遗订购系统是指当用户用关键词、著者或刊名在 UnCover 数据库中检索时，系统在显示检中结果的同时，亦将显示相关期刊的 CALIS 成员馆的馆藏信息（图4－78）。如果用户所选期刊被 CALIS 收藏，系统将自动阻止其用 SUMO 账号订购全文，使其通过馆际互借途径获取全文。

UnCover 网关数据库向用户提供了 4 种基本检索方式：①关键词检索（Keyword Search）；②刊名浏览检索（Title Browse Search）；③著者姓名检索（Name or Author Search）；④所有索引字段检索（All Indexes Search）。同时还提供姓名关键词组合检索（Name/word Search）和截词检索。姓名关键词组合检索可以查出某一著者在某一领域发表的文章。当用多个关键词或姓名组配检索时，可以使用布尔逻辑运算符。

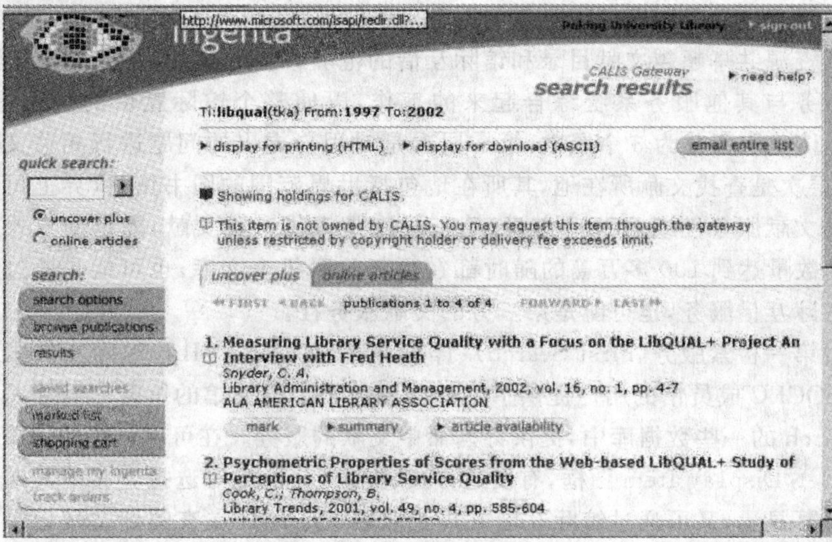

图 4-78　相关成员馆馆藏信息

注：表示该期刊被 CALIS 收藏；表示该期刊未被 CALIS 收藏。

② 最新文献报道(UnCover Reveal)　UnCover Reveal 是美国 Carl 公司提供的最新文献报道服务。这项服务以一周为周期，服务内容包括最新目次信息服务和定题检索服务两个方面。最新目次信息服务允许用户选定自己关注的、不超过 50 种的期刊，一旦新的一期出版，UnCover 会将它们的目录内容通过 E－mail 传递到用户的电子信箱中。定题检索服务允许用户提交最多 25 个检索词，数据库每周更新时，也同时执行用户的检索式，对新入库的期刊文章进行检索，将检中的记录传送到指定的电子信箱中。

用户可以根据需要，通过 CALIS 的馆际互借服务或所在图书馆向 UnCover 订购文章。CALIS 成员馆的用户只要拥有一个在有效 IP 范围内的 E－mail 账户，即用户的 E－mail 地址的末尾与其所在学校的主域名一致(如浙江大学用户的 E－mail 必须以 zju. edu. cn 结尾)，便可享用这项服务。

③ 原文传递服务(Document Delivery)　此项服务与网关数据库(CALIS UnCover Gateway)和最新文献报道(UnCover Reveal)服务配套，UnCover 以优惠价格向 CALIS 的用户提供原文传递服务，并能够在 24 小时内(UnCover Express 只须几小时)通过传真将全文传递给用户。

(2) 美国联机计算机图书馆中心(Online Computer Library Center，OCLC)

OCLC 总部设在美国的俄亥俄州，是世界上最大的提供文献信息服务的机构之一。目前，已有 82 个国家和地区的 41 万个图书馆和教育科研机构使用其产品和服务。

OCLC 馆际互借服务(OCLC Interlibrary Loan (ILL) service，PRISM ILL)帮助

其成员馆设立传送及跟踪馆际互借的服务。

由于资源共享超越文献目录和馆际互借的范畴，所以 OCLC 一直在从事将其资源共享服务与其他服务系统综合起来的工作，以使整个馆际互借的过程一体化。OCLC 一体化服务分为 3 个层次：第一层次是对用户提出的问题进行相关文献的检索；第二层次是查找文献所在地，其所在地包括世界范围的图书馆、世界上可提供全文服务的文献服务社或 OCLC 自身；第三层次是提供一次文献，提供的方式可能是 OCLC 的数量达到 100 多万篇的随时都在更新的联机全文库，也可能是通过所在图书馆的馆际互借服务，也可能是第三方的文献服务社。

通过第一检索服务（First Search）（详见 6.2）和 OCLC ILL 馆际互借服务的连接，它为 OCLC 成员馆的用户提供了一条存取数千个图书馆的馆藏信息的途径。在 First Search 的一些数据库中，提供订购命中文献的服务。在可以订购的记录上方会显示出 Get/Display Item 图框，有发送方式、提供商、价格等选择。其中发送方式既可选择屏幕显示，又可通过馆际互借方式获取原文。用户在查阅到文献记录后可以于同一工作台上通过网络提交馆际互借请求，要求递送全文文献资料，并由 OCLC 分散在不同国家和地区的参与馆共同提供文献保障。通过 OCLC 资源共享服务进行馆际互借的成功率达 95%。

(3) 英国图书馆文献提供中心（The Britisb Library Document Supply Centne, BLDSC）

BLDSC 是目前世界上最大的文献提供中心。英国图书馆拥有 1.5 亿条 400 种文字的文献资源，为其开展文献传递提供了强有力的保障。英国图书馆每年收到 400 多万次的文献提供请求，其中国际请求近 30%。提供文献的满意度为 85%左右。

① 文献传递服务的主要内容　英国图书馆文献供应中心的文献传递范围十分广泛，其中包括期刊、图书、会议文献、缩微资料、报纸、政府出版物、专利文献、科技报告、学位论文、影像资料以及未通过正常渠道出版的灰色文献等。其服务的主要内容有：

A 标准拷贝服务（Standard Copy Services）：标准拷贝服务仅限于注册团体用户，它为注册团体用户提供英国图书馆拥有的用于科研目的的 26 万种期刊杂志上的任何文章的拷贝，这些杂志几乎涵盖了所有的领域。此外，还提供英国图书馆收藏的约 40 万种会议论文的拷贝以及各种官方的出版物、书籍、论文和音乐拷贝。BLDSC 每年仅此项服务就要收到 420 万份文献传递请求，其用户满足率达 90%以上。

B 支付版权费拷贝服务（Copyright Fee Paid Copy Service）：此项服务除了支付与标准拷贝服务相同的费用外，还需要支付额外的版权费。版权费将通过英国版权注册机构转交给世界各地的版权拥有者。但是服务更为灵活，非常适用于个人和团体。

C 租借服务（Loan Service）：这是一项原始文献的外借服务，适用于团体用户，个人不能享用。英国图书馆的大部分馆藏都是可以外借的。

D 加急服务(Urgent Action Service):加急服务是一种在 2 小时内回复的专人快速服务,只适用于注册用户。非注册用户必须通过 Articles Direct Service 请求加急服务。

E 文献直接传递(Articles Direct):针对非注册团体和个别用户偶然的文献传递需求,BLDSC 还开设了文献直接传递服务。用户不需要有专用的 BLDSC 账户,只需在网上填写订购单,便可获得期刊和会议论文的拷贝件。此项服务分为标准服务和加急服务两类。

F 网络服务(Inside Web):网络服务是一个融合最新通告和文献订购为一体的服务,通过网络对英国图书馆 2 万种最为核心的研究性期刊杂志和 10 万种会议录进行检索,并根据需要为用户提供每日、每周、每月的最新目次服务。通过 Inside Web,用户还可以检索英国图书馆 300 年来近 26 万种期刊题名。

G 英国学位论文服务(British Thesis Service):此项服务可以提供英国几乎所有大学 14 万件博士学位论文的传递。

② 文献传递申请递交和文献传输方式　向 BLDSC 递交请求的图书馆一般不需要预先查找其馆藏目录,可将需要传递的文献申请直接发给 BLDSC,其专业人员会代为检索。申请递交途径一般有 4 种:

A 网络申请;

B 电话申请:+44 (0)1937546599,一般只适用于紧急情况;

C 传真申请 Fax:+44 (0)1937 546210;

D 电子邮件申请 E-mail :articles-direct@bl. uk。

BLDSC 将通过传真、专递、信函及 Ariel 等方式传递文献。在此 Ariel 系统是研究型图书馆团体 RLG 的文献传输系统,该系统性能优越,非常适合通过扫描方式进行的文献传递服务。它通过 FTP 和 MIME 电子邮件形式传递文件。使用者必须有相应的软件和 IP 地址。

(吴贤奇,屈卫群,郭锁英,吕　娟,唐惠燕,郑江平)

5 特种文献检索

5.1 会议文献

5.1.1 会议文献概述

会议文献是指在各种学术会议上宣读的论文、产生的记录及发言、论述、总结等形式的文献,包括会议前参会者预先提交的论文文摘、在会议上宣读或散发的论文、会上讨论的问题、交流的经验和情况等经整理编辑加工而成的正式出版物。许多学科中的新发现、新进展、新成就以及所提出的新研究课题和新设想,都是以会议论文的形式向公众首次发布的。据美国科学情报研究所(ISI)统计,全世界每年召开的国际性学术会议约上万个,正式发行的各种专业会议文献 5 000 多种。我国每年召开的学术会议也有数千个,会议文献数量的增长远大于图书、期刊的增长,且有逐年递增的趋势。因此,会议文献是传递和获取科技信息的一种极为有效的重要渠道。会议文献具有以下特点:内容新颖,及时性强;学术水平高,专业性强;数量庞大,内容丰富;可靠性高;出版形式多种多样。

5.1.2 会议文献的类型

(1) 按其组织形式和规模区分类

分为国际性会议、地区性会议、全国性会议、学会或协会会议、同行业联合会议。

(2) 按出版时间的先后分类

① 会前文献　会前文献一般是指在会议进行之前预先印发给与会代表的论文、论文摘要或论文目录。

会前文献具体有 4 种:会议论文预印本、会议论文摘要、议程和发言提要、会议近期通讯或预告。大约 50%的会议只出版预印本,会后不再出版会议录,在此情况下,预印本就是惟一的会议资料。

② 会中文献　包括开幕词、讲演词、闭幕词、讨论记录、会议简报、决议等。

③ 会后文献　主要指会议结束后正式发表的会议论文集。

会后文献有许多不同的名称:会议录(Proceeding)、会议论文集(Symposium)、学术讨论论文集(Colloquium Papers)、会议论文汇编(Transactions)、会议记录

(Records)、会议报告集(Reports)、会议论文集(Papers)、会议出版物(Publications)、会议辑要(Digest)等。

5.1.3 会议文献的检索

(1) 利用手工检索工具检索会议文献

①《世界会议》(WM) 由美国世界会议情报中心公司(World Meetings Information Center Inc.)出版,季刊。主要预报两年内世界各地将要召开的科学技术方面的国际会议,涉及世界上100多个国家和地区的2 000多个专业会议。共有4个分册:①《世界会议:美国和加拿大》(World Meetings: United States & Canada),1963年创刊;②《世界会议:美国和加拿大以外》(World Meetings: Outside USA & Canada),1968年创刊;③《世界会议:社会和行为科学、教育和管理》(World Meetings: Social & Behavioral Science Education & Management),1971年创刊。④《世界会议:医学》(World Meetings: Medicine),1978年创刊。检索前,首先要选准符合需要的分册。

②《国际科技会议预报》(Forthcoming International Scientific & Technical Conferences) 由英国专业图书馆协会(ASLIB)编辑出版,1971年创刊,季刊。主要预报本年内将要召开的国际科技会议和英国的全国性科技会议,按预定的会议日期排列,并附有主题索引、会议地址索引和主办机构索引。

③《已出版的会议录指南》(Directory of Published Proceedings) 由美国英特多克公司(Inter Dok Corp)编辑出版,1964年创刊,是一种专门收录会议录出版情况的期刊。主要报道世界各国学术会议名称、日期、地点、主办单位、会议文献主题及出版形式(如预印本、会议录等)和定价。既收集单行本会议录,同时还收集研究报告、期刊、专论、丛书中的会议论文。该刊分3个分册:

- 《工程、医学和技术分册》,月刊,有年度累积索引和累积索引补篇;
- 《社会、人文科学分册》,季刊,有年度累积索引和累积索引补篇;
- 《污染控制、生态学分册》,半年刊。它是从前2个分册中选出有关部分重编而成的。

各分册的正文部分按会议时间顺序摘录每次会议的日期、会议地址、会议名称、主办者、会议录出版者、订购号(ISBN号或报告号等)、价格、会议录名称、在期刊中发表的会议论文的出处等事项。

④《会议论文索引》(CPI) 由美国数据快报公司编辑出版,1973年创刊,原名为《近期会议预报》(Current Programs),1978年改为现刊名,月刊。1981年改由美国坎布里奇科学文摘公司(Cambridge Scientific Abstracts Co.)编辑出版。从1987年起改为双月刊。另出版年度索引。本索引每年报道约72 000篇会议论文(不论出版与否),及时提供有关科学、技术和医学方面的最新研究进展信息,是目前检索会议

文献最常用的检索工具之一。

⑤《科技会议录索引》(ISTP)　由美国科学情报研究所(ISI)编辑出版,1978年创刊,月刊。ISTP是报道近期已出版的会议录的权威性刊物,除了反映会议录的出版情况外,还报道会议录中收录会议论文的题录。该刊收录的会议录是已出版的。ISTP报道的学科几乎包括了科学与工程方面的各个领域。ISTP有月刊本和年度累积本。月刊本每期由正文部分(会议录目录 Content for Proceeding)和索引部分组成。正文部分报道以图书或期刊形式出版的会议录,按会议录登记号顺序排列;索引部分共有6种索引。每期按照刊载的前后顺序依次为:类目索引、会议录目次(正文)、作者/编辑者索引、会议主办单位索引、会议地址索引、轮排主题索引、团体机构索引。

通过查找ISTP获得的结果,既可以了解某一次会议的所有召开信息,也可以了解此会议上发表的所有论文题目、作者及作者所在单位,还可以了解为此会议出版的会议录的所有出版信息,为读者获取某篇会议论文的原文提供了很大的便利。

⑥《中国学术会议文献通报》　由中国科技信息研究所、中国农业大学主办,科技文献出版社出版。1982年创刊,原名为《国内学术会议文献通报》,季刊,1984年改为双月刊,1986年改为月刊,1987年改为现刊名。每期以题录、简介或文摘形式报道所收藏的国内学术会议论文。它是报道我国各类专业学术会议论文的一种检索刊物,内容涉及数理科学和化学、医药卫生、农业科学、工业技术、交通运输、航天航空、环境科学及管理科学。会议文献来自全国重点学会举办的各种专业会议。正文按《中国图书馆图书分类法》(第二版)分类编排。1990年起,将期末主题索引改为年度主题索引,在每年度的最后一期中报道。《中国学术会议文献通报》可通过分类和主题途径检索。

(2) 利用数据库检索会议文献

①《中国学术会议论文数据库》(http://www.scitechinfo.com.cn/sjk.asp)由中国科技信息研究所万方数据中心推出,是我国目前收集学科最全面、数量最多的会议论文数据库(图5-1),数据收录1986年至今的会议文献,来源于国家一级学会在国内组织召开的全国性的学术会议,每年涉及600余个重要的学术会议,每年增补论文15 000余篇,30%的记录附有论文的文摘。具体的检索方法参见3.3.3。

② Web of Science Proceedings(WOSP)　由美国科学情报研究所(ISI)基于Web of Science的检索平台,将ISTP(科学技术会议录索引)和ISSHP(社会科学及人文科学会议录索引)两大会议录索引汇集而成。WOSP汇集了世界上最新出版的会议录资料,包括专著、丛书、预印本及来源于期刊的会议论文,可提供综合全面、多学科的会议论文资料。通过网址 http://wosproceedings.com/进入WOSP的主页。具体的检索方法参见4.3.3.4。

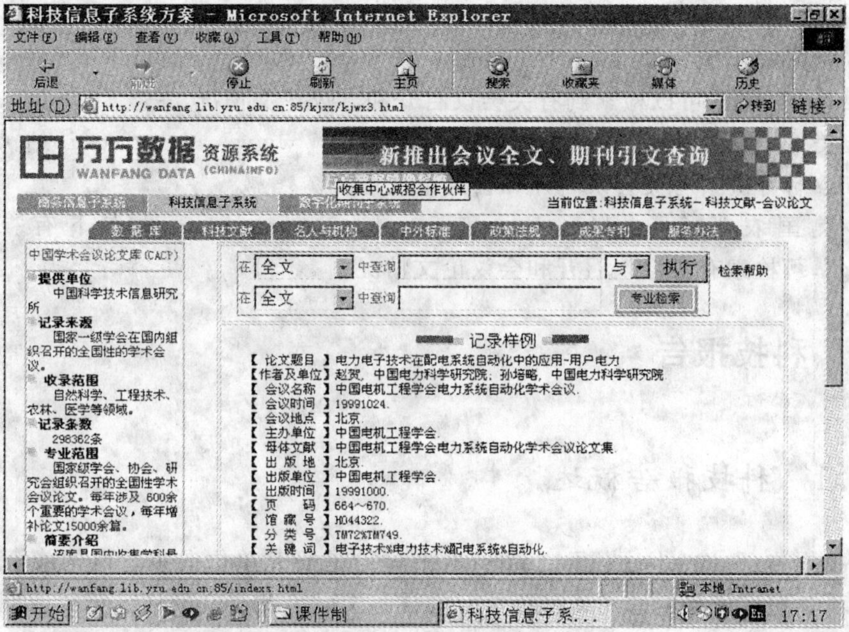

图 5-1　万方数据会议论文库页面

(3) 利用 Internet 检索会议文献

① 通过综合的大型搜索引擎检索　搜索引擎是互联网上网络资源查询的重要工具。利用搜索引擎的关键词查询,可以检索到许多会议网站的链接,通过这些网站就能得到一些会议的召开消息及相关信息。如著名的搜索引擎有 Yahoo(http://www.yahoo.com)、Infoseek(http://www.infoseek.com)、AltaVista(http://www.altavista.com)、搜狐(http://www.sohu.com)等都可检索到有关会议信息。

② 通过专业学科搜索引擎检索　专业学科搜索引擎严格地选择适合专业学习和研究需要的网络资源,采用精细的标引方法,由专家撰写网页摘要,利用专业分类建立细致的目录,帮助人们在 Internet 上准确地查找专业信息资源。

如:WSRN(经济)(http://www.wsrn.com)

Education World(教育)(http://www.education-world.com)

Biotech(生物)(http://biotech.chem.indiana.edu/lib/search.html)

ChemCenter(化学)(http://chemcenter.org/search.html)

EELS(工程)(http://www.ub2.lu.se/eel/eelhome.html)

OMNI(医学)(http://www.omni.ac.uk)

在以上这些专业学科搜索引擎的检索框中输入关键词"convention"、"meeting"、"symposium"、" workshop",就可以得到某一专业学科会议信息的链接。

③ 通过专业学会站点检索　专业学会站点是专业人士聚会的地方,是交流信息的场所。一些规模较大的学会还建立了自己的数据库,并提供检索服务,有些还提供

文摘或全文。如：

• 美国农业工程学会（ASAE）：http://www.asae.org 站点下有“Meetings / Conferences”栏目，可以检索到有关会议召开和会议论文情况。

• 美国植物病理学协会（APS）：http://www.apsnet.org 站点下有“Meetings”，可检索有关会议召开和会议论文情况。

• 美国农学会（ASA）：http://www.agronomy.org 站点下有“Annual Meeting”，可检索有关会议召开和会议论文情况。

5.2 科技报告

5.2.1 科技报告概述

科技报告（Scientific & Technical Reports）是研究单位向主管机构或资助单位提交的科学研究成果的总结或进展情况的技术文献。此类文献详细记载了科研活动的全部过程，包括成功的经验和失败的教训，是各国政府之间、国内各科研机构之间、政府和企业集团之间进行科技成果的公开交流和内部交流的重要媒介。

科技报告受到科技界和政府部门的广泛重视始于第二次世界大战期间。那时，各国为了战备的需要，对与国防有关的理论和技术非常重视，设立了专门机构对有关课题进行多方面的研究和试验、试制，这些研究成果都要写成报告向主管机构汇报或用来交流，于是便形成了为数众多的技术报告。二次大战后，科学研究被当成是增强国力、促进经济发展的重要手段，各国政府都十分重视。同时由于科技报告是科研活动的具体成果和实际过程的真实记录，出版速度快，专业性强，技术数据具体详尽，因而深受国家有关部门和科技人员的欢迎，科技报告得以迅速发展，并扩大到民用工程技术领域。尤其是经过国家和部级政府机构鉴定的成果，在一定程度上能代表一个国家的科学技术发展水平。因此，科技报告已成为一种重要的信息源。但是，由于科技报告往往涉及军事和科学技术的最新研究课题，为了国家安全和保护技术专有，其流通范围受到严格限制，多数报告属于保密和控制发行，外部不能查阅，因此有效利用科技报告有一定难度。

科技报告的编写者或提出者，主要是政府部门、军队系统的科研单位、高等院校和专门科研机构或一部分由军队、政府部门与之签订合同或给予津贴的企业、咨询组织等。此外，不少研究单位也独立发行科技报告。

科技报告的种类很多，可以按不同的要求进行分类。

① 按科技报告内容进展情况划分，可分为初期报告（Primary Report）、进展报告（Progress Report）、中期报告（Interim Report）、总结报告或终结报告（Summary Report or Finish Report）。

② 按报告的出版类型划分，可分为技术报告(Technical Reports)、技术札记(Technical Notes)、技术备忘录(Technical Memorandum)、技术论文(Technical Papers)、技术译文(Technical Translations)和技术通报(Technical Bulletin)等。

③ 按报告的载体划分，可分为印刷本(Printed Copy)、复印本(Xerox Copy)、缩微胶卷(Microfilm)、缩微胶片(Microfiche)、磁带(Tape)和光盘(CD-ROM)等。

④ 按报告的发行密级划分，可分为保密报告(Classified)，其中绝密(Top Secret)和机密(Secret)报告只限少数政府工作人员参阅；非密限制发行(Restricted or Limited)；非密公开报告(Unclassified)和解密报告(Declassified)。

据报道，全世界每年产生的科技报告在100万件以上。

5.2.2 科技报告的收藏与管理

科技报告一般都是由政府机构或其他国际组织出版发行的。目前，世界上许多国家都出版自己的科技报告，例如，著名的美国政府四大报告、英国航空委员会报告(ARC)、欧洲空间组织报告(ESRO)、法国国家航空研究报告(RNEAR)、法国原子能委员会报告(CEA)等。其中，以美国的科技报告数量为最大，约占总数的80%，而且质量也比较高。

我国1963年起正式开展全国科研成果的统一登记和报道工作。取得科研成果的单位按照规定上报登记，经国家科委调查核实后，发出科研成果公报和出版“科学技术研究报告”。1977年11月起，由中国科技信息研究所出版《科学技术研究成果报告》。该刊于1986年停刊，其数据被收入万方数据系统《中国科技成果数据库》(CSTAD)。中国科技信息研究所是我国收藏国外科技报告的主要单位。上海科技信息研究所也藏有部分美国的四大报告的原文。中国国防科技信息中心收藏大量的AD报告和NASA报告。中国科学院文献信息中心收藏的PB报告最全。核工业部收藏了较多的DOE报告。

5.2.3 科技报告的检索

5.2.3.1 美国政府四大科技报告及其书本式检索工具

(1) 美国政府四大科技报告概述

美国政府四大科技报告，也称美国政府研究报告，是著名的“PB报告”、“AD报告”、“NASA报告”和“DOE报告”的统称。四大报告是美国科技文献中的一个重要组成部分。虽然四大报告隶属于美国政府不同部门，但其影响和价值及其相似的历史往往使人们将其视为一个整体。

四大报告历史较久，报道量较大，参考价值也较大，是由美国政府机构收集、整理、编辑出版的其所属科研单位和与之订有合同的工业、企业以及高等院校所发表的科研报告。报告内容十分广泛，涉及数学与计算机科学、物理与化学、天文与地球科学、生物与医学、工农业生产技术、交通运输、航空与航天技术、核子科学技术、军工技术、新老能源开发利用技术、环境科学以及行政管理、信息技术和经济分析等各个领域。

四大报告具有以下特点：

① 内容专深　四大报告比期刊论文和专利文献更专深具体，数据更详尽，往往一篇报告叙述一个题目，而且有的还带附篇。

② 保密性强　四大报告每年约发行10万余件，但绝大部分不公开发行。例如，AD报告每年约4万余件，公开出售的则不超过2万件。DOE报告的保密与公开的比例为3∶1。

③ 反映科技新成果快　美国许多科研成果，往往首先以报告形式发表，在期刊上发表的科技报告，大都是经过若干年后才刊登的。

④ 出版数量大　美国四大报告累计160万件。其中AD报告50多万件，PB报告20多万件，NASA报告30多万件，AEC/ERDA/DOE报告60多万件。

⑤ 以报道科技内容为主　美国四大报告以报道科技内容为主，社科方面的内容所占比例很小。

(2) PB报告

PB报告是美国政府四大报告中发行最早的一种。1945年6月，美国成立了商务部出版局(Office of the Publication Board, US Department of Commerce)，PB是Publication Board的缩写。该局专门整理和报道二次大战中美国从战败国掠夺的秘密科技资料。据估计，仅从德国就得到资料1.5万吨。凡是经过该局整理和出版的报告，均依次编号，并在之前冠以PB代号，故这类报告称为PB报告。

PB报告编至10万号时，从战败国掠夺来的资料就已编完。之后，PB开始汇集美国国内及国外部分科研机构的报告。因此，PB报告的来源大致可分为如下两个阶段：

第一阶段：1942年～1949年。主要来源于德意日等战败国的科技资料，包括各个工厂及实验室在二次大战期间的内部科技资料、设计图纸，1941～1944年德国的专利、标准、技术刊物及战败国的科技专家的审讯记录等。

第二阶段：1950年至今。主要为美国国内各研究机构的技术报告。

由下列各机构生产的科技报告，均编入PB报告系列：

① 美国政府科研机构、各科学研究和发展局。如：美国国家标准局、美国农业部(USDA)等。美国农业部(USDA)林务局(Forest Service)下属10家林业科研单位，1个林产品实验室，1个热带林业研究所，以及地区性的林业研究实验站。

② 美国军事科研部门及信息机构。如：美国武装部队技术信息局、空军科研处、海军研究局等。

③ 公司企业和承包单位。如：通用电气公司、波音飞机公司、马丁公司等。

④ 高等院校、实验室和科研所。如：麻省理工学院、加州理工学院喷气推进实验

室等。此外，PB报告中还有部分国外科研机构的科技报告。如：英国航空研究委员会、欧洲空间研究组织等。

PB报告的内容涉及了自然科学和工程技术所有学科。近年来，PB报告的内容主要侧重于民用工程技术，如土木建筑、城市规划、环境污染等。有关航空、电子、原子能、军械等类的文献资料相对地减少，PB报告的内容已发生了较大的变化。

1979年以前，PB报告采用“PB＋号码”的编号系统，从1980年起，改用了新的编号系统，即“PB＋年代＋号码”。

目前，PB报告的年报道量约1万件左右。

(3) AD报告

1951年，美国成立了“武装部队技术情报局”(Armed Services Technical Information Agency，ASTIA)，负责美国军事系统科技信息的收集、整理和报道工作。AD是ASTIA Documents的缩写，是被人们习惯称之为AD报告的由来。1963年，ASTIA改组为“国防文献中心”，1979年又改名为国防技术情报中心(Defense Technical Information Center，DTCI)。AD即为“入藏资料”之意(Accessioned Documents)。

① AD报告的来源　AD报告的来源有1万多个单位，其中较重要的有2 000多个。报告内容主要来源于美国国防部所属陆、海、空三军的科研单位、公司、大专院校和外国研究机构及国际组织等。

凡美国国防部所属研究机构及其合同户提出的技术报告，都统一整理编入AD报告，对其中非保密的报告再加编一个PB号公布。因此，早期PB和AD的号有些是交叉的。自AD－254980号后，直接用AD号公布，不再加编PB号。自此，PB报告每年的公布量大为减少，由军用转为侧重民用。现在，AD报告每年约4万件，总累计已达100多万件。

② AD报告的编号系统　AD报告的编号系统与其他科技报告不同，它与本身的密级有着直接的关系。50年代初期，AD报告采取大流水的顺序编号。从1958年开始，一定号码范围内的AD编号是属于一定的密级和类型的报告。

AD报告的密级共分4种：秘密(Secret)、机密(Confidential)、非密限制发行(Restricted or Limited)、非密公开发行(Unclassified)。

AD报告密级的年代划分如下：

AD编号	报告密级	起止日期
AD－000001～199999	公开、秘密、机密	1953.3.15～1960.11
AD－200000～299999	公开	1958.10.1～1963.7.1
AD－300000～399999	秘密、机密	1958.10.1～1969.4.15
AD－400000～499999	公开	1963.7.1～1960.11.15
AD－500000	秘密、机密	1969.5.1
AD－600000～787897	公开	1964.7.15～1974.12.27
AD－800000～899999	非密限制发行	1966.11.15～1972.7.15

AD－900000～　　非密限制发行　　1972.7.15～1975.1

为了在报告号中直接体现密级，从1975年起，根据不同密级并结合其他特征，AD报告的编号制度作了变动，改为按以下几个系列进行编号：

AD－A000001～　公开

AD－B000001～　非密限制发行

AD－C000001～　秘密、机密

AD－D000001～　申请专利或批准专利

AD－E000001～　共享书目输入使用（这是暂时使用的编号，一旦文献正式编上某一种AD报告号之后，该编号即为"参见号"）。

AD-L000001～　内部限制使用

(4) NASA报告

NASA报告是美国国家航空与宇航局（National Aeronautics and Space Administration，NASA）出版的科技报告。NASA的前身是美国国家航空咨询委员会（National Advisory Committee for Aeronautics，NACA），成立于1915年，1958年10月改组为NASA。

NASA是专门研究宇宙航行和火箭技术的机构。在工作过程中，所属机构或合同户产生了大量的研究报告，这些科技报告的编号都分别冠有NASA（或NACA）字样，故称NASA报告。目前的NASA报告每年发行量约为6 000件。

NASA报告内容包括：空气动力学、飞机、飞行器、辅助系统设备、生物学、生物技术、化学、通信、计算机、电子设备、电子学设备研究与地面设备、流体力学、地球物理学、食品、仪表与光学摄影、机械零件与加工技术、激光、金属材料、非金属材料、数学、气象学、导航、核工程、普通物理学、原子、分子核物理学、等离子体物理、固态物理、推进剂、推进剂系统、宇宙辐射、空间科学、空间飞行器、结构力学、热力学与燃烧和其他。

NASA报告的主要来源是NASA的各个研究所和实验室、承包公司和企业等。例如，3个研究宇宙空间飞行的"马歇尔宇宙飞行中心"、"肯尼迪空间中心"、"约翰逊空间中心"；3个研究空间科学的"戈达德宇宙飞行中心"、"喷气推进实验室"、"瓦洛普斯试验站"；4个研究航空与航天技术的"阿姆斯研究中心"、"兰莱研究中心"、"刘易斯研究中心"和"飞行研究中心"。除此之外，还有国外的一些科研机构。例如，北约组织航空空间研究与发展顾问团、皇家航空组织、法国国家航空研究院等。

NASA报告侧重于航空和空间科学领域，但同时也广泛涉及许多基础学科和技术学科。NASA报告的报告号采用"NASA－报告出版物类型＋顺序号"的表示法，报告类型多数用简称，少数用全称。例如：

NASA-TN-R-　　技术报告

NASA-TN-D-　　技术札记

NASA-TM-X-　　技术备忘录

NASA-TP-　　技术论文

NASA-TT-	技术译文
NASA-CR-	合同户报告
NASA-SP-	特种出版物
NASA-CP-	会议出版物
NASA-EP-	教学出版物
NASA-RP-	参考出版物
NASA-NEWS-RELEASE	新闻简报
NASA-FACTS-	统计资料
NASA-CASE	专利说明书
NASA-TECH BRIEFS-	技术简讯

(5) DOE 报告

DOE 报告即能源部(Department of Energy)报告。其前身是 AEC 报告,即美国原子能委员会(Atomic Energy Commission)出版的报告,AEC 成立于 1946 年,1974 年又改为 ERDA 报告,即能源研究与发展署(Energy Research and Development Administration)出版的报告,1977 年改称为现在的 DOE 报告。

AEC 报告主要是 AEC 所属单位及合同户编写的报告,内容主要涉及原子能及其使用,但也涉及其他各门学科。而 ERDA 和 DOE 报告的内容已由核能扩大到整个能源领域。

这套报告的报告号是由各研究机构名称的缩写字母加数字号码构成。如"LA-3722-MS"表示洛斯阿拉莫斯科学实验所(LOS Alamos Scientific Laboratory)的研究报告。因此,在判断这类报告时,单从报告号是无法知道其类型的。为了解决这一难题,就需要借助于一些工具书或特种文献。例如:《科技报告代码词典》《能源研究与发展署技术情报中心报告编目用的报告号代码》等。

(6) 美国政府四大科技报告的书本式检索工具

美国 PB、AD、NASA 和 DOE 四大科技报告的检索工具主要有 3 种:检索 PB、AD 报告的美国《政府报告通报与索引》(Government Reports Announcements and Index,GRA&I);检索 NASA 报告的《航空和航天科技报告》(Scientific and Technical Aerospace Reports,STAR);检索 DOE 报告的《能源研究文摘》(Energy Research Abstracts,ERA)。其使用方法十分相似,下面分别予以介绍。

① 美国《政府报告通报及索引》(GRA&I)　GRA&I(Government Reports Annoucement & Index)由美国商务部国家技术情报服务局 NTIS 编辑出版,半月刊。该刊报道全部的 PB 报告、公开发行和解密的 AD 报告、部分 NASA 报告和 DOE 报告。此外还报道一部分美国专利申请说明书的摘要。每期 GRA&I 约有 2 500 多件报告。

GRA&I 的检索方法:

A. 分类途径:利用每期 GRA&I 通报前的 NTIS 主题分类表(NTIS Subject Category)进行检索。该表共分 38 个大类 363 个小类,按类名字顺排列。当找到课题所属大类及小类时，再在该类下逐一查找，即可知有无所需文献。

B. 主题途径：利用关键词索引(Keyword Index)进行检索。该索引按主题词英文字顺排列。检索时，首先应分析课题，确定恰当的关键词，即可在相关关键词下查到所需文献。

C. 著者途径：利用个人著者索引(Personal Author Index)或团体著者索引(Corporate Author Index)进行检索。这2种索引按著者姓名或名称字顺编排，每个著者之后著录报告号、入藏号，据此可查得所需报告。

D. 序号途径：如已知某篇报告的报告号、合同号等，则可利用《NTIS订购号/报告号索引》(NTIS Order/Report Number Index)或合同号/资助号索引(Contract/Grant Number Index)查得该篇报告的其他线索。

E. 追溯检索：利用年度累积索引进行检索，使用方法同期索引。与GRA&I对应的数据库是NTIS，在DIALOG联机系统中是第6号文档，存储自1964年以来的报告摘要，文档规模达190万条。GRA&I检索途径见图5-2。

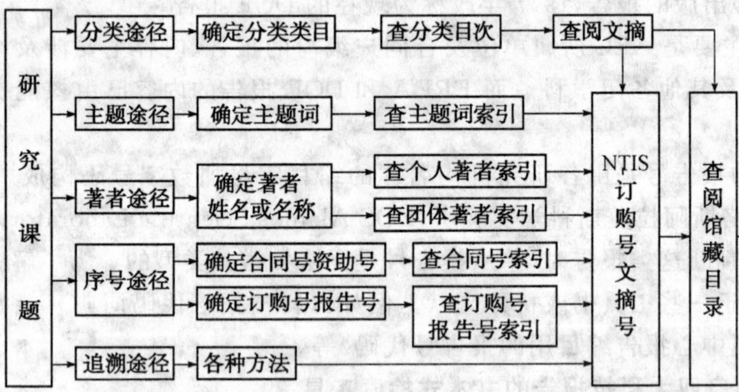

图5-2 GRA&I检索途径示意

②《航空和航天科技报告》(STAR) STAR(Scientific and Technical Aerospace Reports)是航空航天领域的综合性文摘，也是查找NASA报告的主要检索工具。1963年创刊，半月刊。其前身为《技术文献通报》(Technical Publication Announcements, TPA)。该刊1993年改为月刊，年报道量24 000多条，其中还包括一些AD、PB和DOE报告。

STAR每期由说明、分类表、正在进行中的研究计划、文摘及索引部分组成。文摘部分按类编排。1975年以来采用新的分类表包括11大类75小类。

STAR每期附有5种索引：主题索引(Subject Index)、个人著者索引(Personal Author Index)、团体来源索引(Corporate Source Index)、合同号索引(Contract Number Index)和报告号/入藏号索引(Report/Accession Number Index)。另外，STAR还编有年度累积索引，可进行追溯检索。

与 STAR 对应的数据库为 Aerospace Database，在 DIALOG 系统中为 108 号文档，存储 1962 年至今的记录，文档规模达 200 万条。

③《能源研究文摘》(ERA)

ERA(Energy Research Abstracts)是检索 DOE 报告的主要工具。ERA 主要报道内容涉及能源领域，同时也包括生物医学、环境科学等领域。ERA 文献按分类编排，分 38 大类 313 小类。每期附有 5 种索引：主题索引(Subject Index)、个人著者索引(Personal Author Index)、团体著者索引(Corporate Author Index)、合同号索引(Contract Number Index)和报告号索引(Report Number Index)。此外，编有年度累积索引。ERA 的检索方法与 GRA&I 和 STAR 相同。ERA 的内容包括在 ENERGY SCIENCE & TECHNOLOGY 数据库中，在 DIALOG 系统中为 103 号文档，存储自 1974 年以来的 280 多万条记录。

5.2.3.2 科技报告的数据库检索

由于科技报告的特殊作用和特点，除了专门报导科技报告的检索工具之外，很多大型的综合性检索工具也都将其作为重要的文献类型加以收录，如前述的 Ei 等。这些检索工具目前已大都有其对应的专门数据库。这些数据库有的以光盘版发行，有的被收入大型检索系统如 Dialog 系统等，有的则以网络数据库服务。

目前，比较常用的检索科技报告的数据库有：①“万方数据资源系统”中的《中国科技成果库》(CSTAD)；②《中国科技调研报告全文数据库》；③ 美国商务部的 NTIS。

(1)《中国科技成果库》(CSTAD)

CSTAD 始建于 1986 年，收录了自 1964 年至今的历年各省市部委鉴定后上报国家科委(科技部)的科技成果及星火科技成果，收录范围包括新技术、新产品、新工艺、新材料、新设计等技术成果项目。截至 2003 年 3 月 4 日，该库已收录科技成果 273 622 条，在此基础上，每年新增 2 万余条最新科技成果，内容涉及化工、生物、医药、机械、电子、农林、能源、轻纺、建筑、交通、矿冶等十几个专业领域。该库为技术咨询和服务提供了信息源，为技术改造、新产品开发以及革新工艺提供了重要依据，是国家科技部指定的新技术、新成果查新数据库。

CSTAD 的可检索字段共 11 项：全文、成果编号、成果名称、成果水平、鉴定日期、研制人员、完成单位、分类号、主题词、内容简介、上网日期等。

CSTAD 检索的方法：登录万方数据资源系统(http://www.wanfangdata.com.cn)后，点击“科技子系统”，从该子系统界面中选择“成果专利”数据库并点击进入，再在界面右侧“科技成果”标题下，点击“中国科技成果”标题，便进入该库主检索界面，见图 5-3。在该界面下选择检索字段，填入检索条件并按检索要求进行组配，点击【执行】按钮或回车后，即可得到检索结果。

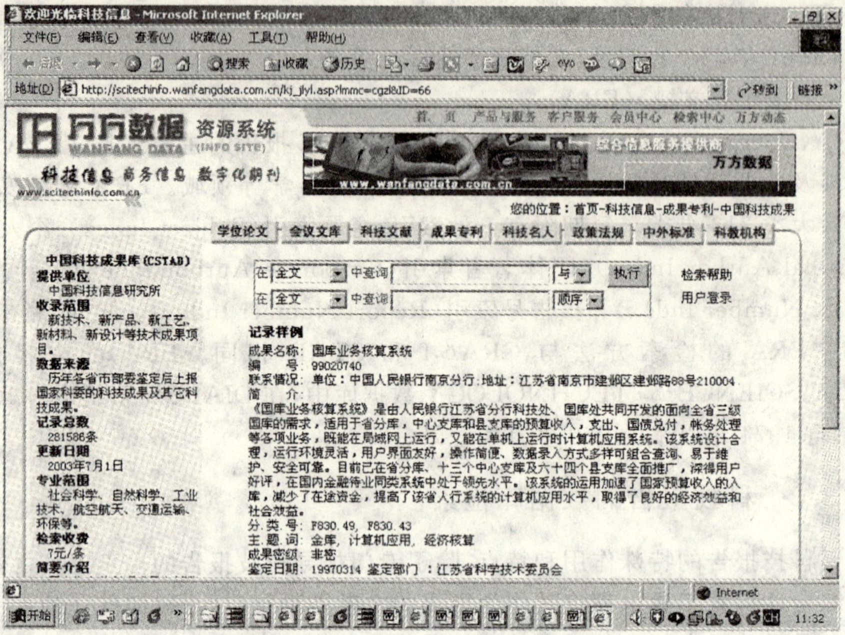

图 5-3 CSTAD 检索主界面

(2)《中国科技调研报告全文数据库》

该库是万方数据资源系统的产品之一。该库收录了自 1991 年至今在世界各国(地区)第一线工作人员撰写的科技发展研究报告，现已收录 4 000 余篇。该数据库是我国各单位组团出国考察，了解各国各学科、各技术领域的发展趋势与特长，开展国际科技合作与交流的重要参考工具。

(3) 美国 NTIS

NTIS 是检索国外科技报告的一个最重要的数据库，与其对应的印刷版检索工具是《政府报告通报及索引》(CRA & I)，由美国商务部技术管理局下的技术情报服务处(National Technical Information Service，NTIS)编辑出版。目前，印刷版的《GRA & I》已出版了多种机读版本，其中包括 CD-ROM 光盘版、磁带版、缩微胶片、联机数据库、网络数据库等，名称都叫 NTIS。

NTIS 收录的数据目前有 300 多万条，年增数据量近万条。它涵盖的学科主题主要有：经济与管理学、工程技术、农业与食品、自然科学、行为与社会学、建筑工业技术等各学科领域，其中工程技术各学科所占比例较大。

NTIS 报道的科技报告来源主要是美国商务部的 PB 报告、美国国防部的 AD 报告、美国国家航空与航天局的 NASA 报告、美国能源部的 DOE 报告，此外，还包括美国农业部、教育部、环保局、健康与人类服务部、住房与城市部等的科技报告；同时也收录世界上其他许多发达国家，如加拿大、前苏联、日本、德国和欧洲各国以及一些国际组织的报告。

如今，世界许多大型数据库服务商都购买了 NTIS 数据库作为其服务系统的一个重要数据库，提供各种类型的检索服务，如联机检索、网络检索等。我国国内比较常用的、可以享受网络检索的主要是 CSA（Cambridge Scientific Abstract）网络检索系统（http://csa.tsinghua.edu.cn）中包含的 NTIS 和 Dialog（http://166.111.120.19/WebCD/cgi.exe）中包含的 NTIS。

5.3 学位论文

学位论文是高等院校或研究机构的本科生、研究生为取得学位资格而撰写的学术性研究论文，一般分为 3 种，即学士论文、硕士论文和博士论文。学位论文是一种原始研究的成果，其中不少论文具有一定的独创性和学术研究价值，尤其是博士论文和硕士论文。由于这类论文学术价值较高，具有独到见解，对科研活动、社会生活、生产活动都有一定前瞻性的影响，因而备受人们的青睐。世界各国图书馆、情报机构都非常重视学位论文的收藏与利用。

学位论文一般作为内部资料不公开出版，只在授予学位的院校或研究机构的图书馆和按国家规定接受呈缴本的图书馆保存有副本。也有少数论文发表在有关专业期刊或单独成册出版（大多是节选一部分或经缩写后发表或出版）。

5.3.1 我国学位论文的检索

我国自 1979 年恢复学位制度以来，逐渐建立了学位论文收藏体系。国务院学位委员会指定北京图书馆、中国科技信息研究所和社会科学院信息研究所分别负责收藏科学、社会科学博士学位论文及其摘要、自然科学博士和硕士学位论文及其摘要、社会科学博士和硕士学位论文及其摘要；各有关学位授予单位也分别收藏了本单位的学位论文。此外，一些出版社以博士文库丛书形式或以专题形式出版了博士学位论文。目前我国拥有博硕士授予单位 800 多家，博士点 2 000 多个，硕士点 8 300 多个，每年产出博硕士论文 5 万篇以上。

为了方便用户的检索和利用，我国国家一级的图书情报机构在我国学位论文的收集、整理、报道与开发利用方面做了许多有益的工作，不但出版了一些质量较高的印刷型检索工具，还研制了一些数据库和检索系统。

常用的学位论文检索工具和数据库有：

(1) 中国学位论文通报

这是一种检索国内自然科学类硕士和博士论文的权威性检索工具，创刊于 1984 年。采用题录为主、文摘为辅的形式报道我国自然科学领域的学位论文。1993 年停止出版，代之以“中国学位论文数据库（CDDB）”软盘，1996 年由万方数据公司出版光盘版数据库（CDDB）。

(2) 中国博士学位论文提要

由北京图书馆学位学术论文收藏中心编制，书目文献出版社 1992 年开始以图书形式出版。社会学部分为 1 册，自然科学部分为理学、工学和农学医学 3 册，文献最早可回溯到 1981 年。

(3) 中国博士科研成果通报

由国务院学位委员会编制，北京理工大学出版社 1991 年出版，《通报》收录了 1981～1987 年我国 130 个博士生培养单位的 1 055 位博士的科研成果(博士论文)。

(4) 中国学位论文全文数据库

中国科技信息研究所万方数据公司研制，其前身为《中国学位论文通报》。该数据库收录了自 1977 年以来我国自然科学领域博士、博士后及硕士研究生论文，同时也包括社会科学领域，如哲学、经济、管理、语言、文学等研究生论文，其中文摘已达 38 万余篇，并首次推出最近 3 年的论文全文 10 万多篇，且全文年增量 3 万篇，建成了中国学位论文的全文数据库。

(5) CALIS 高校学位论文数据库

这是一个自建数据库项目。由 CALIS 全国工程文献中心(设于清华大学图书馆)负责组织、协调进入“211 工程”的 86 所高校共同合作建设。该项目经过调研、论证和规划，于 1999 年 3 月启动，经过一年多的实施，从 2000 年 4 月开始逐步向高校用户提供学位论文的查询、文摘索引的浏览、最新文献报导、全文提供(传递)等配套服务。

(6) 中国优秀博硕士学位论文题录数据库(CDMD)(http://www.cdmd.cnki.net/)

该数据库由中国学术期刊(光盘版)电子杂志社和清华同方光盘股份有限公司出版，是 CNKI(China National Knowledge Infrastructure，中国知识基础设施工程)的系列产品之一，也是目前国内资源最完备、收录质量最高的博士、硕士学位论文全文数据库。收录的论文来源于我国高等学校、科研院所、研究部门所属的博士、硕士培养点。内容涉及理工、农林、医卫、社会科学等学科，共分成 9 大专辑 122 个专题数据库，每年收录优秀博士、硕士学位论文 2 万篇。数据库可提供全文，可在线浏览、下载、打印，或识别转换成文本格式进行编改。

此外，还有“中国科学院博士学位论文文摘”和“清华大学博士学位论文摘要汇编”等检索工具也可检索到我国的学位论文。

5.3.2 国外学位论文的检索

国外许多著名的检索工具都收录学位论文。例如，美国的《化学文摘》、英国的《科学文摘》、日本的《科学技术文献通报》、前苏联的《文摘杂志》、法国的《国际文献通报》等等。除了上述综合性的检索工具之外，还可以通过专门的检索工具和数据库查阅学位论文。

5.3.2.1 ProQuest 系统的博硕士论文数据库 PQDD(ProQuest Digital Dissertations)

PQDD 是美国 UMI(现已改名为 Bell & Howell)公司开发研制的博硕士论文数据库，它收录了美国、加拿大等北美地区国家的 1 000 余所著名大学的理工科优秀博、硕士论文 160 多万篇(北美地区的博士数量占全世界的 70%以上)，也有少量的欧洲和亚洲的学位论文(包括国内的浙江大学、华中理工大学、北方交通大学等)，学科覆盖了数学、物理、化学、农业、生物、商业、经济、工程和计算机科学等，是目前世界上最大和最广泛使用的学位论文数据库。分 A、B 两卷，A 为人文社科卷，B 为理工农医卷。回溯年代从 1861 年开始，每篇学位论文都可以检索到文摘索引信息。1997 年以来的论文，还可获得论文前 24 页原文，并可提供网上定购全文服务。该数据库所收录的学位论文 95%以上都可以获取到缩微胶片、印刷版或者电子版全文，每周更新。

(1) 检索方法

PQDD 可提供 2 种检索方法：Search(基本检索)和 Browse(按学科检索)。

① Search 检索　Search 检索提供了 Basic 和 Advanced2 种检索方式。系统默认为 Basic 检索方式，其检索界面见图 5-4。

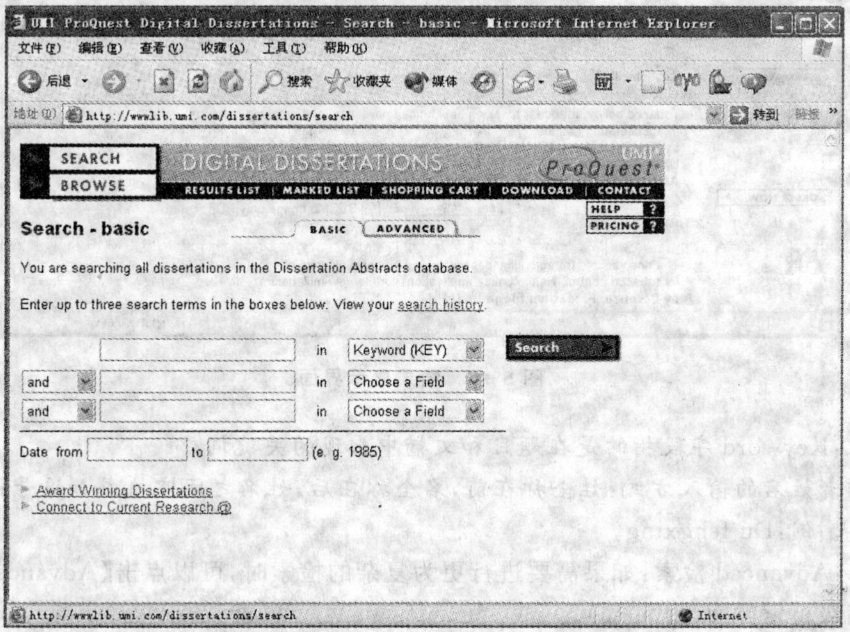

图 5-4　Basic 检索界面

A. Basic 检索：在 Basic 检索界面，系统提供 3 个检索输入框，每个检索框均提供 12 个可选字段，分别为 Author、Keyword、Title、School、Subject、Abstract、Adviser、Degree、DVI、ISBN、Language 和 Pub Number。同一字段各检索词之间或

者各检索字段之间可采用布尔逻辑组配，逻辑算符有“AND、OR、AND NOT”3 种。检索的起止年限(四位数字)可根据检索需要在“Date from 与 to”之间分别填入。

例如：检索“加利福尼亚大学(University of California)发表的有关烟草对健康影响方面的学位论文”，其步骤如下：

在第 1 个检索框输入检索式：tobacco? or nicotiana，选择 Title 字段；

在第 2 个检索框输入：health，选择 Title 字段；

在第 3 个检索框输入：UNIVERSITY OF CALIFORNIA，选择 School(SC)字段；

填入检索年限：1990～2003；

点击【Search】按钮，检索结果如图 5－5 所示。

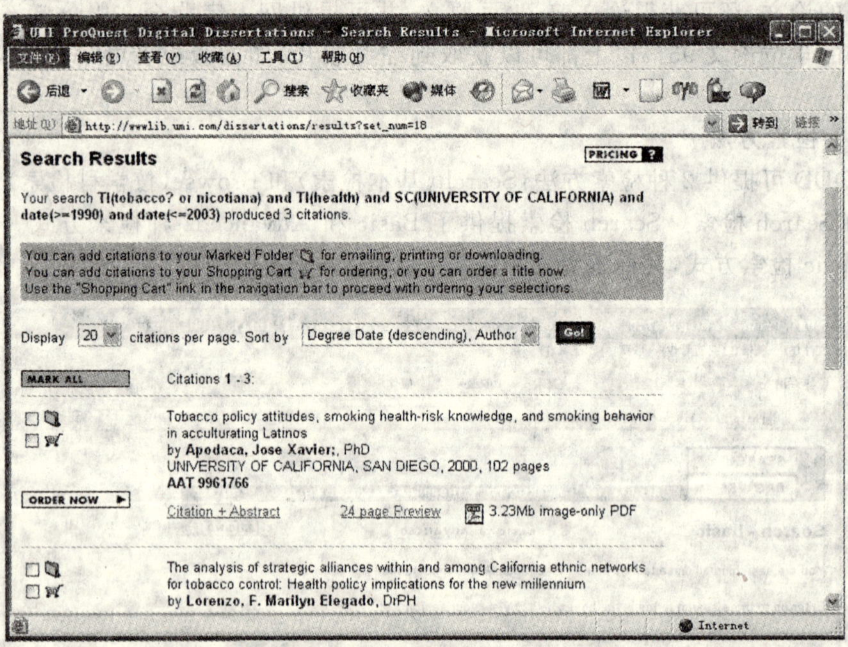

图 5－5 结果显示界面

注：Keyword 字段指的是在题目和文摘中出现的关键词；

作者姓名的输入方式：姓全称在前，名全称在后，姓名之间空格或加逗号；名之间无空格。例：Du fengxing。

B. Advanced 检索：如果需要进行更为复杂的检索时，可以点击【Advanced】按钮进入高级检索界面(图 5－6)。

Advanced 检索界面分为上下两部分。上部为一个检索式输入框，其检索表达式可通过下部的 4 种辅助表来辅助构成；下部即为 4 种检索式构造辅助表，均可通过点击【ADD】按钮将检索条件加入检索式输入框中来辅助构成检索式。

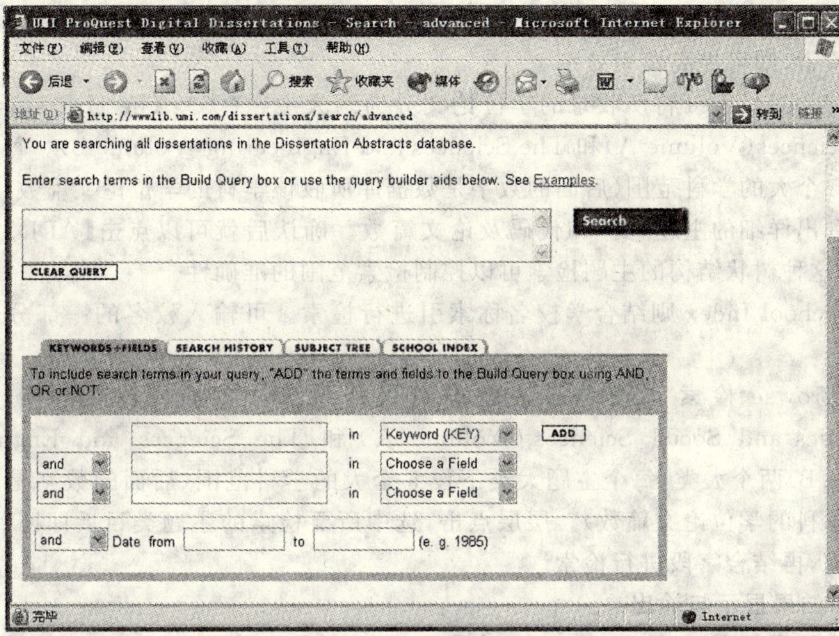

图 5-6 **Advanced** 检索界面

• Keywords +Fields 系统提供 12 个可检字段，在上部的输入框中可直接输入检索式。其检索式构成为：字段名(检索词)，例：ti (biology)；还可以进行字段内及不同字段之间的逻辑组配，例：ti (chemistry not organic)；ti (biology) and school (michigan state university)。各字段用法详见表 5-1。也可通过点击 Keywords +Fields 表中的【ADD】来添加检索。

表 5-1 字段名标识及其用法

字段名称(缩写符号)	中 文	举 例
Author(AU)	作者	AU (Hart, William)
Keyword (Key)	关键词	Key (Cuba or Haiti)
Title (TI)	论文标题	TI (Fuzzy logic)
School (SC)	学校(或者学校代码)	SC (university of michigan), SC(0254)
Subject (SU)	主题(或者主题代码)	SU (Cinema), SU (0900)
Abstract (AB)	文摘	AB (organic chemistry)
Adviser (AD)	导师	AD (Smith)
Degree (DG)	学位	DG (PHD)
DVI (DISVOL)	学位卷期	DVI(Dai－a),(Dai－b－56－02)
ISBN (ISBN)	国际标准书号	ISBN (9155435270)
Language (LA)	语种	LA(French)
Pub Number (PN)	出版号码	PN(AAT9598765)

• Search History 可以让用户返回先前生成的某一个检索项，重新调整检索策略后再检索，即可提高检索效率。

• Subject Tree 将所收录的学位论文分为两大主题（类）：The Humanities and Social Sciences（Volume A）和 The Sciences and Engineering（Volume B）。每个主题又下设 5 个大的学科范围（后面的数字是数据库所收该学科的学位论文篇数）。每个学科都列出详细的主题（类）和代码及论文篇数。确认后就可以点击【ADD】按钮进行检索，这种树状结构的主题检索可以控制检索范围的准确性。

• School Index 则结合学校名称索引进行检索。可输入校名的一部分进行检索。

② Browse 检索　按学科主题类目进行检索。数据库将学科分为 The Humanities and Social Sciences（Volume A）和 The Sciences and Engineering（Volume B）两个大类，每个主题大类下设 5 个大的学科范围（后面的数字是数据库所收该学科的学位论文篇数）。层层点击，选中所要检索的主题类目后即回到 Basic 检索界面，再结合字段进行检索。

（2）结果显示与输出

检索结果如图 5-5 所示。每条命中记录包括题目、作者、学校名、年代等题录信息。点击【Citation + Abstract】可获得某篇论文的全记录（较详细的文摘索引信息）。凡能够获得前 24 页原文的论文，其下方有“24 Page Preview”字样，点开后可以看到前 24 页的缩小扫描图像。选择一页后即可阅读该页原文，点击缩小图左侧的“Print All Preview Pages”，可将 24 页在一屏内集中显示。1997 年以来的大部分学位论文都有 Citation + abstract、24 Page Preview 和电子版的全文。1997 年以前的学位论文则只有 Citation + abstract 记录，即该篇论文只有印刷版或缩微胶片形式。

在界面上方可通过【Display】和【Sort by】下拉按钮，设置每屏显示篇数及排序方式。每篇论文左侧的“ ”图标前的小方块用于作选择标记，点击左上方的【Mark All】按钮可将某次检索结果全部标记。选择“ ”图标前的小方块，再点击【Order now】按钮，即可显示所要获取的学位论文原文的价格。

屏幕下方提供的基本检索界面可以随时对命中文献进行缩小范围检索，点击【Search History】可以看到检索历史。

如需一次下载多篇记录，应先做标记，再用屏幕上方的【Marked List】按钮将所有标记过的记录集中显示。此时，检索结果上方有 4 个按钮：【Clear List】清除标记、【Print List】打印、【Email List】Email 传递、【Down Load】存盘。存盘与打印操作利用的就是浏览器的保存与打印功能。

美国本土的用户可以直接在网上使用信用卡付款并得到 PDF 文件，其他地区的用户一般采用通过银行账户付款的方式，UMI 公司通过邮政快件向用户提供原文复印件。目前我国的用户主要是通过该公司的中国代理商来完成论文原文的提取。但需先向代理商支付一笔费用，才能得到服务。如果需要电子版的论文，从提交需求到获得原文,快则几个小时之内,慢则3天即可。用户获取原文的过程很简单,只要在任何一台上网的计算机检索到自己需要提取的论文,在屏幕上方的菜单栏点击【Down Load】,就会出现针对下载这篇学位论文的PIN,输入正确时,就可以很顺利地下载。下载格式是Full PDF and TIFF images in PDF。下载时间需在72小时之内完成,如果下载失败,还可以再次下载。如果需要印刷版的学位论文,一般需要2~3周的时间。通过馆际互借也可获得在PQDD检索到的学位论文。

(3) 其他功能

① 导师的扩展检索　点击每篇学位论文的Citation +Abstract链接,即显示论文出版号、论文题目、论文作者、授予的学位、授予学位单位、授予学位的年份、论文的页数、指导老师的姓名、来源和主题等信息。进一步点击学位论文的指导老师的姓名,就可以查看到这位老师所指导的所有学位论文的详细记录。一般每个导师都有一定的研究领域,研究课题也有密切的相关性,从老师所研究的专业进展情况扩展检索,还可以开拓思路,并检索到更多的相关论文。

② 免费下载优秀论文　进入检索界面,点击"Award Winning Dissertations"(获奖论文)的链接,显示"The CGS/UMI Distinguished Dissertation Award"和"The CAGS/UMI Distinguished Dissertation Award"的信息,它是由美国、加拿大研究生院和UMI公司联合主办的。每年在Natural Science、Medicine and Engineering和Humanities、Fine Arts and Social Sciences这两个主题中交互评选出优秀学位论文在网上公布,用户可以全文免费下载。

(4) 检索技术

在Basic和Advanced检索界面,系统提供如下检索技术:

① 逻辑算符　AND(与)、OR(或)、NOT和AND NOT(非)。

② 截词符　"?"可用于检索不同的词形变化、单复数以及无法确定正确拼写的词。

③ 位置算符　PQDD提供两种方式对检索词间的位置关系进行限定。

- W/n:两词间距小于n个单词,且前后位置任意。
- Pre/n:两词间距小于n个单词,且前后位置不变。

④ 词组检索　用空格将单词隔开,可进行精确的词组检索。

5.3.2.2　国际学位论文文摘(Dissertation Abstracts International,DAI)

DAI由美国UMI公司编辑出版,创刊于1938年,是检索国外硕博士学位论文的主要检索工具。内容涵盖全世界550余所著名大学的博士、硕士论文摘要,每年约报道4.5万篇学位论文。分A辑(人文与社会科学)、B辑(科学与工程)和C辑(世界各国)出版。A辑、B辑主要报道美国和加拿大450所大学和研究机构的博士论文。C辑主要收录除美国和加拿大以外的欧洲和世界各国100多所大学各学科领域的博士论文。DAI各辑均由文摘和索引组成,文摘正文按目次表的分类顺序编排,索引有关键词索引和著者索引两种。

5.3.2.3 综合博士论文索引(Comprehensive Dissertation Index,CDI)

CDI是最具权威性的博士论文检索工具。1973年首次出版,共37卷,报道了1861～1972年美国近400所大学和研究机构所拥有的40多万篇学位论文,对加拿大和其他国家的学位论文也作了索引。1975年又出版了5卷增刊,增收了36 760篇学位论文索引,其后按年度出版,以保证报道的及时性。检索以主题、关键词为主,另附有著者姓名索引。摘要内容包括论文题名、作者、授予的学位、日期及学校、论文出处(卷、期、页码)、CDI的参考号码以及论文订购编号。

5.3.2.4 《日本博士学位论文索引》

《日本博士学位论文索引》创刊于1978年,由日本京都设计服务中心编辑出版,主要报道日本各重点大学授予的博士学位论文,按照不同学科,如农学、水产学、兽医学、工学、人文和社会科学等分册编辑出版。

5.3.2.5 美国DAO

DAO(Dissertation Abstracts Ondisc)是美国著名国际联机检索DIALOG系统第35号文档的光盘数据库版本。该数据库所收录的学位论文来源于美国、加拿大、欧洲等国共5 000所大学,内容包括了UMI出版的4种学位论文印刷版本。目前数据库的文献量已达100余万条,涉及的学科几乎包含所有的自然科学和社会科学领域。

5.4 专利文献

5.4.1 专利文献概述

专利是指受法律保护的技术专有的权利,它是科学技术和经济贸易迅速发展的产物,代表了最新的科技生产力。专利类型主要有:发明专利、实用新型专利和外观设计专利。

专利文献(Patent Document)是专利制度的产物,是实行专利制度的国家专利局及国际性专利组织在审批专利过程中产生的官方文件及其出版物的总称。从广义上讲,专利文献包括申请说明书、专利说明书、专利公报、专利分类表、专利主题词表、专利文摘、专利法规定及专利诉讼文件等;从狭义上讲,专利文献指的是申请说明书和专利说明书,包括专利申请中拒绝审定、撤消、放弃或无效的专利申请。专利说明书是专利文献的核心部分,它是申请人向政府递交说明其发明创造的书面文件,上面记载了发明的实质性内容及付诸实施的具体方案,并提出了专利权范围。

(1) 专利文献的特点

专利文献集技术、法律、经济信息于一体，是一种难得的综合信息资源。与其他科技文献相比，它具有以下显著特点：

① 数量巨大，所报道内容广泛，从日常生活用品到尖端科技，几乎无所不包。

② 出版迅速，传递信息快，反映新技术迅速及时。

③ 描述技术细节详尽，内容实用可靠。

④ 出版连续，系统，便于进行技术跟踪和预测。

⑤ 编排结构一致，著录事项统一，分类体系统一，便于检索、阅读和计算机处理。

(2) 专利检索类型

就检索的目的而言，专利检索可以分为以下几种类型：

① 专利性检索或查新　专利性检索是判断已经提出专利申请的发明创造或拟提出专利申请的发明创造是否具有新颖性和创造性的一种检索，从而对专利申请提出异议、对有效专利请求无效宣告或对已有发明作出是否申请的决定。

② 侵权检索　一项新技术或新产品投放之前，或者处理专利纠纷时，应调查相关专利的权利情况，判断是否侵权，所以侵权检索有避免侵权检索和被动侵权检索两种。

③ 专利有效性检索　通过专利有效性检索，查明引进技术的专利有效期及其内容，避免引进失效专利，造成不必要的损失。

④ 情报检索，也称资料检索　即科研人员为获得有关技术信息而查找专利文献的一种检索。这种检索可使科研人员从中找到解决问题的方法，或从中得到启迪，减少研究开发时间，降低研究开发费用，提高研究开发水平。

⑤ 专利族检索　专利族检索包括相同专利检索和相关专利检索。相同专利检索主要是判断某一发明在哪些国家取得了专利保护以及在不同国家的保护范围，据此可间接地判断发明的价值。

(3) 专利检索方法

① 分类检索　分类检索是检索专利文献的主要途径之一。其步骤如下：

A 根据所查内容，确定所需专利文献的技术主题范围，然后根据所使用工具书的特点，找出恰当的分类号(如使用《国际专利分类法》可以查到相应的国际专利分类号，即 IPC 号)。

B 找到分类号后，如果是使用印刷版检索工具，可以再通过相应工具书的分类索引或专利公报中的文献和附图进行鉴别，然后再查找专利说明书。如果是使用网上专利数据库，则可在相应检索入口直接输入分类号进行检索。

② 名称检索　名称检索主要指通过专利发明人、专利申请人、专利权人或其权利受让人的名称进行检索。

③ 号码检索　号码检索指通过专利申请号、公告号或公开号或收到专利文献时的入藏号等进行检索。

④ 优先权项检索　在查找专利文献时，通过优先权项可以帮助读者了解某发明

的最早完成年月，最早申请国和最早申请号，及谋求多国保护的情况。同时，也可依靠优先权项去检索同族专利。优先权由 10 位字母数字组成，格式为 AAXXXXXXXX，其中 XXXXXXXX 为（8 位字母数字）专利号/申请号，AA 为国别代码（2 位字母）。优先权项检索可以使用前方一致，但必须用“$”标记，使用前方一致进行检索时，用户至少须输入 2 位有效国家代码，例如 JP$。

⑤ 其他检索方法　检索专利文献，还可利用其他的检索工具，如利用报刊或从商品上查找专利号等，同时有的网上专利数据库还提供了方便快捷的关键词检索，只要输入所查专利文献的关键词，限定它出现的字段，就可方便地检索到相关专利文献。

5.4.2 中国专利文献及其检索

(1) 中国专利文献

自 1985 年 9 月 10 日起，中国专利局开始向国内外发行中国专利文献，文献可分为 3 类：

① 公报　中国专利公报有：《发明专利公报》、《实用新型专利公报》和《外观设计专利公报》，每周出版 1 次。

② 说明书　中国专利说明书有：《发明专利申请公开说明书》、《发明专利说明书》和《实用新型专利说明书》。

③ 检索工具　中国专利检索工具有《专利年度索引》、《专利分类文摘》、《国际专利分类表》（中文版）。其中年度索引分：分类年度索引、申请人专利权人年度索引和申请人/公开（告）号对照表。

(2) 中国专利文献检索

专利文献检索可分手工检索和网上检索。常规的手工检索，无论是《中国专利索引》（年度本）还是 3 种中国专利公报，均要采用分类、申请人（专利权人）和申请号 3 种方法进行检索。

目前因特网建立了多个专门的中国专利数据库，可提供网上专利检索服务。现以中国专利信息网为例，重点介绍中国专利的网上检索。

中国专利信息网（http://www.patent.com.cn）由中国专利局检索咨询中心和长通飞华信息技术有限公司提供，收录了自 1985 年 4 月至今的全部发明专利和实用新型专利。该数据库数据齐全，更新迅速，检索方式多样，有简单检索、逻辑组配检索和菜单式检索，且可进行日期限定，同时还提供多级检索功能，是中国专利网上检索的首选工具之一。

① 中国专利信息网专利检索方法　进入中国专利信息网站（http://www.patent.com.cn），进行用户登录（没注册的用户先进行注册，分免费用户和交费用户，交费用户可看专利说明书全文），登录成功后，点击专利检索栏，进入专利检索界面。

在检索界面，有 3 种检索途径可供用户选择。

• 简单检索：只提供一个检索词输入框，在检索词输入框，用户可输入一个或多个关键词进行检索。

• 逻辑组配检索：是常用的一种检索方式，检索界面如图 5-7 所示，提供 2 个检索词输入框，两者可通过连接词“AND”、“OR”和“AND NOT”进行逻辑组配，同时右边的字段限定栏，可对左边输入的关键词进行限定。下面还有一栏可对时间范围进行限定。例如，利用逻辑检索方式，检索 2000 年以后南京农业大学申请生物技术的专利情况。其具体步骤如下：

第一步先进入逻辑检索界面(如图 5-7)；第二步在第 1 检索词输入框输入关键词“南京农业大学”，在右边字段限定栏选择“申请人”进行字段限定。同时，在第 2 个检索词输入框输入关键词“生物技术”，在右边字段限定栏选择“全部字段”；第三步选择“AND”运算关系；第四步选择时间限定，选择申请日期的起始日期为 2000 年 1 月 1 日；第五步点击【检索】按钮即可。检索结果(如图 5-8)，共检索到 7 条记录。在图 5-8 上方可以看到一个检索词输入框，用户可以输入其他关键词重新检索或进行二级检索，即在结果中再进行检索筛选。例如，输入关键词“水稻”，选择在结果中检索，点击【检索】，结果显示检索到 2 条记录。

图 5-7　中国专利检索界面的逻辑检索界面

• 菜单式检索：提供了菜单式的检索词输入框，用户只要根据提示格式在相应的检索词输入框里输入正确的检索词(只在一个检索词输入框里输入关键词)，即可进行检索。例如，在专利申请号栏输入专利申请号，或在多个检索词输入框里输入相应的关键词。

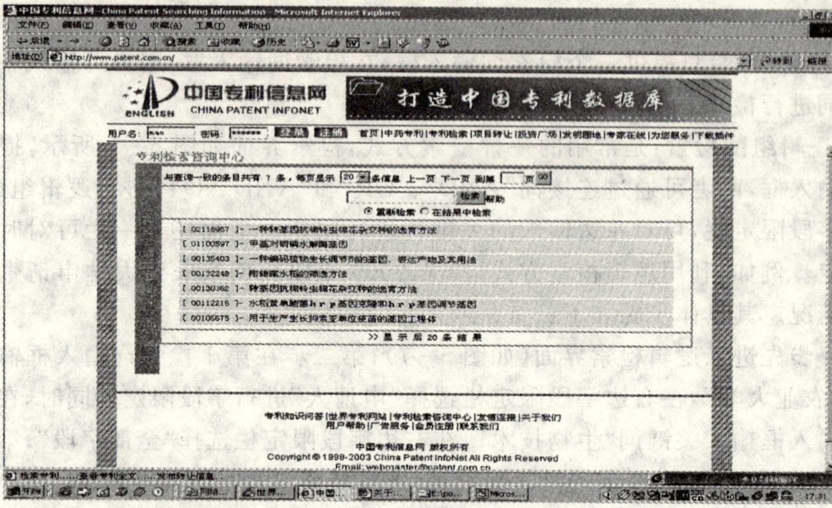

图 5-8　检索结果显示

② 著录项或全文浏览及结果输出　根据检索式所得的检索结果只显示专利号及题名，如果要显示该专利的著录项信息，则点击该专利即可显示该专利各著录项信息(图 5-9)。如果属交费用户，看专利说明书全文只要点击【浏览全文】按钮(如图 5-9 右上方的 2 个按钮)即可。或者通过其他的免费网站如国家知识产权网获得专利说明书全文。检索结果没有设定专门的输出按钮，使用者只能利用 Web 网页保存或打印或利用剪贴板剪贴两种输出方式。如果使用需要插件方式浏览专利说明书全文，全文扫描图像则具有保存和打印的功能，但每次只能保存或打印一页。

除了中国专利信息网，国内还有许多其他的网上专利数据库，因每个数据库都各

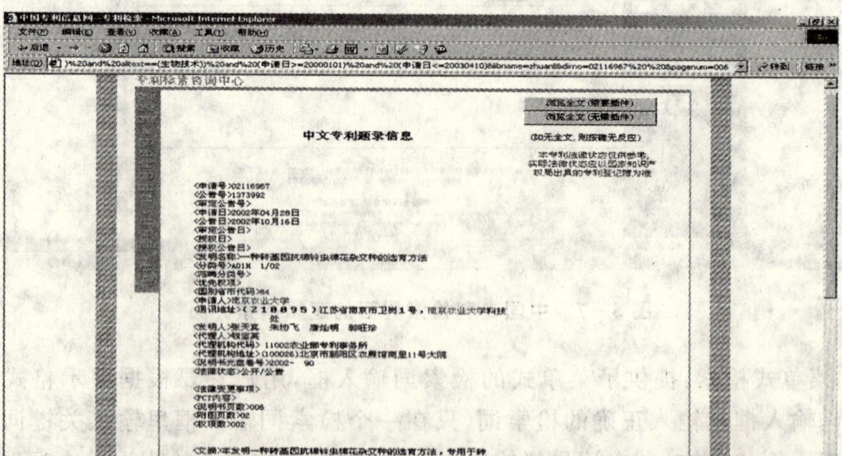

图 5-9　显示专利各著录项界面

具特色，提供的检索途径和服务不尽相同，这里就不作一一介绍，现将各专利数据库的检索特点简单归纳(见表 5-2)，用户可根据自己的查询要求选择适宜的数据库进行检索。

表 5-2 网上中国专利数据库及特点

数据库名及网址	承办方及收录范围	数据库特点
中国知识产权网 http://www.cnipr.com.cn	由中华人民共和国国家知识产权局知识产权出版社主办，收录了 1985 年 4 月至今的全部发明专利、实用新型专利和外观设计专利	基本检索可进行发明专利、实用新型专利或外观专利的单项检索。同时还提供 IPC 分类检索途径。交费用户可进入高级检索，浏览或下载专利说明书全文
国家知识产权网 http://www.sipo.gov.cn/	由中华人民共和国国家知识产权局主办	提供菜单式检索和 IPC 分类检索，同时免费提供专利说明书全文。可进行发明专利、实用新型专利或外观专利的单项检索
中国专利商标网 http://www.ip.net.cn	北京集佳专利商标事务所创办，包含中国专利文摘数据库和失效专利文摘数据库	提供关键词检索和 IPC 分类检索。免费提供 1996 年以后公开的专利说明书全文
中国期刊网中国专利数据库 http://211.151.91.75/cptd/login.asp	清华同方光盘股份有限公司主办，收录了中国专利局自 1985 年至 1999 年年底公布的专利，总数约 60 万条	提供多种检索方式：简单检索、高级检索和 IPC 分类检索。可进行多级检索，免费用户只可浏览专利著录项和文摘
万方成果专利数据库 http://scitechinfo.wanfangdata.com.cn/kj_cgzl.asp	由万方数据股份有限公司主办，收录了 1985 年至今授理的全部发明专利、实用新型专利和外观设计专利，同时还收录了 1997 年年底以前失效专利及失效专利申请	提供逻辑组配检索，可进行多级检索。并可进行发明专利、实用新型专利或外观设计专利的单项检索。收录内容只有专利著录项信息和文摘，没有专利说明书全文
北京易信中国专利库 http://www.exin.net/patent/indexa.jsp	由北京市经济信息中心于 1996 年 8 月创办，收录了中国专利局自 1985 年 9 月 10 日至 2002 年 3 月底为止，公布的所有发明专利和实用新型专利的申请，总数为 1 030 402 件。同时还收录了失效专利	提供菜单式检索和 IPC 分类号检索。只免费提供专利著录项信息和文摘，需要专利说明书全文可进行有偿邮购

5.4.3 国外专利文献及其检索

(1) 国外专利文献

国外专利文献除指中国以外其他国家出版的专利文献外，还包括一些国际性组织和私营机构出版的国际专利文献及其一系列检索工具。例如，世界(PCI)专利文献和欧洲专利文献等。

(2) 国外专利文献检索

查阅其他国家的专利文献，除了利用其本国出版的专门检索工具外，还可以利用一些国际性组织和私营机构出版的国际专利文献及其检索的一系列工具。著名的有"专利合作条约"(PCI)、"欧洲专利文献"(EPC)、"国际专利文献中心"(INPADOC)英国德温特公司的专利文献检索体系等。此外，也有不少国家建立了网上专利数据库，提供免费的专利检索服务。世界专利和欧洲专利，可在世界知识产权网和欧洲专利数据网进行检索。这里主要介绍印刷版的英国德温特专利文献检索体系及美国专利、欧洲专利和世界专利的网上检索。

① 德温特专利文献检索体系　英国德温特出版公司(Derwent Publication Ltd.)是一家专门从事专利文献出版报道的商业性出版机构。该公司目前报道 31 个国家和地区以及欧洲专利公约(EPC)、专利合作条约(PCT)2 个专利组织和《研究公开》(Research Disclosure，英国出版，月刊)、《国际技术公开》(International Technology Disclosure，ITD，美国出版，月刊)2 种刊物上的专利。其主要检索工具包括索引与文摘两大部分。索引部分有《世界专利索引》(WPIG)，按德温特学科分类，分成综合、机械、电气、化工 4 个分册(农业、食品专业在综合分册)。各分册均由专利权人索引、国际专利分类索引、入藏号(登记号)索引和专利号索引 4 种索引组成，可以通过 4 种不同的检索途径检索 WPIG；文摘部分有分类本和分国本，分别按照分类和国家报道世界专利文献，我国较常用的是分类文摘。德温特专利检索体系是检索世界专利最权威的工具之一，是目前进行国外专利手工检索最方便、有效的检索工具。目前德温特的印刷版已不再出版，它将世界专利索引(WPIG)和专利引文索引(PCI)的内容整合在一起，放到了 Web of Science 上，在这里就不再介绍。

② 美国专利及其检索　美国是世界上拥有专利文献数量最多的国家。美国专利商标局每年约受理专利申请案 10 多万件，其中 1/3 为外国人申请。检索美国专利文献，可以上美国专利商标网(http://www.uspto.gov)，网上提供了 1790 年以来至最近一周(通常周三)发布的美国专利，数据库每周更新一次。该数据库可提供多种检索方式，检索结果有专利各著录项信息以及全文本专利说明书(1975 年以后的专利)，并可免费浏览或下载专利全文扫描图。

A. 美国专利数据库的专利检索界面　进入美国专利商标网，点击左边的"Patent"项，进入美国专利检索界面，有 4 个数据库即专利检索数据库(包括已授权专利和已公告专利)、公告期专利库、过期专利库和偏僻专利库。双击“专利检索数据库”,进入美国专利检索主界面(图 5-10),可见左右两栏,左边是美国已授权专利库检索入口,右边是美国公告期专利库检索入口。2 个库分别提供 3 种检索方式:布尔检索、高级检索和专利号或公告号检索。所谓布尔检索,就是根据所提供的 2 个关键词输入框,输入要检索的关键词,并选择合适的逻辑组配方式,还可进行字段限定(图 5-11 左所示);高级检索是指在 1 个检索词输入框里输入正确的检索式进行检索(图 5-11 右所示)。这种检索方式要求检索者熟悉可检索字段的结构及检索式的正确书写格式。专利号或公告号检索,则在检索词输入框直接输入专利申请号或公告号进行检索,这是一种在已知专利申请号或公告号时检索专利最快捷准确的检索方法之一。使用者可以在输入框里输入单个申请号或多个申请号,各申请号间用空格间隔。

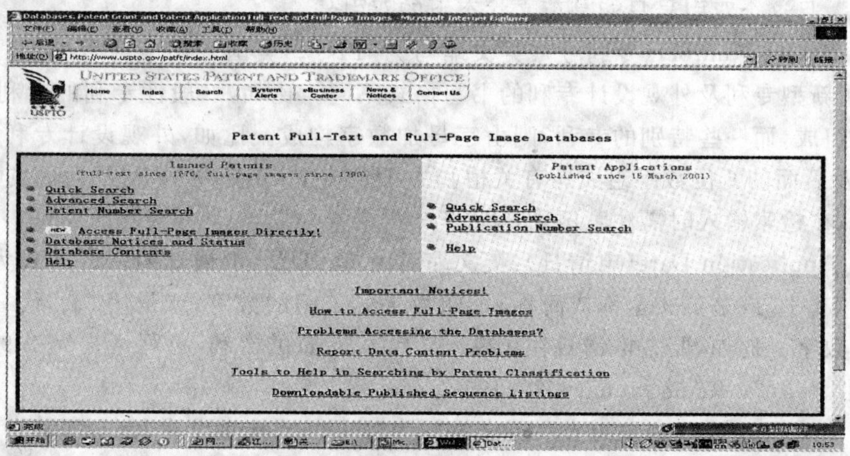

图 5-10 美国专利检索主界面

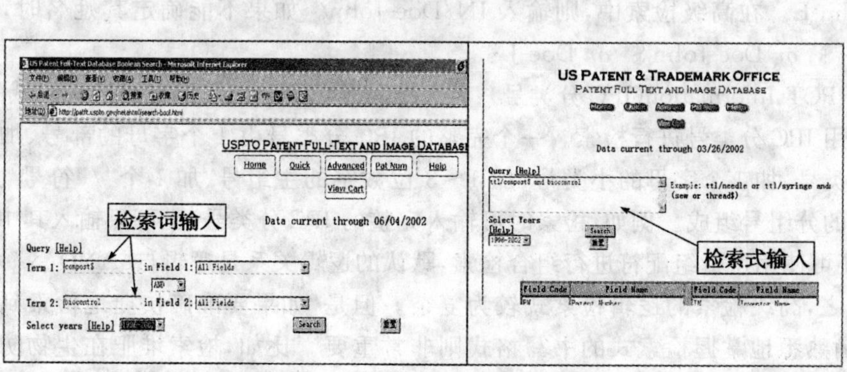

图 5-11 布尔检索和高级检索界面

B. 数据库可检索字段的结构、输入方式及检索要点:由于美国专利库检索不像其他数据库提供了二级或多级检索,所以要正确快捷地检索到所需的信息,就要掌握好高级检索方式。美国专利检索数据库提供了31个可检索的字段，例如：专利标题、文摘、专利号、专利申请号或专利公开(告)号、PCT号、公开/公告日、申请人、发明人、IPC分类号、专利说明书参考文献、专利说明等。每个字段都有相应的英文缩写、输入格式及检索要点。下面介绍几个常用的字段，其他可参考检索主界面中的"help"项。

• Title/Abstract(标题/文摘)：2个字段的英文缩写分别是TIT和ABST。如果已知需查找专利的主题(或关键词)，可在专利标题或文摘字段中进行检索，输入格式为"TIT/关键词"或"ABST/关键词"。这2个字段可以用单个或多个词进行检索。采用多个词检索时，检索词写在同一个括号里面，各检索词之间用逻辑组配符"AND"、"OR"和"NOT"进行连接，系统默认的逻辑关系是逻辑"OR"。如果出现的多个词是作为严格的词组来检索的，则必须用双引号括起词组，如"biological control"，且这个双引号只能是英文状态下的双引号。

• Patent Number(专利号)：英文缩写为"PN"。美国专利申请号中，其发明专利、实用新型专利及外观设计专利的书写格式不同。比如，一般性专利的专利号由7位数字组成，而一些特别的专利，则由字母加数字构成。比如，外观设计专利号由字母"D"及后面的6位数字组成。有关植物方面的专利，由字母"PP"及后面的4位数字组成，在检索输入时需注意区别。

• Application Date(申请日)：英文缩写为"APD"。申请日的书写格式为：月份必须在1～12或是英文全称或简称，日期为1～31间的数字，或是用"$"代替，年份为4位数字。比如，要查申请日在1997年1月20日的专利，书写格式为19970120、1/20/97、Jan/20/97或January/20/1997。

• Inventor Name(发明人)：英文缩写为"IN"。要检索发明人全名，其书写格式为：先写姓再写名。例如，要查一个名为John E. Doe的发明专利，其书写格式为Doe-John-E。在高级检索中，则输入IN/Doe-John。如果不能确定其姓名时，则可输入Doe-$ *or* Doe-John$ *or* Doe-J$。

• PCT Information(IPC分类号)：英文缩写"PCT"。如果想查找某一领域的专利，可以利用IPC分类号进行检索。一个完整的IPC分类号由1个字母的部号、加2位数字的大类号、加1个字母的小类号、加1～3位数字的主组号、加1个"/"符号、加1～3位数字的分组号组成。例如：检索时可输入完整的IPC分类号，也可只输入其中的某一部分，还可使用逻辑组配符进行组合检索，默认的逻辑关系是逻辑与"AND"。

总之，高级检索的逻辑检索式较为复杂。但是，如果要准确快捷地检索到所需信息，正确熟悉地掌握检索式的书写格式则非常重要。比如，检索堆肥在生物防治中的应用，则可在高级检索的检索式输入框里输入以下检索式：compost$ and ("biological control"or biocontrol)，关键词没有进行字段限定，即在全部字段中查找，包括专利说明书全文，检索结果为76条记录。如果要进行字段限定，则可以输入以下检索式：abst/compost$ and abst/("biological control"or biocontrol) and apd/

1997$,即检索词“compost”限定在专利名称上,“biological control”和“biocontrol”限定在文摘里,申请日期限定为1997年,检索结果为1条记录。

C. 著录项或全文浏览及结果输出:根据检索式所得的检索结果只显示专利号及题名,如果要显示该专利的著录项信息及专利说明书全文(全文本格式),则点击该专利即可(如图5-12)。如需浏览专利说明书全文扫描图,则可点击图5-12上方的【Images】选项。但是须先下载全文说明书扫描图浏览器。该浏览器在www.alternatiff.com站点或其他相关站点下载。检索结果没有设定专门的输出按钮,使用者只能利用Web网页保存或打印以及利用剪贴板剪贴2种方式输出。其全文扫描图像可提供保存和打印功能,但每次只能保存或打印1页,且只在2小时内有效,超过时限,则需将所需专利重新检索一遍。

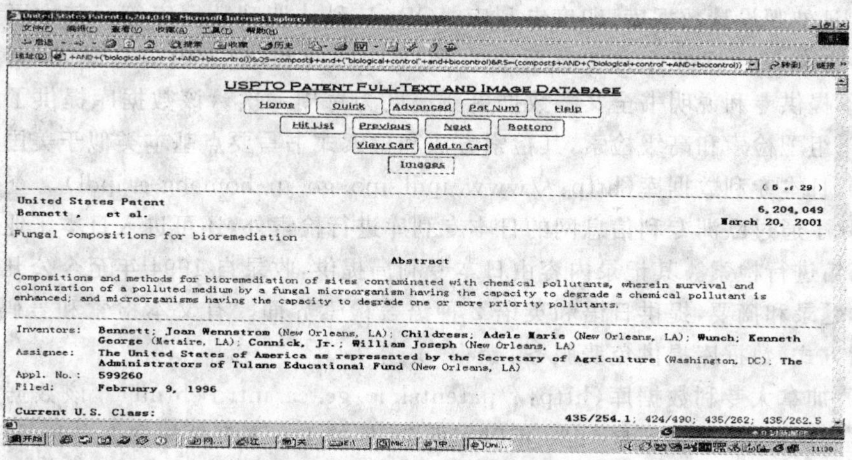

图5-12 美国专利著录项信息

③ 欧洲专利及其检索 欧洲专利条约(EPC)目前已有16个成员国。根据该条约成立了欧洲专利局,负责办理欧洲专利的申请、审查和批准。但授予的欧洲专利权,并不意味着在所有缔约国统一产生效力,而仅在申请人指定的一个或几个成员国生效。要进行欧洲专利文献的检索,可进入欧洲专利局专利信息网(http://ep.espacenet.com)。欧洲专利信息网由欧洲专利局提供,分4个库:欧洲专利、世界知识产权、世界各国专利(50多个国家约3亿条)和日本专利。快速检索为简单文本检索,即关键词限定在题名和文摘、专利号检索、公司名称检索等。高级检索为菜单式检索,提供专利名称、公告号、申请号、优先权号、公告期、申请者姓名、发明者姓名和IPC分类号共8项检索项。用户可以根据右边的提示在一个或多个检索项内输入相应的检索词进行检索。前2个库只包含最近24个月公布的专利申请,可查阅原版专利说明书全文(为PDF格式,需下载阅读器Adobe acrobat reader);后2个库提供一些著录项和英文摘要。如果需要全文时,点击著录项里的“Requested Patent”项,通过超链接的形式也能获取。其中的世界各国专利库可检索到50多个国家的专利。

④ 世界专利(WO)及其检索　为了避免专利发明在许多国家审查和再审查,专利合作条约(PCT)于1970年建立。PCT的方法是申请人可以在一个国家递交一项"国际申请",该申请递交给设立在日内瓦的世界知识产权组织,并且由一个指定的主要的审查局来审查。例如,由中国国家知识产权局做出的检索报告传递给那些申请人所希望获得专利的国家,每个成员国只需在主要审查局做出的检索报告的基础上对申请进行最后的分析,并授予专利权。授予的世界专利权仅在申请人指定的一个或几个成员国生效。世界专利的网上检索有2条途径。第一:通过欧洲专利信息网的世界知识产权库检索(该网只包含最近24个月公布的专利申请)。第二:通过世界知识产权组织(WIPO)建立的知识产权数字图书馆(http://ipdl.wipo.int)进行检索。知识产权数字图书馆包括PCT国际专利数据库、MADRID商标数据库、HAQUE外观设计数据库、印度专利库、JOPAL科技期刊数据库等。其中国际专利数据库收录了1997年1月1日至今的PCT国际专利,记录内容有题录、文摘和图形,但不提供专利说明书全文。数据更新速度为每周一次。该数据库提供了简单检索、逻辑组配检索和高级检索,其检索方法和检索式书写要点基本类似于美国专利。

⑤ 日本专利数据库(http://www.ipdl.jpo.go.jp/homepg-e.ipdl)　查找日本专利,除了通过欧洲专利信息网的日本专利库进行检索外,还可进入日本工业产权数字图书馆进行检索。其记录内容由日本专利局提供,收录自1994年至今公开的日本专利的题录和摘要,提供日语和英语2种语言检索界面。有文本检索和号码检索2种检索方式,数据库提供免费服务。

⑥ 加拿大专利数据库(http://patentsl.ic.gc.ca/intro-ehtml)　该数据库由加拿大专利局提供,收录了自1920年以来近75年的130多万件加拿大专利,记录内容包括专利全文文本和图形。

⑦ Delphion知识产权网(http://delphion.com)　原IBM专利数据库,最初由美国IBM公司于1997年创建和维护。通过此系统可检索美国专利数据库、日本专利数据库、欧洲专利数据库、PCT国际专利数据库、INPADOC同族专利数据库和IBM技术披露通告6个数据库。免费用户只能查找已授权的美国专利,提供各著录项和文摘,如需全文说明书需付费;其他专利如美国的申请专利、欧洲已授权专利等只有注册为交费用户才能使用。

5.5 标准文献

5.5.1 标准文献概述

(1) 标准与标准文献

标准是对重复性事物和概念所做的同一规定,它以科学、技术和实践经验的综合成果为基础，经有关方面协商一致，由主管机构批准，以特定形式发布，作为共同遵守的准则和依据。

标准文献主要是指与技术标准、生产组织标准和管理标准有关的文献，也包括国家颁布的环境保护法、森林法、消费品安全保障法、药典、政府标准化管理机构的有关文件以及与标准化工作有关的其他文献。

标准在生产建设和日常生活中起着重要的作用。推行生产标准化，有利于合理利用资源，节约原材料，提高技术和劳动生产率，保证产品质量。通过标准文献，可以了解和研究国内外工农业产品、工程建设的特点和技术水平。对于开发新产品、改进老产品有着重要参考作用，同时标准还是商品检验的依据。总之，掌握有关标准的基本知识和国内外各种标准的利用方法，都是很重要的。

标准文献除了以标准命名外，还常以规范、规程、建议等名称出现。国外标准文献常以 Standard（标准），Specification（规格、规范），Rules、Instruction（规则），Practice（工艺），Bulletin（公报）等命名。

(2) 标准文献的类型

① 按内容分类

• 基础标准：基础标准是指在现代工业生产和技术活动中，对那些最基本的，具有广泛指导意义或作为统一依据的技术规定。它涉及名词术语、符号、代号、计量单位、机械制图、命名标志、结构要素等。此类标准的有效期限较长。

• 产品标准：产品标准是对产品的质量和规格所作的统一规定，是衡量产品质量的依据。如某类产品的形状、尺寸、质量、性能、检验、维修乃至包装、运输、储存等方面制定的各项标准。

• 方法标准：方法标准是为试验、分析、检验、抽样、测定等操作方法和程序而制定的标准。

• 安全与环境保护标准：以保护人、物、环境的安全或利用而制定的标准。

• 原材料标准：规定产品分类、规格、牌号、化学成分、理化性能、使用范围、保管及验收标准等。

• 辅助产品标准：如标准件、专用设备（如油灌、高压容器）标准。

② 按使用范围分类

• 国际标准：如国际标准化组织制定的国际标准（ISO 标准）、国际电工委员会制定的国际电工标准（IEC 标准）等。

• 国家标准：这是由各国的标准机构制定的在本国范围内使用的标准。下面是我国及一些主要工业国家的国家标准代号：

中国	GB	罗马尼亚	STAS	意大利	VNI
美国	ANSI	民德	TGL	挪威	NS
英国	BS	捷克	CSN	联邦德国	DIN
苏联	TOCT	瑞士	VSM	比利时	NBN

日本	JIS	瑞典	SIS	加拿大	CSA
法国	NF	荷兰	NEN	丹麦	DS
澳大利亚	AS				

• 行业标准和专业标准：由行业主管部门或一些著名学术团体制定的一些适用于本行业、本专业的标准。例如，我国的部颁标准、美国汽车工程师学会制定的汽车制造业的 SAE 标准、美国石油学会制定的石油工业标准等。

在我国，除有统一的国家标准(GB)外，各专业主管部门也制定了一些部颁标准。其代号由国务院标准化行政主管部门审定确定。各专业的标准代号如下：专业标准代号"ZB"，林业标准代号"LY"，农业标准代号"NY"，机械标准代号"JB"，化工标准代号"HB"。

• 企业标准：企业标准是由企业或其行业主管部门批准并适用于某企业(系统)的一种标准。例如，美国飞机公司标准。我国的企业标准代号为"QB"。

• 地方标准：地方标准是由地方各级行政机构批准并适用于该行政区域的一种标准。我国地方标准的代号为"DB"。

③ 按标准的成熟程度划分

• 法定标准：法定标准是国家以法律条文或国际组织之间以缔结条约的形式而颁布的一种标准。

• 推荐标准：推荐标准是行业协会或国际组织为适应某种趋势或发展而推荐使用的标准。我国推荐标准的代号为"TB"。

• 试行标准：由于标准内容本身存在缺陷，为慎重起见而暂时使用的标准。

(3) 标准文献的分类

世界各国标准文献的分类大多采用分类法。比较流行的分类法是《国际十进制分类法》(UDC)和自编标准专用分类法。ISO 规定，各成员国应在其国际标准封面上加印 UDC 分类号，在机检用磁带上也都需要标有 UDC 号，这不仅便于统一分类和检索，而且有利于国际交流和通用。

我国于 1984 年由国家标准局编制了适合我国国情的标准文献专用的《中国标准文献分类法(试行)》，它用于除军工标准外的各级标准和有关标准文献的分类。其分类体系结构以专业划分为主，由一级类目和二级类目组成。一级类目设有 24 个专业类，其大类序列如下：

A	综合	J	机械	S	铁路
B	农业、林业	K	电工	T	车辆
C	医药、卫生、劳动保护	L	电子技术、计算机	U	船舶
D	矿业	M	通信、广播	V	航空、航天
E	石油	N	仪器、仪表	W	纺织
F	能源、核技术	P	建筑	X	食品
G	化工	Q	建材	Y	轻工、文化与生活用品
H	冶金	R	公路与水路运输	Z	环境保护

(4) 标准文献的特点

标准文献是以文献形式表现的标准化成果，是科研、生产和使用三者的桥梁。通过标准文献，可以了解各国的经济政策、生产水平、资源情况和标准化水平。标准文献有以下几个特点：

① 强制性　各国颁布的标准文献，有强制性标准和非强制性标准 2 种。涉及工程质量、生命安全、劳动保护、环境保护、卫生医药、食品卫生等方面的标准属于强制性标准。基础标准、方法标准和大量的产品标准在我国和东欧一些国家也属于强制性标准，但在资本主义国家则属于非强制性标准。总之，这些标准在工程设计、生产建设、产品检验、商品流通、技术鉴定和贸易协定中一经采用就赋予了强制性。

② 自成体系　各国颁布的标准文献所描述的内容、编写格式、内容结构、审批程序、著录项目、管理办法、使用范围等都自成体系，别具一格。

③ 重复交叉　各国的国家级标准、专业标准和企业标准之间在内容上有许多重复交叉现象。国际标准与国家标准之间同样也存在内容重复现象。比如，ISO 标准有 80％来源于工业发达国家的国家标准，至于各国之间直接相互引用有关标准更是屡见不鲜。

④ 新陈代谢　科学的进步、技术的发展促使产品日新月异，劳动条件不断改善、服务水平越来越高，为适应需要各种标准一般经过 3～5 年就要进行修改，以便保持先进性。因此，在使用标准时，应注意选择最新标准文献，特别要注意标准的制定时间，绝对不能采用过时、作废的陈旧标准。否则，将造成大的经济损失。

5.5.2　标准文献的检索

5.5.2.1　中国标准文献的检索

(1) 中国标准化工作

我国的标准化工作始于 1956 年，1978 年 5 月国家标准总局成立，1979 年 7 月颁发《中华人民共和国标准管理条例》，现由国家技术监督局负责对标准化工作的领导和管理。

1989 年 4 月 1 日，《中华人民共和国标准化法》开始实施，1990 年国务院颁布了《中华人民共和国标准化实施条例》；国家技术监督局又先后颁布了一批与标准化法相配套的规章。到 1998 年底，我国已批准颁布了国家标准 21 191 个，备案行业标准 35 829 个和地方标准 7 763 个，备案企业标准 35 150 个。目前，我国已基本形成了以国家标准为主导，行业标准、地方标准和企业标准相配套的标准体系。

自 1983 年起，我国不再制定部标准，原有的部标准向国家标准和专业标准过渡。行业标准代号采用部标准代号。

(2) 中国标准文献书本式检索工具

①《中国国家标准汇编》 该书收集了公开发行的全部现行国家标准，由中国标准出版社出版。从 1983 年起，每年出版数分册，现已出版 200 余卷。各卷及正文均按国家标准号顺序排列。在已知标准号的情况下，可直接查到标准全文。

②《中华人民共和国国家标准目录》 该目录由国家技术标准局编撰，中国标准出版社出版。该目录由顺序目录和分类目录两部分组成。

③《中国标准化年鉴》 该年鉴由国家技术标准局编撰，中国标准出版社出版。1985 年创刊，每年出版 1 册。其内容为向国内外介绍中国标准化工作的体制、现状、作用和成就以及最新国家标准目录和行业标准目录。如将已出版的历年《中国标准化年鉴》累积起来，即为一套完整的中国国家标准目录。

④《最新国家标准和国际标准目录》 该目录由国家标准情报中心编印，收录 1991 年以来颁布的标准信息。为了使用者能较及时地查到新的标准，该中心从 1993 年起，每季度出版一个补充本。

⑤《中国农业标准汇编》 该书由中国标准出版社出版。目前已出版的卷册有：植保与农药卷(上、下册)、土壤肥料卷、渔船卷、水产加工卷、种子苗木卷、农村能源卷、渔具与渔具材料卷、热带作物卷、粮油作物卷、天然生胶与浓缩胶乳卷、水产养殖卷、饲料卷、农牧机械卷(上、下册)、畜禽卷、土壤肥料卷(第二版)、果蔬卷(上、下册)、水产加工卷(第二版)等。

⑥《林业标准汇编》 该汇编由国家林业局科技司编，中国林业出版社出版。该汇编分成若干分册，陆续出版。其内容包括现行林业类国家标准、专业标准、部标准以及有关的国际标准，现已出版 7 个分册。

此外，中国标准出版社还陆续出版了若干卷《中国林业标准汇编》，如：林业机械卷(上、下册)、种苗卷、营造林卷、综合卷、人造板卷、人造板机械卷、林产化工与林特产品卷、木材与木制品卷等。该汇编与《林业标准汇编》相辅相成，构成了我国国家林业标准的主要检索工具体系。中国标准文献检索工具还有：《中华人民共和国工农业产品工程建设国家标准和部标准目录》、《中华人民共和国标准目录及信息总汇(1992)》、《国家标准目录及信息总汇(2000)》、《中华人民共和国标准和行业标准目录(1993)》、《中国强制性国际标准》、《机床标准汇编》等。

5.5.2.2 国际标准的书本式检索工具

国际标准主要是指 ISO 标准和 IEC 标准，此外还包括国际标准组织认可的其他 27 个国际组织制定的标准，其数量仅有 1 200 多个。

(1) ISO 标准的检索

ISO 标准，即由国际标准化组织 (International Organization for Standardization，ISO)制定的标准。该组织成立于 1947 年 2 月，是目前世界上最具权威的标准化组织，现由 100 多个成员国组成，下设 18 个技术委员会(TC)，647 个分委员会(SC),1 804 个工作组(WG),是目前世界上最大的标准化组织。我国于1978 年加入该组织。ISO 主要活动是制订国际标准,协调世界范围内的标准化工作,组织各成员国和技术委员会进行情报交流,并与其他国际性组织进行合作,共同研究有关标准化的问题。

随着国际贸易的发展,对国际标准的要求日益提高,ISO 的作用也日趋扩大,世界上许多国家对 ISO 也越加重视。ISO 每年制定和修订的国际标准有 1 000 个,截至 2001 年年底,ISO 已经发布了 1.3 万多个国际标准。另外,ISO 国际标准的内容范围也越来越广泛,其技术领域涉及信息技术、交通运输、农业、保健和环境等。除名词术语、试验方法外,产品质量指标和性能标准(安全要求)质量管理、环保方面已成为 ISO 的五大主题。

ISO 标准每 5 年修订 1 次,使用时应注意选择最新标准版本。

ISO 标准主要通过《ISO 国际标准》(ISO International Standard)进行发布。ISO 标准的主要检索工具是《ISO 标准目录》(ISO Catalogue)。该目录为年刊,用英法 2 种文字出版。此外,每年还出版 3 次目录补充本。

该目录由以下几个主要部分构成:分类索引、作废标准顺序号索引、现行标准顺序号索引、ISO 出版物索引、ISO 指南索引、ISO 标准手册索引、ISO 技术委员会顺序号索引和主题索引等。

分类索引是该目录的主要部分。其著录项目包括:分类号、范围名称(英法文对照)、国际十进分类法分类号、标准号、标题(英法文)、TC 号、标准版本、页数、价格代码等。款目按照自编分类体系编排,再按标准号顺序排列。

主题索引则是该目录提供的最重要的索引,按主题词字顺排列,其后列出分类号和页数。

(2) IEC 标准的检索

IEC 是国际电工委员会(International Electro Technical Commission)的简称,同样是一个国际标准化组织。该组织主要负责制定和批准电工、电子技术领域的各种国际标准。

IEC 成立于 1906 年,是世界上最早的国际标准化机构。1947 年并入 ISO,但业务上仍保留原来的工作范围,并保留 IEC 名称。目前有近百个技术委员会(TC)负责标准的制定工作,另外还有其他一些小组委员会。已制定标准约 2 000 个。我国1957 年加入该组织。

IEC 标准号的构成:IEC+顺序号+制定(或修订)年份。如果标准分成若干部分出版,则在顺序号的后面加上部分代号。

IEC 标准的主要检索工具是《IEC 标准目录》(IEC Catalogue of Publications),年刊,以英、法 2 种文字出版。

《IEC 标准目录》由 IEC 标准序号目录和主题词索引两部分组成。

标准序号目录是其正文部分,按标准号顺序排列。著录项目包括:标准号、标准制(修)订年份、标准名称、页数、价格、版次等,有的还有文摘。

主题词索引按主题词字顺排列,其后列有相应标准号。

5.5.2.3 世界主要国家标准文献的书本式检索工具

(1) 美国标准

美国标准主要有2种:国家标准和专业标准。由于美国经济发达、科技水平高,所以,美国的许多国家标准和专业标准事实上成为了国际标准。

美国国家标准由"美国国家标准学会"(American National Standards Institute, ANSI)负责制定、审定和颁布。其产生的方式有两种:一是ANSI自己制定,其编号形式为:ANSI+分类号+顺序号+年份;二是将专业标准中对全国有重要意义者,经审核后提升为国家标准,而且这种方式产生的标准占了国家标准的绝大多数,其编号中含有原专业标准的标准代号。

美国国家标准的主要检索工具是《美国国家标准目录》(Catalog of American National Standards),年刊。

该目录由主题索引、分类索引、标准号索引三部分组成。

- 主题索引是该目录的正文部分,其著录项目包括:主题词、标准名称、标准号、价格等。按主题词字顺排列。
- 分类索引采用ANSI自己制定的专用分类体系进行编排。著录项目有分类号和标准号。
- 标准号索引按标准号顺序排列,著录项目包括:标准号、主题词、价格。该索引提供了一个从制定标准的专业机构名称(标准号前为其缩写)的途径进行标准检索。

中文版《95美国国家标准目录》报道了截止到1994年底的美国国家标准,它按标准号编排。

美国专业标准由各专业标准机构制定、颁布,其中最著名的为ASTM标准。

ASTM是"美国材料与试验协会"(American Society for Testing and Materials)的缩写。它是一个大型民间学术团体,成立于1898年,专门从事各类工程材料性能、技术条件、标准化、质量检查方法、可靠性试验方法等方面的研究,并制定相应的标准,具有一定的国际影响。

ASTM标准的编号是:ASTM+字母类号+序号+制定(或确认)年份。标准号前左上角注有"*"号的表示已提升为国家标准。年份后有"T"的为试行标准。年代号后有小写字母(a、b、c…)的,表示修订或补充的次数。

ASTM标准的主要检索工具《美国材料与试验协会标准年鉴索引》(Index to Annual Book of ASTM Standards)。该年鉴每年出版一套,分若干卷出版,其中第16部分00.01卷是全书的总索引,其他各卷是各专业的标准。

(2) 英国标准

英国的国家标准称为"英国标准"(British Standard, BS),由英国标准学会

(British Standard Institution,BSI)制定。BSI 的前身是创建于 1901 年的“英国工程标准委员会”和“英国工程标准协会”,1931 年改为现名。

英国标准的标准号构成为:BS(+专业代号)+顺序号+制定或修订年份。如果没有专业代号,则表明为一般标准。

BS 标准一般系推荐性质,除少数由政府引用,具有法律性质外,一般无法律约束力。

检索英国标准的主要工具是《BSI 目录》(BSI Catalogue),年刊。由标准号目录、主题索引、ISO 标准和 IEC 标准同 BS 标准对照表三部分组成。其中,标准号目录是其正文部分,除航天专业标准按专业分类编排外,其余标准均按标准号字顺编排。

(3) 日本工业标准

日本的国家标准称为“日本工业标准”(Japanese Industrial Standard,JIS),由日本工业标准调查会(Japanese Industrial Standard Committee,JISC)制定。收录范围几乎包括了日本所有工业领域的标准,还包括药品、化肥、农药、畜牧业、水产品及农林产品的标准。

JIS 标准的标准号构成:JIS+分类号+顺序号+年份。其中,分类号来自自己的专用分类体系,共有 17 个大类、100 多个小类。大类类号用大写英文字母表示,小类类号用阿拉伯数字表示。

JIS 标准的主要检索工具为《JIS 总目录》。该目录由日本标准协会编撰,每年出版 1 次,有分类目录和主题索引。

(4) 德国国家标准(DIN)

德国标准是由德国标准化协会(DIN)制定的。其标准的编号方法:DIN-序号-年代。在标准号前面加注“V”字的为暂行标准,加注“E”字的为标准草案。其主要检索工具有《德国技术规程目录》及《德国标准目录》(中译本)。

(5) 法国国家标准(NF)

法国国家标准由各专业标准局或专业委员会按规定程序编制标准草案,经国家标准化协会审核后上报政府批准而制定的。标准的编号方法:NF-字母类号-顺序号-年代。其主要检索工具有《法国标准目录》(Catalogue des Normes Francaises)。

(6) 全俄国家标准

全俄国家标准是由全俄国家标准委员会审批和颁布的。其检索工具主要是《全俄国家标准目录》。该目录由分类目录、主题索引、标准序号索引三部分组成。

- 分类目录按专业分类编排,其下再按标准号的顺序排列。每件标准的著录项目有标准号、年代、标准名称及作废标准号等。
- 主题索引按俄文主题词的字母顺序编排,其后注有分类号。
- 标准序号索引按标准代号编排。

5.5.2.4 检索标准文献的主要数据库

(1)《中华人民共和国强制性国家标准全文数据库》

该系统由中国标准情报中心、北京凯普计算机软件系统工程公司联合开发，1995年2月试运行。该系统囊括了全部正式出版的强制性国家标准，采用光盘数据库形式出版。系统由目录库、文献库和全文库组成，其检索途径包括：标准号、分类号、发布日期、中文或英文标准名称、中文或英文主题词，以及采用国际标准的程度等。该系统为各行业查找强制性国家标准提供了最方便、最快速的手段和途径。

(2) 中国标准服务网(http://www.cssn.net.cn)

该网于1998年6月25日开通，由中国技术监督情报研究所、国家信息中心系统集成中心联合主办，设有标准查询、标准服务、标准出版物、标准化与质量论坛、WTO/TBT中国技术法规、合格评定、标准与企业、站点转接等栏目。可提供标准号、中文标题、英文标题、中文主题词、英文主题词、被代替标准、采用关系、中标分类号、国际分类号等检索途径。通过Internet，利用WWW方式访问以上网址可查到有关标准的详细内容，联系中国技术监督情报研究所可获得标准原文。

此外，通过中国标准网(http://www.zgbzw.com)、中国标准计量信息网(http://www.stdcn.com)、万泰认证(http://www.wit－int.com)、中国标准研究中心(http://www.cnis.gov.cn)、中国标准出版社(http://www.bzcbs.com.cn)等网站亦可检索有关标准信息。

(3) 万方数据资源系统中的《中外标准数据库》(http://www.wanfangdata.com)

该数据库收录了由国家技术监督局等单位提供的中国国家标准、行业标准和建设标准，以及国际标准、欧洲及美、英、德、日等国家的标准，已累计数据20余万条。

通过http://www.wanfangdata.com进入万方数据主页，点击"科技信息子系统"，进入"科技信息"主页，再点击"中外标准"，则进入标准数据库界面。界面显示的中外标准分别有：法国标准、英国标准、中国行业标准、中国国家标准、中国建设标准、德国国家标准、国际电工标准、国际标准、美国国家标准等9类数据库。点击其中任何一个数据库，即可进入检索界面进行相关标准文献信息的检索。这9个数据库具有统一检索界面。其检索字段有：全文、标准名称、英文名称、原文名称、标准号、起草单位、发布日期、分类号、标准分类号、主题词、上网日期等。

但是，万方的《中外标准数据库》目前只提供标准的目录信息，如需标准原文，则要根据检索结果向当地图书馆及相关机构索取。

(4) 美国IHS标准数据库(http://www.ihs.com)

IHS公司(Information Handling Service，Inc.)是美国一家十分著名的信息处理与信息服务公司，主要编辑出版全世界各种电子电路数据手册，各种国际标准，包括美国标准、欧洲标准、一些国际组织的标准等，收集了全世界近90%的技术标准，并出版相应的光盘数据库。其产品于20世纪90年代中后期引入我国。

IHS的主要数据库产品有以下几类：

① Industry & International Standards(工业与国际标准)

- Worldwide Standards Service Plus(WWP)
- ANSI Standards Service
- API Select
- ASME Boiler & Pressure Vessel Code
- AWS D1.1—96 Structural Welding Code
- IEEE/IEE Electronic Library(IEL)
- ISO 14000 Environmental Collection
- NACE International
- Petro Chem Referenced Standards Collection
- SEMI International Standards Service
- Standards Compliance Service

② Manufacturers' Catalogs(制造商的产品目录)

③ Military/Federal Documents(军事或联邦政府文件)

④ Electronic Components(电子元器件数据库)

⑤ Government Parts & Procurement(政府报告及相关文件)

其中，世界技术标准光盘数据库(WWP)在我国有较大的影响。目前，国内有数十家高校或情报院所订购了该种光盘。WWP光盘收集的主要是世界各国的计算机、通信领域的各种标准，主要有ITU标准、ISO标准、ANSI标准、欧洲标准等。

WWP光盘分有检索盘和数据盘，其中大多数标准具有全文信息，可以通过屏幕提示，插入数据盘查看全文信息。WWP提供简单检索(Quick Search)和高级检索(Advanced Search)2种检索方式。在简单检索中，用户只需输入欲查找的标准的关键词即可。

高级检索中提供了标准号、关键词、IHS主题词、颁布标准的组织机构名称、技术标准的颁布时间、地理区域等6个检索入口，用户可以根据自己掌握的信息进行检索。例如，检索关键词为CDMA、地域为China的技术标准，即检索中国颁布的、有关码分多址的通信标准。高级检索界面的左边检索字段，如【IHS Product Code】、【ICS Classification】等均为按钮，单击这些按钮，可进行单项检索或查看系统的预设词格式。

此外，IHS标准数据库在Dialog系统中为第92号文档，因此通过Dialog系统亦可检索IHS标准数据库。

(5) ILI标准数据库(http://www.je.org)

ILI标准数据库是综合性的题录型标准文献数据库，收录了世界范围内各标准机构出版的35万件标准文献，内容包括ISO及英国、美国、德国、法国、荷兰、比利时、加拿大、日本等引用的等同标准、替代标准、更新标准、参考标准及修订中的标准。

该数据库虽为题录型，但有近 50% 的记录附有 200 字的摘要。数据内容每季度更新，为了便于检索，对新修订的标准记录都做有标记。借助 IE 公司主页，任何人在 IE 主页上的“Free Trial”注册后，便可获得 50 天的免费检索机会。

(6) PERINORM 标准数据库(http://www.cssinfo.com)

该库包含世界上 45 万余条工业技术标准文献及规范，包括 ISO、ETSI、ASTM、ASME、IEEE 等组织制定的标准，其中约 5 000 条标准的全文为 PDF 格式，可直接下载。该数据库提供快捷检索模式和高级检索模式 2 种检索方法。

(7) ISO 网站(http://www.iso.ch)

利用 Internet 进入 ISO 的主页，可搜集到 ISO 的活动、标准工作进展、新标准的制订及其标准文献(题录或文献)等信息。目前正在使用的 ISO 网址 http://www.iso.ch 将被 http://www.iso.org 所替换。为了确保过渡顺畅，在未来的一段时间内，这 2 个网址可同时使用。通过 ISO 在线网址，可查询 1.3 万多条国际标准信息。

(吕 娟，刘景会，郑江平，毛莉菊)

6 Internet 与数字图书馆

6.1 Internet 信息检索

6.1.1 Internet 概述

Internet 中文译名为"因特网"，又称"互联网"或"国际互联网"。它是一个全球的、开放的、由众多网络采用 TCP/IP 协议互联而成、彼此通信的集合体。所以，Internet 并不是一个单一的网络，而是成千上万个计算机网络组成的网络群体，即"计算机网络的网络"。有关它的定义，至今尚无统一定论。

Internet 的出现是人类历史发展中的一个伟大的里程碑，人类正由此进入一个前所未有的信息化社会。它正以惊人的速度向全世界各个角落延伸和扩散，并以其广泛的影响力和巨大的生命力不断吸引着新的网络成员，使自己成为当今世界发展最快，规模最大，用户最多，信息资源最丰富的计算机信息网络。

6.1.1.1 Internet 的产生与发展

Internet 的产生，最初可追溯到 1962 年。当时，美国国防部国防高级研究计划署 DARPA(Defense Advanced Research Projects Agency)针对美国国防目的资助建立了一个名为 ARPANET("阿帕网")的网络，这个网络把位于洛杉矶的加利福尼亚大学，位于圣芭芭拉的加利福尼亚大学、斯坦福大学，以及位于盐湖城的犹它州州立大学的计算机主机联接起来，主要用于国防承包商、军队机关以及各科研机构之间的科学研究与信息交换。这个阿帕网就是 Internet 的雏形。该网于 1969 年投入使用。

1986 年，美国国家科学基金会(National Science Foundation，NSF)对阿帕网进行了扩展，建立了 NSFNET。次年 NSF 通过公开招标，结果 IBM、MCI 和由多家大学组成的非盈利性机构 Merit 共 3 家单位获得 NSF 的合同，负责 NSFNET 的升级、营运和管理。其后很多大学、政府资助，甚至私营的研究机构纷纷把自己的局域网并入 NSFNET 中。从 1986 年～1991 年，NSFNET 的子网从 100 个迅速增加到3 000多个。从此 NSFNET 开始真正成为 Internet 的基础。

进入 90 年代后，Internet 事实上已成为一个"国际网"，各个子网分别负责自己的架设和运作费用，然后又通过 NSFNET 互联在一起。随着计算机网络在全球的拓展和扩散，美洲以外的网络也逐渐接入 NSFNET 主干网或其子网，从而逐渐形成一个全球性的网络。

Internet 在中国的发展，可追溯至 1987 年 9 月 20 日，我国的钱天白教授发出了第一封“越过长城，通向世界”的电子邮件，揭开了中国人使用 Internet 的序幕。当时钱天白教授正负责实施一个国际联网项目——中国学术网络（Chinese Academic Network，CANET），其合作伙伴是原西德的卡尔斯鲁厄 KARLSRUHE 大学。

1990 年 10 月，钱天白教授代表中国正式向国际互联网络信息中心的前身 DDN－NIC 注册登记了我国的顶级域名“CN”，从此开通了使用中国顶级域名 CN 的国际电子邮件服务（委托德国卡尔斯鲁厄大学运行 CN 域名服务器）。

1994 年 4 月，由 1 个超级计算中心和 3 个院校网络，即中国科学院网络（CASnet）、清华大学校园网（TUnet）、北京大学校园网（PUnet）组成的“国家计算设施”（NCFC，National Computing Facilities of China）项目工程通过美国 Sprint 公司连入 Internet 的 64K 国际专线开通，实现了与 Internet 的全功能连接，标志着我国正式加入了 Internet 网。

1996 年底，中国的 Internet 网已形成了四大主流网络体系，分别归属于国家指定的 4 个部级互联管理单位：中科院、国家教委、邮电部和电子部。其中，中科院网络（CSTNET）、中国教育和科研网（CERNET）主要以科研和教育为目的，从事非经营性活动；邮电部的中国公用计算机网（CHINANET）和电子部吉通公司的金桥信息网（GBNET）属于商业性 Internet 网，以经营手段接纳用户入网，提供 Internet 服务。

6.1.1.2 Internet 基本概念

(1)TCP/IP

TCP 是 Transmission Control Protocol（传输控制协议）的缩写，IP 是 Internet Protocol（网际协议）的缩写，TCP/IP 的中文译名为“传输控制与网际协议”。它是所有连入 Internet 的计算机之间进行通信时必须共同遵循的一种通信规定，是 Internet 得以存在的理论基础。它实际上是一组通信协议，共包括 100 多种具体协议，如支持 E-mail 功能的 SMTP（Simple Mail Transfer Protocol，简单邮件传输协议）和 POP（Post Office Protocol，邮局协议）；支持 FTP 功能的 FTP（File Transfer Protocol，文件传输协议）；支持 NetNews 功能的 NNTP（Network News Transport Protocol，网络新闻传输协议）；支持 WWW 功能的 HTTP（Hyper Text Transport Protocol，超文本传输协议，该协议容许文字、图画、声音等同时传输）等等。Internet 实际上就是靠这些协议维持运行的，任何连入 Internet 的计算机都必须遵循至少一种这样的协议。

(2) IP 地址

为了使分布于世界各地的计算机之间能准确地传输信息，Internet 上的每一台计算机都被赋予一个世界上惟一的 32 位 Internet 地址（Internet Protocol Address），称为 IP 地址。它包括网络地址与主机地址两个部分，其中，网络地址用来标识一个逻辑网络，主机地址用来标识网络中的一台主机。

IP 地址是一个 32 位二进制数字，为了便于记忆，将它们分为 4 组数字，每组数字介于 0～255 之间，各组数字之间用“.”隔开。

例如，浙江大学华家池校区图书馆的 IP 地址为：10.43.11.18。

Internet 的 IP 地址由 InterNIC(Internet 网络信息中心)统一负责全球地址的规划、管理。通常每个国家成立一个组织，统一向国际组织申请 IP 地址，然后再分配给客户。由于网络的规模有较大差别，有的主机多，有的主机少，所以根据网络规模的大小将 IP 地址分为 A、B、C 三大类，以及 D、E 两类特殊 IP 地址。其中 A 类、B 类、C 类地址分别适用于大规模、中规模、小规模的网络。D 类地址为多点广播地址，用于多点传送给多个主机。E 类地址是一个实验地址，暂保留，以备将来使用。

在 Internet 中，一台计算机可以有一个或多个 IP 地址，就像一个人可以有多个通信地址一样，但两台或多台计算机却不能共用一个 IP 地址。如果有两台计算机的 IP 地址相同，则会引起异常现象，两台计算机都将无法正常工作。

(3) 域名

由于 IP 地址是数字型的，难以记忆，也不便理解。因此，人们构造了另一套字符型的带有逻辑含义、容易记忆的地址方案，即域名(Domain Name，DN)。它由2～5段字符构成，中间用“.”隔开。其通用的格式为：

host.inst.fild.stat

其中：

• stat 是国别代码：美国因创建 Internet 优先而无此码，AU 为澳大利亚，CA 为加拿大，CN 为中国，DE 为德国，FR 为法国，IT 为意大利，UK 为英国，等等；

• fild 是网络类别代码，现有的类别为十四类，代码标识如表 6-1；

表 6-1　网络分类代码

顶级域名	域名类型	顶级域名	域名类型
com	商业机构	info	信息服务部门
gov	政府机构	web	从事 WWW 活动的机构
edu	教育科研机构	arts	艺术类机构
net	网络服务机构	rec	娱乐类机构
org	非盈利性专业团体或组织	firm	公司企业
mil	军事机构	store	销售类公司企业
int	国际组织	nom	个人性质

• inst 是单位或子网代码，一般用其英文缩写表示；

• host 是主机或服务器代码。

如浙江大学的 WWW 服务器的 DN 为：www.zju.edu.cn，浙江大学 FTP 服务器的 DN 则为：ftp.zju.edu.cn。

IP 地址便于计算机识别，域名则便于人脑记忆和理解。IP 地址与域名两者相互对应，而且保持全网统一。例如：浙江大学图书馆的 IP 地址是 210.32.137.2，与其对应的域名是 lib.zju.edu.cn。

域名和 IP 地址之间的互相翻译或叫域名解释工作则由域名服务器（Domain Names Server，DNS）来完成。一台主机的 IP 地址是惟一的，即只能有一个 IP 地址，但它的域名数却可以有多个。

(4) URL

URL 是 Uniform Resource Locator 的缩写，译作“统一资源定位器”，是专为标识 Internet 网上资源位置而设的一种编址方式，通常所说的网页地址指的即是 URL。它定义 Internet 上的文件无论其位于哪台主机、哪个子目录，只要给出文件的 URL 地址，就能在 Internet 信息海洋中准确无误地定位该文件，就象是一个全球定位器。它一般由三部分组成：传输协议：//主机 IP 地址或域名地址/资源所在路径和文件名，对应 URL 的一般语法格式为：protocol://hostdnorip[:port/path/file]

其中 protocol 是属于 TCP/IP 的具体协议，可用 http、ftp、telnet、gopher、wais 等，例如：

- http:// 表示用 HTTP(Hyper Text Transfer Protocol)协议连通 WWW 服务器；
- ftp:// 表示用 FTP(File Transfer Protocol)协议连通 FTP 服务器；
- telnet:// 表示远程登录到一个 UNIX 服务器；
- gopher:// 表示请求一个 Gopher 服务器给予响应；
- wais:// 表示请求一个 WAIS 服务器给予响应；
- News 和 E-mail 的 URL 与上述一般 URL 不同，News 的 URL 形如：news:newsgroup，表示读取名为 newsgroup 的网络新闻组；
- E-mail 的 URL 格式则是：mailto:userid@hostdnorip，表示启动 E-mail 程序给 userid 发电子函件。

其中 hostdnorip 为主机域名或 IP 地址，是指要访问的服务器的域名或 IP 地址。而 path/file 是路径名和文件名。路径和文件名可以缺省。

几个合法的实例，如：

http://www.shnet.edu.cn

ftp://ftp.net.edu.cn

telnet://166.111.1.11

(5) 浏览器

浏览器(Browser)是浏览 Internet－WWW 信息的支持软件，是在 Internet WWW 环境中工作、操作的必备工具。目前最流行、最优秀的浏览器是微软公司所开发的 Internet Explorer(IE，目前的版本有 4.0 和 5.0)及 Netscape 公司的 Netscape 软件(目前版本有 5.0 和 5.04)。

微软公司已将 Internet Explorer 4.0 集成在 Windows98 及 Windows2000 中。

浏览器内容包括标题栏、命令菜单、工具按钮、地址输入框等。使用时，用户只需在地址输入框中键入需要查找的地址，并按“回车”键，即可链接到所指定网页。地址的格式一般是：http://IP 地址或 DN。如访问 yahoo 网站，输入：http://www.yahoo.com 即可。

Browser、URL 和 Java 一道被誉为 Internet 上的三大发明。

6.1.1.3 Internet 功能

Internet 是一个涵盖面极广的信息库，它存储的信息上至天文，下至地理，三教九流，无所不包，以商业、科技和娱乐信息为主。除此之外，Internet 还是一个覆盖全球的信息枢纽。通过它，可以了解来自世界各地的信息，收发电子邮件，和朋友聊天，进行网上购物，观看影片，阅读杂志，聆听音乐会等等。有关 Internet 主要功能简单概括如下：

(1) 万维网信息检索(WWW)

WWW(World Wide Web)，就像一张附着在 Internet 上的覆盖全球的信息“蜘蛛网”，镶嵌着无数以超文本形式链接在一起的信息，其中有璀璨的明珠，当然也有腐臭的垃圾。有人叫它全球网，有人叫它万维网，或者简称为 Web 或“3W”。WWW 是当前 Internet 上最受欢迎、最为流行、最新的信息检索服务系统。它以超文本标注语言(HTML，Hyper Text Markup Language)与超文本传输协议(HTTP，Hyper Text Transfer Protocol)为基础，提供面向 Internet 服务的、一致的用户界面的信息浏览功能。使用户能在 Internet 上查找已经建立了 WWW 服务器的所有站点所提供的各种超文本媒体资源，包括文本、图像、声音和音像等。

(2) 电子邮件(E-mail)

电子邮件(E-mail)服务是 Internet 所有信息服务中用户最多和接触面最广泛的一类服务。它不仅可以快速接收或发送文本信息，而且可以发送各类多媒体文档如图形、动画或程序等，同时支持一对多的广播发送形式。电子邮件的收发过程和普通信件的工作原理非常相似，所不同的在于它传送的不是具体的实物而是电子信号。电子邮件的另一个特点是，只要身处可以上网的地方，就可以收到别人发给自己的邮件。

电子邮件在发送和接收过程中，要遵循一些基本协议和标准，如 SMTP、POP3 等。这些协议和标准可保证电子邮件在各种不同系统之间进行传输。

Internet 上 E-mail 地址的统一格式是：Userid@DN

Userid 为用户名，是用户申请的账号，一般在申请电子信箱时由用户自己取定。DN 是 ISP 电子邮件服务器的域名，两者之间用“@”隔开。如：wangjg@163.net。

(3) 远程登录(Telnet)

远程登录是指允许一个地点的用户与另一个地点的计算机上运行的应用程序进行交互对话。远程登录支持的协议为 Telnet。Telnet 协议是 TCP/IP 通信协议中的终端机协议。一旦用户通过自己的计算机登录到远方的某一台主机后，用户的计算机就仿佛是远程主机上的一个终端，可以用自己的计算机直接操纵远程计算机，享受远程主机的各种资源和应用程序。

当然，使用 Telnet 时，用户必须事先从欲登录主机的网络管理员那里申请账号并取得口令，才能成为远程计算机资源的合法用户。

(4) 文件传输(FTP)

FTP(File Transfer Protocal)也是 Internet 提供的基本功能之一，它向所有 Internet 用户提供了在 Internet 上传输任何类型的文件的功能，如文本文件、二进制文件、图像文件、声音文件、数据压缩文件等。FTP 传输形式有两种：一种是从服务器向客户机传输文件，称为“下载”(Download)；另一种是从客户机向服务器传输文件，则称为“上传”(Upload)。FTP 服务也可以分为两种类型：普通 FTP 服务和匿名(Anonymous)FTP 服务。普通 FTP 在 FTP 服务器上向注册用户提供文件传输功能，而匿名 FTP 向任何 Internet 用户提供核定的文件传输功能。

Internet 上有许多公用的免费软件，允许用户无偿转让、复制、使用和修改。这些公用的免费软件种类繁多，从多媒体文件到普通的文本文件，从大型的 Internet 软件包到小型的应用软件和游戏软件，应有尽有。充分利用这些软件资源，能大大节省我们的软件编制时间，提高效率。而这些免费资源的获取，即可通过文件传输(FTP)服务这个工具。FTP 是一种实时的联机服务功能，工作时用户必须先登录到 FTP 服务器上。

由于现在越来越多的政府机构、公司、大学、科研机构将大量的信息以公开的文件形式存放在 Internet 中，因此，FTP 使用几乎可以获取任何领域的信息。

(5) 电子公告板(BBS)

电子公告板(Bulletin Board System，BBS)是 Internet 上的一种休闲信息服务系统，具有电子邮件、文件传送、谈天说地、讨论组、读取文件、在线游戏、公告事项等功能。它提供一块公共电子白板，每个用户都可以在上面书写、发布信息或提出看法，还可以利用 BBS 服务与未谋面的网友聊天、组织沙龙、获得帮助、讨论问题及为别人提供信息等。如今，BBS 已成为传播知识和交流信息的有效基地。

需要说明的是：不是所有站点均设有 BBS，而且有些站点即使设有 BBS 也需要用户先注册后才能使用。

(6) 网络新闻(Usenet)

Usenet 相当于一个世界范围的电子公告板，是一个多人参加和多向交流的网络大论坛。但与 BBS 不同的是，在 Usenet 里不能聊天，并且 Usenet 具有链接功能。Usenet 主要用于发布公告、新闻和各种文章供大家使用，讨论和发表评论，做出回答和增加新内容。

提供网络新闻服务的主机叫新闻服务器，它所使用的通信协议是 NNTP(Network News Transfer Protocol)，因此有时也称为 NNTP 服务器。

6.1.2 Internet 搜索引擎

Internet 上的信息犹如浩瀚的海洋，普通用户要从这个信息海洋中准确、方便、迅速地找到并获得所需信息，往往如同大海捞针。为满足人们信息检索的需求，一些以 Internet 上的信息资源为主要处理对象，即根据不同的需求来检索出有用的信息的专业搜索网站便应运而生了。这些专业网站提供的搜索工具，就称为搜索引擎(Search Engine)。

所谓搜索引擎，是指对万维网(WWW)站点资源和其他网络资源进行标引和检索的一类检索系统机制的统称。例如，目前最著名的搜索引擎有 Google、Altavista、Yahoo 等。

最早现代意义上的搜索引擎 Lycos，创建于 1994 年 7 月。同年 4 月，斯坦福(Stanford)大学的两名博士生，David Filo 和美籍华人杨致远(Gerry Yang)共同创办了超级目录索引 Yahoo，并成功地使搜索引擎的概念深入人心。从此搜索引擎进入了高速发展时期。经过几年的发展，数百个 Web 搜索引擎已构成 Internet 的主要查询工具，搜索引擎已成为一个网络门户，起着网络导航的作用。

6.1.2.1 搜索引擎的分类

搜索引擎按其工作方式主要可分为 3 种：全文搜索引擎(Full Text Search Engine)、目录索引类搜索引擎(Search Index/Directory)和元搜索引擎(Meta Search Engine)。

(1) 全文搜索引擎

全文搜索引擎是名副其实的搜索引擎，国外具代表性的有 Google、Fast/AllTheWeb、AltaVista、Inktomi、Teoma、WiseNut 等，国内著名的有百度(Baidu)。这类搜索引擎是基于关键词的检索，用户可以用逻辑组合方式输入各种关键词，搜索引擎根据这些关键词寻找用户所需资源的地址，然后根据一定的顺序(如字母排列、时间、相关级别等)反馈给用户包含此关键字词信息的所有网址和指向这些网址的链接。因此他们是真正的搜索引擎。

从搜索结果来源的角度，全文搜索引擎又可细分为 2 种：一种是拥有自己的检索程序(Indexer)，俗称“蜘蛛”(Spider)程序或“机器人”(Robot)程序，并自建网页数据库，搜索结果直接从自身的数据库中调用，如上面提到的 7 家引擎；另一种则是租用其他引擎的数据库，并按自定的格式排列搜索结果，如 Lycos 引擎。

(2) 目录索引

目录索引虽然有搜索功能，但在严格意义上算不上是真正的搜索引擎，仅仅是按目录分类的网站链接列表而已。用户完全可以不用进行关键词(Keywords)查询，仅靠分类目录也可找到需要的信息。目录索引中最具代表性的是雅虎(Yahoo)。国内的搜狐、新浪、网易搜索也都属于这一类。

在 Web 网检索工具出现初期，上述两种方法的界限明显，如最著名的分类目录检索工具 Yahoo!，起初就没有关键词检索功能，同样关键词检索工具 AltaVista 开始也没有建立分类目录。目前的发展趋势是两种方法合二为一。

(3) 元搜索引擎

元搜索引擎在接受用户查询请求时，同时在其他多个搜索引擎上进行搜索，并将结果返回给用户。著名的元搜索引擎有 InfoSpace、Dogpile、Vivisimo 等，中文元搜索引擎中具代表性的有搜星搜索引擎。搜星搜索引擎可同时搜索中文 Google、百度、中文雅虎、搜狐、新浪、FM365、中华网和来科思等引擎。搜星并行搜索各大引擎的第 1 页，过滤掉重复的网站，将结果用同样的格式反馈在同一个页面上。搜索结果一目了然，高效实用。从搜索结果中还可以直接链接到各大引擎的第 2 页。

元搜索引擎在搜索结果排列方面，有的直接按来源引擎排列搜索结果；有的则按自定的规则将结果重新排列组合。

除上述三大类引擎外，还有以下几种非主流形式，如集合式搜索引擎，代表是 HotBot；门户搜索引擎，代表是 AOL Search、MSN Search 等；免费链接列表（Free For All Links，FFA）等。

6.1.2.2 搜索引擎搜索技术

互联网的发展大大促进了信息搜索技术的发展和应用，数百个 Web 搜索引擎诞生，为大众提供了很好的快速信息获取和网络信息导航工具。为数众多的搜索引擎其各自所提供的搜索技术却不尽相同，各有千秋。但总的来说，绝大多数搜索引擎都具有下述搜索功能：

(1) 布尔逻辑检索

布尔逻辑检索在搜索引擎中使用得相当广泛，几乎所有搜索引擎均支持“与”、“或”、“非”3 种基本的逻辑运算功能。但不同的搜索引擎其检索功能的实现所使用的符号有所差异。

① 逻辑“与” 检索式中设定所检信息中必须包含某词，一般所用符号为“+”或“and”。例如在 yahoo! 搜索引擎输入：biofungicide + Trichoderma，搜索引擎将把同时含有关键词 biofungicide 和 Trichoderma 的检索结果列出。

在有的搜索引擎中，如 Google，则用“空格”表示逻辑“与”关系。

② 逻辑“或” 检索式中设定所检信息中只要包含其中任一词，即为满足检索条件。一般以“or”或“OR”表示。例如输入：rice or wheat，搜索引擎将把只含有关键词 rice 或 wheat、或同时包含 rice 和 wheat 的检索结果列出。

在百度搜索引擎中，逻辑“或”用符号“|”来表示。

③ 逻辑“非” 检索式中设定所检信息中必须不含某词，一般所用符号为“-”（在“-”号之前需留一个空格）或“not”。例如输入：football -american，搜索引擎将把去除美式橄榄球后的含有关键词 football 的检索结果列出。

对于大多数搜索引擎，其高级检索界面的布尔逻辑检索往往隐含在菜单中或以表格和文字的形式来体现不同的布尔逻辑关系。例如 Yahoo 高级检索界面，以“all of these words”表示逻辑与“＋”；以“any of these words”表示逻辑或“or”；以“none of these words”表示逻辑非“－”；以“the exact phrase”表示精确匹配，用于词组检索。

(2) 词组检索

限定所输入的 2 个或 2 个以上单词为词组时，一般搜索引擎要求用英文半角状态的引号“　”标示；若不使用引号，系统通常将所输入多个单词按逻辑“或”的关系检索，即页面中只要出现任一输入单词就表示命中。例如：输入：“post－harvest disease”，搜索引擎将对引号内的字符串进行精确匹配，找出包含 post－harvest disease 的网站，而忽略只包含“post－harvest”或只包含“disease”的网站。

但在 AltaVista 中，系统提供自动短语检测功能，因此不需要使用引号“”即可进行词组精确匹配检索。

(3) 通配符的使用

系统提供的通配符模糊检索有 2 种，即单匹配和任意长度匹配，一般分别用“?”和“＊”表示。“?”可以代表任意一个字符，而“＊”可以代表任意长度的任意字符串。

例如：输入：comput ＊，搜索引擎将列出含有 compute、computer、computing、computerized 等关键词的检索结果。

(4) 限定检索

搜索引擎可将搜索范围限制在标题、统一资源定位地址（URL）等部分中，以缩短检索时间和提高查准率。

① 在检索式前加 title 或 t:，搜索引擎将仅检索网站名称。例如，输入 t: agriculture，搜索引擎将只检索网站名称中含 agriculture 的资料；

② 在检索式前加 url 或 u:，搜寻引擎将仅检索网址（URL）。例如：输入 u: agriculture，搜索引擎将只检索网址中含 agriculture 的资料；

在某些搜索引擎的高级检索界面，还可通过语种、日期、地理范围、域名范围等对检索结果进行限定。

(5) 组合检索

即上述各种搜索技术的组合检索。

例如：输入 t:china ＋“post－harvest disease” ＋citrus ＊，搜索引擎将检索出网站名称中含有 china，网站资料中同时含有 post－harvest disease 和 citrus 的资料。

(6) 对大小写字母敏感

很多搜索引擎具有该功能。当检索词中含有大写字母时，系统将严格按其所输入形式给出检索结果；而当检索词为全部小写字母时，系统将不管大小写，而检索该词的所有形式。如检索词“windows”将可得到所有含“windows”、“Windows”及“WINDOWS”词的页面，而检索词“Windows”仅检索含“Windows”的页面，而不包含“windows”或“WINDOWS”的页面。因此在查找西文资料时，区分大小写将有助于提高查准率。

(7) 语句检索

少数搜索引擎支持自然语言表达格式的检索。如使用 AltaVista,用户可直接输入提问式:What is a web search engine?

(8) 智能化检索

许多检索引擎均试图引入智能化检索技术,即当用户输入一个检索词后,搜索引擎将自动检索出与该检索词同属一类概念的同义词、近义词等。如 Excite 的同义词、近义词自动识别、自动匹配检索;AltaVista 的相关检索结果进一步链接等。

6.1.2.3 著名搜索引擎—Google

(1) Google 简介(http://www.google.com)

Google 是目前全世界最优秀的支持多语种检索的搜索引擎之一。1998 年 9 月,斯坦福大学的两位博士生 Larry Page 和 Sergey Brin 在美国硅谷创立了 Google。现今,日访问量高达 7 000 万次。Google 非常注重技术创新,创立至今,已经获得 40 多项业界大奖,并且已将其搜索引擎技术售卖给包括雅虎、美国在线、网景和中国的网易等知名网站在内的 30 多个国家和地区的 150 多家公司。

Google 的成功得益于其强大的功能和独到的特点:

① Google 目前拥有的网页数量达 30 亿,其海量的信息在搜索引擎中排名第一。

② Google 支持 132 种语言,包括简体中文和繁体中文,并将多国语言的搜索引擎整合到同一个检索界面,供用户方便选择。

③ Google 中文搜索引擎是目前收集亚洲网站最多的搜索引擎之一,对中文的支持强大,更好地实现了检索字符串与网页中文字的语义上的匹配,从而提高了检索效率。例如它支持中英文混合检索词查询,对诸如"MP3"、"甲 A"、"F—1—有方程式"等中英混合词,能够准确识别,并作出恰当反应。

④ Google 检索速度极快,据说拥有 1.5 万多台服务器,200 多条 T3 级宽带,并且其专利网页级别技术 PageRank 能够提供准确率极高的搜索结果。

⑤ Google 还提供了智能化的"手气不错"、"网页快照"和"类似网页"等功能,以分别提供可能最符合要求的网站,从 Google 服务器里直接取出缓存的网页和链接到相关网站。

图 6-1 为 Google 搜索引擎的主页,它的界面简洁、鲜明、大方,完全突出了搜索的功能。Google 图标下面排列了四大功能模块:所有网站、图像、新闻群组和网页目录。系统默认为所有网站搜索。功能模块下方为一检索输入框,可限定搜索范围为:搜索所有网站、搜索所有中文网页、搜索简体中文网页。在输入框右侧提供高级搜索、使用偏好、语言工具 3 种功能设定。

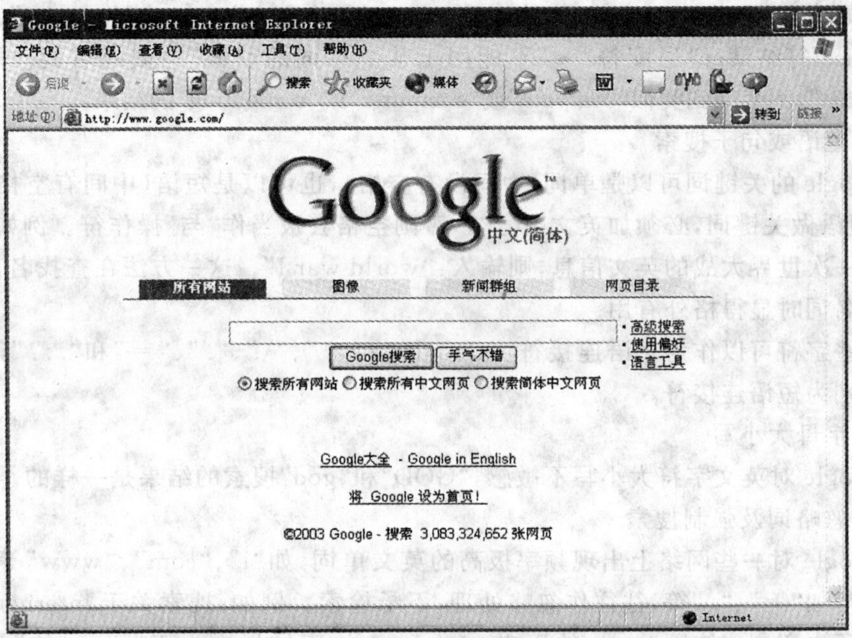

图 6-1　Google 主页

(2) Google 搜索方法

① 基本搜索　进入 Google,系统默认的即为基本搜索界面,如图 6-1。检索时仅需在主页的搜索输入框中输入查询内容,选择“搜索所有网站”、“搜索所有中文网页”或“搜索简体中文网页”,敲回车键(Enter),或单击【Google 搜索】按钮即可得到相关资料。而此时若点击【手气不错】则可直接进入与关键词最匹配的网站,即进入 Google 查询到的第一个网页。使用【手气不错】进行搜索省时方便。

例如,要查找 Stanford 大学的主页,只需在搜索字段中输入“Stanford”,然后单击【手气不错】按钮。Google 将直接带用户进入其官方主页 www.stanford.edu。

在基本搜索界面,Google 提供如下搜索技术:

- 布尔逻辑检索

Google 只会返回那些符合用户的全部查询条件的网页。其逻辑算符的运用特点如下:

逻辑与:用一个空格来表示,无需在关键词之间加上“and”或“+”,只需在关键词中间留空格即可。如果用户需进一步缩小搜索范围,只要输入更多的关键词。例:水稻病虫害防治。

逻辑或:用大写的“OR”来表示。注意不能用小写的“or”! 例:水稻 OR 烟草。

逻辑非:用减号“-”表示,“-”前留一空格。例:中国历史 -文化。

- 通配符

Google 对通配符支持有限,目前可以用“*”来替代单词或词组。比如,“以*治国”,可以搜索“以德治国”、“以法治国”、“以仁义道德治国”等等。

再如输入“three * mice”，将检索到“three blind mice”、“three blue mice”、“three green mice”等结果；但通配符“*”不能用于某个单词的前截、中截或后截。即搜索“comput*”，不会得到类似“compute”或“computer”或“computing”的结果。

• 短语或句子搜索

Google的关键词可以是单词（中间没有空格），也可以是短语（中间有空格）。但是，用短语做关键词，必须加英文引号“”，否则空格会被当作“与”操作符。例如：搜索关于第一次世界大战的英文信息，则输入：“world war I”。这一方法在查找名言警句或专有名词时显得格外有用。

一些字符可以作为短语连接符。Google将“－”、“\”、“.”、“＝”和“...”等标点符号识别为短语连接符。

• 字母大小写

Google对英文字符大小写不敏感，“GOD”和“god”搜索的结果是一样的。

• 忽略词及强制搜索

Google对一些网络上出现频率极高的英文单词，如“i”、“com”、“www”等，以及一些符号如“*”、“.”等，往往作忽略处理，不予检索。例如：搜索关于internet www起源的历史资料，输入：www 的历史 internet。检索结果中由于“www 的”是高频词，没有被列入搜索范围。即搜索引擎把“www”和“的”都忽略了。于是上述搜索只搜索了“历史”和“internet”。

如果要对忽略的关键词进行强制搜索，则需要在该关键词前加上“＋”号。例如，输入：＋www ＋的历史 internet。

另一个强制搜索的方法是把上述的关键词用英文双引号引起来。如上例输入：“www 的历史” internet，搜索引擎也就强制搜索这一特定短语，从而实现检索要求。

注：大部分常用英文符号（如问号，句号，逗号等）无法成为搜索关键词，强制搜索也不行。

② 限制搜索

• 对搜索的网站进行限制

“site:”表示搜索结果局限于某个具体网站，如“www.sina.com.cn”、“edu.sina.com.cn”，或者是某个域名，如“com.cn”、“com”等等。如果是要排除某网站或者某域名范围内的页面，只需用“－网站/域名”。

例：搜索中文教育科研网站（edu.cn）上关于搜索引擎技巧的页面。输入：搜索引擎 技巧 site:edu.cn。

例：在著名IT门户网站ZDNET和CNET搜索一下关于搜索引擎技巧方面的资料。输入：“search engine” tips site:www.zdnet.com OR site:www.cnet.com

注：site后的冒号为英文字符，而且，冒号后不能有空格。此外，网站域名不能有“http://”前缀，也不能有任何“/”的目录后缀。

• 对文件类型的限制

"filetype:"表示搜索结果局限于某种类型的文件。目前,Google 已经能检索微软的 Office 文档如. xls,. ppt,. doc,. rtf,WordPerfect 文档,Lotus1-2-3 文档,Adobe 的. pdf 文档,ShockWave 的. swf 文档(Flash 动画)等。其中最实用的文档搜索是 PDF。PDF 是 ADOBE 公司开发的电子文档格式,现在已经成为互联网的电子化出版标准。目前 Google 检索的 PDF 文档大约有 2 500 万左右,约占所有索引的二进制文档数量的 80%。PDF 文档通常是一些图文并茂的综合性文档,提供的信息一般比较集中全面。

例:搜索关于搜索引擎知识和技巧方面的 PDF 文档。输入:"search engine" tips OR tutorial filetype:pdf。

检中结果中除了 PDF 格式的文档外,往往还给出其 HTML 版本,HTML 版保留了文档的文字内容和结构,但没有图片。

• 限制在 URL 链接中搜索

"inurl:"语法返回的网页链接中包含第 1 个关键词,后面的关键词则出现在链接中或者网页文档中。有很多网站把某一类具有相同属性的资源名称显示在目录名称或者网页名称中,比如"MP3"、"GALLARY"等,用 INURL 语法可找到这些相关资源链接,然后,用第 2 个关键词确定是否有某项具体资料。INURL 语法和基本搜索语法的最大区别在于,前者通常能提供非常精确的专题资料。

例:查找微软网站上关于 Windows2000 的资料。输入:inurl:windows2000 site:microsoft. com。

注:"inurl:"后不能有空格,Google 也不对 URL 符号如"/"进行搜索。

• 限制在网页标题中搜索

"intitle:"用法类似于上面的 inurl,是对网页的标题栏进行查询。网页设计的一个原则就是要把主页的关键内容用简洁的语言表示在网页标题中。因此,只查询标题栏,通常也可以提高查准率。

例:intitle:周迅 "写真集"。

③ 图片搜索 Google 的"图像搜索"是网络上现今最好用的图像搜索工具,收录数量超过 3.9 亿张图像。要进行图像搜索,在 Google 首页点击【图像】按钮,即进入了 Google 的图像搜索界面。在图像搜索框中输入描述图像内容的关键词,如"big bang"(宇宙大爆炸),然后单击【搜索】按钮。Google 给出的搜索结果是一个个直观的缩略图,以及对该缩略图的简单描述,如图像文件名称以及大小等。点击缩略图,页面分成两祯,上祯是图像之缩略图,以及页面链接,而下祯则是该图像所处的页面。屏幕右上角有一个【Remove Frame】按钮,可以把框架页面迅速切换到单祯的结果页面,非常方便。

Google 图像搜索目前支持的语法包括基本的搜索语法如" "(空格)、"—"、"OR"、"site"和 "filetype:"。其中"filetype:"的后缀只能是几种限定的图片类似,如 JPG,GIF 等。

注:如果要搜索的图片是分散的,则用 google 图片搜索;如果要搜索的图片通常是处于某个图片集合中的,则不适合用 google 图片搜索。

④ 新闻群组搜索　新闻群组是互联网上一种高效的交流方式,在国外,它的使用频率仅次于电子邮件。Google 的新闻群组有详尽的分类主题,某些主题还有专人管理和编辑,含有大量有价值的信息。2001 年 2 月,Google 将 DEJA 收购并提供了所有 DEJA 的功能。现在,除了搜索之外,Google 还支持新闻群组的 Web 方式浏览和张贴功能。

进入 Google 新闻群组,可有 2 种信息查找方式。一种是一层层的点击进入特定主题讨论组,另一种则是直接搜索。

搜索结果默认按照"留言内容"排列,但是用户也可以点击【依照日期】按钮,让帖子按照发布日期排列。

因为新闻组中的帖子实在太多,而且又涉及一些普通搜索所没有的语法,所以建议使用"高级群组搜寻"进入高级搜索界面。新闻组高级搜索提供留言内容、分类主题、标题、留言者、留言代码、语言和发布日期作为条件进行搜索。其中作者项指作者发帖所用的惟一识别号电子信箱。

⑤ 网页目录搜索　如果不想搜索广泛的网页,而想寻找某些专题网站,可以访问 Google 的网页目录(见图 6-2)。

由图 6-2 可知,Google 将网页内容依主题进行了分门别类。目前 Google 使用

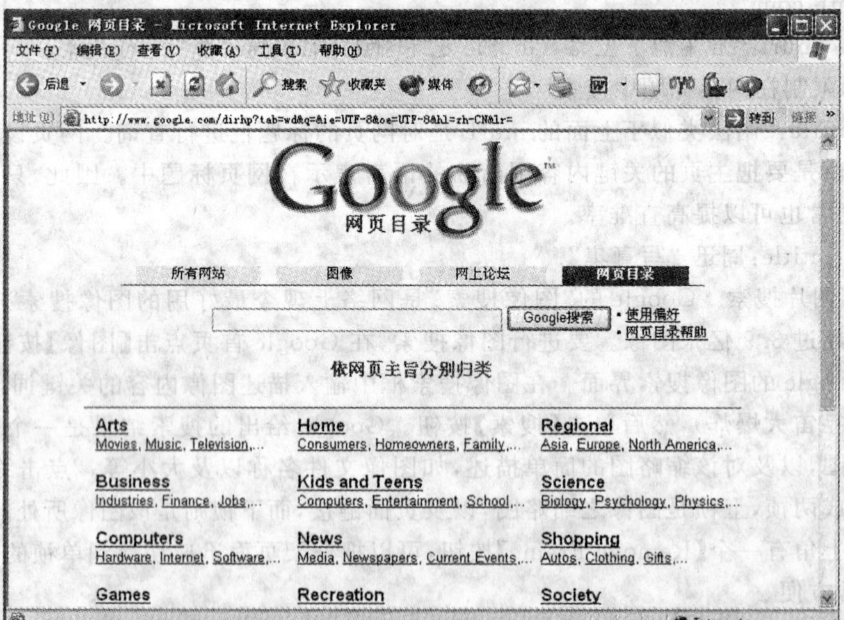

图 6-2　网页目录界面

的分类目录采用了 ODP(Open Directory Project)的内容。ODP 是网景公司所主持的一项大型公共网页目录。由全世界各地的义务编辑人员来审核挑选网页，并依照网页的性质及内容来分门别类。因此，在某一目录门类中进行搜索往往能有更高的命中率。另外，Google 根据其专业的“网页级别”(PageRank)技术对目录中登录的网站进行了排序，可以让一般的检索更具高效率。分类的网站目录一般由专人负责，分类明确，信息集中。用目录检索，往往需要用户对查询的领域很熟悉。

例如，在 Google 目录的 Science＞ Astronomy 类别中搜索“Saturn”，可以找到只与 Saturn(土星)有关的信息。而不会找到“Saturn”牌汽车、“Saturn”游戏系统或“Saturn”的其他含义，剔除了很多不相关的无效信息。

目前该功能仅支持英文版的网页目录。

⑥ 高级搜索　对于某些特定要求的搜索，还可以使用 Google 的高级搜索功能。点击 Google 主页中的【高级搜索】链接，即可进入“高级搜索”页面，如图 6－3 所示。

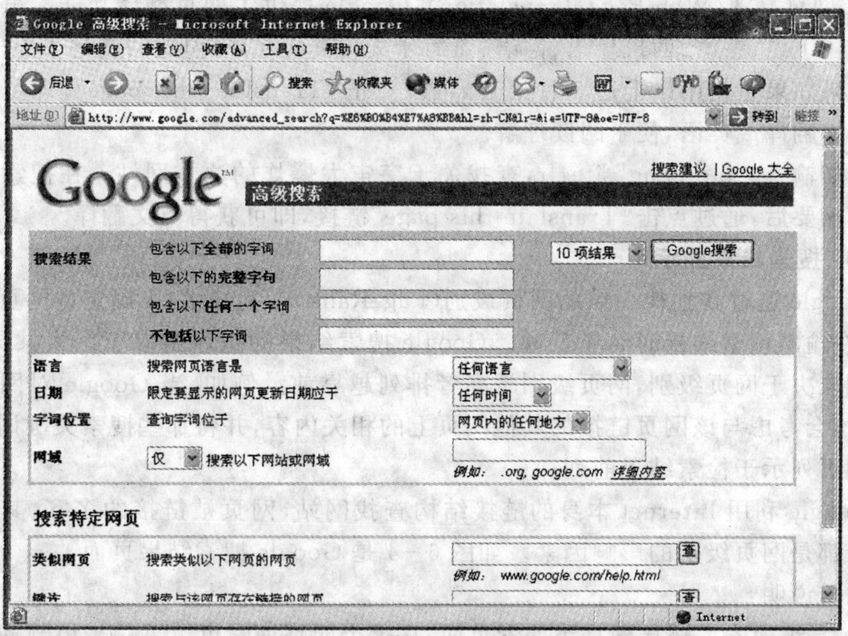

图 6－3　Google 高级搜索页面

在 Google 的高级搜索界面，可以进行如下设定：

• 搜索结果：可根据搜索需求，在 4 个输入框中选择任意一个输入：包含以下全部的字词(相当于逻辑与)；包含以下的完整字句(相当于词语或句子)；包含以下任何 1 个字词(相当于逻辑或)；不包括以下字词(相当于逻辑非)。

• 语言：将搜索结果限制于某种指定的语言，提供 36 种选择。

• 日期：将搜索结果限定于指定的更新日期。包括任何时间、过去 3 个月、过去

6 个月、过去 1 年。

• 字词位置：指将查询的字词限定于特定的位置进行搜索。包括网页内的任何地方、网页的标题、网页的内文、网页内的网址、在网页内的链接内共 5 种选择。

• 网域：包括“仅”搜索以下网站或网域、“除去”搜索以下网站或网域 2 种选择。可在其后的网址输入框中输入具体的网站或网域的地址。

• 搜索特定网页：可在输入框中输入具体网址进行类似网页搜索或搜索与该网页存在链接的网页。

⑦ Google 的特殊功能

• 单词的英文解释(Dictionary Definitions)：如果想查找某个英文单词的意思及其用法，均可通过 Google 使用在线词典进行查找。例如，想查找单词“suggest”的用法。结果会出现“Searched the web for suggest”，点击这个链接，即跳转到另一个网站“http://www.dictionary.com/”，可供查询此单词的意思、用法等详尽解释。

• 网页翻泽(Web Page Translation)：Google 提供了网页翻译功能。虽然目前只支持拉丁语、法语、西班牙语、德语、葡萄牙文和英文互译，但这的确是个杰出功能。搜索结果如果是使用以上这 5 种语言，可以点击“Translate this page”，即可以把该网站内容翻译成英语，便于阅读理解。

例如输入：“big bang”site：fr，查找关于宇宙大爆炸的法文网站。在搜索结果中的网页摘要后，通过点击“Translate this page”链接，即可获得英文翻译。

(3) 搜索结果显示

Google 通过其独树一帜的网页级别(PageRank)专利技术，来确定各网页的重要性，并在输出检索结果时给予反映。Google 搜索结果的排序由多个因素共同决定，但特别取决于网页级别，网页级别越高者排列越靠前。例如，当 Google 对网页进行分析时，会考虑与该网页链接的其他网页上的相关内容，并将那些搜索关键词相距较近的网页列示于检索结果前列。

Google 利用 Internet 本身的链接结构查找网站，网页被链接的多寡、其他网站的评价都是网页级别的影响因素。如图 6-4 是 Google 搜索结果页面。

项目说明：

① 高级搜索　链接到高级搜索页面，从这个网页搜索可以进一步控制搜索的范围。

② 使用偏好　使用它可以设置搜索偏好，包括每个网页上默认的搜索结果数量、界面语言以及查询语言。

③ 搜索建议　可以链接到帮助信息，说明 Google 与其他搜索引擎的区别，包括最基本的查询到特殊的功能。这些信息使用户能更有效地查询资料。

④ 检索框　在检索框里，用户仅需输入查询内容并按回车键(enter)，即可得到相关资料。用户还可以用双引号进行专用语搜索。

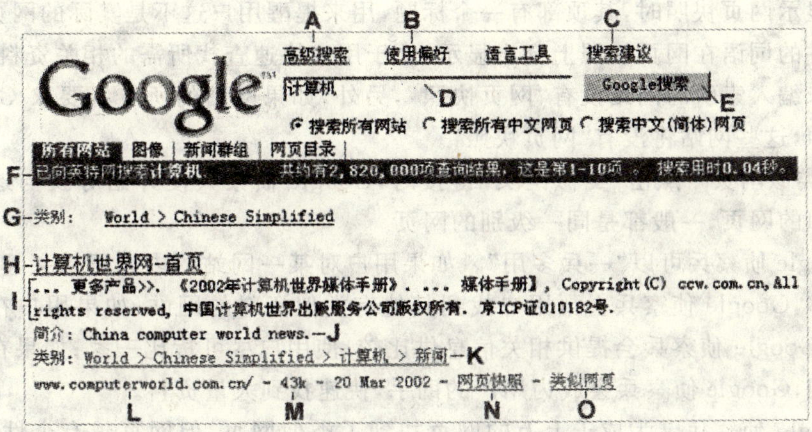

图 6－4　Google 搜索结果页面

⑤ Google 搜索按钮　单击此按钮可以提交另一个搜索请求，也可以通过敲击 Enter 键来提交查询。

⑥ 统计行　有关查询结果及搜索时间的统计数字。

⑦ 类别　如果用户的搜索关键词还出现在网页目录中，这些推荐的类别能帮助用户找到更多的相关信息。单击这些类别可以浏览其他链接。

⑧ 网页标题　第 1 行是查询到的网页的标题。有时会显示为网址，这表明 Google 还未将此页编入索引，或此页作者还没有为其定标题。

⑨ 标题下文本　该文本是网页摘要，搜索关键词以粗体显示。单击查询结果之前，用户可以通过这些网页摘要浏览一下关键词在该网页中的上下文。

⑩ 说明　如果您的搜索查询列在网页目录中，将会显示目录作者撰写的说明

⑪ 类别　如果查询到的网站列在网页目录中，在网站说明的下方将显示该网站所属的类别。

⑫ 网址　这是该网页的网址。

⑬ 文本大小　这个数字是这一网页文本部分的大小。未被 Google 编入索引的网站不会有此项资料。

⑭ 网页快照　单击“网页快照”可见 Google 保存的该网页的快照内容。Google 为用户储存大量的应急网页。对于随时更新的网站(如新闻网站)来说，快照内容不可能跟得上其更新速度。然而对于其他类型网站来说，保存快照的好处却是不容置疑的，不仅下载速度极快，而且经 Google 处理后，搜索项均用不同颜色标明，另外还有标题信息说明其存档时间日期，并提醒用户这只是存档资料。Google 在访问网站时，会将看过的网页复制一份网页快照，以备在找不到原来的网页时使用。单击“网页快照”时，用户将看到 Google 将该网页编入索引时的页面。Google 依据这些快照来分析网页是否符合用户的需求。

在显示网页快照时，其顶部有一个标题，用来提醒用户这不是实际的网页。符合搜索条件的词语在网页快照上突出显示，便于用户快速查找所需的相关资料。

尚未编入索引的网站没有“网页快照”，另外，如果网站的所有者要求 Google 删除其快照，这些网站将没有“网页快照”。

⑮ 类似网页　点击“类似网页”链接时，Google 侦察兵便开始寻找与这一网页性质类似的网页，一般都是同一级别的网页。

Google 侦察兵可以“一兵多用”。如果用户对某一网站的内容很感兴趣，但又嫌资料不够，Google 侦察兵会帮用户找到其他有类似资料的网站；如果用户在寻找产品信息，Google 侦察兵会提供相关信息供比较，使用户尽可货比三家；如果在某一领域做学问，Google 侦察兵会成为用户的助手，快速找到大量资料。

Google 侦察兵已为成千上万的网页找到了类似网页，但网页越有个性，能找到的类似网页就越少。例如，独树一帜的个人主页就很难有类似网页。此外，如果公司有多个网址（如 google. com 和 www. google. com），Google 侦察兵为各个网址找到的类似网页可能会有所不同。但这种情况较少。

6.1.3　Internet 免费农业信息资源

随着 Internet 的迅猛发展，Internet 上的信息资源也呈几何级数增长。地域涵盖整个地球；内容包罗万象，有人文学科、自然科学、工业技术、商业经济、娱乐等。其所提供的大量信息资源，已成为人们获取信息、与外界联系的一个重要途径。

Internet 上的信息资源按费用分，可分为付费和免费两大类。付费的网络资源大多是技术含量高，整理有序，具有很高利用价值的各信息公司开发的数据库系统。如：DIALOG、ORBIT 等；免费信息资源大多是由一些单位或个人提供的各种信息资源，其提供方式又可分三种：一，免费提供部分文摘，原文收费；二，免费提供部分原文；三，经过注册加入某网络或协会成为会员，获得全部或大部分本网或协会收藏的免费原文或收取最低费用。

Internet 上的信息资源按内容分，可分为电子期刊、电子图书、馆藏目录、文献数据库和全文资料等。

下面介绍 Internet 上与农业、生物学科有关的部分免费信息资源。

(1) Internet 上免费农业文献数据库

Internet 上的文献数据库不计其数，除了 DIALOG、STN 等所提供的收费商业性数据库外，还有许多免费供用户使用的与农业、生物学科有关的文献数据库。

① National Agricultural Library（http://www. nalusda. gov）　美国国家农业图书馆（NAL）是美国四个国家图书馆之一。该站点免费提供 NAL 的馆藏目录（包括图书、期刊、视听资料等）检索以及农业联机数据库（AGROCOLA）的免费检索，并可获得 NAL 的其他资源信息。

② Food and Agriculture Organization of the United Nations(http://www.fao.org) 联合国粮农组织(FAO)网站。可供免费检索1975年以来的AGRIS数据库;以及免费提供世界以及各国有关农业、林业、渔业、食品等生产、贸易数据的统计数据库。有5种语言可供检索(英语、中文、法语、西班牙语、阿拉伯语)。

③ U.S. National Library of Medicine(http://www.nlm.nih.gov) 该节点提供了一个很有价值的WWW上免费检索Medline数据库功能。Medline包含了1966年以来发表在3 800种生物医学期刊上的8.8万余篇文献。学科领域为:医药、护理、牙科、兽医、保健、临床科学。

④ European Bioinformatics Institute (http://www.ebi.ac.uk) 欧洲生物信息研究所是Internet上最主要的生物学网站之一。提供核酸序列数据库、DNA数据库、基因组数据库等的免费检索。

⑤ ChemFinder(http://chemfinder.cambridgesoft.com/) 提供网上化学物质信息的检索。可按照化学名称、分子式、分子量及CAS登记号四个检索途径进行检索。

(2) Internet上免费农业电子期刊

随着网络存储技术的发展,电子期刊已成为Internet上的一部分重要资源。电子期刊以机读形式出版,可供人们借助于计算机和通讯网络进行检索、浏览及下载。

下面介绍几个与农业、生物学科有关的免费电子期刊站点:

① 中文电子刊物(http://www.Cathay.Net/chn－mag.shtml) 按综合类、政经类、人文类、科技类、宗教类、其他等栏目提供中文刊物的免费阅读。

② HighWire Press(http://highwire.stanford.edu) 斯坦福大学1995年建立,可免费检索、浏览、阅读332个电子期刊中的43万多篇全文文献,以及检索Medline 4 500种期刊中的1 194多万篇文献。文献收录范围有生命科学、医学、物理科学、社会学等。提供简单检索、高级检索、按照主题浏览文献全文功能。

③ PubMed central(http://www.ncbi.nlm.nih.gov) PubMed是由建在美国国家医学图书馆(NLM)和国家健康研究所(NIH)的国家生物技术中心(NCBI)所维护的国际著名的免费生物医学文献检索系统。它收集了国际70多个国家的4 000余种生物领域的刊物,文献达1 000万篇。

6.2 数字图书馆

6.2.1 数字图书馆概述

21世纪人类已进入了知识经济时代,计算机、信息和通讯等高科技发展迅速,以信息高速公路和多媒体技术为标志的信息技术革命,将图书馆推向自动化、数字化和网络化的发展方向。全球范围内已有许多国家和地区积极利用最新信息技术创建数字图书馆系统及数字图书馆资源库，一批雏形成果已在 Internet 上出现。

本书前几章已分别介绍了基于网络的书目型、文摘型、全文型和多媒体数据库，中外文 e—Book 和 e—Journal 等数字化资源，并对如何利用这些资源进行了探讨。超星数字图书馆、书生之家数字图书馆、清华大学的中国知识基础设施工程、中国高等教育文献保障系统(CALIS)、美国的在线联机图书馆中心(OCLC)等已经让读者获取信息的方式发生了根本的改变，使读者深刻领会了数字化资源的优越性。

然而，读者在得到数字资源带来的实惠的同时，也在抱怨使用上的繁琐和不便。面对纷纭复杂的各类数据库和众多的检索平台，读者希望能通过最简便的方法获取最全、最有针对性的信息资源。如何合理有效地对数字化信息进行组织，如何有效地整合各类数据资源，构建功能强大的跨库检索的异构平台，形成内容丰富、管理有序、四通八达、使用方便的数字化的图书馆，是国际国内广泛关注的热点问题。

数字图书馆的显著特点：① 数字图书馆包含有一个数字信息资源库，库中既可以有文字，也可以有声音或图像。② 数字信息资源库是分布式的，通过计算机网络可以跨库查询。它是一个图书馆群体的概念，是由一个地域或一个国家的众多图书馆或信息资源单位组成的联合体。③ 数字信息资源的组织必须按一定的格式标准进行。也就是说，数据库中的信息资源是有序的，按统一标准来组织。④ 数字图书馆是在互联网上运行的，是 Internet 推动了数字图书馆研究的发展。⑤ 数字图书馆要采用大量的高新技术，比如数据仓库技术、数据挖掘技术、数据推进技术等，是多种高新技术的集成。⑥ 数字图书馆为读者提供了方便、快捷、全面的服务。目前在网上查资料，需要一个站点一个站点地查询，就像查找一本书，需要一个图书馆一个图书馆地跑。实现数字图书馆后，只要提供某个检索点，计算机就会提供所需的资料。

根据数字图书馆的上述特点，可以归纳出数字图书馆的基本特征：有序的资源组织；分布式的资源建设；跨库的无缝连接。

数字图书馆与传统图书馆的区别在于：传统图书馆最主要的职能是收藏包括书刊、缩微、声像等模拟形式的文献，在对所收藏的图书资料保存、组织的基础上，进行书目自动化工作，主要为到馆读者提供各种服务。数字图书馆的收藏对象是数字化信息，以互联网为平台，面向全球用户提供基于内容的服务。

数字图书馆的最终目标：信息资源的数字化，信息传输的网络化，信息服务的个性化和服务范围的国际化。

6.2.2 数字图书馆定义

目前，国内外关于“数字图书馆”基本描述包括：

所谓“数字图书馆”就是图书馆馆藏实现数字化管理，并上网服务，供读者随时随地查阅。

数字图书馆是指通过多种技术将各种文献数字化，并将其组织起来在网上提供信息服务的信息中心或数据库。

数字图书馆一般而言是指利用当今先进的数字化技术，通过诸如 Internet 国际互联网等计算机网络，使人数众多且又处在不同地理位置的用户能够方便地利用。

数字图书馆是一个数字化系统。它将分散于不同载体，不同地理位置的信息资源以数字化的形式存储，以网络化的方式互相连接，提供及时利用，实现资源共享，其核心是数字化和网络化，其实质则是形成有序的信息空间。

数字图书馆是一个大系统，它具有分布的、大规模的和有组织的数据库和知识库，用户或用户团体可对系统内的数据库和知识库进行一致性的访问，获得自己所需的最终情报。

美国学者 William Y. Arms 认为：数字图书馆可非正式地定义为有组织的信息馆藏及相关服务，信息以数字化形式保存，并通过网络进行访问。他很形象地描述，数字图书馆是人、组织、技术三个主角相互影响，共同演绎的精彩故事。他认为所有数字图书馆都有着共同的特点，信息在计算机内得到组织并通过网络加以利用，并带有选择信息、组织信息、存储信息和发布信息的程序。在某些方面，数字图书馆与传统图书馆不一样，而在另一些方面又极为相似。不论技术如何发展，人类对信息的需求没有改变。但是，信息的表现方式和信息管理及应用的方式发生了变革。数字化馆藏的数量和种类每年都在增长，同时支撑技术也在稳步改善。这些变革正刺激着人们在创建信息和利用信息的方式上发生根本的转变。

关于“数字图书馆”的定义众说纷纭，不同的角度有不同的认识。

几年前，图书馆界专家王知津认为：“数字图书馆是建立在图书馆内部业务高度自动化基础之上，不仅能使本地和远程用户联机存取其 OPAC 以查询传统图书馆馆藏，而且也能使用户通过网络联机存取图书馆以外的其他电子信息资源的现代化图书馆。”这种观点把数字图书馆界定在图书馆业务的范围内，是目前狭义数字图书馆定义的代表，是图书馆界内部早期认可的一种解释。

文化部原副部长徐文伯解释：“所谓数字图书馆就是对有高度价值的图像、文字、语音、音响、影像、影视、软件和科学数据等（多媒体）信息进行收集，组织规范性的加工，进行高质量保存和管理，实施知识增值，并提供在广域网上调整横向跨库连接的电子存取的服务。”这种解释，突出了可数字化信息资源的广域网横向跨库连接服务，但并未明确一定要在传统图书馆系统内实现。

美国人 James H. Billington 则认为，“数字图书馆要让所有的学校、图书馆、家庭同那些公共阅览室的长期读者一样，能够任意从自己所在的地点接触到这些对他们来说崭新而重要的资料，并按个人的要求来理解、重新整理和使用这些资料。”这个定义强调了能够任意从自己所在的地点接触到所需的资料，突破了图书馆传统的束缚，实现了物理位置的虚拟化，信息服务的即时化、自主化，代表了个性化服务的发展趋势，体现了数字图书馆数字化、网络化、国际化的特点。

由于数字图书馆的内涵和外延正随着数字图书馆事业的高速发展不断地发展，因此，有关“数字图书馆”确切的、完整的定义尚待定论。

6.2.3 数字图书馆的产生背景与发展现状

在美国、欧洲和日本等国家90年代初推出的信息高速公路建设计划中，数字图书馆系统的开发和应用占有相当重要的地位，并被看成未来信息高速公路的重要信息资源之一。譬如，1993年由美国国家科学基金会（NSF）、美国国防部尖端研究项目机构（DARPA）、国家航空与太空总署（NASA）联合发起的数字图书馆工程（Digital Library Initiative，代号DLI）投资6 800万美元，其中2 400多万美元拨给了以6所大学为中心的数字图书馆创始工程。这是世界上最早的图书馆建设工程。之后，DLI的二期工程投资单位又增加了国家图书馆（NLM）、国会图书馆（LOC）、国家人文科学基金会（NEH）以及联邦调查局（FBI）。协作单位还有国家档案馆（NARA）、史密斯松尼机构（Smithsoian Institute）、联邦博物馆与图书馆服务机构（IMLS）等。

英国不列颠图书馆也于1993年宣布了“2000年的政策目标”，即通过数字和网络技术使用户能最大限度地利用其收藏。同年，该图书馆提出了包括20个项目的“信息利用倡议”，推进数字图书馆的发展。

日本已决定建造一个新的国家图书馆。该图书馆的目标包括，研制一套信息资源数字化处理系统，广泛收集和使用各种载体的文献，建立一个与国内外数据库相联的现代化数据库系统。

我国数字图书馆的建设稍晚于欧美日，1995年清华大学图书馆与IBM合作创建的“中国高校学位论文联机服务系统”，采用IBM研制的Infosearch全文检索软件，利用WWW的浏览器（Netscape）及图形用户界面（GuI），实现了联网高校和国外互联网上进行透明的无国界的信息漫游。这是我国数字图书馆最早的试验项目。1997年7月，由国家图书馆牵头，与上海图书馆、南京图书馆、中山图书馆、深圳图书馆与辽宁图书馆联合开展了在国家计委立项的“中国试验型数字图书馆”项目试点工作，为以后正式启动“中国数字图书馆工程”项目奠定了基础。2000年2月，中国国际广播电台成为试点单位，音视频信息资源的介入，表明我国的数字图书馆突破传统图书馆文献的基础，在文献信息资源的广度和深度上向前迈进了一步。

真正意义上的高校数字图书馆建设，从1995年报批的“中国高等学校文献信息服务系统建设方案”开始，国家教委《关于重点建设一批高等学校和重点学科点的若干意见》中指出“要较大幅度地改善仪器设备、图书情报和通讯等办学物质条件”，并在《“211工程”实施纲要》中立项优先建设三大公共服务体系，其中之一就是中国高等教育文献保障系统（China Academic Library and Information System，CALIS）。该项目一期工程为数字图书馆打下了基础，先期投资5 000万人民币在全国建立了

10个文献中心，引进了一批国际著名的权威数据库，馆藏书目数据的网络共享，自建数据库的上网服务以及一些软件的开发，都取得了较好的效果。2002年二期工程计划已得到有关主管部门的批准，预计投入人民币近3亿元，工程重点是进行数字图书馆建设。

6.2.4 数字图书馆技术体系构成及相关技术

6.2.4.1 数字图书馆的技术体系结构

数字图书馆的技术体系结构是建设数字图书馆系统的基础，是数字图书馆在网络和计算机技术上的具体实现，是未来信息社会处理、存储和应用数字化信息的基本构架。

(1) 资源加工系统

数字资源加工系统要实现对文本、图像、音频和视频等信息及知识的数字化采集、加工、处理。实现对上述资源进行一次加工，多次使用，适应应用系统今后的扩展需要。数字资源加工系统主要用于数字图书馆资源库的建设。

(2) 异构资源库整合系统

目前各文献拥有单位已经建设了一批高质量的数据库，把这些数据库整合到数字图书馆系统中，无疑将极大地丰富数字图书馆的内容。但从技术上来看，实现这样的整合系统具有相当高的难度，一方面原有数据库的内容是多方面的，其数据构成形式有很大的差异；另一方面，原有数据库的实现从系统平台到应用软件等都不尽相同。因此，构建一个异构平台难度很大，现在还没有完全成熟的系统方案可用。但是，国内外众多的软件公司正在积极开发研制，并已取得可喜进展。例如，江苏JALIS下属的汇文软件公司已经开发出初步产品，目前正在试用阶段，预计不久就会走向市场。

(3) 数字资源的管理与存储系统

数字图书馆的数字资源由元数据和对象数据构成。原则上，元数据相对集中存放，对象数据分布存放。大规模资源管理与存储系统要实现所有数字资源的存储管理，包括根据国内外相关标准和规范定义的元数据和数字对象的存储格式、存储协议，维护元数据和数字对象的完整性和一致性，以及在分布式网络环境下提供大规模数字资源快速有效的存取支持等。

(4) 资源调度系统

调度系统的目标是通过一个标识来确定数字图书馆中所有数字资源的规则，建立一个管理所有数字图书馆数字资源的系统，在资源环境发生变化时，在数字图书馆环境中，只要把惟一标识所指向的对应值做相应的修改，就可以保证服务的正常运行。实现调度系统首先要建立一个完善的调度码体系，为此要有一个资源统一命名规则。其次，要建立一个调度机制，除了建立调度码体系和调度机制以外，调度系统还必须为资源加工和用户服务提供调度服务功能。

(5) 联合编目和馆际互借系统

书目数据是传统图书馆自动化系统的主要处理内容，在数字图书馆系统中，作为一种类型的元数据，书目数据仍然有着重要的作用。通过 Z39.50 协议，传统的书目系统可以直接为数字图书馆系统提供元数据，但数字图书馆应用系统的元数据不仅限于书目数据。因此，在条件允许的情况下，应该把各单位的书目系统转换为基于网络环境的元数据共建共享系统。同样，对于馆际互借系统，也要从以传统介质为主的方式过渡到兼顾传统介质和数字资源两个方面。

(6) 用户查询和服务系统

数字图书馆用户查询和服务系统要实现数字化信息和知识的发布与利用。用户通过统一的应用界面进入系统，根据检索元数据库得到资源的标识，再经过调度系统，由数字资源管理系统获取以分布形式存储的对象数据库中的资源。构成用户查询和服务系统主要有三部分：应用界面系统；元数据搜索系统；数字资源存取系统。此外，资源的使用还须通过调度系统来实现。

(7) 安全认证系统

为确保系统运行安全，确保各类知识资源为各种层次人员高速取用，数字图书馆体系结构中应设有安全认证系统。

(8) 版权保护与电子商务系统

数字图书馆的资源建设应遵守国家有关法律法规，协调解决有关版权事宜。为保证数字图书馆能够持续有效地发展，需对部分资源使用进行有偿服务，在技术体系中，需要对数字图书馆分布式资源跨单位跨库服务模式下的版权保护与电子商务（包括安全性）系统给以支持。

总之，数字图书馆应用系统应是一类可扩展的知识网络系统，它采集、加工、处理、存储、组织、发布、利用（含版权保护）和归档数字化信息及知识。该系统要涵盖多个分布式的、超大规模的、具有可互操作的异构多媒体资源库群，通过因特网对国内外用户提供高效跨库、无缝连接的信息服务。

6.2.4.2 数字图书馆所涉及的有关技术问题

(1) 存储与压缩

数字图书馆所涉及的数据类型有文本、图像、语音、图形等，而且所面临的数据是海量的。这么大的数据量是迄今为止其他任何系统都没有遇到过的，需要大规模数据库来存储和处理这些数据。在数字图书馆中，文本的数据量所占比重并不是很大，真正大的是多媒体数据。因此，对多媒体数据必须进行压缩，然后保存在数据库中，以降低库的成本，使库的规模保持在可管理的范围内。

(2) 分类、索引、检索

数字图书馆所面临的数据类型各不相同,如文本信息、地图信息、图像信息及视频、音频、音乐等信息。对不同的内容,需要不同的分类体系和索引机制。能否制定一个比较好的分类方法,建立一个比较好的索引机制,将直接影响到后续工序能否开发出一个比较好的检索工具。这其中需要包括中文搜索、图像搜索、语音搜索、智能搜索等大量的人工智能的支持。

(3) 传输与保护

当数字图书馆的用户提出一个服务请求时,系统能否在最短的时间给予回答是系统成功的关键。这其中有许多问题需要解决,如带宽的有效使用问题、多媒体解压的分层传输问题。

(4) 交互式用户界面

交互用户界面是数字图书馆的重要组成部分,是系统展现在用户面前的窗口。其实,这不仅是数字图书馆所面临的挑战,任何系统都有这个问题,即怎样设计一个用户界面,让用户使用时得心应手,能够友好、直观、方便,并具有人性化、智能化的特性,充分利用图形、语音,将其融为一体,设计出比较好的界面。

(5) 多语言问题

多语言问题是国家"863"计划支持研究项目,其中包括机器翻译问题和多语言浏览器问题。

(6) 开发工具与平台

这是一个具有很大挑战性的课题,其中包括总体结构标准、软构件技术、信息录入工具、搜索工具、知识挖掘工具等问题。

6.2.4.3 数字图书馆的几种主要技术标准

(1) MARC 数据和 Z39.50 标准

① MARC 数据　MARC(Machine Readable Catalog)是机读目录即机器可读的目录,它是计算机编目的产物。机读目录可定义为,以代码形式和特定格式结构记录在计算机存储载体上,能够被计算机识别并编辑输出书目信息的目录形式。目前,图书馆公共书目查询(OPAC)就是采用 MARC 标准编目的。

MARC 最初是由美国国会图书馆以阿弗拉姆夫人为首的一个小组于 1965 年研制的一个先进计划,后来称之为 MARCⅠ,其目的是探索以机读形式产生目录数据的可行性。1968 年英美两国合作研制出更好的机读格式即 MARCⅡ。其他国家在 MARCⅡ基础上分别研制出自己的 MARC。为了防止失控便于国际交换,国际图联于 1977 年研制出"Universal MARC Format",简称 UNIMARC。

随着计算机技术的发展,MARC 格式由原来图书资料格式陆续发展出期刊、视听资料、电子档案等多种格式,以适应不同类型信息的处理。MARC 的应用,使得书目著录能够为计算机识别,图书馆也可通过 MARC 标准实现资源共享。1991 年,我国有关部门在UNIMARC基础上加上自己所需的特定字段，编制了《中国机读目录通讯格式》(CNMARC)，并多次进行修订。为了适应网络信息资源的发展，记录网络信息资源的网址和取得方法，先后加入了不同的字段如USMARC、CNMARC中的856字段。为了使各国的MARC之间能够对应，国际标准化组织于1973年制定了国际标准《磁带上文献目录信息交换格式》(ISO2709)。

MARC是用于描述存储、交换、控制和检索的一套机读书目数据标准。经过近50年的发展，已具有严格的语义规则和完整的信息描述字段，能够精确、完整地描述信息资源，尤其是对检索点的选取能够确保其数据元素组成具有统一性。例如，USMARC中245字段指示符有20种，表示不同的题名检索入口词。运用MARC著录的信息，具有可靠性、完整性、精确性等特点。

• MARC的优点：数据格式符合图书期刊的著录要求，能够提供多种检索途径，检索速度快、效果好，并且有格式统一、自动排序、节省空间、维修方便等特点。此外，作为一种书目数据交换格式，提供了充分全面的检索点，并且通过款目连接块字段的连接功能，提供定向性的检索点。

• MARC的缺点：MARC不具备等级分类结构体系，所提供的信息是有限的。MARC记录最大容量不能超过10万字符，而许多传统检索工具都超过其容量，所以它不能对所有的检索工具进行转化；MARC受计算机硬件和软件更新的影响较大。另外，随着Internet的发展，书目数据的制作和应用环境发生了巨大的变化，使得MARC的缺陷越来越明显。如果将MARC书目数据不经转换直接上网，用户在屏幕上看到的就只能是乱七八糟的字符，因为它是图书馆专用格式而不支持通用浏览器格式，只有符合MARC规范的OPAC和Z39.50，搜索引擎才能获取正确的MARC数据，这也是目前大量的书目资源无法通过通用的搜索引擎向Internet用户提供链接的主要原因；全文、图像、多媒体信息等已成为国际互联网主流，面对浩瀚的信息海洋，仅靠传统的MARC格式提供的图书、资料目录信息，已远不能满足当今社会对图书馆提出的多样化信息存取的需求；MARC只能支持目录级次信息而不能支持全文。

② Z39.50标准　Z39.50标准(Informational Retrieval Service Definition and Protocol Specifications for Library Applications)是一种网络协议，它由一套用来控制和管理计算机之间通讯过程中涉及的格式和进程的规则组成。Z39.50又是一种开放网络平台上的应用层协议，它支持计算机使用一种标准的、相互可理解的方式进行通讯，并支持不同数据结构、内容、格式的系统之间的数据传输，实现异构平台异构系统之间的互联与查询。同时它还是一种基于网络的信息标准，它允许用户检索远程数据库，但不局限于检索书目数据，在理论上可用于检索各种类型的数据资源。

Z39.50目前的版本Ⅲ已于1996年被ISO正式确定为信息检索的国际标准(ISO23950)。Z39.50产生于图书馆界，最初的目的是为了提供联机公共书目数据检索。至今，图书馆界仍然是Z39.50的主要应用领域之一。在Internet上，存在着大量的 Z39.50 服务器，这些服务器连接着世界上许多大型图书馆的馆藏书目数据。用户只要采用一种基于 Z39.50 的检索软件就可以在自己的计算机上同时对世界上多种异构数据库进行检索，共享信息资源。

全国图书馆联合编目软件UACN－UC即采用了 Z39.50 协议，实现了联合编目中的数据查询及下载；利用 Z39.50 的协议服务完成了书目及馆藏信息的上载；并利用资源控制和访问控制服务，方便地实现了联合编目中的记费和权限控制等。同时可以检索其他具有 Z39.50 的服务器上的信息，实现真正意义上的资源共享。它的运作模式是：中心的各成员馆通过客户端软件查询中心书目数据库，若中心有满足条件的数据，成员馆可以下载该书目数据或对所编目数据提出修改建议，若中心没有满足条件的数据，成员馆可以到中心申请编目数据，在本地编目完后再上载到中心数据库。联合编目中心主要负责数据的质量控制、费用结算及权限控制等。

(2) Dublin Core 标准

为了有效地解决查找网络资源这一问题，元数据这一概念被提了出来。元数据也被称为是关于数据的数据，它是专门用来描述数据的特性和属性的。元数据是一种用来描述数字化信息资源，特别是网络信息资源的基本特征及相互关系，从而确保这些数字化信息能够被计算机及其网络系统识别、分解、提取和分析归纳的一整套编码体系。随着网络资源的无限增长，网络资源的有效管理将越来越依赖于元数据的管理。当前在 Internet 环境下对元数据的服务要求也越来越明显，并且随着 Internet 的发展，这种需求将会更加强烈。元数据不仅将成为网络资源发现的关键，它还可以通过建立一定的技术或商业结构，成为有效应用资源的基础，并在各种协议之间进行交互操作。

1995 年 3 月在都柏林召开的第一届元数据研讨会上，经过与会代表的商讨和辩论，产生了一个精简的元数据集——都柏林核心元素集(Dublin Core Element Set)，简称为都柏林核心(DC)。由于它的简练、易于理解、可扩展及能与其他元数据形式进行桥接等特性，使它成为一个良好的网络资源描述元数据集，这种元数据集就是用来描述一个信息对象的内容和位置，以便能在网络中方便的查找和检索。DC 既解决了一些搜索引擎的低查准率，又不像 MARC 那样过于复杂。

从 1995 年第 1 次会议到 2000 年 10 月共召开了 8 次元数据研讨会，每次会议都对 DC 进行补充和修订，使其在结构和功能上逐渐完善。现在研究及采纳 DC 的各种项目已遍及美洲、欧洲、大洋洲、亚洲等地，DC 已被翻译成 20 多种语言。中国国家实验型数字图书馆项目所采用的最小元数据集合就是 Dublin Core。

目前 DC 的 15 个基本元素分别为：

- Title(题名)：由资源创建者或出版者给定的资源名称。
- Creator(作者或创建者)：对创建资源知识内容负主要责任的个人或机构。
- Subject(主题及关键词)：描述资源主题或内容的关键词或词组短语。
- Description(描述)：资源内容的文本描述，包括文献类对象的文摘或视觉作品的内容描述等。

• Publisher(出版者):负责使资源成为当前形态的责任者。例如,出版社、大学的系科或者公司实体等。

• Contributors(其他责任者):指并没有在 Creator 元素中列出的对资源的知识内容具有重要贡献的个人或组织。

• Date(日期):指与创建或使资源成为可利用状态相关的日期。

• Type(类型):资源的类别,例如主页、小说、诗歌、手稿、技术报告、论文、词典等。

• Format(格式):资源的数据格式,用于注明需要什么软件或硬件来显示和执行这一资源。

• Identifier(标识):用来惟一标识资源的字串或数据。

• Source(来源):二次资源的出处信息。

• Language(语种):资源知识内容的语种。

• Relation(关联):二次资源及其与当前资源关系的标识。

• Coverage(覆盖范围):资源知识内容的时空特征。

• Rights Management(权限管理):一个权限管理的陈述,或者是指向一个权限管理陈述的标识,或者是指向提供资源权限管理信息内容的服务器的标识。

(3) DC 和 MARC 的区别

① 数据的形式不同　DC 有 15 个基本著录项,这些著录项可重复使用或有选择地使用,而且还可以拥有子类型和子模式。数据可通过直接利用 XML、HTML、RDF 等标识语言或通过使用本地或网络数据库应用软件制作而成。MARC 格式主要由 3 部分组成,即头标区、目录区和数据区。

② 著录的对象不同　DC 是为了网络资源或数据资源的著录而制定的,其设计原则中具有的可扩展性、可选择性、可重复性和可修饰性的特征,有利于揭示各类型电子文献的内容和其他特性,进而达到网络资源的组织、分类、索引等目的,总体上讲,其对象基本为电子资源。MARC 格式比较适用于印刷型出版物、图像、缩微、视听、资料、软件、数据库等。

③ 著录的主体不同　DC 元数据已被结构化并支持字段查询,为从根本上解决网络信息资源组织与整理问题提供了有效的途径。它使创建者和信息提供者无需经过对现有标准的特别培训,就能自己来进行资源的描述。而 MARC 一般需由经过专门培训的研究人员或图书情报专业人员,依据一定著录标准进行著录,但海量的网上信息资源,使得加工标引费时费工,甚至无能为力。

④ 著录的详简程度不同　DC 的著录相对比较简单,DC 是以建立一套简洁有弹性,且非专业图书馆人员也可轻易掌握和使用的资源著录格式为目标,提供一种比图书馆现行编目更有效率的方法,因而整个框架特点是简洁明了,任何制作者无需经过专门培训就可以创建自己文件的元数据。MARC 经过多年的发展,成为系统较完

善、类目较完备、标准较严密的一种数据描述格式。由于 MARC 格式需要在专门的系统中使用和输出著录结果，因而产生了众多的字段、子字段及其标识符和繁杂的头标区，在开放式的网络系统中有些是不需要的。MARC 的编目规则追求的是详尽、细致的著录，而对用户考虑较少。

⑤ 显示的形式不同　数字图书馆的最终表现形式是可以在互联网上阅读浏览的网络数据库，DC 为自己设置了 2 种 HTML 语言的标签，同时将每个单元都加了著录标识形式，也保留了自己的著录标识和系统。而 MARC 格式则必须首先在自己所熟悉的软件系统中著录，输出著录结果，再将著录结果使用 HTML 语言加以标识，比较复杂。如何使 MARC 格式也可直接使用 HTML 语言输出著录结果还有待进一步研究。

⑥ 产生的途径不同　在 OCLC 的 CORC 系统中，DC 元数据的产生主要有 2 种途径：一种是通过 OCLC 网络编目软件直接制作，在空白的工作单中按 DC 著录规则填入每个字段的内容，或录入员根据自己所熟悉的 MARC、MARC Text Area、DC Text Area、DC REF、DC HTML 等方式输入数据，系统将这些格式数据自动生成为 DC 元数据；另一种是通过 import 的方式来获取。MARC 记录则必须通过专用的编目软件，编目员需经过严格培训，掌握了著录规则与软件操作方法，方可进行编目。

从以上几点不难看出，DC 与 MARC 各有所长。使用时，可根据不同需要去选择对象。目前大多数图书馆对于非电子资源都已作了不同程度的 MARC 标引，对电子资源、地图资料、测绘资料、古籍碑拓、图典乐典等很少或尚未标引。前者可以不必重新用 DC 去标引，因为那些现成的 MARC 记录对资源对象已提供了很好的内容与形式的描述，而一个好的元数据方案能包含多种元数据描述方法；后者则不能采用 MARC 作为描述资源内容的元数据，因为这些对象本身并没有 MARC 描述记录，如采用 MARC 去标引人力成本会很高，且 MARC 本身不适合对这些资源的内容进行描述，而 DC 有独特的功用，应作为候选对象。

(4) XML 概述

① XML 的含义　XML(Extensible Markup Language，可扩展的置标语言)是 W3C(国际互联网联盟)组织于 1998 年 2 月发布的标准。W3C 组织制定 XML 标准的初衷是定义一种互联网上交换数据的标准。W3C 采用了简化 SGML 的策略，在 SGML 基础上去掉语法定义部分，适当简化 DTD 部分，并增加了部分互联网的特殊成分。因此，XML 也是一种置标语言，基本上是 SGML 的一个子集。因为 XML 也有 DTD，所以 XML 也可以作为派生其他置标语言的元语言。

② XML 的用途　在国际互联网上，服务器与服务器之间、服务器与浏览器之间有大量的数据需要交换，特别是电子商务。这些被交换的数据，都被要求对数据的内容和表现方式有所说明，用置标语言是再合适不过了。在互联网世界，XML 的主要用途：一是作为元置标语言，定义各种实例置标语言标准；二是作为标准交换语言，描述交换数据。

③ XML与SGML,HTML之间的关系　HTML是SGML的一个实例,它的DTD作为标准被固定下来,因此,HTML不能作为定义其他置标语言的元语言。XML是SGML的一个子集,严格地讲,XML也还是SGML。与HTML不同的是,XML有DTD,因而也可以像SGML那样作为元语言来定义其他文件系统,或称其他置标语言。如果把置标语言分为元置标语言和实例置标语言,SGML和XML都是元置标语言,而HTML和由XML派生的XHTML都是实例置标语言。

XML来源于SGML,SGML是一种比HTML更早的标志语言标准。它是标志语言的标准,也就是说所有标志语言都是依照SGML制定的,其中包括HTML。SGML的覆盖面很广,凡是有一定格式的文件都属于SGML。比如,报告、乐谱等。HTML是SGML在网络上最常见的文件格式。XML是SGML的简化版。

HTML和XML的最大区别:HTML是一个定型的标记语言,它用固有的标记来描述,显示网页内容;XML则没有固定的标记,不能描述网页具体的外观和内容,只能描述内容的数据形式和结构。

XML是一种允许自己创造标识的语言,它可以将数据与格式从网页中分开,具有储存数据和共享数据的特性,使其无所不能。XML作为一种"扩散性""标识""语言",每一个词都明确地点明了XML的重要特点和功能。

需要说明的是,在数字图书馆建设中,数据库、压缩解压、检索、安全等都涉及大量的高新技术和标准规范,本书只对其中几个相对重要的内容作了简单介绍,如需进一步了解,请查阅专门数字图书馆技术方面的文献。

6.2.5 数字图书馆维形

(1) 美国记忆(American memory)是最著名的数字图书馆项目之一

"美国记忆"是美国国会图书馆主持的一个关于美国文化和历史的数字图书馆项目。其内容是在100多个历史馆藏中对700万件历史文献、图片、地图、电影、录音记录等进行了数字化资源的整合。美国记忆数字图书馆(http://memory.loc.gov/)适用于对美国历史知识的一般了解。

(2) 数字图书馆行动(Digital Libraries Initiative,DLI)

美国的"数字图书馆行动"分为两期,第一期DLI－1开始于1998年,历时4年,资助完成了6个数字图书馆项目。第二期从1999年开始,在以后的4～5年时间内,资助数十个数字图书馆项目。这里简要介绍几个数字图书馆。

① 卡内基麦隆大学的"信息媒体数字视频图书馆"(Informedia Digital Video Library,http://www.informedia.cs.cmu.edu/dli1/)　该项目采用智能自动化机制,向用户提供检索大批量视频影像的整体内容(full－content)的功能。第一期工程的内容是公共广播机构(PBS)所属的WQED电视台的档案录像资料(属英国公开大学所有),英国广播公司制作的录影课程,以及联邦政府部门公布的录影资料。具

体做法:先用高度精确、不受不同发音局限的语言识别系统自动地把影像的声道录制下来,再存储于一个全文本信息检索系统中。这个文本数据库,根据声道中出现的词语,允许对单个和相应的“影像段落”进行快速的主题查询和检索。这个项目的另外一个创新,叫“影像浏览”(Video Skimming),这项技术可以让用户不用单靠调高视频和声频的帧幅就能快速观看影视图像(图 6-6)。

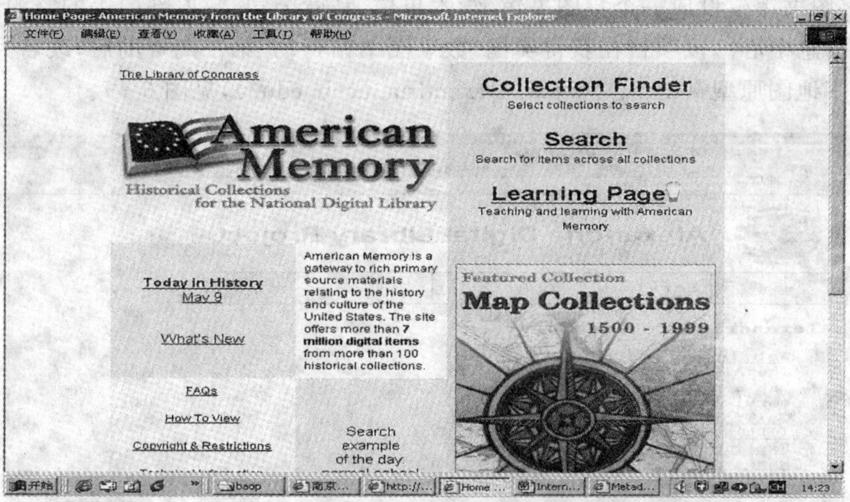

图 6-5 美国记忆首页

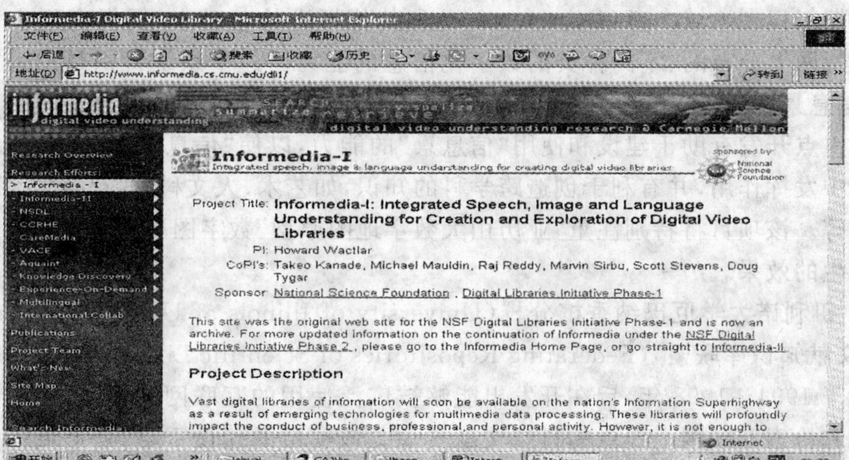

图 6-6 信息媒体数字视频图书馆主页

目前该项目正在进行二期工程的建设,期间将继续在视频信息处理方面进行探索。通过给一批视频文献提供有意义和可以操作的概述(Manipulable Overviews),通过多峰查询(Multimodal Queries),通过给来自不同种类和广泛分布的资源的大量视频文献，配上适应的摘要（Adaptive Summarizations）等，来改变使用数字视频图书馆的原有模式。力求把各种音频信息拼贴在一起。

② 加利佛尼亚大学圣塔芭芭拉分校“亚历山大计划：三维参考地图信息”（The Alexandria Project：Spatially Referenced Map Information）项目　这个项目的名称由埃及亚历山大图书馆而来，取其为知识和学问之中心的意思。把“三维参考地图信息”数字图书馆建设成一个集图书馆、学术单位、私营公司、政府部门等的资源为大成的虚拟信息中心。该项目在获得美国“数字图书馆行动”第二期资助后，改名为“亚历山大数字地图原型”（http://www.alexandria.ucsb.edu/），见图 6-7。

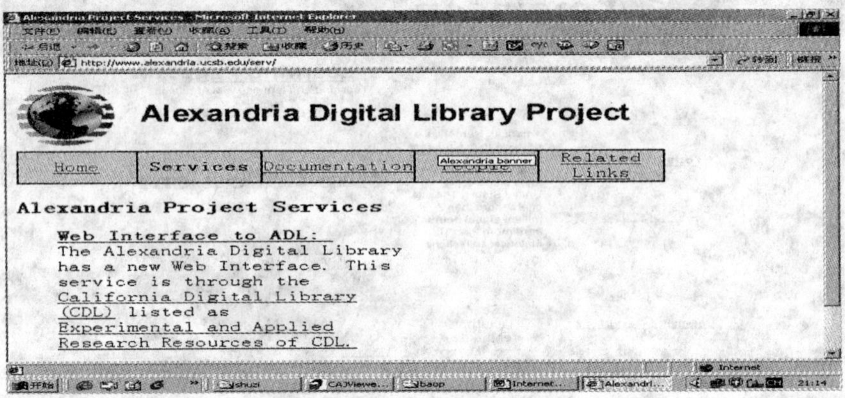

图 6-7　亚历山大数字图书馆项目主页

二期工程在地域参考（Georeference）和其他标准的基础上，要提高用户获取和使用因特网上分布的、不同种类的数字化信息的能力。这个系统特别是用来加强对称作“信息景”（Information Landscapes，Iscapes）的个性化数字化信息馆藏的建设和利用。重点开发有助于建设和使用“信息景”的能力，以使“信息景”在人们追求知识的过程中发挥作用，并有利于创造跨学科的知识，如艺术、人文科学、社会学、物理学、生物学等。该项目将特别注重“亚历山大数字地图原型”数字图书馆对本科生课堂教学所产生的效果。

③ 伊利诺大学厄巴纳香槟分校（University of Illinois at Urbana－Champaign）“科学文献知识库联盟”（Federating Repositories of Scientific Literature）项目　该项目建设于 1994～1998 年，旨在开发出能够被广泛使用的互联网技术，以使用户有效地查询和检索互联网上提供的科技文献资源。该项目的建设重点，是形成一个实验平台，提供物理、工程及其计算机科学等学科的全文本学术文章，并尽量让这些文章在付印之前，能够让用户在互联网获取。

该项目着重研究如何利用文献结构的模式，向用户提供同时搜索不同出版商文献资源的功能。该数字图书馆收入的学术文章，其文本语言采用了通用标记语言标准（SGML）。

④ 加州伯克利大学数字图书馆项目（UC Berkeley Digital Library Project，

http://elib.cs.Berkeley.edu/) 这个数字图书馆项目是开发用于支持大大改进了的“学术性信息的传播周期”(Scholarly Information Life Cycle)模式的工具和技术，其宗旨是把目前集中的和不连贯的出版发行模式过渡到分布开来且连续不断的自行出版模式。同时，保留现行模式中诸如专家评审的合理成分(图 6-8)。

图 6-8 加州伯克利大学数字图书馆主页

(3) OCLC (Online Computer Library Center)

OCLC 作为世界上最大的图书馆合作网，向世界各地的图书馆、信息中心及其用户提供各种信息服务。OCLC 创建于 1967 年，成立之初，其名称为“俄亥俄高校图书馆中心(Ohio College Library Center)”协作网，旨在成立一个联盟，进行资源共享。1971 年，OCLC 引进了今天被世界各地图书馆广泛使用的在线图书馆编目共享系统，使得全世界图书馆编目成本大大降低。1977 年，OCLC 扩展为全美图书馆合作网络。1981 年，OCLC 发展为全球最大的、跨国的、高度数字化的图书馆合作组织。真正通过互联网进行服务是上世纪 90 年代以后。目前，OCLC 已成为世界上最著名的数字图书馆，图 6-9。

OCLC 提供的最主要服务是在线编目与资源共享服务。它拥有世界上最大的书目数据库——OCLC 在线编目联合目录(WorldCat)，如图 6-10。WorldCat 不仅生产文献记录，而且提供馆藏地点信息，以帮助 OCLC 的数以万计的用户更好地进行合作编目和资源共享。WorldCat 数据库经过 30 余年的持续发展，形成了目前世界上独一无二的书目资源库。根据 OCLC 网站最新数据，WorldCat 收录数据已经达到 4 900 万条，文献载体从 4 000 年前的石碑到现在的 e-Book 和 MP3，涉及图书馆从创建初期的俄亥俄洲的 54 所大学和学院图书馆的馆藏到现在全世界 9 000 余所图书馆的馆藏。

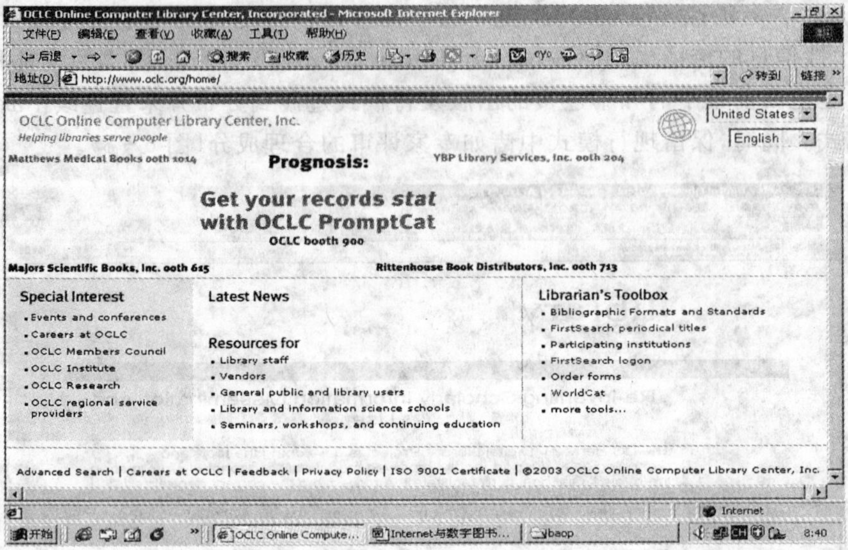

图 6-9 OCLC 主页

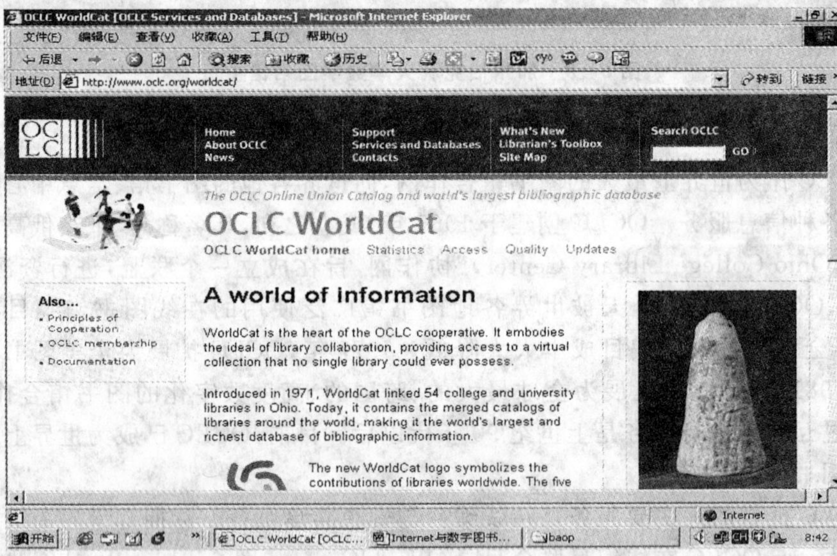

图 6-10 OCLC WorldCat 主页

OCLC 提供数十个数据库几百万篇论文全文的在线综合 FIRST(Fast Interactive Rretrieval System Technology 快速会话式检索系统技术)检索服务(FirstSearch),以及网站检索(SiteSearch)和网络快速通道服务,帮助世界各国的图书馆建设存取全文和图像等信息的数据库。OCLC 的 FirstSearch 检索系统是世界上使用量最大的在线信息查询系统。通过 OCLC 的 FirstSearch 检索服务,世界各地的用户可以用同一个用户友好的界面通过互联网访问几十个数据库。通过 OCLC

的 FirstSearch 检索服务，用户能够阅取文献书目信息、摘要、索引、全文和图像，并能得到全文文献资料传递服务。在 OCLC FirstSearch 检索系统中，在线电子馆藏服务(Electronic Collections Online)能使读者按主题范畴同时查询成千种电子期刊。OCLC 网站的搜索软件提供 Z39.50 服务器软件、HTML 服务器软件和互联网人机界面，使用户图书馆运作如同虚拟图书馆(图 6－11)。

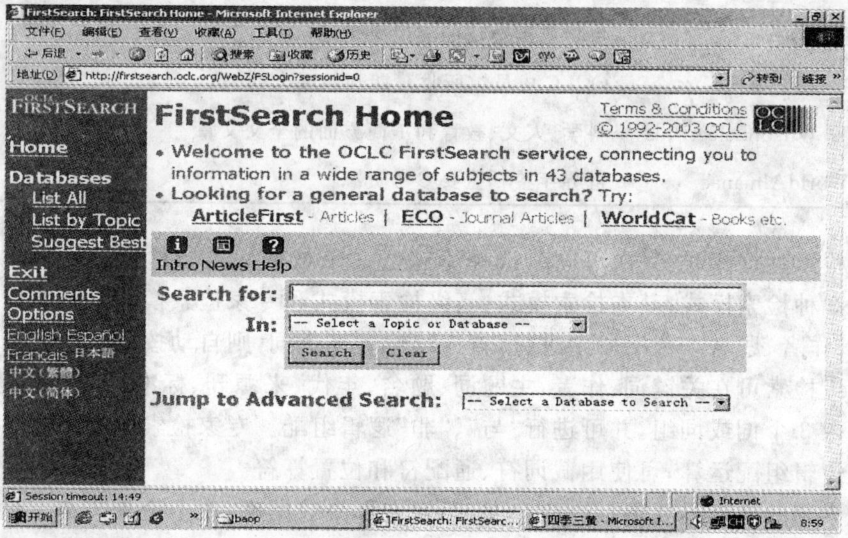

图 6－11 OCLC FirstSearch 主页

FirstSearch 数据库按主题分为 14 大类：艺术与人文学科，商业与经济，消费者事物与人物，工程与技术，综合参考，会议与会议录，教育，一般科学，生命科学，医疗与保健科学，新闻与时事，公共事务与法律，社会科学，综合性数据库。

中国高等教育文献保障系统(CALIS)以年订购的方式，购买了 OCLC FirstSearch 的 13 个数据库(见表 6－2)的使用权，提供给“211 工程”71 所院校共同使用，并向用户提供免费检索(检索费和通讯费全免)，网址为 http://firstsearch.global.oclc.org/FSIP。

表 6－2 CALIS 引进的 13 个 OCLC 数据库

WorldCat	世界范围的图书、web 资源和其他资料的 OCLC 编目库
＋ ArticleFirst	13 000 多种期刊的文章及目录索引
ContentsFirst	13 000 多种期刊的目录索引
ECO	OCLC 联机电子学术期刊库
＋ ERIC	教育方面的期刊文章和报告
GPO	美国政府出版物

续表 6-2

WorldCat	世界范围的图书、web 资源和其他资料的 OCLC 编目库
+ MEDLINE	医学的所有领域,包括牙科和护理的文献
NetFirst	OCLC 的 Internet 资源的数据库
PapersFirst	国际会议论文索引
Proceedings	世界范围会议的会议录索引
UnionLists	OCLC 成员馆所收藏期刊的联合列表
+ WilsonSelectPlus	科学、人文、教育和工商方面的全文文章
WorldAlmanac	世界年鉴一重要参考资源

在检索数据库时,每次可同时选择不超过 3 个数据库进行检索。OCLC 还为用户提供 3 种检索模式:基本检索模式、高级检索模式和专家检索模式。基本检索可在关键词、作者、题名 3 个字段中进行,若连续输入 2 个词,则自动按“与”的关系进行检索。高级检索可在关键词、作者、主题词、题名、年代、来源刊、标准号等字段进行,每次可输入 3 个词或词组,并可进行“与”、“非”逻辑组配。专家检索可在上述字段间进行布尔逻辑组配运算,可使用截词符、通配符和位置算符。

检索到的文章只要包括联机全文,不管在那个数据库,也不论是文本文献还是电子映像的文章都有标识,并可进行显示浏览。此外,还可以在检索结果的基础上对检索结果进行分类排序,然后再进行扩展检索(Expand Search),对主题和著者实施进一步链接,见图 6-12。

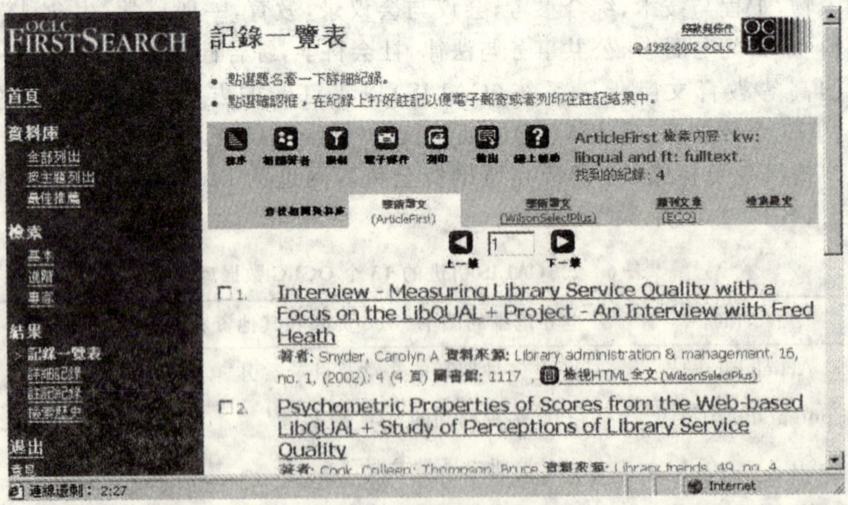

图 6-12 显示浏览页面

(4) 中国数字图书馆(http://www.d—library.com.cn)

中国数字图书馆是目前我国在建的最大的数字图书馆项目。2001 年 10 月,“国家图书馆二期暨国家数字图书馆基础工程”经国务院批准立项,计划在国家图书馆新馆内建成“国家数字图书馆国家中心”。这是中国数字图书馆发展史上极为关键的一步。目前,该工程已被列为国家“十五”重点建设项目。

中国数字图书馆工程的建设坚持以“统筹规划、需求牵引、科技创新、滚动发展”为指导思想,坚持公益性为主、资源建设为核心、统一标准规范、开放建设与利益共享、开发与引进相结合等原则。其总体建设目标是:通过资源建设工作的组织与实施,建成超大规模的、高质量的分布式中文数字资源库群,并提供网上等多种服务;联合引进若干国内需要的国外专题资源库并实现共享;实现全国大部分地区图书馆文献资源的联合目录系统。以国家数字图书馆国家中心为基础,以行业、地区分中心为辐射,逐步建设具有模块化、开放性、互相联通并且稳定可靠、可扩展的计算机网络与存储体系。集成具有自主知识产权的高新技术成果,努力形成总体技术与国际主流技术接轨的中国数字图书馆总体架构;开发具有中国特色的数字图书馆智能应用系统。培养一批高水平的专业人才队伍,持续发展中国数字图书馆工程。其建设内容包括:数字资源建设、软硬件基础设施建设、应用系统开发、标准规范制定、信息服务、人才建设及知识产权的解决。

自 1998 年起,中国数字图书馆工程就开始联合中国数字图书馆联盟各成员单位,并着手进行数字资源的实验性建设,购置数字资源加工与发布系统,向 35 个中国数字图书馆联盟成员单位免费提供,以用于工程及各成员单位的数字资源建设,目前中国数字图书馆工程拥有的资源总量已超过 10TB。仅以国家图书馆为例,该馆目前已完成 6 380 万页图书、近 2 000 部影片、22 万首音乐作品、4 000 页馆藏西夏文资料、8 000 幅金石拓片、180 万拍民国期刊、近 8 万篇博士论文等多种类型资源的数字化工作。

图 6-13 中国数字图书馆工程主页

中国数字图书馆除了提供网上图书阅览，还有其他多种产品和服务：数字图书馆系统集成，数字图书馆应用系统软件，企业在线情报服务，电子信息资源服务，文献数字化工业生产技术与服务，音像多媒体资源服务，网上读书服务，中国数图读书卡，“十五”计划光盘等。

(5) 中国高等教育文献保障系统和中国高等教育数字图书馆

① 中国高等教育文献保障系统（http://www.calis.edu.cn/）　中国高等教育文献保障系统(CALIS)是经国务院批准的我国高等教育“211 工程”总体规划中两个公共服务体系之一。

CALIS 的宗旨：把现代图书馆理念、先进的技术手段、高校丰富的文献资源和人力资源整合起来，建设以中国高等教育数字图书馆为核心的教育文献联合保障体系，实现信息资源共建、共知、共享，以发挥最大的社会效益和经济效益，为中国的高等教育服务。

“九五”期间，设在北京大学的 CALIS 项目管理中心联合各参建单位建设了文理、工程、农学、医学 4 个全国文献信息中心，华东北、华东南、华中、华南、西北、西南、东北 7 个地区中心和 1 个东北地区国防信息中心，发展了 152 个高校成员馆，建立了一系列国内外文献数据库，其中包括联合目录数据库、中文现刊目次库等自建数据库和引进的国外数据库，采用独立自主开发与引用消化相结合的方式，开发了联机合作编目系统、联机公共检索(OPAC)系统、馆际互借与文献传递系统等，形成了较为完整的 CALIS 文献信息资源服务网络。在此基础上，还开展了公共目录查询、信息检索、馆际互借、文献传递、网络导航等网络化、数字化文献信息服务，对保障“211 工程”中各高校的重点学科建设、培养高层次人才、支持科研创新等发挥了重要作用。

CALIS 面向读者的服务有：

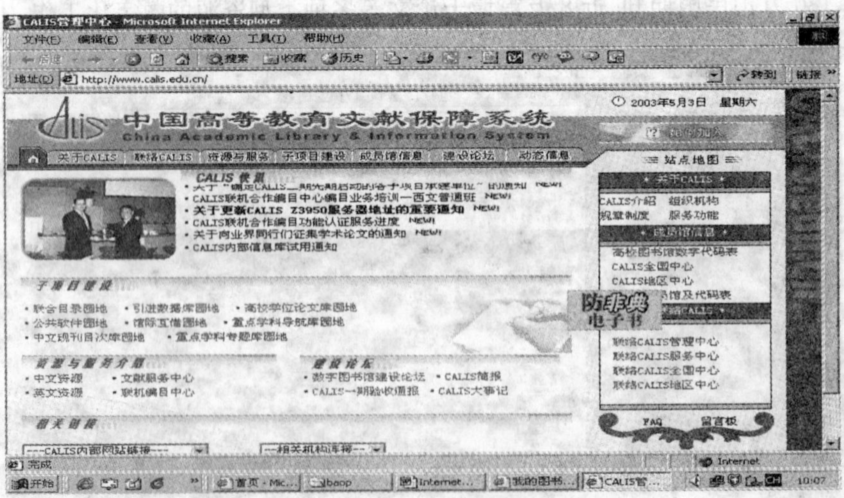

图 6-14　CALIS 主页

• 公共检索：用户可以按照本校－本地区－邻近地区－北京－国外的顺序，在网上查找全国性或地区性的书刊联合目录数据库，了解所需文献是否有或在哪里收藏；也可以通过联机（或委托）检索 CALIS 国内外各种类型的文献数据库，得到某一学科或专题的详尽的文献线索乃至电子版全文。

目前，江苏 JALIS 试用的汇文"一站式"检索系统可以做到一次检索就同时输出众多图书馆的馆藏 OPAC 数据，见图 6－15，6－16。

此外，基于 Web 方式的一站式异构跨库平台检索系统，读者只需通过浏览器在系统中的检索引擎键入所需检索关键词，便可在多个电子资源文献库中检索到相关

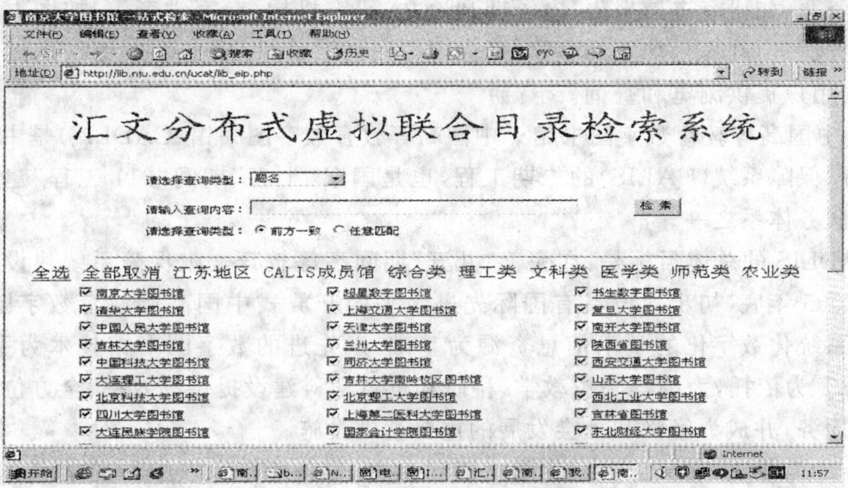

图 6－15　汇文"一站式"馆藏 OPAC 检索界面

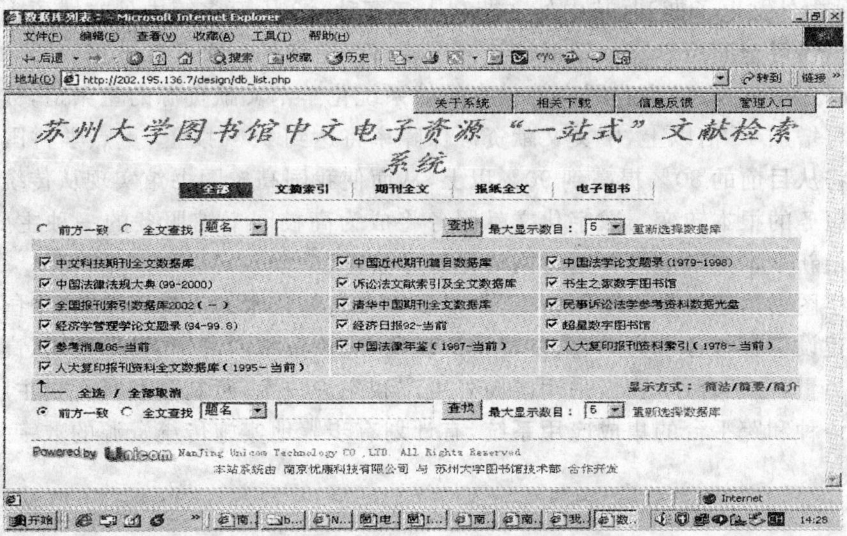

图 6－16　汇文"一站式"异构平台检索界面

信息，并可以浏览全文（维普、超星、书生等须下载阅读器）。

• 馆际互借：对于本馆没有的文献（如图书），在本馆用户需要时，可根据 CALIS 统一的制度、协议和办法，向其他馆借入。反之，在其他馆用户提出互借请求时，借出本馆所拥有的文献，满足用户的文献需求。

• 文献传递：对于本馆没有的文献（如期刊论文或学位论文），在本馆用户需要时，可根据 CALIS 统一的制度、协议和办法，向其他馆获取。反之，在其他馆用户提出请求时，将本馆所拥有的文献传递给对方。

• 电子资源导航：根据各校重点学科建设的需要进行统筹规划和分工，对网上的电子资源（如研究进展报告、电子期刊论文、研究机构、专家学者等）按图书馆学的原理和方法进行收集、加工和整序，形成虚拟图书馆资源，补充和扩大 CALIS 的文献资源，向用户提供浏览和查询。

② 中国高等教育数字图书馆　中国高等教育数字图书馆（CADLIS）是中国高等教育文献保障系统（CALIS）的二期工程，也是国家“十五”期间“211 工程”建设的三大公共服务体系之一。

CADLIS 的总体目标是：在完善“九五”期间高等教育文献保障系统建设的基础上，到 2005 年底，初步建设具有国际先进水平的开放式中国高等教育数字图书馆。它将以系统化数字化的学术信息资源为基础，以先进的数字图书馆技术为手段，以 CERNET 为依托，为高等院校教学、科研和重点学科建设提供高效率、全方位的文献信息与服务，并成为经济和社会发展的重要基础设施。

到 2005 年底，建成以数字化图书期刊为主、覆盖所有重点学科的学术文献资源体系。数字资源总量达到 120T 字节，其中包括超过 100 万册的中外文数字图书、2 万多种中外文电子期刊（其中外文期刊 1.5 万种）、204 万多篇中外文博硕士学位论文，此外，还可全面检索高校图书馆 3 亿多册（件）馆藏的二次文献数据库。

项目建成后，将成为我国高等教育领域系统化学术文献资源的主渠道，数字资源拥有量将增加 10 倍以上，中文文献资源保障率将达到 95％以上，重点学科国外文献保障率将从目前的 80％提高到 90％以上，从而使我国高校图书馆实现从传统服务到现代化服务的根本转变。数字化文献服务将成为高校图书馆服务的一种主要方式，95％的最新学术文献信息将通过网络化服务获得。

数字图书馆建设是一项创新工程，需要很多高新技术的支持。目前，中国数字图书馆的建设仍存在各自为政、重复建设的现象，应该集中图书馆、科研院所、高等学校等优势力量，分工合作，积极采用国内外主流和先进技术，研制开发具有自主版权的、适应多语种和跨平台的集成应用系统，有计划有步骤地实施传统资源的数字化。

（郑江平，包　平）

7 参考工具书

参考工具书(Reference Book)是文献信息检索中常用的工具书之一,人们借助它可以获得某方面的基本知识或数据(数值)、事实的参考答案。所以,参考工具书又被称为案头顾问。

本章将概要介绍参考工具书及其使用的基本知识,并重点介绍参考工具书的主要类别及其品种资源的基本状况,以供使用参考工具书时学习和参考。

7.1 参考工具书及其使用的基本知识

7.1.1 参考工具书与工具书、普通图书

参考工具书属于工具书。

工具书是指根据一定的社会需要,以特定的编排形式和检索方法,为人们迅速提供某方面的基本知识或资料线索,专供查阅的特定类型的图书。人们通常将工具书分为两大类别,即检索工具书和参考工具书。

检索工具书即指目录(书目,包括题录、索引)和文摘,这类工具书专门提供有关文献信息的线索,也被称为二次文献或文献检索工具,是间接检索的必用工具。各类图书的目录以及各种检索刊物都是检索工具的具体形式。

参考工具书是与检索工具书相对而言的,它是指根据人们的需要,把某一范围的知识或资料加以分析、综合概括或浓缩,并按一定的方法排检,能够迅速并直接提供有关基本知识或数值(数据)、事实的参考答案的图书。相对于检索工具书提供有关"知识"的"间接性"而言,参考工具书则直接提供有关知识的答案。参考工具书一般包括字典、词典、类书、政书、百科全书、年鉴、手册、名录、指南、表谱、图录、总集、汇编等。而参考工具书指南应视为检索工具书。

参考工具书与普通图书的区别:

(1) 编制目的

参考工具书具查考性,一般不需从头至尾、逐字逐句阅读,编写的大量资料仅供人们在解决有关疑难问题时查考。普通图书是对一定问题或学科作具体论述,提供比较系统的知识和观点,可供读者从头至尾阅读。

(2) 内容材料

参考工具书具概括性,一般广采博收,旁征博引,对收集来的材料进行取舍、排比

或作精要的论述。因此，内容比较广泛、概括。普通图书却需围绕一定问题或学科作深入的论述，以阐明作者的观点，内容一般比较连贯、完整。

(3) 材料编排

参考工具书多按部首、或依笔画、或用号码、或以音韵、或分类分主题序列、或以年月日为次、或以地域分编，查找十分方便，所以能够迅速提供某方面的基本知识或数值、事实的参考答案。而普通图书则一般按问题或学科本身的系统分章、分节论述。但是，有些参考工具书同时也是某方面的专门著作。例如《说文解字》，既是供查考汉字的形、音、义的工具书，又是供研究汉字参考的专著。普通图书，尤其是那些大部头的史书、志书、总集和汇编等，由于内容广泛，材料丰富，参考价值大，在一定程度上也有"工具书"的作用。

7.1.2 参考工具书的一般结构与排检方法

(1) 参考工具书的结构

一部结构完备的参考工具书，通常由序跋、凡例、目次、正文、索引、附录、补遗等部分构成。

① 序跋　序跋是说明参考工具书的编纂目的、编纂过程、版本演变、收录范围、内容特点、使用价值、作者情况等的文字。一般置于书前的称"序"，包括"绪论"、"前言"等，置于书后的称"跋"，包括"后记"等。与普通图书相比较，参考工具书的序跋显得极为重要，一般不能不看。

② 凡例　凡例又称例言、出版说明等，是参考工具书有别于普通图书的特殊结构。凡例旨在说明一部参考工具书的编纂体例、编排方法及细则、特定符号、检索方法等，是正确使用参考工具书的指南。

③ 目次　目次是全书主要结构部分的标题顺序排列，并指示所在页次。是对全书内容的"提纲挈领"。

④ 正文　正文是参考工具书的主体，是供查考的主要对象。参考工具书的正文按一定规则排列，利用这种排列规则即能查找相关内容。参考工具书知识单元之间的内在联系不如普通图书那样密切，同时参考工具书正文客观表述多，较少带有编纂者的观点和倾向，这也有别于普通图书。

⑤ 索引　又称辅助索引，是对正文编排方法的一种补充，起着从另外的角度揭示正文，或提供正文排序方法以外的一种排序方法，以便提供更多的检索途径，方便读者使用。

⑥ 附录　许多参考工具书(主要是字、词典)都有附录。主要是列出与工具书正文有关的图表、计量标准、统计资料、有关规定、规则以及其他一些人们经常查考的基本资料等。附录扩充了正文内容，扩大了工具书的使用范围和使用价值。

⑦ 补遗　补遗是对正文内容的修正、更新或补充，单独列出，附在工具书的最后

或单独出版。一部工具书在一时无力完全更新内容时，常采用补遗形式，以保持工具书内容的新颖性和科学性。

(2) 参考工具书的排检法

参考工具书的排检法是指对其内容的编排的方法和检索的方法，编排的方法与检索的方法是一致的。参考工具书的正文排列方法即提供了一种排检法，而参考工具书的辅助索引则从另外的角度提供了额外的排检法。

参考工具书既是知识信息单元的集合体，又是供人们查用的，因此它必须采用最简单明了而又最为细致周密的方法来进行内容的组织编排，使其成为一个有机的整体，充分揭示所收录的知识。所以，要想熟练的掌握参考工具书的使用方法，就应首先掌握其排检法。

① 外语参考工具书的排检法　外语参考工具书与汉语参考工具书的排检法不同。一般地说，外语参考工具书是按其本国语种的字母顺序编排，又通常采用两种方式，即 letter by letter（逐字母排列法）或 word by word（逐词排列法）。这两种排列法的区别见图 7－1。

Word by Word	Letter by Letter
plant	plant
plant canopy	plantage
plant hormone	plant canopy
plant kingdom	planter
plant louse	plant hormone
plant tissue	planting
plantage	plant kingdom
planter	plantet
planting	plant louse
plantlet	plant tissue
……	……

图 7－1　外语参考工具书的两种排检法（以英文为例）

② 中文参考工具书的排检法　由于汉字的形体结构特殊，所以中文参考工具书的排检方法比较复杂，常用方法有以下几种。

A 字顺法：这是一种排检单字或复词的常用方法。此法多用于字典、词典、百科全书、部分辅助索引等。字顺法又分为形序法、号码法和音序法。

• 形序法：根据汉字的形体结构，按其共同特点加以排列，以便人们查检其读音和字义。这种方法比较适应汉字的特点，并符合人们从字形出发求音求义的查检要求。形序法主要有部首法，笔画、笔顺法。

• 号码法：该法是形序法的一种变型。它用号码表示汉字的各种笔形，再按各个汉字代号的大小顺序编排。号码法主要有四角号码法、三角号码法、五笔字型法、起笔笔形代码法等。其中四角号码法比较常用。

四角号码法:根据汉字方块形状的特点,以汉字字角的各种笔形配一个阿拉伯数字代号,其口诀为:横 1 垂 2,3 点捺,叉 4 插 5 方框 6,7 角 8 八 9 是小,点下有横变 0 头。每字代号按左上角→右上角→左下角→右下角的次序组合,然后按号码的大小依次编排。

• 音序法:这是一种按字音排列汉字的方法。主要有汉语拼音排列法、注音字母排列法、韵部排列法。后两种方法现在已不常用。

B 分类法:这是将文献按学科或按事物性质系统排列的一种排检方法。

• 学科体系排检法:根据文献的科学属性,按学科逻辑体系,分门别类地组织文献的一种排检方法。采用这种方法编排的工具书有词典、手册、百科全书及书目等。使用此法查找时,需要熟悉科学分类体系。我国古籍书目一般采用四部分类法,现代工具书多采用《中国图书馆图书分类法》《国际十进制分类法》(UDC)或按学科体系编排。

• 事物性质排列法:根据所收集材料的性质分类,将性质相同的排在一起,各事物之间没有严格的系统性。手册、年鉴等工具书多按此法编排。

C 主题法:它是以文献内容的主题作标识,将有关某一主题的文献汇集起来,按一定顺序编排。它可以围绕某一主题广泛组织资料,不受学科领域的限制,具有直观性、专指性、灵活性等特点。主题法可以弥补分类法的不足。有的手册采用此法编排。许多工具书则用它作为辅助索引。

D 时序法:这是按事物发生发展的时间顺序或人物的生卒年月、生平经历的先后顺序编排的一种排检方法。年表、历表等都采用时序法编排,用于查考历史年代和历史事件。

E 地序法:这是按事物的行政区划或自然地理性质排检内容的一种方法。多用于地理学、生物科学、农业以及一些行政管理学科。用这种方法编排的工具书主要有地图集、地方志等。

为了满足读者从多种途径检索的需求,一部工具书常以一种排检方法为主,辅之以其他一种或多种方法编制索引。如《辞海》(1989 年)条目按部首法编排,同时辅有笔画查字表、汉语拼音索引、四角号码索引、词目外文索引,为读者提供了部首、笔画、汉语拼音、四角号码等多种检索途径。

7.1.3 参考工具书的质量鉴别

参考工具书具有便于检索,取材广泛,内容成熟,处理客观和外观讲究,装帧精美等特点。这些特点也成为衡量一种参考工具书质量的总标准。此外,由于参考工具书的主要作用是供检索特定资料所用,因此,衡量一种工具书的质量,首先应注意它的使用价值。要挑选出名符其实的、具有较高使用价值的工具书,可注意以下几点:

① 出版者　出版者与工具书的质量有密切的关系。著名的、历史悠久的出版社或出版公司为了保持声誉，常邀请专家名流撰稿编书，不轻易出版粗糙的书籍；特别是工具书有非常强的权威性，即使很小的错误也是不允许的。在工具书简短的条目中，很小的错误也会影响理解。更重要的是，由于工具书在人们心目中具有权威地位，一旦出现错误，就可能产生比较明显的误导。因此，工具书的出版质量通常要胜过普通图书，而著名的大出版社更注意这点，所以，使用工具书时要注意出版者的出版历史、学科重点、编辑实力、出版社的信誉度等。

② 编者　工具书一般都以内容广泛、综合性强、表现手法概括、态度严谨为主要特征。因此，工具书的编者应具有渊博的知识、丰富的经验和严谨的治学精神。事实上，许多著名工具书的编者都是相应学科领域内比较有名望的专家学者。

③ 时间性　工具书的时间性强。例如，新的科技名词在老的词典上就查不出来。手册中内容或数据的变化也很快，特别是新成果、新事件、统计数字和人物情况的时间性更重要。因此在选用工具书时，要注意出版时间和版次，尽可能选用最新版本。

④ 编写目的　每一种工具书都有自己的使用对象和编写目的。一般来说，在书的前言或序言中，编者都详细说明了编写意图，或者在书商征订目录上也能看到类似的材料。读者可以根据编写目的，运用其目次、索引等试查一二个问题，考查其内容和表现手法是否同预定的目的相符。

7.2　参考工具书的类型及特点

7.2.1 字典、词典

字典、词典（辞典）是解释字、词（辞）的发生、形体、读音、意义和用法的工具书。

英语无字、词典之分，统称 dictionary。

“词典”与“辞典”含义相同，但在科技领域未见用“辞典”的，而在社科领域则“辞典”较常见。

《说文解字》是我国的第一部字典，东汉许慎著，14 卷，叙目 1 卷，收字 9 353 个；《尔雅》是我国第一部古训词典，汉初学者缀辑周汉诸书旧文而成，原书 3 卷 20 篇，是我国最早解释词义的专著；《广韵》（全称：大宋重修广韵）是我国现存第一部完整的韵书，5 卷，收字26 000余，宋陈彭年等奉昭重修。这三部字书代表了中国古代主形、主义、主音 3 种类型，我国以后的字词典均由这三种类型发展演化而来。

按字词典的收录内容、解释方法和作用可分为三大类：

• 语文性。收录语言中的普通字词，并解释其读音、意义和用法。如《康熙字典》、《中华大字典》、《新华字典》、《现代汉语词典》、《新英汉词典》、《牛津英语词典》

等。

• 专科性。收录各学科名词术语，并说明其代表的事物、现象、发展变化的具体知识。如《哲学词典》、《农业词典》、《林业词典》、《现代科学技术词典》等。

• 百科性。既收录普通语词，又收各学科名词术语；既有普通词语的释义，又提供各门学科的专门知识。如《辞海》、《辞源》、《中文大辞典》等。

据资料报道，现在世界上使用的语言文字有3 000～4 000种，其中有200多种文字较广泛地使用。据统计，汉字的楷体字已达6万多个，汉字语词不下五六十万条。最新通过专家鉴定的北京国安咨询设备公司汉字字库收录有出处的汉字91 251个，是目前收录汉字最全的字库。

面对如此多的字、词，要搞清其准确含义，就非得依靠字、词典不可。

重要的汉语字词典有：《汉语大字典》、《汉语大词典》、《中文大辞典》、《现代汉语词典》(修订本第3版)、《辞海》(1999版)、《辞源》、《大辞海》(在编)、《康熙字典》、《新华字典》和《新华词典》、《古汉语常用字字典》、《古代汉语词典》、《四角号码新词典》等。

重要的英语词典是：《牛津英语词典》(Oxford English Dictionary，OED)、《韦氏词典》(第三版，Webster's Third New International Dictionary)、《新英汉词典》(增补本)、《英华大词典》(修订第2版)、《牛津当代高级学生词典》(Oxford Advanced Learner's Dictionary of Current English)、《朗文当代英语词典》(Longman Dictionary of Contemporary English，LDCE)、《汉英词典》(修订版)等。

重要的综合性专科词典如：《现代科学技术词典》、《英汉技术词典》、《新编英汉科技大词典》(上、下)、《英汉化学化工词汇》、《经济与管理大辞典》、《简明生物学词典》、《拉汉英种子植物名称》、《英汉科技缩写词汇》等。

重要的农林业词典如：《简明农业词典》、《英汉农业科技大词典》、《英汉植物生理学词汇》、《英汉农业机械词典》、《日汉农业机械词典》、《英汉林业科技词典》、《中国林业辞典》、《简明林业辞典》、《英汉—汉英林业资源科技词汇》、《林学名词》、《法汉林业词典》、《日汉林业词汇》、《汉英林业分类词汇》、《俄汉林业科技辞典》、《汉维对照林业词典》、《英汉—汉英营林绿化词典》、《森林水文学用语词典》、《英汉林火管理词典》、《英汉城市规划与园林绿化词典》等。

7.2.2 类书、政书

类书是辑录古书中的史实典故、名物制度、诗赋文章，按类或按韵编排，以便查找或征引的工具书。政书是收集历代或某一朝代的政治、经济、文化制度方面的史料，分门别类的加以编排和叙述，以便查找的工具书。

类书、政书是中国古代特有的参考工具书，被称为中国古代的百科全书，或百科全书式的资料汇编。凡译文、辞藻、人物、典故、天文、地理、典章、制度、飞禽走兽草木虫鱼等，几乎无所不包。既可供查找有关历史、地理、文学、艺术、典章制度、风俗民情等方面的材料，又可用来校勘考证古籍，搜集古书佚文，是取之不尽、用之不竭的史实典故的宝山。

类书按其功用归纳如下：

• 查找辞藻典故、诗赋文章：佩文韵俯、骈字类编、子史精华、渊鉴类函、初学记、文苑英华、艺文类聚、古今图书集成等。

• 查找史实典故、人物制度：册府元龟、格致镜源、北堂书抄、艺文类聚、太平御览、玉海、永乐大典、古今图书集成等。

• 辑录佚文、校勘古籍：北堂书抄、艺文类聚、初学记、太平御览、册府元龟、太平广记、永乐大典、古今图书集成等。

类书以类汇编资料，便于查找。近年来编纂了一些写作用类书，如《文笔精华》等。此外还编纂了一些大中型类书，如：《中华大典》、《中国历代文献精粹大典》、《中华民族优秀传统汇典》、《中华思想宝库》、《中国思想宝库》、《东方思想宝库》、《西方思想宝库》、《二十世纪思想宝库》、《人类思想库》、《马克思主义宝库》、《社会主义思想宝库》，等等。

主要政书按其功用归纳如下。

• 查找典章制度：《通典》、《文献统考》等可供查考历代典章制度的沿革；《唐会要》、《宋会要辑稿》、《元典章》、《明会典》等可供查考某一朝代的典章制度。

• 查找人物和事物掌故：《通志》、《续通志》可供查找人物；《通志》、《文献统考》等可供查找著作；《文献统考》、《通典》等可供查找事物掌故。

• 辑录亡佚的古籍、奏章：《通典》、《文献统考》等。

7.2.3 百科全书

百科全书(encyclopaedia)被誉为“工具书之王”，它是概述人类一切门类知识或某一门类知识的最完备的工具书，是知识的总汇。它把人类积累的最重要、最有用的科学文化知识汇集在一起，系统简要地阐述，着重反映当代科学技术的最新成就。这些概述(条目)以词典形式编排，附有完善的索引。既有供人们寻检查考的作用，又有供系统阅读的作用。换句话说，百科全书兼有工具书的作用和教育的作用。

百科全书的作用：

• 供查考：目的是搜集或核对基本资料。例如：某一国家、某一城市(地理位置、社会人口、历史沿革、政治、经济、文化状况等)，某一民族(起源、发展、分布)，某一人物(国籍、生卒、年代、活动领域、成就与著作)，某一名著(作者、时代背景、主要内容和历史评价)，某一党派和团体组织(性质、结构、成员、活动)，某一学科(内容、方法、意义、发展)，某一学说、理论(建立者、内容、作用与影响)，某一史实和事件(时间、地点、人物、影响)等基本资料。

• 供阅读、学习：目的是系统学习科学文化知识。如儿童百科全书、综合性百科全书、百科全书简编等。《不列颠百科全书》(第15版)增加了一卷《百科类目》(知识纲要)；美国《卡克斯顿百科全书》专门用一卷(第19卷)系统介绍自然科学知识；日本《讲坛社百科事典》在分类目录(分类索引)中，专门为中学生编了一套"学习篇"。

由于百科全书提供基础、规范和标准的知识，所以国外大学生和一般读者在撰写学期作业和论文时，经常把百科全书作为搜集资料的起点。在西方学校图书馆里，50%以上的咨询问题可以从百科全书里得到答案。但在我国，大学学生很少使用百科全书，其原因：一是不了解百科全书的知识，二是不知道有哪些百科全书可用，三是因为图书馆宣传少或将百科全书束之高阁或只让其充当门面，很少考虑其使用价值。这些暴露出我国大学教育的一个重要缺陷。

百科全书按收录范围可分为：综合性百科全书和专科性百科全书。前者如《不列颠百科全书》、《美国百科全书》、《科利尔百科全书》、《中国大百科全书》等。后者如《科学技术百科全书》、《国际社会科学百科全书》、《芭蕾舞百科全书》、《中国农业百科全书》等。

百科全书按规模分为：大型百科全书(20卷以上)、小型百科全书(10卷左右)、百科词典(一般为单卷本)。目前世界上部头最大的百科全书是西班牙的《插图欧美大百科全书》，共80卷，逐年还出版大本补卷。

重要的中文百科全书有：《中国大百科全书》、《简明不列颠百科全书》、《不列颠百科全书》国际中文版、《中国农业百科全书》、《齐民要术》等。

农业百科全书有：《中国农业科技种植养殖百科全书》(北京现代市场经济研究中心编，世界音像电子出版社，2002)；《新世纪农业技术百科全书》(农村养殖卷)、(农业种植卷)(周洪军主编，海潮出版社，2001)；《农业实用技术百科全书》(郭书普主编，中国致公出版社，1996)；《黑龙江农业百科全书》(中国大百科全书出版社，1993)等。

著名的外国百科全书有：国外最著名的百科全书是ABC百科全书，即：EA——《美国百科全书》(The Encyclopedia Americana)；EB——《不列颠百科全书》(习称《大英百科全书》(The Encyclopedia Britannica)；EC——《科利尔百科全书》(美)(Collier's Encyclopedia)。三部百科全书均为综合性大百科全书，在西方世界享有盛誉，其中EB最负盛名。除此之外，国外著名的百科全书还有《格罗利尔学术百科全书》(Grolier Academic Encyclopedia)；《钱伯斯百科全书》(Chambers's Encyclopedia)；《世界百科全书》(Grosses Vollstandiges Universal-lexicon)；《世界百科全书》(Encyclopedia Universalis)；《麦格劳—希尔科学技术百科全书》(McGraw-Hill Encyclopedia of Science & Technology)；《拉鲁斯法国大百科全书》(法)；《布洛克豪斯百科全书》(德)；《欧美插图大百科全书》(西班牙)；《意大利科学、文学与艺术百科全书》(意大利)；《苏联大百科全书》(前苏联)；《世界大百科事典》(日本)。

7.2.4 年鉴

年鉴(Year Book 或 Annual Almanac)是汇集一年内的重要时事文献、学科进展与各项统计资料，是一种供查阅的工具书。年鉴一般按年度出版，且具连续性，所收资料一般以当年为限。年鉴以记事为主，是知识更新的记录，一般包括概况、专题论述、资料和附录三个部分，其中专题论述是年鉴的主体，通常采用概述的方法，汇集一年中出现的重要事件和新知识、新成果和新资料。年鉴通过分类体系(一般按事物性质分类)和索引，为读者提供检索的方便。年鉴除了统计年鉴和统计资料，又具有可读的价值。

年鉴的主要用途：① 可供查找国内外概况及各种会议的资料；② 检索各学科、部门的动态信息及有关学科的新发现、新动向；③ 查检一年内的大事、要闻及有关人物传记资料、机构名录等；④ 提供可靠的统计数字及回溯性资料；⑤ 大部分年鉴都收编有与本学科有关的原始文献；⑥ 含有综述性资料，对科研人员的攻关课题有着重要的参考作用；⑦ 可供读者浏览；⑧ 可供查找本年度的科技新成果及推广项目；⑨ 可作为大型工具书的补编材料，因此有分年的"百科全书之称"；⑩ 引起人们的猎奇和怀旧之情。

年鉴，如按内容表述的方式分，有记述性年鉴(如《中国出版年鉴》等)和统计性年鉴(如《中国统计年鉴》等)；如按文种分，有中文年鉴和外文年鉴；如按学科专业特点分，有综合性年鉴(如《中国百科年鉴》、《世界知识年鉴》等)和专科性年鉴(如《中国农业年鉴》、《中国林业年鉴》、《中国经济年鉴》等)。

需要特别指出的是：年鉴所标年份一般与出版年一致，内容反映上一年度的情况，如 1995 年的年鉴收录的是 1994 年的资料。但部分年鉴所标年份则与收录内容一致，不同于出版年份。使用时要注意区分。

另外，年鉴虽然是按年度出版的一种连续性出版物，但在我国，多数年鉴并非每年都出版，连续性也较差，因此在使用时应对年鉴的出版情况有所了解。从出版形式上看，我国的年鉴以图书形式出现，出版管理部门也把年鉴列为非连续出版物并给以 ISBN 标志。

由于年鉴资料的重要性和广大读者对年鉴的需求，中国国家图书馆 1995 年建立了以年鉴专藏为主的第二工具书阅览室，入藏年鉴已达 800 余种，3 300余册，成为全国年鉴资料收藏中心。

重要的中国年鉴有：《中国百科年鉴》、《中国农业年鉴》、《中国林业年鉴》、《中国经济年鉴》、《中国统计年鉴》等。

与《中国农业年鉴》内容相近的年鉴有：《中国农业建设及技术设备推广年鉴》(2002)(中国农业科学技术出版社)；《中国农业机械年鉴》(机械工业出版社)；《中国农业发展银行统计年鉴》(中国统计出版社)；《中国农业产品及技术装备供应年鉴》

(2000)(中国农业科学技术出版社);《上海农业科学技术年鉴》(上海科学技术出版社);《中国农业气象情报年鉴》(气象出版社)等。

与《中国林业年鉴》内容相关的年鉴有:《中国林业统计年鉴》(中国林业出版社);《呼伦贝尔盟地方林业年鉴》(内蒙古文化出版社);《延边林业年鉴》(内蒙古少年儿童出版社);《云南林业年鉴》(云南新闻出版局,内部发行)等。

国外的著名年鉴有:《麦格劳—希尔科学技术年鉴》、联合国粮农组织(FAO)出版的年鉴、《美国农业年鉴》(Year Book of States Department of Agriculture)、《日本农业年鉴》、《世界年鉴》(The World Almanac and Book of Facts)、《咨询年鉴》(Information Please Almanac)、《惠特克年鉴》(Whitaker's Almanac)、《美国百科全书年鉴》(Americana Annual, an Encyclopedia of Events)、《政治学年鉴》(Statesman's Yearbook, Statistical and Historical Annual of the States of World)、《计算机年鉴》(Computer Yearbook)、《肯普工程师年鉴》(Kempe's Engineers' Yearbook)、《美国图书出版年鉴》(U. S. Book Publishing Yearbook and Directory)等。

7.2.5 手　册

手册是某一范围或一定专业领域内基础知识、基本情况、常用的公式、数据、规范及规章制度等资料的汇编。因其主题明确,内容丰富、实用,携带方便,因而是专业人员手头不可缺少的参考工具书。有时,手册也称指南、要览、便览、须知、大全等等。

英文中,手册有 handbook 和 manual 两类。handbook 的意思是拿在手中的书,即手边常用书,它侧重于回答"怎么样"一类问题,一般汇集某一学科领域的各种事实、数据、统计数字等资料,便于人们迅速地查到有关问题的全面而可靠的具体资料;manual 通常侧重于指导"怎样做",如怎样制造汽车、设计电视,怎样做衣服等等。

根据所收选内容的不同,一般可分为综合性手册和专科性手册两种。

(1) 综合性手册

概括的知识面比较广泛,但编写的内容比专著和教科书浅显简要。它可以同时涉及哲学、社会科学、自然科学、工程技术等所有学科,也可以不同程度地反映某些学科分支。

综合性手册一般侧重于社会科学的内容,突出政治、经济、文学、艺术和当今国内外的重要时事知识,而科技性内容所占比例较少,仅限于一两年内发生的引人注目的要闻和大事。例如,《世界知识手册》、《国际资料手册》、《联合国手册》、《人民手册》等等。

(2) 专业性手册

其内容一般只涉及某一领域的专门知识,如专业的发展简史、基本概念、基础理论、原理叙述、结构设计、物理化学性能、特征、方法、材料、元器件、仪器、辅助设备、计算公式、数据、图表以及它们的使用说明和使用方法等等,如《数学手册》、《植物生理学实验手册》、《化学手册》、《世界经济手册》等。

据调查,我国自1949年以来共出版农林手册300余种。其中,1977年以来出版的农林手册为163种,约占54%。

• 新近出版的常用农业手册有:《新编实用农药手册》(2002);《新编科学养鸡手册》(2002);《新编鱼病综合防治手册》(2002);《新编科学养猪手册》(2002);《新编食用菌生产手册》(2002);《新编实用兽医手册》(2002);《新编科学养羊手册》(2002);《农业项目可行性研究与经济评价手册》(2002);《农业新技术病虫草防治实用速查指导手册》(2001);《农业环境监测实用手册》(2001);《农业多边贸易谈判资料手册》(2001);《蔬菜病虫害防治首选农药手册》(2000);《新编肥料实用手册》(1999);《农业技术实用手册》(1997,1998重印)。

• 新近出版的常用林业手册有:《林业工作站工作人员手册》(1989)、《林业手册》([美]温格编,林业部华东林业调查规划设计院译,国际文化出版社,1990)、《林业技术实用手册》(1985)、《林木种苗手册》(1986)、《林业实用技术大全》(1988)。除此之外,还有《营林知识手册》、《森林调查手册》、《森林保护手册》、《木材采运机械作用手册》、《木材采运机械修理手册》、《伐区生产技术手册》、《林业工业手册》、《林产化学工业手册》、《人造板手册》、《木材检验技术手册》、《城市园林绿化手册》、《中国林业法律实用手册》、《林业除草剂使用手册》、《林业工作站工作人员手册》、《林业专业户手册》、《林业常用数字手册》等等。

7.2.6 名 录

名录是对知名人士、重要组织、机构等的名称及其基本情况做简要介绍的一种指南性工具书。

在从事科学研究、外事活动以及读书看报过程中,经常会遇到有关国内外某机构组织、某人物生平、某报刊资料的收藏情况等问题。例如:北约是个什么样的组织?王选教授的生平及其著作情况?联合国教科文组织的任务是什么?它至今有哪些成员国?美国某制造商近年来有何产品?ASTM和IAEA是什么机构,它们的全称是什么?等等。这些问题都可以通过名录找到答案。

现在,名录的品种十分繁杂,编辑质量也参差不齐,所以,应注意选择和利用那些具权威性的名录。名录包括人名录、地名录、机构名录、产品名录、报刊名录、研究项目名录、世界文化遗产名录,等等。其中最重要、最常用的是人名录、机构名录和地名录。

人名录也称名人录,收选对象是一定专业领域的知名人士,内容一般包括姓名、出生时间、职务、学历、工作单位、家庭住址、简历及主要成就等,属传记性工具书。人名录一般比人名辞典介绍得要详细、深入,但与人物传记相比则要简略得多。

人名录一般可以分为三类:①综合性人名录,它收录的对象来自社会各界,如《国际名人录》、《当代名人传记》等;②国别或地区性人名录,即以某一国家或地区公民为收录对象的人名录,如《中国名人录》、《欧洲科学家名录》等;③专业性人名录,收录在某一专业领域内做出突出贡献的著名人物,如《原子物理人名录》、《物理学家名录》、《天文学家名录》等。

国内外的重要人名录有:《国际名人录》(International Who'Who)、《当代名人传记》(Current Biography, Who's News and Why)、《科学家传记词典》(Dictionary of Scientific Biography)、《世界妇女人名录》(The World Who's Who of Women)、《联合国及其有关机构人名录》(Who's who in the United Nations and Related Agencies)、《世界农业名人录》(Who's Who in World Agriculture)、《中国科学家辞典》、《新中国名人录》、《中国林业人名词典》、《中国农业教授名录》、《中国农业科学院科学家名录》、《中国农业机械科技人才名录》、《中国当代农业科技专家名录》(第一辑)等。

机构名录也称机构指南,英文一般用 Directory,是提供人们查询某机构组织的地址、宗旨、历史、成员、出版物以及其他方面情况的工具书。

机构名录包括学术机构名录、政府机构名录、企业名录等。

利用机构名录一般可以解决以下几个方面的问题:

① 机构全称、地址、邮政编码和电话号码。

② 机构的成立年代、历史沿革和近况、机构的性质和活动范围。

③ 机构的规模、成员的多少、机构的首要人物等。

④ 某机构的业务介绍、服务项目以及出版物等情况。

⑤ 有的机构名录还提供与该机构有关的个人的传记资料。

世界著名机构名录主要有:《世界社会科学机构指南》(World of Learning)、《国际研究中心指南》(International Research Centers Directory)、《研究中心指南》(Research Centers Directory)、《世界环境研究中心指南》(World Directory of Environmental Research Centers)、《美国政府研究中心指南》(Government Research Centers Directory)、《国际学术团体总览》、《欧洲协会指南》(Directory of European Associations)、《世界大学名录》(World List of Universities)(1987 年第 17 版)、《中国企业名录》、《中国企事业名录大全》(1～4 卷)、《中国科学院介绍》等。

近年出版的农林业机构名录主要有:《中国农牧业单位名录大全》(种植业卷)(1997)、(养殖业卷)(1997);《全国农业机构名录》(1990);《新编全国农林牧渔业机构名录大观》(1993);《中国林业企事业名录大全》(1994);《全国林业企业事业名录》(1985)等。

通过查阅地名录,可以了解某个地方中外文名称、所属地域以及所处经纬度等。

重要的地名录有:《世界地名录》(上、下册)、《最新世界地名录》、《中国地名录——中华人民共和国地图集地名索引》、《中华人民共和国地名大词典》、《中国市县大辞典》等。

7.2.7 图录、表谱

(1) 图录

图录是汇集某一学科某一方面的事物，用图像形式绘录或摄制下来，加以分类编排的一种直观性的特种工具书。图录包括地图和图谱。

① 常用的地图有：《世界地图册》、《中华人民共和国地图集》、《中华人民共和国分省地图集》、《中国气候等级图》、《中华人民共和国土壤图》、《中华人民共和国植被图》等。

② 常用的图谱有：《中国农作物病虫图谱》、《中国果树病虫原色图谱》、《中国蔬菜病虫原色图谱》、《杂草种子图鉴》、《中国蛾类图鉴》、《昆虫分类图谱》、《中国高等植物图鉴》、《日本原色植物图鉴》、《中国动物图谱》、《棉虫图册》、《农业昆虫一百种鉴别图册》、《棉花害虫灭敌图册》、《原色家畜家禽图鉴》、《彩色家畜组织学图谱》等。

(2) 表谱

表谱，包括年表、历表及其他历史表谱。

年表、历表是查考历史年、月、日的工具书。其中：年表是查考历史年代和检查历史大事的工具书；历表是查考和换算不同历法年、月、日的工具书。它们把人类用以记录时间的不同符号，正确而统一地反映在一定形式的表格上，成为一种指示时间、概念辅助历史科学的工具。

① 几种常用的年表有：《中国历史纪年表》、《中国历史年代简表》、《中华人民共和国大事记》、《中外历史年表》、《自然科学大事年表》、《中国农业大事记》等。

② 几种常用的历表有：《中西回史日历》、《两千年中西历对照表》、《中国近代史历表》、《1821～2020 二百年历表》、《天历考及天历与阴阳历日对照表》、《公元干支纪日速查盘》等。

7.3 重要参考工具书介绍

7.3.1 印刷版参考工具书举要

(1)《辞海》(1999 版)

《辞海》是以字代词，兼有字典、语文词典和百科词典功能的大型综合性辞典，以高中等文化程度的读者为对象。

《辞海》(1999 年版)为最新版本，收单字19 485个，其中17 674个列为字头。字头及其下所列词目(包括普通词语和百科词语)，共122 835条。内容包括成语、典故、人物、著作、历史事件、科学成就及各学科的名词术语等，另有附录 13 种。并有部首笔画笔形索引、笔画索引、汉语拼音索引、四角号码索引和词目外文索引等。

(2)《新英汉词典》(增补本)

《新英汉词典》由上海译文出版社出版,1978 年第 1 版。1985 年 6 月出版增补本。

《新英汉词典》(增补本)收独立词条 5 万条,加上词条内的派生词、复合词等收词 8 万余条。此外还收入习语(谚语、成语、常用词组等)1.4 万条。

《新英汉词典》的特点:篇幅适中,便于携带,综合性强,使用非常方便;内容较新颖;汉语释词准确恰当,适合中国学生使用。但《新英汉词典》的"时代烙印"较深,许多例句已显陈旧过时。

(3)《朗文当代英语词典》

《朗文当代英语词典》(Longman Dictionary of Contemporary English, LDCE),由英国朗文出版公司出版,1995 年第 3 版为最新版本。1997 年中国外语教学与研究出版社在中国出版发行该词典的第 3 版。

LDCE 是一部专门为英语教师和学生编纂的词典,同时也是利用对英语词汇的最新科学研究成果编纂的一部新型词典。该部词典在 20 世纪 80 年代中后期遂成为最受我国师生欢迎的一部英语词典。

LDCE 第 3 版的特点:收词量大,覆盖面广,超过 8 万条单词和短语;释义精确、细致、浅显易懂。释义所用的词汇为朗文公司语料库精选的最常用的 2 400 个英语单词;收集各方面的当代英语词汇;新词丰富多彩;提供英语口语和书面语中必不可少和最常用的同义单词和短语,以及它们的语法搭配和句型所出现的频率,并指出英、美用法的差异;对同义词和反义词的细微歧义和用法用例句加以说明,简明扼要、恰到好处。

(4)《中国大百科全书》

《中国大百科全书》是我国第一部大型综合性百科全书,由中国大百科全书出版社编辑出版。1978 年开始编撰,1993 年全部出齐。按学科或知识门类分为 74 卷(第 74 卷为索引),由 2.2 万名专家学者经过 15 年共同编撰完成。收选条目近 8 万个,覆盖 66 个学科,释文字数 1.2 亿,5 万余幅插图。2000 年出版光盘版。《中国大百科全书》按学科分卷出版,不列卷次,每卷只标出学科名称,各学科卷首一般有一篇介绍本学科内容的概况性文章,正文前列有本学科全部条目的分类目录,按等级层次关系列出,以便了解本学科的全貌。正文条目按条目标题的汉语拼音字母顺序并辅以汉字笔画、起笔笔形顺序排列,同音时,按汉字笔画由少到多的顺序排列。正文后附有内容索引、条目汉字笔画索引、外文索引等。内容索引是正文内容的主题索引,按汉语拼音字母顺序排列。

(5)《中国农业百科全书》

《中国农业百科全书》是一部荟萃古今中外农业科学知识的大型工具书。由农业出版社从 1986 年开始陆续出版,至 1996 年全部出齐。《中国农业百科全书》以农业各学科的知识体系为基础设卷，共出版29卷。

该全书每卷只标明学科名称，不列卷次。各卷正文前设有本卷"条目分类目录"，正文按条目标题第一个字的汉语拼音字母顺序排列。正文后均附有该卷全部条目的汉字笔画索引、外文索引和内容索引。

(6) ABC百科全书

①《美国百科全书》(The Encyclopedia Americana, EA) 《美国百科全书》是美国本土出版的第一部大型综合性百科全书。初版于1829年。此后多次修订，其中1918～1920年进行了彻底修订和重排，遂扩充到目前的30卷本，这个重印版成为以后历次重印版的基础，1997年由Grolier公司出版的EA为最新版本。EA在1980年前由美国百科全书公司(Americana Corporation)出版，1981年由Grolier公司出版，1997年版EA收录词条5.2万条，条目逐词排列(word by word)，并附插图22 865幅，索引35.4万条。

EA内容的特点：全文收录某些重要的历史文件，特别是美国的历史文件，如《独立宣言》《美国宪法》等；偏重美国与加拿大的历史、人物和地理资料；人物和科技条目篇幅较大，历史分世纪设条，并提供完整的历史背景。

1995年的EA还有CD—ROM版。

②《不列颠百科全书》(Encyclopedia Britannica, EB) 《不列颠百科全书》是现代最有权威的大型综合性百科全书，由不列颠百科全书出版公司(Encyclopedia Britannica, Inc.)出版。EB的最新版本是1974年出版的第15版，共32卷。

EB的第15版由3部分组成：《类目》(1卷)是知识的概览；《简编》(10卷)是便捷的参考和索引；《详编》(19卷)是知识的详解。

《简编》提供事实性的简要资料，并具有索引的功用。《详编》中的长篇条目是《不列颠百科全书》传统的、完整的学术性专条。其内容全面，介绍详尽，篇幅比其他任何英语百科全书都大，而撰稿人的范围和数目也比任何现有的百科全书更具有广泛的国际性。

③《科利尔百科全书》(Collier's Encyclopedia, EC) 《科利尔百科全书》是1950年美国出版的24卷本综合性百科全书，采取连续修订制。全书内容反映中学和大学的课程设置，是一本颇有声誉的工具书。

EC的特点：释文简明易读；在艺术、人文学科、社会科学和植物学方面的内容最佳；重要人物的传记论述颇详；地理条目篇幅很大，引人入胜；释文内插图印刷精致。

(7)《中国农业年鉴》与《中国林业年鉴》

①《中国农业年鉴》是新中国成立以来出版的第一部农业年鉴，由农业出版社出版，1980年～。《中国农业年鉴》收录的内容主要有：中国农业资源的最新材料；农业生产统计与农业经济分析；农业、林业、农垦、农机、水利、水产、气象各部门的工作成就、工作经验与教训；农业文献、农业法规、农业政策及其措施；农业经济学术讨论及农业新闻；农业科技成果和农业的国际、国内学术会议交流材料，彩色图片及参考资

料;农业高等院校、中等学校以及科研单位、各农业学会、农业宣传机构的基本情况等。

全书按类编排,卷首有分类目次,书末有农业大事记、附录和索引。

②《中国林业年鉴》是一部综合反映我国林业建设重要活动、发展水平、基本成就与经验教训的大型资料性工具书,由中国林业出版社,1949～1986 年(一卷),1987 年～。《中国林业年鉴》系统提供我国森林消长、森林培育、林政保护、森林工业、林业经济、科学技术、教育以及体制改革等方面的年度信息和有关资料。

全书编排按内容分类,索引按汉语拼音字母顺序排列,附录设有中外名称对照表。

(8) 联合国粮农组织(FAO)出版的年鉴

联合国粮农组织从 1948 年以来出版了多种国际性的农业、林业方面的年鉴。这些年鉴都是关于世界上农、林、牧、渔生产和贸易等情况较接近实际的估计数字,因此被各国农业、林业工作者广泛引用。

(9)《美国农业年鉴》(Year Book of States Department of Agriculture)

《美国农业年鉴》是美国农业部出版的反映美国农业情况的工具书。1862 年开始出版。1936 年以前,它的内容包括美国农业部的各种报告;1936 年改为每年出版一个专题。如 1936～1937 年为《优良作物和家畜品种》等。

(10)《最新世界地名录》

《最新世界地名录》2002 年 12 月由学苑出版社出版。该书精选收录冷战结束后的 20 世纪末期的"最新"世界地名 56 000 条,不分国家和地区一律按罗马字母顺序混合排列。每一条目包括:罗马字母拼写、汉语译名、地名归属、地理坐标 4 项。书末附有:世界各国名称一览表、国家和地区代称—简称对照表、俄语字母与罗马字母转写对照表、地理通名缩写—全称对照表等。

7.3.2 电子版参考工具书举要

电子版参考工具书包括印刷版参考工具书的光盘版和网络版,也包括各类网络中的类似参考工具的网页或网页中的相关版块或栏目。

(1) 电子版《中国大百科全书》

中国大百科全书出版社和北京新北成公司合作开发了《中国大百科全书》图文数据光盘,共 24 张。内容包含了印刷版的 73 卷正文。

2000 年,中国大百科全书出版社又推出了《中国大百科全书》光盘版,将印刷版 74 卷内容全部浓缩在 4 张光盘内,使用十分方便。

网络版《中国大百科全书》(http://www.ecph.com.cn)已经问世。只要点击"百科检索"栏目,即可进入百科资料库。申请并付费后,可拥有检索账号和密码,在它提供的对话框中输入该账号和密码(口令),便可登陆。亦可免费匿名登录(匿名账号和口令均为 guest)，但只能浏览条目标题。拥有账号的用户，目前能在该网站上检索到《中国大百科全书》74 卷全部图文资料、《中国大百科全书(简明版)》12 卷全文资料、百科术语、人名库，共计数十万个条目。

(2) 电子版 ABC 百科全书

① EA 的电子版　EA 的出版公司 Crolier 公司有三部百科的网络版和光盘版。《美国百科全书》1995 年版有 CD—ROM。网络版《在线美国百科全书》(Encyclopedia Americana Online，http://ea.grolier.com)有 2 500 万字，45 000 条目，提供了6 100条书目，图表 1 000 幅，地图 984 幅，15 万个链接连通 3 万余百科条目。为了包括新资料，还收录了《Americana Journal》和《华尔街日报年鉴》(Wall Street Journal Almanac)。信息丰富，既可以作为独立的参考工具，也可视为因特网资源的指南。另外两部光盘版和网络版百科是基于《美国学术百科全书》的《格罗利尔多媒体百科全书》(The Grolier Multimedia Encyclopedia)和《新知识文库》(New Book of Knowledge Online)。

② EB 的电子版　《不列颠百科全书》(EB)有各种电子版本。1992 年就有光盘版索引，名为 Britannica Electronic Index。光盘版 Encyclopaedia Britannica CD98，共计 72 000 个条目，1 万幅图片，1 200 幅地图。检索很方便。另有 12 000 个超链联入各 Web 网页。网络版的 Encyclopaedia Brittannica Online (http://www.britannica.com)，不仅有全套 EB，还包括韦氏大学词典(Merriam Webster′s Collegiate Dictionary)和百科年鉴(Britannica Book of the Year)，键入一个咨询问题后，不仅可以对返回结果 Hitlist 进行再次处理，得到更准确的答案，还可以到“相关条目”去查找，或链接到因特网上有关网址。

Britannica.com 实际上是个百科网站，不仅包括完整、更新的《不列颠百科》，还可以搜索世界上有声誉的百科全书、专家对百科全书的评价、主要刊物的最新的文章、有关的图书等，提供了 12 万个网站和 1 亿多网页。还可以通过该网站的“不列颠商店”选择大百科提供的有关信息产品，包括 EB2000 年光盘。

③ EC 的电子版　《科利尔百科全书》(EC)有光盘版 Collier′s Encyclopedia 1998，包括《麦克纳利地图集》和《美国传统词典》，共 1 700 万字，提供了 3 000 个互联网地址供读者进一步查找研究资料。地图可以放大，信息量丰富，集释词、背景知识和地图于一体，使用方便。

(刘景会)

8 信息检索实例

8.1 以了解科研动态为目的的检索

课题一：90 年代以来国内外"（亚洲）玉米螟综合防治技术"的情况

(1) 分析研究课题，确定检索要求

科技人员在进行具体的文献检索前，首先要分析课题，根据课题的本质和要求，抓住几个代表课题核心内容的主题概念或相关的事物，从下列几个方面确定检索范围。

① 专业范围　考虑课题内容主要涉及哪些专业以及与其相邻的学科。本课题主要涉及植物保护、生物学、作物栽培等学科和专业。

② 时间范围　检索时间的确立，主要取决于课题的要求，若想获得近期的资料，可采用倒查法，从最新的检索工具往前查若干年；如果想了解课题的历史发展，则采用顺查法，从课题的起始年代开始查至现在；若想了解某一时间段的资料，则可采用抽查法进行查找。本课题检索时限为 1990 年至今。

③ 地域范围　检索工具或检索系统的收录范围是不同的。有的检索工具只收录本国的资料，如全国报刊索引、中国期刊网等；而有的检索工具是国际性的，如 CAB 等。CAB 收录了世界上几十个国家的农业领域研究的重要资料。一般说来，某一国家出版的检索工具，收藏本国的文献最多，报道速度较快。因此要根据检索课题的要求，决定选用什么数据库进行课题的查找。本课题要求查找国内外的 20 世纪 90 年代后玉米螟综合防治等方面的情况，考虑到国外的数据库收录中国的资料不全，因此选用数据库应包括国内和国际两类。

④ 文献类型　由于特定的情报分散在各种类型文献中，根据课题的要求选择综合性检索工具或特种文献检索工具。本课题要了解生物农药等防治虫害的情况，属于科研成果范畴，一般在期刊论文中居多，因此选用专业性或综合性检索工具。如要了解某些技术成果则要检索专利文献或科技报告等特种文献检索工具。如要查某些事实或数据资料则要检索年鉴或其他类型的工具书。

(2) 选择检索工具

目前世界范围内有几千种检索工具，包括手工检索工具和联机检索系统、光盘检索系统、网络检索系统。科技人员在检索某一课题的文献时，选择合适的检索工具可直接影响检索质量与效率。农业及相关学科检索工具的选择，可根据本书前面所介绍的各种检索工具或检索系统的收录范围和各自的特点，结合课题的专业范围和检索需要进行选择。

本课题准备选用几个农业高校图书馆或农业情报部门常购买的网络版数据库进行检索。选择用的检索工具包括综合性的中文检索工具《中国期刊网》、《维普中文期刊数据库》；专业性的农业和生物技术英文检索工具 CAB、AGRIS、BA 等。

(3) 确定检索途径

在选定检索工具或检索系统后，根据各检索工具或检索系统的结构特点看有没有最简便的途径。是从主题途径还是从分类途径去查找？有没有其他已知条件如著者、专利号、分子式等，可根据相应的途径去查找？各种检索工具的分类表和词表各不相同，在考虑好检索工具后就要根据检索课题的内容确定主题词（包括上位词、下位词、相关词）。“玉米螟的综合防治技术”的检索对象为玉米螟，它是一种重要的农作害虫，主要危害玉米，对棉花、辣椒、大麻等作物也有危害。害虫综合防治技术包括化学防治、物理防治、生物防治、农业防治等类型。根据以上分析，可以确定本检索课题应采用主题途径进行查找，主题词（关键词）包括：玉米螟（玉米害虫、棉花害虫等）、生物防治、化学防治、物理防治、农业防治、综合防治等。

(4) 利用各种数据库查找文献线索

① 维普数据（1990～2003）

• 分析课题，列出检索词：本课题所涉及的关键词主要有：玉米螟、生物防治、化学防治、物理防治、农业防治。

• 构建检索式：玉米螟 *（生物防治＋物理防治＋化学防治＋农业防治），检索入口为 K＝关键词，期刊范围为数据库收录的全部期刊，时间限定为 1990～2003 年。结果共检索出有 19 篇相关文献（检索结果略）。

② 中国期刊网

• 分析课题，列出检索词：本课题所涉及的关键词主要有：玉米螟、生物防治、化学防治、物理防治、农业防治、综合防治。

• 构建检索式并进行检索：检索入口为 K＝关键词，期刊范围为数据库收录的全部期刊，时间限定为 1994～2003（该数据库收录文献起始时间为 1994 年）。

检索式	检索结果数	切题文献数
玉米螟 * 生物防治	9 条	8 条
玉米螟 * 农业防治	4 条	4 条
玉米螟 * 化学防治	7 条	7 条
玉米螟 * 综合防治	17 条	17 条
玉米螟 * 物理防治	1 条	1 条

经过选择，有 29 条信息为不重复文献（具体检索结果略）。

对比上述两种中文综合数据库检索的结果可发现：两库中检索出的文献重复率很低，维普库命中 19 篇文献，中国期刊网命中 29 篇文献，两个数据库中同时出现的文献仅有 4 篇。由此可看出，在利用数据库进行检索时一定要选用多个数据库进行检索，这样才能确保检索的查全率。

③ CAB 检索

• 分析检索课题，本课题要检索的主要是亚洲玉米螟，其英文名和拉丁名分别为：Asian corn borer，*Ostrinia furnacalis*，综合防治技术包括了化学防治、物理防治、生物防治、农业防治和综合防治，其英文分别为：chemical control，physical control，biological control，agricultural control，integrate control，查找的年代是 90 年代后的数据库，文献类型不限，语种不限。

• 编制检索式，并进行检索：根据题意，课题中构建的检索式为：(chemical control or physical control or biological control or agric * control or integrate control) in DE，ID，SU and (Ostrinia furnacalis or Asian corn borer) in TI

检索结果共有 43 篇相关文献（文献目录略），检出文献多数是由中国（包括台湾地区）发表的，具体分布情况见表 8－1。

表 8－1 CAB 检中文献的地区分布

中国	美国	墨西哥	德国	日本	印度	菲律宾	合计
34	2	1	3	1	1	1	43

④ AGRIS 检索

• 分析题意（同 CAB），选择工具，AGRIS 数据库，1990～1998。

• 编制检索式：同 CAB，检索结果有 26 篇相关文献（文献目录略），文献的分布见表 8－2。

表 8－2 AGRIS 检中文献的地区分布

中国	菲律宾	朝鲜	德国	英国	日本	墨西哥	合计
16	5	1	1	1	1	1	26

⑤ BP 检索

• 分析课题：同 CAB，选择检索工具，BP 数据库，1996 年至今。

• 检索式：由于 BP 的检索字段与 CAB 不同。故检索式更改为：

((chemical control or physical control or biological control or agric? control or integrate control). hw，sh，mc.)and (Ostrinia furnacalis or Asian corn borer). ti.

检索结果仅 4 篇文献，其中中国和印度分别有 3 篇和 1 篇。

对 3 个外文库检索出的文献进行对比发现，CAB（命中文献 43 条）、AGRIS（命中文献 26 条）两数据库仅有 8 篇文献相同。CAB 与 BP（命中文献 4 条）有 2 篇文献相同，而且有 1 篇文献内容相同但发表在不同的刊物上。AGRIS 与 BP 两数据库无重复文献。由此可看出，利用外文检索工具进行农业文献检索时，特别是 CAB 与 AGRIS 数据库，由于各自的来源文献类型不同，应同时进行检索，这样可以大大提高文献的查全率。

(5) 获取原始文献

将选出的与课题有关的资料，按其出处利用一些联合书目查寻在哪家图书馆或情报部门收藏，然后到相应的图书馆、情报部门借阅或复印，有些文献也可采用全文传递的方式进行原始文献的获取。

(6) 分析、综合检索结果

由上述各检索系统查询结果可看出，各检索系统的收录范围不尽相同，对"(亚洲)玉米螟综合防治技术"检索结果的文献数量相差很大，文献间的重复率也不高。所以在进行某一课题检索时，为了提高查全率一定要根据检索课题的要求，多选择几种数据库或检索工具分别进行检索。

本课题"(亚洲)玉米螟综合防治技术"，在几大国际农业和生物学检索系统中查询的结果显示，发表文献的研究人员主要集中在中国和亚洲几个国家，中国是研究亚洲玉米螟最多的国家，为了克服语言障碍，所以应优选采用中文数据库查找中文文献，然后再用外文检索工具作相应补充。

课题二"泰和乌骨鸡染色体核型、带型分析及其与生产性能相关性研究"在国内外发表的相关文献

(1) 分析研究课题，确定内容范围

在进行具体的文献检索之前，首先要对课题进行认真的分析研究，弄清其研究目的，明确检索范围及要求，确定课题的内容范围。

① 主题范围　系统地检索一个课题的文献资料，首先应明确课题所涉及的主要学科范围，准确地分析出主题概念，并将这些主题概念用检索语言(主题语言、分类语言)或自然语言的形式准确表达出来，同时，注意选用国内外惯用的专业用语及课题的隐含概念(如本课题隐含G一带和C一带带型)，只有这样，才能在检索工具或检索系统中将相关文献查全、查准。经分析，本课题的主要学科范围涉及：鸡的遗传育种(S831.2)、鸡的品种(S831.8)、染色体工程(Q813.4)；本课题的主题词有：鸡(chicken)、泰和乌骨鸡(Taihe Silkies)、染色体(Chromosome)、核型(Karyotype)、G一带(G一banded pattern)、C一带(C一banded pattern)、生产性能(Performance)。

② 时间范围　时间范围即课题对文献的时间要求。若想索取某主题最新的文献资料，应着重检索近期的文献；若想了解某主题的相关信息，以解决其研究中的具体问题，应着重在该主题所属学科发展较快的时限内查找；若想全面了解某学科的某特定主题的发生、发展以及研究现状，则应从该课题的背景年代开始查找，这样才能较全面地获得该课题的相关文献。根据本课题的要求，属于后者，应确定检索时限为15年。

③ 地域范围　一般而言，课题查检的地域范围有国内、国外或某个地区。本课题要求检索国内、国外相关研究的文献，因此应选择国内、国外的检索工具或检索系统来查找相关文献。

④ 文献类型　文献的类型较多，如期刊论文、学位论文、会议文献、标准文献等。检索时，选择何种类型的文献应根据课题的具体内容和要求。结合本课题的主题内容，确定索取该课题的相关文献以期刊论文为主，辅以其他类型的文献。

(2) 选择检索工具

目前，可选择的检索工具(或数据库)种类繁多，有哲学社会科学方面的，有自然科学方面的；有综合性的，有专业性的；有国外的，有国内的。因此，用户在检索某课题文献前，选择合适的检索工具(或数据库)就显得非常重要，因为它直接影响检索的质量与效率。一般而言，选择的检索工具(或数据库)原则主要有：收录的文献必须包含覆盖检索课题的主题内容；所含文献情报质量较高、收录文献量大、报道(或更新)及时、索引齐全(或检索入口多)、使用方便(或检索界面友好)等。结合本课题，确定采用机检和手检相结合的方法。选用的检索工具和数据库有《全国报刊索引——科学技术版》(1987～2001)，《中国农业文摘》畜牧(1985～2001)，《中文科技期刊全文数据库》(1989～2002)，《万方数据库》包括中国学位论文库、农业科学文献库、学术会议论文库以及科技成果库(1985～2001)，《中国期刊题录数据库》(1994～2001)，AGRIS(1975～2001)，AGRICOLA(1984～2001)，CAB(1990～2001)，BA(1982～2001)，Biotechnology&Bioengineering(1984～2000)等。

(3) 确定检索途径

选择好检索工具(或数据库)后，应考虑通过何种检索途径进行查找。是从主题途径入手呢？还是从分类途径或其他途径查找？不同检索工具、不同的数据库提供不同的检索入口，视具体情况而定。在检索工具(或数据库)所提供的检索途径允许的情况下，可根据以下原则择优选择：① 如果需要系统收集相关文献，查全率则十分重要。手工检索时，最好选择分类途径，以利于族性检索；计算机检索时，则应采用主题词途径。② 若是为解决某个具体的技术问题或仅知课题主题概念，则应选择主题途径检索。③ 若已知某著者姓名，应选择著者途径检索。④ 已知文献的专利号、标准号、科技报告号等，应选择序号途径检索。⑤ 已知某物质的化学分子式，应选择分子式途径检索。

使用计算机检索，在进行文献检索前，需编制良好的课题检索提问式。检索式的编制应符合下面三个基本条件：① 能完整而准确地反映出课题提问的主题内容；② 要适应所选数据库的索引体系和检索用词规则；③ 符合所选数据库检索系统的功能及限制条件的规定。通过对项目内容及技术要点的分析和研究，考虑到泰和乌骨鸡属地方鸡种，而地方鸡种又有其特殊的命名，为了避免漏检，本课题确定的检索提问式为：

中文：(泰和乌骨鸡＋鸡)＊染色体＊(核型＋G－带＋C－带)；

(泰和乌骨鸡＋鸡)＊(核型＋G－带)＊生产性能。

英文：(Taihe Silkies ＋ chicken) ＊ chromosome ＊ (karyotype ＋ G － banded pattern＋C－banded pattern)；

(Taihe Silkies + chicken) * (karyotype + G - banded pattern) * performance。

(4) 查找文献线索

①《中国农业文摘》畜牧(1985～2000)　以此例说明从主题途径查找文献的方法步骤。

• 分析课题,列出主题词。本课题的主题概念主要有:泰和乌骨鸡(或鸡)、染色体核型、G－带、C－带、生产性能。

• 查找与选择:按主题词汉语拼音顺序,逐年查找年度主题索引。在1998年中查到:

鸡　染色体　核型　比较　981940

• 文摘:按主题索引中查到的文摘序号查到文摘。在1998年第3期顺序号为1940上查得:

[文献1]

S831.2

云南四个地方鸡种染色体核型比较研究/张廷钦(云南省畜牧兽医科学研究所),邹平,林世英…//云南畜牧兽医.－1997,(2).5－7

注:当检索出的文献较多时,应结合文摘进行选择,因为检出的文献并不一定都切题。

② 中国期刊题录数据库(1994～2001)

• 分析课题,列出关键词:泰和乌骨鸡(或鸡)、染色体、核型、G－带、C－带、生产性能。

• 编制检索式:(泰和乌骨鸡＋鸡)＊染色体＊(核型＋G－带＋C－带);
(泰和乌骨鸡＋鸡)＊(核型＋G－带)＊生产性能。

• 系统查找与选择。

从关键词字段检索,浏览、分析、选择后得到2篇相关文献(其中1篇与文献1相同):

[文献2]

篇名:济南花鸡染色体研究

作者:傅佩胜,刘友清

机构:山东省淡水水产研究所

关键词:济南花鸡;染色体;核型;G－带;C－带;Ag－NORS

刊名:山东大学学报(自然科学版),1994(4):469－476

文摘:对山东省培育的家鸡优良品种济南花鸡的三个品系:草花鸡、麻花鸡和无翼鸡作了染色体核型分析,进行了染色体的显带处理,探讨了G－带、C－带型和核仁组织者的分布,并进行了比较研究。

从篇名字段检索,浏览、分析、选择后得到1篇文献:

［文献 3］

篇名：旧院黑鸡染色体组型及 G－带研究

作者：黄　勇；许　由；龙小海；向荣淑；蒋顺时；徐恢仲；单天锡；杜世铭

主题词：鸡；染色体；染色体组型；G－带

机构：西南农业大学牧医系

刊名：西南农业大学学报，1994(2)：163－164

文摘：对旧院黑鸡的染色体组型和 G－显带模式研究表明，旧院黑鸡与普通家鸡的染色体数一致，G－带相同。第 1，3 和 7 对染色体发生了结构变异，可能是染色体臂间倒位和不等易位，似可作为旧院黑鸡染色体组型的参考性。

③ 中文科技期刊全文数据库(1989～2002)

• 分析课题，列出关键词：为了避免漏检，扩大检索范围，关键词调整为：泰和乌骨鸡(或鸡)、染色体。

• 编制检索式：(泰和乌骨鸡＋鸡) * 染色体。

• 系统查找与选择：从篇名字段检索，浏览、分析、选择后得到 3 篇文献(其中有 2 篇与文献 1、文献 3 相同)。

［文献 4］

篇名：寿光鸡染色体的研究

作者：刘友清，傅佩胜，陈艳卿

机构：山东大学生物系

关键词：寿光鸡　染色体带型　核仁组织者

刊名：山东农业科学，1993(2)：13－15

文摘：本文分析了寿光鸡染色体组型，并作了染色体的显带处理，观察了染色体的 G 带型和核仁组织者的分布。

④ 万方数据库　包括中国学位论文库、农业科学文献库、学术会议论文库以及科技成果库(1985～2001)

• 分析课题，列出关键词：泰和乌骨鸡(或鸡)、染色体。

• 编制检索式：(泰和乌骨鸡＋鸡) * 染色体。

• 系统查找与选择：从 4 个子数据库中检索出与本课题相关的文献。

［文献 5］

论文题名：家鸡染色体核型及 G、C 带研究

论文作者：傅金恋

授予学位：硕

授予学位单位：西北农业大学

馆藏号：Y083763

分类号：S831.2

论文页数：64 页

文摘语种：英文文摘

出版时间：1989.6

⑤ AGRIS(1975～2001)、AGRICOLA(1984～2001)、CAB(1990～2001)

• 分析课题，列出关键词：Taihe Silkies、chicken、karyotype、G－banded pattern、C－banded pattern、chromosome、performance。

• 编制检索式：(Taihe Silkies＋chicken) * chromosome *(karyotype＋G－banded pattern＋C－banded pattern)或(Taihe Silkies＋chicken) *(karyotype＋G－banded pattern) * performance。

• 系统查找与选择：从关键词途径检索，浏览、分析、选择、去重后得到4篇相关文献。

[文献6]

Analysis of the karyotype of the chicken－quail hybrid/Okamoto－S；Maeda－Y；Hashiguchi－T//Animal－Science－and－Technology. 1991，62：8，742－749；11ref.

[文献7]

Trypsin G－and C－banding for interchange analysis and sex identification in the chicken/Wang－N；Schoffiner－RN//Chromosoma. 1974，47：1，61－69.

[文献8]

High－resolution chromosome preparations for G－and R－banding in Gallus Domesticus/Ladjali，－K.；Tixier－Boichard，－M.；Cribiu，－E. P.//The－Journal－of－Heredity(USA). (Mar－Apr 1995). v. 86(2)：136－139.

[文献9]

Linkage of the major histocompatibility (B) complex and the nucleolar organizer in the Chicken/Bloom，－SE；Bacon，－LD//Journal－of－Heredity，1985，76(3)：146－154；45ref.

(5) 获取原始文献

获取原始文献的目的是为了进一步了解上述相关文献的具体内容，以便更好地与本课题进行比较分析。索取原始文献的途径可利用全文数据库下载，或到图书馆、情报部门查借和复印。

8.2 以撰写综述为目的的检索

课题三：国内外数字图书馆研究综述

(1) 根据选题及检索目的确定检索策略和路径

撰写某一领域的综述，基本的要求是对文献的掌握，掌握的文献越全，写作越客观、越准确。数字图书馆是20世纪90年代刚刚发展起来的新鲜事物,检索时限可确定在1990年以后;数字图书馆发起于美国和欧洲等国家和地区,大约在1994前后国内开始了该领域的研究,由此可确定检索地域范围;数字图书馆早期的相关名称包括"虚拟图书馆"、"无墙图书馆"、"电子图书馆"等,因此,主题检索时要全面考虑不同的名称;检索步骤可以先查书目题录,再查文摘,最后检索和索取全文。

① 书目的检索　选择几所有代表性图书馆的OPAC进行检索,一般优先在同城范围,以便能较容易地借阅。以南京农业大学图书馆为例。打开南京农业大学图书馆主页(http://libwww.njau.edu.cn),在"书目信息查询"栏用"数字图书馆"和其他几个相关名称在题名字段中进行检索,其中"数字图书馆"检索结果见图8-1。

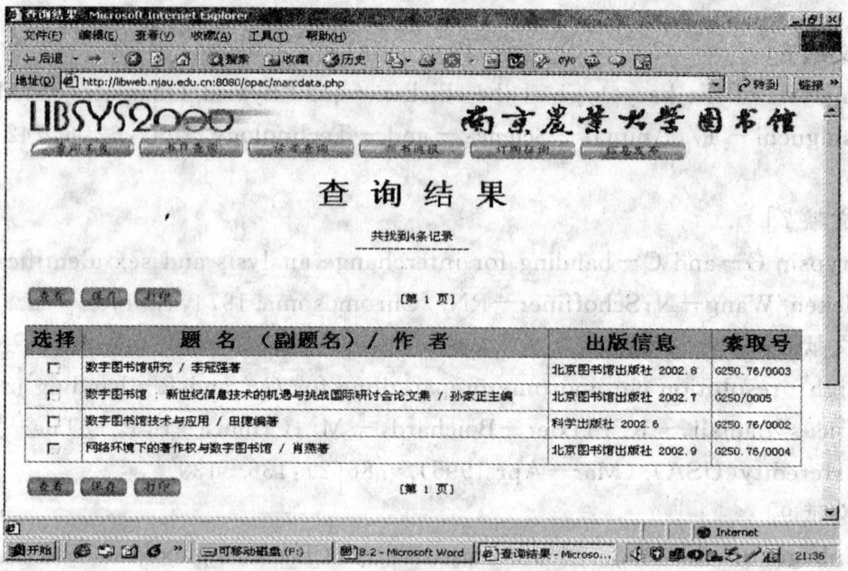

图8-1　书目信息检索结果页面

用"数字图书馆"查到4本图书,用"电子图书馆"和"虚拟图书馆"各查到1本图书,"无墙图书馆"检索结果为零,累计查到6本图书。

用同样的方法在南京大学图书馆查到20本相关图书,根据需要还可以再选择南京图书馆进行检索,最后,将三馆不重复的图书列出并逐一阅览。

电子图书的使用不可忽视,"超星数字图书馆"、"书生之家数字图书馆"、"APABI电子图书"都要逐一检索。电子图书的可剪接和可下载功能省去了手工摘录的繁琐。

② 中文电子期刊检索　用"数字图书馆"在《中国期刊网》的篇名字段进行检索,获得880篇文献,如图8-2所示。用同样的方法在《维普数据》进行检索,获得1 000余篇文献。由于文献太多,作者无法全部浏览,而且有部分文章质量不高,内容重复,此时可采用一个原始节省时间的重要方法即选择核心期刊进行阅读。当然,这种方

法会遗漏少量重要文献，还可以进行一些限定检索。比如：时间的限定，可以限定在近 5 年或某一年；刊物的限定，可以限定某一种刊；内容的限定，用逻辑“和”或“and”的组配，进一步缩小检索范围。

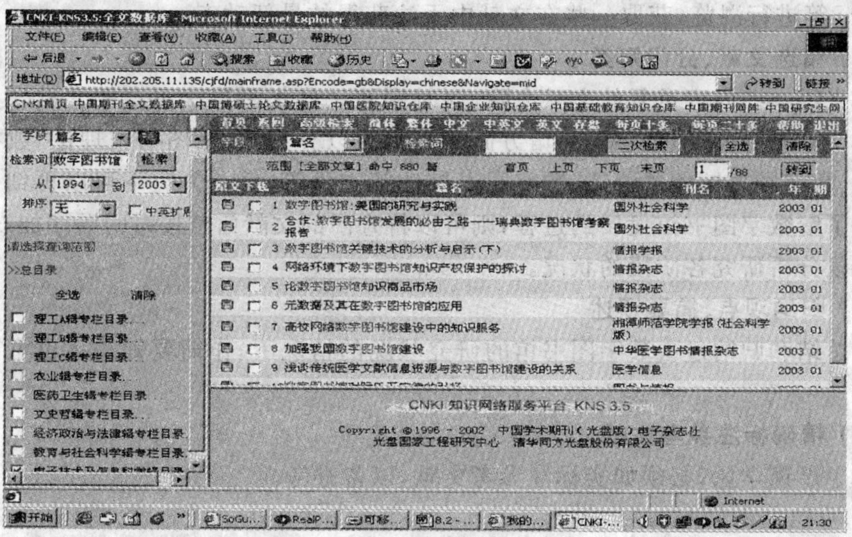

图 8-2　检索结果显示

③ 外文电子期刊检索　用“Electronic Library”、“Virtual Library”、“Library without walls”、“Digital Library”几个相关词汇在 Elsevier、Kluwer 等全文电子期刊数据库中检索，获得相关文献。图 8-3 是用“Digital Library”在 Elsevier 中检索的结果。

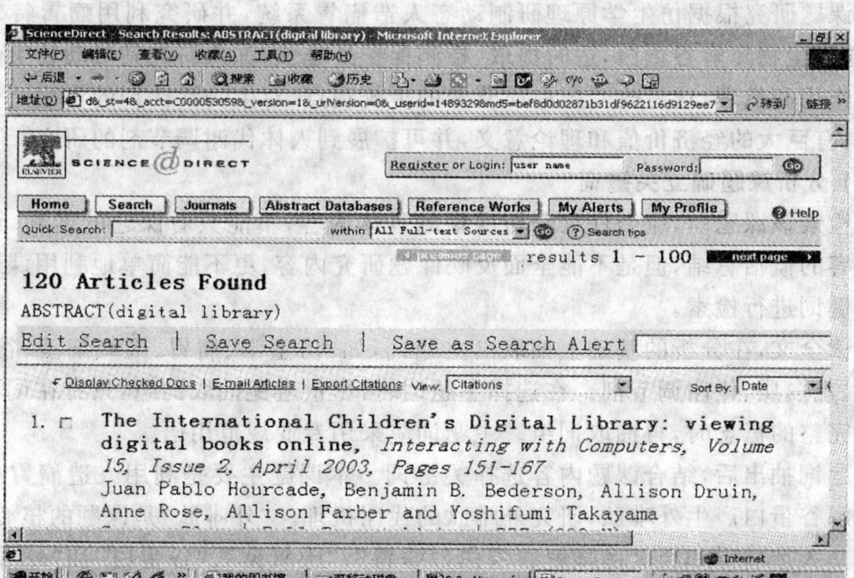

图 8-3　检索结果显示

同样是过多的文章，可以先浏览题目后确定是否浏览全文。也可以参照中文期刊检索中介绍的几种限定方法进行限定，最有效的办法是主题的逻辑限定。

④ 相关网站　对一些数字图书馆网站的浏览，比如：OCLC、CALIS、American Memery 等进行浏览，获取一些在文献中无法获得的最新动态。

(2) 精选文献、分门别类

首先将一些内容重复的文献去除，同时剔除一些水平层次不高的文献。其次将选中的文献进行分类，数字图书馆方面的文献可以分为：数字图书馆理论、数字图书馆技术、数字图书馆相关法律、数字图书馆政策文件等，每一大类下可以再细分。如果需要了解数字图书馆发展的过程，则可以将查出的文献信息按时间顺序加以排序，按时间段分析研究各阶段的状况。

(3) 归纳观点、简要评述

在总结和归纳过去数字图书馆的研究状况的情况下，作简要评论。也可以不评论。

(4) 精确标注参考文献

为了严谨学风，必须如实标注参考文献，以备查考。

8.3 以查新论证为目的的检索

课题四：厌氧细菌生物降解植物蛋白提取外啡肽的研究

该课题研究根据仿生学原理研制动态人造瘤胃系统，并研究利用瘤胃特定细菌群系，通过生物降解谷蛋白，适时提取、检测保护外啡肽，深入研究其对动物生长代谢的调控作用和机理，这将改变蛋白质营养的传统观点，对生物活性剂的作用产生新的认识，具有巨大的经济价值和理论意义，并可扩展到人体代谢调节剂的研究。

(1) 分析课题确立关键词

在检索该课题前，应当仔细分析课题的具体内容，不能只看课题的名称，课题名称是内容的概括总结，但是不能全面反映课题研究内容，更不能简单地利用课题名称中的关键词进行检索。

通读全文，在分析的基础上抽取出主题词，如：仿生学、瘤胃、厌氧细菌、谷蛋白、外啡肽、蛋白质、代谢调节剂。在选择主题词时，尽量避免抽取词组，只有在词不能说明一个完整的概念时，再抽取词组。主题词应采用专业规范用语。

主题词抽出后，结合课题内容选择关键词。本课题主要是利用人造瘤胃中的厌氧菌降解谷蛋白产生外啡肽，研究外啡肽的代谢机理。“外啡肽”是课题的核心，使用的方法是人造瘤胃和厌氧菌降解谷蛋白，“瘤胃”、“厌氧菌”、“谷蛋白”和“外啡肽”均可作为该课题的关键词。那么为什么不将“代谢”作为关键词呢？因为肽类物质本身就是参与动物生理代谢，如将“代谢”作为检索词，则多此一举。

(2) 选择检索工具,确立检索途径

当几个关键词表达一个主题时,检索式一般使用布尔逻辑算式。国内的数据库多数不需要直接输入算式,在检索框中有“非”、“或”、“与”选择项,根据需要选择逻辑算式。先输入最密切相关的关键词,并且选择一个合适的、自己熟悉的中文数据库。根据该词检索结果来调整检索式。一般一种检索式在一个数据库检索出 20 余篇与本课题相关的文献,为最理想的检索结果。调整好的检索式不是一成不变的,其他数据库可根据检索结果及时调整检索式。

选择核心词“外啡肽”和“谷蛋白”,忽略“人造瘤胃”和“厌氧菌”,是因为本课题研究“谷蛋白产生的外啡肽”,而“人造瘤胃”和“厌氧菌”是谷蛋白产生外啡肽的手段和方法,只有当谷蛋白外啡肽文献较多时,再看利用这种方法提取外啡肽的文献有多少。

① 选择中国期刊网作为第一个数据库,因为中国期刊网除全文检索,还提供文摘等多字段检索,检索途径多,检全率、检准率高。中国期刊网有简单检索和高级检索 2 种检索方式。普通检索者可使用简单检索,熟练的检索者可使用高级检索。对那些关键词较多的课题,建议使用高级检索。本课题应使用高级检索方式:

• 选择全文检索和相关度,输入“谷蛋白、外啡肽”,采用“与”的关系,目录选用“理工 A、理工 B、理工 C、农业”专辑,检索结果为 4 篇:

[文献 1]外源性生物活性肽研究进展//胥清富,赵茹茵//四川畜牧兽医学院学报.—1999,(2)

[文献 2]乳源阿片肽活性物质对动物消化、代谢的影响/? 张源淑// .— 2001,(13)

[文献 3]酪蛋白源阿片物质的分离、纯化及活性鉴定/张源淑//南京农业大学学报.—1999,(3)

[文献 4]水牛唾液中生物活性物质的研究/胥清富,田河山//中国农业科学.—2001,(5)

最密切相关的文献为文献 4,另外,1 篇为综述、2 篇为乳源外啡肽。这个检索结果数量太少,且不太理想,应扩大检索范围,故采用“外啡肽”关键词进行简单检索(其他同上),结果检索出文献 11 篇(包括以上 4 篇),检索结果仍然不理想,此时应调整检索方向,换个角度进行检索。

• 选择“瘤胃、谷蛋白”作为关键词,采用高级检索,结果检索出文献 14 篇,主要内容为肽类物质的综述性文献,包括上一个检索式检索到的“水牛唾液中生物活性物质的研究”。在缺少研究性文献的情况下,要翻看这些综述性文献,了解关于本课题的国内外进展,尤其要看篇后参考文献,通过参考文献去了解国内外对此课题的研究状况,了解国内外文献量,检验自己的检索结果。通过对参考文献的研究,国内的文献没有关于研究利用人造瘤胃中的厌氧菌降解谷蛋白后产生外啡肽的报道。但是一些研究肽类物质的综述文献提到了反刍动物的胃在消化吸收谷类食物的过程中会产生肽类物质，影响代谢，这些文献则可作为相关文献，因为外啡肽属于谷类在瘤胃中产生的影响动物代谢的活性肽类。

② 维普数据库的数据量大，期刊多，时间跨度长，每一篇文献都标引了关键词，可以进行题录数据的全字段检索，是课题检索的重要工具。维普数据库有高级检索和简单检索 2 种方式，在检索的技巧上与中国期刊网很相似，但是由于维普不能全文检索，与中国期刊网相同的检索式，检索出的结果可能大相径庭，考虑到维普的关键词是专业人员标引的，检索时要注意使用关键词。

• 选择简单检索，为了提高检全率，检索入口选择"U＝任意字段"，检索方式选择"模糊"，吸取上一个数据库检索的经验，输入"外啡肽"，结果检索出 1 篇关于乳源外啡肽的文献。

• 如果将检索词更换为"瘤胃"，结果检索出 2 263 条文献，这个检索结果则太多了！需缩小检索范围，输入"肽"，选择"与"，点击"二次检索"，检索结果为 25 条文献，检索结果理想。其中与课题"利用人造瘤胃中的厌氧菌降解谷蛋白产生外啡肽"的内容相关的文献有 9 篇，内容都涉及瘤胃中的肽类物质，这些肽类物质包括外啡肽，虽然在文献的题录中没有提及，但是内容均涉及了外源肽。

[文献 1]酵母培养物在反刍动物中的作用机制/李声永//中国畜牧兽医. －2002

[文献 2]胰腺内分泌肿瘤胃肠多肽受体的表达/唐承薇//胰腺病学. － 2002

[文献 3]反刍动物肽营养研究进展/张素华//饲料与畜牧. － 2002

[文献 4]反刍动物肽吸收的机制和特点/王岗//动物营养学报. －2002

[文献 5]小肽在反刍动物营养中的应用/刘学华//饲料博览. －2002

[文献 6]反相高效液相色谱法测定瘤胃液肽中色氨酸的含量/赵秀英//内蒙古畜牧科学. －2000

[文献 7]肽对体外混合培养瘤胃微生物发酵和生长影响的研究/丁角立//畜牧兽医学报. －2000

[文献 8]瘤胃微生物的肽营养/丁角立//中国畜牧杂志. －1999

[文献 9]瘤胃微生物对肽的利用/吕芳//国外畜牧科技. －1998

经过 2 个数据库检索后，对这个课题的检索方法有了大致的了解，检索式也有了眉目，可利用：外啡肽＋瘤胃 *（肽＋谷蛋白）这个检索式进行下一个数据库的检索。

③ 万方数据库是一个很有特色的数据库，它的成果数据库在国内独树一帜，检索课题必须要检索成果库，成熟的科研成果可以帮助课题研究少走弯路，有前车之鉴的作用。在检索万方成果库时，应使用高级检索方式，选择科技成果，先输入"外啡肽"，查找无结果，再输入：瘤胃"与"肽，结果检索出一条"异黄酮植物雌激素－大豆黄酮对雄性动物生长及有关内分泌的研究"，这条信息显然与本课题无关，调整检索式为：瘤胃"与"谷蛋白，查找无结果。此时，应进一步分析课题，扩大检索范围。该课题研究的是谷物在反刍动物的瘤胃中通过微生物降解作用产生外啡肽，外啡肽是一种活性肽类，不是动物自身所能产生的，是食物在消化过程中产生的，属于外源性的肽

类物质。微生物与肽类物质之间有关系，检索：微生物"与"肽，检索结果为 54 条，结果有点多；检索：肽"与"外源，检索结果 27 条，检索结果理想；对检索出的 54 条和 27 条文献的题名应一一浏览，筛选出相关文献：

[文献 1]水产养殖酶解新蛋白源的新工艺/中国科技成果数据库

[文献 2]水产养殖高效免疫活性肽类添加剂一营养素 P 的研制/中国科技成果数据库

[文献 3]多菌种微生物发酵法制取海洋生物调味料/中国科技成果数据库

[文献 4]乳蛋白活性肽的制造方法/中国科技成果数据库

[文献 5]谷壳、秸秆转化猪禽饲料/中国科技成果数据库

以上 5 篇文献都是利用微生物降解饲料，产生活性肽，提高动物免疫力的研究，与本课题的研究目的是一致的，可以作为相关文献。

以上 3 个数据库是国内有代表性的必检数据库，通过示例可以看到，关键词在检索中不是一成不变的，根据检索结果应随时调整主题概念的范围，课题检索对检全率要求较高，检索结果一定要全面，这样才能对一个课题的发展动态、研究内容、新颖性有全面了解，有利于顺利开展研究工作。

④ CAB 数据库是英联邦农业局开发的农业生物类文摘型数据库，收录世界范围的农业生物数据，内容全面，也是检索农业生物类课题的必检工具。

外文检索的原则与中文检索一致，确定关键词：exorphin(外啡肽)，peptide(肽)，rumen(瘤胃)，exogenous(外生的)，origin(来源)，再输入完整的布尔逻辑检索式。

exorphin 检索结果有 5 条；

peptide * origin * rumen 检索结果有 3 条；peptide * exogenous 检索结果有 6 条。

这 14 条信息均为本课题的相关文献。

⑤ Springer Link 全文电子期刊的学术价值较高，生命科学辑是农业生物课题的重要参考工具，可直接浏览全文。检索方法在前面的章节已详细介绍，结合以上的检索经验，选择生物类，输入布尔逻辑检索式。

exorphin 检索结果为 0；

peptide * origin * rumen 检索结果为 0；peptide * exogenous 检索结果有 38 条。

从检索结果可以看出，研究外源肽类的文献较多，外啡肽就是外源肽，exorphin 是个新词，许多文献没有使用，从外源肽对外啡肽窥见一般。

由于课题检索需要查全，检索的时间段要长，一般确立时间段为 10～15 年，也可根据检索者的需求进行调整，以保证掌握课题研究动态数据的完整。在那些提供多字段检索途径的数据库中检索时，一般应选择全字段检索，可防止漏检。

以上的几种检索工具中有分类检索途径的都提到了选择类目。许多数据库提供分类检索和主题检索 2 种检索途径，将 2 种检索途径结合起来进行检索，针对性更

强，便于将文献按学科进行集中和区分，扩大或缩小检索范围，提高检准率。

通过以上检索，得出查新检索结论：国内外有研究外啡肽的文献报道，国内主要研究内容为乳源性外啡肽——酪啡肽的生物活性，本课题据仿生学原理研制动态人造瘤胃系统，并研究利用瘤胃特定细菌群系，通过生物降解谷蛋白，适时提取、检测保护外啡肽，研究其对动物生长代谢的调控作用和机理，国内外未见相同文献报道。

8.4 以查找专利文献为目的的检索

课题五：重组猪 γ—干扰素的研制与开发

(1) 分析研究课题，确定基本的关键词

专利文献数据库不同于一般的文献数据库，可检索的字段只包括专利各著录项及专利文摘（除美国专利提供专利说明书的参考文献和说明书文本检索外），没有主题词项的检索，使用关键词检索时一般只能检索专利题名和文摘。所以确定检索词时，范围不能过大，否则检中的记录过多，检准率差，效率低，当然也不能过小，否则会造成漏检，降低检全率。

对于该课题，根据提供的材料分析及查新专利的要求，确定其查新重点是在猪的 γ—干扰素的表达、重组和作为疫苗增效剂或和疫苗联合应用等方面，所以初步确定其检索词为：猪、γ—干扰素，英文为：porcine、gamma (γ) interferon，再根据检索结果进行调整。

(2) 选择检索工具

世界范围内的专利检索工具有几十种，包括手工检索工具和联机检索系统、光盘检索系统、网络检索系统等。如前面书中所介绍，目前网上专利信息资源非常丰富，检索方便快捷，所以选用网上专利数据库进行检索。当然由于各数据库的收录范围和检索特点各自不同，可结合课题的专业范围和检索需要进行选择。本课题选用了几个具代表性的专利数据库，如中国专利信息网、美国专利商标网、欧洲专利局专利信息网、世界知识产权数字图书馆及日本工业产权数字图书馆。

(3) 确定检索途径，进行专利检索

各个专利数据库具有不同的检索特点，在进行检索时，应根据不同的数据库确定其检索途径。

① 中国专利信息网（http://www.patent.com.cn） 中国专利信息网是国内收录专利文献比较齐全，检索方式比较多样的一个专利数据库。进入中国专利信息网，选择逻辑组配检索，由于“γ—干扰素”也有可能写成“γ 干扰素”，为了提高查全率，将关键词“γ—干扰素”拆分为“γ”和“干扰素”，字段限定在文摘，检索出 29 条纪录；在检索式输入栏再输入关键词“猪”，再选择在结果中查找，检索到如下 1 条纪录：

[99113447] 人、猪共患囊虫病核酸疫苗。

如要查看该项专利说明书全文，交费用户可直接点击专利著录项页右上角的【浏览全文】按钮即可，免费用户可在国家知识产权网(http://www.sipo.gov.cn/)的专利检索中查看。

② 美国专利信息网(http://www.uspto.gov/patft/index.html)　美国是世界上拥有专利文献数量最多的国家。美国专利商标局每年受理专利申请案约10多万件，其中1/3为外国人申请。进入美国专利商标网专利检索界面(http://www.uspto.gov/main/patents.htm)，先检索已授权的专利项，选择高级检索途径，将关键词限定在文摘，由于gamma interferon一词可连写，也可分开写，所以检索式书写如下："abst/(gamma and interferon and porcine)"，检索结果为4条记录，查看各专利内容(文献或专利说明书全文)，与课题内容比较分析，筛选出相关记录4条。

重新返回检索界面，选择已公告专利库进行检索，检索结果为0。

③ 世界知识产权数字图书馆(http://ipdl.wipo.int/)　进入世界知识产权数字图书馆高级检索界面(如图8-4)，在检索栏输入检索式："abe/(gamma and interferon and porcine)"，关键词限定在文摘，检索系统显示出错信息，提示括号里的内容没加引号，出现上述情况是由于检索系统将括号里内容误当作一个词组来对待了，这说明世界专利数据库中的检索式的书写格式与美国专利数据库有所不同。输入正确的检索式："abe/gamma and abe/interferon and abe/porcine"，检索结果为0纪录。

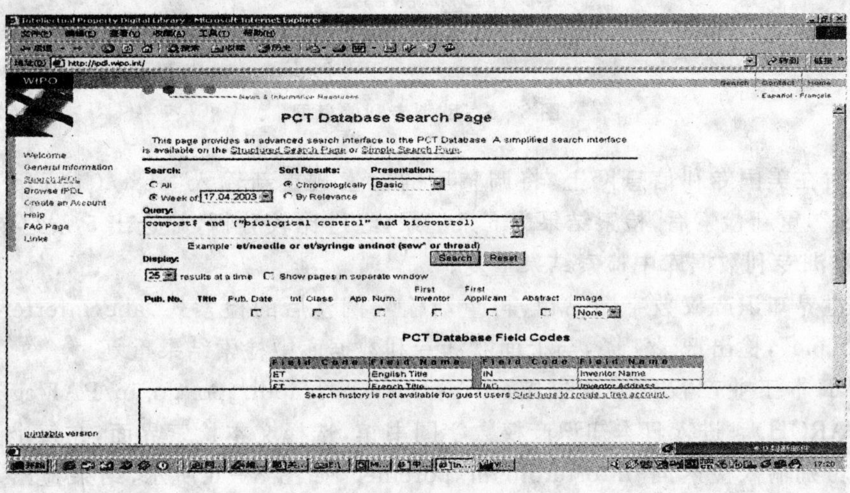

图8-4　世界专利高级检索界面

④ 欧洲专利局专利信息网(http://ep.espacenet.com/)　欧洲专利信息网分4个库：欧洲专利库、世界知识产权库、世界各国专利(50多个国家约3亿条)和日本专利。进入欧洲专利数据库界面(如图8-5)，选择左边的文本检索栏，直接输入检索式"gamma and interferon and porcine"，限定字段为题名和文摘，对4个分库同时进行检索，检索结果为5条记录，其中3条记录为美国专利，1条为世界专利，1条为欧

洲专利。查看欧洲专利内容时，发现它与上面检中的一条美国专利内容相同，说明该专利发明人同时申请了欧洲专利保护和美国专利保护，而世界专利在世界知识产权数字图书馆数据库中却没检到，用该专利申请号在世界知识产权数字图书馆重新查找，检到了该专利，查看内容，发现该项专利文摘是用“γ”来代表“gamma”一词，而英文的专利数据库与中国专利不同，“γ”是不能作为检索词来检索的，所以为了提高查全率，应调整检索式为“abe/interferon and abe/porcine”，结果检索出 9 条纪录，其中世界专利 2 条，美国专利 4 条，欧洲专利 2 条，(其中 1 条同于美国专利)，德国专利 1 条。经过比较分析，筛选出 5 条纪录。

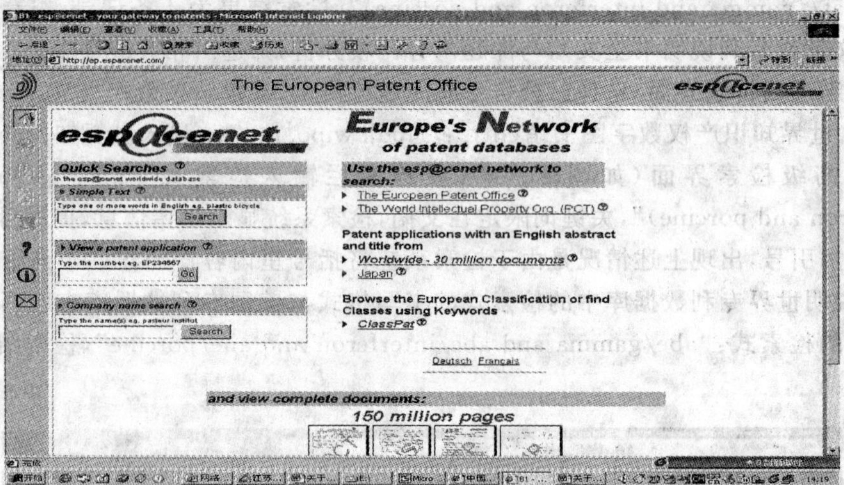

图 8－5　欧洲专利信息网

同时在美国专利信息网上，将调整后的检索式重新输入“abst/(interferon and porcine)”，重新检索后，检索结果为 6 条记录，经过比较分析，筛选出 5 条纪录，其中 3 条与欧洲专利数据库中检索结果重复。

在世界知识产权数字图书馆，再重新输入调整后的检索式“abe/interferon and abe/porcine”，检出记录 1 条，与上面欧洲专利数据库中检索结果重复。

⑤ 日本工业产权数字图书馆(http://www/1. ipdl. jpo. go. jp/PAI/cgi－bin/PAISEARCH)　进入日本知识产权数字图书馆，选择文本检索界面，在每个文本输入框里分别输入检索词“interferon”和“porcine”，如图 8－6 所示，结果检出 1 条记录，查看内容，与课题内容有相近之处。

(4) 分析、综合检索结果

通过以上各专利数据库的检索，检出与课题内容相关的专利文献 9 篇，其中中国专利 1 篇，美国专利 5 篇，世界专利 1 篇，欧洲专利 1 篇，日本专利 1 篇。

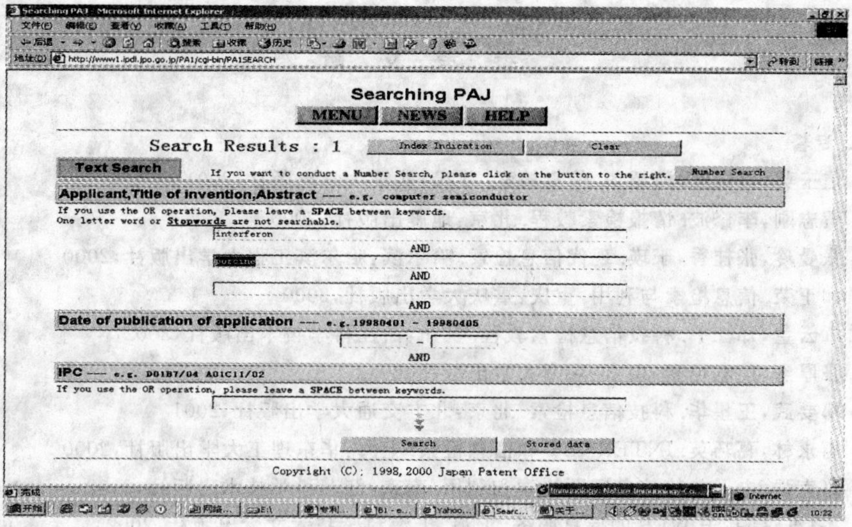

图 8-6　文本检索界面

从上述各检索系统的检索结果中可以看出,美国专利信息网、世界知识产权数字图书馆及日本工业产权数字图书馆与欧洲专利信息网的检索结果有重复,但欧洲专利信息网并不能全部覆盖其他的专利数据库。在进行某一课题检索时,要提高查全率,就一定要根据课题的要求,多选择几种数据库或检索工具进行检索。同时通过多个数据库的查找,还能及时发现关键词选择上的遗漏现象,调整关键词,充分提高文献的查全率。

(屈卫群,吕　娟,包　平,张　彬,毛莉菊)

参 考 文 献

一、专著

1 焦玉英,符绍宏,何绍华.信息检索.武汉:武汉大学出版社,2001

2 贺志刚,李修波.情报检索教程.北京:地震出版社,2000

3 张曼玲,张桂香,于瑛.现代信息检索.哈尔滨:哈尔滨工程大学出版社,2000

4 和正荣.信息检索与利用.重庆:重庆大学出版社,2000

5 章云兰,郑江平.科技信息检索教程.杭州:浙江科学技术出版社,2002

6 张厚生.信息检索.南京:东南大学出版社,2002

7 邓要武,王星华.科技信息检索.北京:北方交通大学出版社,2001

8 唐永林,葛巧英.INTERNET 和信息检索.上海:华东理工大学出版社,2000

9 路克强.电子电信信息资源检索和利用.南京:江苏科学技术出版社,2002

10 刁维汉.基于 WEB 的信息服务.上海:上海科学技术文献出版社,2002

11 [美]约翰·阿奎拉,宋正华译.决战信息时代.长春:吉林人民出版社,2001

12 吴永忠.技术创新的信息过程论.沈阳:东北大学出版社,2002

13 谢德体,宛章齐.信息检索与利用.北京:中国农业出版社,2002

14 董建成,周晓政.医学信息检索教程.南京:东南大学出版社,2002

15 刘俊熙,赵伯兴,蒋时雨.网络环境下社会科学信息检索.上海:上海大学出版社,2000

16 符绍宏,雷菊霞,饶伟红.因特网信息资源检索与利用.北京:清华大学出版社,2000

17 李琳,秦洪晶.计算机信息检索.哈尔滨:哈尔滨工程大学出版社,1998

18 李莹等.计算机信息检索.北京:机械工业出版社,1997

19 张白影.科技文献检索与利用.武汉:华中理工大学出版社,1996

20 田德祥,赵向方.科技文献检索方法.北京:原子能出版社,1995

21 孙维均,陈寿祺.科技文献检索教程.天津:天津科技翻译出版公司,1993

22 William Y. Arms 著,施伯乐等译.数字图书馆概论.北京:电子工业出版社,2001

23 袁海旺.虚拟图书馆的昨天、今天和明天.北京:华艺出版社,2002

24 李冠强.数字图书馆研究.北京:北京图书馆出版社,2002

25 孙家正.数字图书馆:新世纪信息技术的机遇与挑战国际研讨会论文集.北京:北京图书馆出版社,2002

26 吴建中.OCLC—全球在线计算机图书馆中心.北京:华艺出版社,2002

27 田捷.数字图书馆技术与应用.北京:科学出版社,2002

28 任胜国等.文献信息检索.北京:北京图书馆出版社,1999

29 董源.信息检索学.北京:中国林业出版社,2000

30 赵立桢等.农业信息检索与利用教程.北京:中国农业大学出版社,2002

31 沈国朝.信息检索(多媒体)教程.北京:高等教育出版社,2002

二、期刊

1 阮建海.我国电子图书产业化发展战略探讨.出版发行研究,2001(9)

2 李晓霞.Internet 上的免费专利资源.化学通报,1999(10)

3 毛琴芳,徐志娟．网上中国专利数据库的比较研究．网络资源与建设,2001(5):66～67

4 徐勇．USPTO 专利数据库的利用,情报杂志,2001(20):57～58

5 刘贵富,丛淑丽．网络环境下专利资源综合开发利用的研究．现代情报,2002(2):38～39

6 包平.数字图书馆与教育信息化.南京农业大学学报,2001(2):84～88

7 孙一钢.数字图书馆的技术结构.现代图书情报技术,2001(5):8～10

8 赵光林.MARC 与 Dublin Core 之比较研究.情报学报,2002,12(2):180～183

9 陈凤岩、冯玉强.基于 XML 的 MARC 研究.图书馆学研究,2002(10):48～50

10 陈俊华.MARC 的发展研究.情报理论与实践,2001,24(4):276～278

三、网站

1 http://www.cnki.net

2 http://www.edu.cnki.net

3 http://www.nj.cnki.net

4 http://www.tydata.com

5 http://www.patent.com.cn

6 http://www.cnipr.com.cn

7 http://www.sipo.gov.cn/

8 http://www.ip.net.cn

9 http://211.151.91.75/cptd/login.asp

10 http://scitechinfo.wanfangdata.com.cn/ki_cgzl.asp

11 http://www.exin.net/patent/indexa.jsp

12 http://www.uspto.gov

13 http://ep.espacenet.com

14 http://ipdl.wiop.int

15 http://www.ipdl.jpo.go.jp/homepg-e.ipdl

16 http://patentsl.ic.gc.ca/intro-ehtml

17 http://www.delphion.com

18 http://Firstsearch.oclc.org

19 http://elib.cs.berkeley.edu/

20 http://www.alexandria.ucsb.edu/

21 http://www.informedia.cs.cmu.edu/dlil/

22 http://www.memory.loc.gov/

23 http://www.d-library.com.cn

24 http://www.oclc.org/home